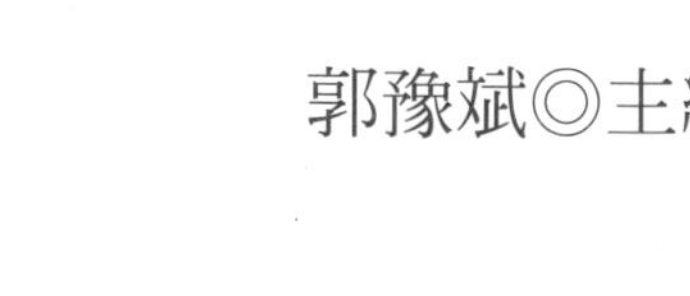

郭豫斌◎主編

圖解世界史【現代卷】

對抗與競爭

西元1890年至西元2007年的世界故事

好讀出版

目錄

戰火籠罩下的文明

二次大戰前的世局

第二次世界大戰

二次大戰名將

兩極分化的冷戰

BASIC 1.0

放眼全球歷史的浪漫人文之旅

如何閱讀本書

閱讀導言

歷史對於整個人類，就像記憶對於我們每個人一樣，它說明我們現在做的是什麼，爲什麼我們這樣做，以及我們過去是怎樣做的。因此誰要想瞭解世界，就必須知道它的歷史。

《圖解世界史》是這樣的一本書，我們希望透過一些通俗的語言和故事體裁，對世界歷史做一個概述。它只講其中最重要的事件、人物和對關鍵階段的描述，選擇了一種最易認識整個世界面貌的簡明形式。一本生動的書，總能多吸引一位讀者，對文化傳承的意義更大。這本書可以作爲歷史專著的補充讀物。你可以用非常休閒的方式去閱讀它，讀讀停停，我們相信在歷史人文的浪漫風景中，你不會感到乏味。

舒適的版面安排

現代人讀書，比起以往的讀者更能享受多樣的人性化空間，這是時代的進步，也是閱讀革命和讀圖時代給閱讀者的饋贈。充滿美學的版式設計，使閱讀者毫不疲倦地從每一單元中，輕鬆獲得豐富的資訊。

關於圖片

「讀圖」是我們這個時代的閱讀時尚，因而被冠以「讀圖時代」的雅名。其實這只是人類視覺元素的進化，文字是符號，圖片也是符號，兩者相得益彰。本書在詮釋圖片時，盡可能提供一種嶄新的角度，使其和故事呼應補充。細心的讀者也許會發現，其實在圖片中還隱藏了許多用文字無法表述清楚的故事，這就是圖片的神奇魅力。我們相信每位讀者都能讀出自己的故事。

提綱式的閱讀指南

我們在每一篇故事前特別安排了提要的文字，對於急切吸收內容的讀者，這足以讓他記住這個故事。在每篇故事下還設置了小標題，盡可能地幫助讀者理清楚內容的脈絡。

關於「人文歷史百科」

這是爲故事的背景和關聯知識提供的一個櫥窗。透過「人文歷史百科」，你不會爲自己對某些知識或枯燥的數字，存在模糊的印象而感到不安。「人文歷史百科」和每個主題故事巧妙地融合在一起，讓你感覺到閱讀的精采。

對表格的利用

有些故事牽涉的項目十分複雜，我們盡可能採用表格的形式，使之一目了然。當然這些表格對知識的歸納和記憶，定能發揮相當作用。

排列故事序號，便於索引資料。

016.Q 船在行動

為了對付德國潛艇，英國利用改造過的

破舊的運煤船

風平浪靜的海面上，一艘破舊的運煤船正緩緩地駛往英國。船上似乎載滿了煤炭，不停地發出沉悶的響聲。突然，一根黑柱子從海面上冒了出來，在水中快速地翻行，隱約可見像鯊魚般的黑影在水底不停地晃動。貨船上的水手們看到後大叫：「不好，那是一艘德國潛艇！」他們飛快地跑到駕駛艙，報告坎貝爾船長。坎貝爾聽後並沒表現出十分驚異的樣子，只是漫不經心地說：「繼續工作，別跑！」水手們詫異地回到自己的崗位上，此時最悠閒的是大副，他拎著裝著漂亮鸚鵡的鳥籠，不停地逗……分鐘後，一艘德國潛艇突然托著龐大的艇體冒出水面。幾個德國水兵打開艙蓋，從艇中鑽出來，他們除掉艙……

↑Q 船上隱蔽的大口徑火炮

76

故事小標題，提示故事內容。

故事名稱。

提綱式導讀：概括故事內容，提示故事精華。

人文歷史百科：為故事的背景和關聯知識提供的精采櫥窗。

→德國U型潛艇

潛艇露出水面，然後把它們一舉擊沉。

英國海軍的一艘Q船

」，與一般商船沒有區別，但船上卻裝有大口徑火砲和反
裝有魚雷。船員都是來自皇家海軍後備部隊或商船隊的

，把砲口對準了貨船。隨著艇長一聲下，一枚砲彈呼嘯著朝貨船飛來。轟」的一聲後，船上大亂，尖叫聲四，大副扔掉鳥籠跑進了船艙。

水手們慌忙解下救生艇，爭先恐後跳了上去，拚命地划船逃命。德國潛艇長見到這種狼狽場面，便下令停止擊，向貨船靠攏。

祕密武器

潛艇距離貨船越來越近，艇長盯著前面的貨船，只見貨船的上擋板忽然被掀起，幾門漆黑砲口驀地跳了出來正對著他們。同時，一面英國皇家海軍的軍旗在船上徐徐升起。德國艇長這時才如夢初醒，立即大叫：「快，緊急下潛！」但為時已晚，英國人的砲彈迅速從「貨船」上飛出。被擊中的潛艇，不情願地在水面上顛簸了幾下，便慢悠悠地沉到海底。這是1916年春季的一天，這艘運煤船，就是英國人自行設計的「Q船」，它讓德國潛艇遭受巨大的打擊。

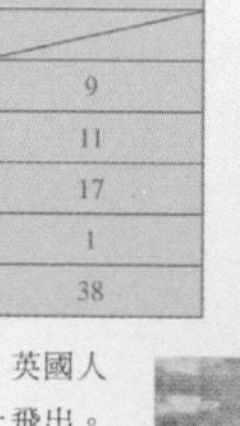

Q船服役、損毀表

時間	服役數量	損毀數量
1914	3	
1915	29	9
1916	41	11
1917	95	17
1918	25	1
共計	193	38

【人文歷史百科】

Q船

Q船是英國海軍的偽裝獵潛艦。從外表看，它與一般商船幾無區別，但船上卻裝有大口徑火砲和反潛炸彈，有的還裝有魚雷。它的船員都是志願人員，來自皇家海軍後備部隊或商船隊。在一次世界大戰期間，皇家海軍共裝備了一百九十多艘各式各樣的Q船。據統計，從1915年7月到1918年11月間，這些Q船共擊沉十艘德國潛艇，擊損至少六十艘。

↑「Q船」被擊中後，船員乘救生艇佯裝棄船

一艘Q船與德軍潛艇遭遇，中彈後，部分船員乘救生艇佯裝棄船。

此後，德國潛艇看到商船再也不敢貿然浮出水面，而是在水下用魚雷來攻擊，同時派出大量間諜搜集關於這種「神祕之船」的資料。不久，德國間諜就探聽到了它的祕密。原來這些船是英國由不定期貨輪和帆船偽裝而成的，且裝有隱蔽的大砲和魚雷發射管；船員則是由海軍組成，他們憑藉祕密的Q號來進行偵察。德國海軍掌握這些情況後，立刻下達命令，只要遇到可疑船隻，不必警告即用魚雷將它擊沉。這樣一來，很多「神祕之船」紛紛被德潛艇擊沉。英國海軍面對這種情況，只得採取新的戰術。

↓「Q船」擊中德國潛艇

德國潛艇在燃燒的「Q船」周圍徘徊，直至確認是一艘空船時，才派人走到艦橋查看。此時，Q船上的幾門大砲突然開火。頃刻間，潛艇中彈，開始下沉。

圖片文字說明：提供一種嶄新的角度，使圖片和文字故事呼應補充。

表格形式：幫助讀者對知識的歸納和記憶。

圖片：補充表現故事的形象，展現圖片中隱藏的故事。

導讀

西元1890年至西元2007年的世界故事 對抗與競爭

歐洲舊勢力的衰落

>>1881年，俄國沙皇亞歷山大二世的車隊在行駛中突遭炸彈襲擊，亞歷山大二世慘遭炸死。此時俄國沙皇的統治已如風中殘燭，亞歷山大三世上臺，僅是王朝的苟延殘喘；與此同時，有一個人的勢力悄悄茁壯了起來，他就是列寧。

>>1886年5月1日，美國工人舉行了聲勢浩大的罷工活動，這次罷工有三十五萬工人參加，得到了全球工人們的回應和支援。

>>普法戰爭中失敗的法國，不僅顏面無存，而且惹得國內一片怨言。那些吃了敗仗的將軍們，竟遷怒到國內的外國人身上。軍政部門爲了顧及顏面，不惜僞造證據，即使找出眞正的犯人後，仍然不肯還冤案主角一個清白。正義人士的呼聲，襯托出軟弱政府的無能。

>>在法國的西南方，一個曾在全球四大洲擁有廣大殖民地的超級強國——西班牙，正逐漸衰落。1898年的美西戰爭，讓它失去了最後的殖民地。

>>俄國沙皇統治走向末路的時候，日本也開始向它挑戰。在1904年的日俄戰爭中，俄國艦隊一敗塗地，艦隊司令也被俘虜。內外交困的俄國，讓沙皇尼古拉二世坐立難安，對外的恐慌增長了他對內的恐怖統治。

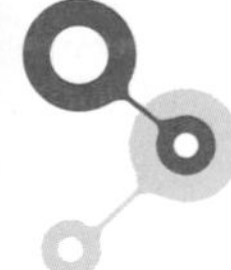

科技的力量

>>諾貝爾，人們往往關注諾貝爾獎而遺忘了他本人。或許他在炸藥上的貢獻，比不上他對科學事業推動的貢獻。

>>萊特兄弟雖未獲得過諾貝爾獎，但他們對人類的貢獻，恐非一枚諾貝爾獎章就能夠表達的。在試飛之初，萊特兄弟邀請了幾位農民前去觀看他們的表演，因爲他們實在找不到更多的觀眾。飛機在寒風中起飛，當它成功爬向空中時，人類的活動空間一下子變得無限廣闊。萊特兄弟把這個消息告訴媒體時，對方以爲世界又多了兩個瘋子。

>>萊特兄弟的成就是經過一番計劃的，而倫琴的發現卻來自於偶然。不明射線

穿透手的刹那，倫琴被自己陰森的手骨嚇住了，他把它命名爲「X」射線（X光）——未知的射線。

>>一個人被二十二個國家的科學院選爲院士，讓人覺得有些驚世駭俗，但巴甫洛夫同時還是二十八個國家生理學會的名譽會員和十一個國家的名譽教授。而這僅僅源於一個學說：條件反射。

>>科學王國中有一個女王，她就是居禮夫人。居禮夫人是兩屆諾貝爾獎得主，但更了不起的是，她把自己的女兒也培養成了諾貝爾獎得主。

>>在布魯塞爾第五屆索爾維量子力學大會上，愛因斯坦坐在居禮夫人旁邊，這時的他頂著那爲世人熟悉的一頭亂髮。在此屆大會那張二十九人合影中，有十七人獲得了諾貝爾獎，包括愛因斯坦；但他的成就，也超出了諾貝爾獎所能帶來的榮譽。

第一次世界大戰

>>1914年6月，奧地利王儲斐迪南大公前往波西尼亞首府塞拉耶佛，舉行以塞爾維亞爲假想敵的軍事演習，但他不幸被刺殺。由此，揭開了歐洲帝國主義列強衝突的序幕。

>>塞拉耶佛事件發生後，俄、法表示支持塞爾維亞，而德國竭力慫恿奧匈帝國採取軍事行動。因此，奧匈帝國藉「塞拉耶佛事件」對塞國發出最後通牒，7月28日對塞爾維亞正式宣戰。8月1日到6日，德、俄、法、英相互宣戰，第一次世界大戰全面爆發。

>>戰爭開始後，歐洲戰場很快形成三條戰線：西線從北海延伸到瑞士邊境，英、法對德作戰；東線北起波羅的海，南至羅馬尼亞，俄對德、奧作戰；南線在巴爾幹，奧匈對塞爾維亞作戰。

>>戰爭初期，德國在戰略上實施其準備已久的「施里芬計畫」，集中力量在西線進攻。但馬恩河一役，讓德國西線戰局陷入了僵局。

>>德軍在東線大抵採取防禦戰略，但俄軍的軍事指揮失誤，尤其是坦能堡一役，助長了德軍進攻的野心，使德國由防禦轉入進攻。然而，氣勢洶洶的奧匈帝國卻在關鍵時刻屢次戰敗，致使東線戰局也陷入僵局。

>>1915年5月23日，義大利向奧匈帝國宣戰，在歐洲開闢了第四戰線——義大利

戰線。

>>1916年，作戰雙方都企圖打破僵局。德國率先在西線進行大動作，準備一舉擊敗西線主要抗力的法國，爲此打響了「凡爾登戰役」。但最後法國取得了主動權，德軍在西線的計畫宣告失敗。而英、法發動欲進攻德國的索姆河戰事，又使西線再度陷入僵局。與此同時，英、德還展開此戰事中最大規模的海戰——日德蘭大海戰，德國海軍的劣勢日漸彰顯。

>>就在東、西兩線處於膠著狀態時，美國加入了戰局。美國參戰後，歐洲戰爭形勢立即向協約國集團有利的方向發展，戰爭的局勢已可預見。與此同時，俄國發生十月革命，退出了戰爭。1918年，同盟國孤注一擲，發動了五次軍事進攻，但均遭失敗。保加利亞、土耳其、奧匈帝國先後投降。11月，勢單力孤的德國終於向協約國集團投降，第一次世界大戰方告結束。

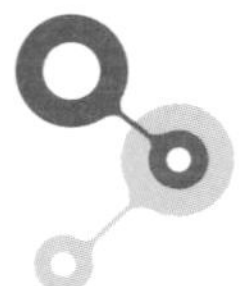

殖民地世界的覺醒

>>自1914年起便淪爲美國保護國的尼加拉瓜，長期受到美國的欺凌和侵略。自1926年起，民族英雄桑地諾組織愛國武裝展開反侵略抗爭，迫使美軍在1933年初完全撤走。但桑地諾本人卻遭到謀殺，政權陷入了親美的索摩查家族手中長達四十餘年。

>>義大利一直爲瓜分非洲中落後於英、法而耿耿於懷。1935年，三十萬義大利軍隊向衣索比亞發動突襲。衣索比亞抗義侵略戰失敗，國王逃亡國外。二次世界大戰期間，衣索比亞在英軍的幫助下，才趕走了義大利侵略者。

>>在一次世界大戰中慘敗的土耳其，引發了嚴重的民族危機。1920年8月，協約國提出了等同滅亡土耳其的奴役性條約——《色佛爾條約》。爲了實現民族獨立，土耳其人展開了大規模的抵抗運動。1919年起由凱末爾領導的民族獨立戰爭，將外國侵略者趕出了土耳其本土，並奠定下今日的邊界。

>>在第一次世界大戰期間，印度大黨希望透過與殖民當局的合作，換取戰後印度自治的地位。但是，戰爭結束後英國殖民政府不僅沒有滿足印人自治的願望，還採取了血腥鎮壓。印度民眾反英情緒急劇高漲，促成了甘地領導的不合作運動。

戰火籠罩下的文明

>>第一次世界大戰的硝煙，沒有完全淹沒發展中的文明。有「歐洲良心」之稱的羅曼．羅蘭公開譴責戰爭。他在1915年，因其「文學作品中的高尚理想，和描繪各種不同類型人物所具有的同情和對眞理的熱愛」，而獲得了諾貝爾文學獎。

>>建立了精神分析理論的佛洛伊德，則是一位偉大的開創者，被譽爲可與達爾文、尼采等重要的思想家並駕齊驅。

>>提起畢卡索，人們都會想起他超乎尋常的畫技，他曾當選爲二十世紀最偉大的十位畫家之首。畢卡索是反對戰爭的，他爲此專門畫了代表和平的白鴿，所以被稱爲「和平鴿之父」。

>>有一個被稱爲「硬漢」的男人參與了第一次世界大戰，但他不是去殺敵，而是加入紅十字會戰場服務隊去救人。戰爭在他身上留下了兩百三十七處傷痕，他的堅強在隨後的小說作品《老人與海》中表現出來，這就是說出那句「人不能被打敗」的海明威。

>>一些偉大的科學家往往在死後才得到人們的認同，而其成果的重要性，可能最先是被外國人發現的。「現代火箭之父」羅伯特．戈達德就是這樣。當美國驚詫於德國的火箭技術而去請教時，德國人很驚訝，因爲他們學習的是戈達德的技術，而戈達德是美國人。

>>一次世界大戰後的寧靜，爲科技發展創造了一個不錯的環境。貝爾德發明的電視，爲人們的生活增添了許多樂趣；弗萊明發現的青黴素、班廷發現的胰島素，也替生命增加了多重保障。

二次大戰前的世局——蘇聯的建立

>>十月革命砲聲響之前，「星期日慘案」的大罷工是沙皇政府最後的掙扎。

>>1917年俄曆10月，布爾什維克黨領導聖彼得堡的工人赤衛隊、革命士兵推翻了臨時共和政府，接著成立了蘇維埃政府。

>>爲了解決國內的經濟困難和政治危機，蘇俄於1921年推行了新經濟政策。新經濟政策的推行使俄國經濟很快恢復到戰前的水平，爲社會主義建設奠定了基礎，並鞏固工農聯盟。

＞＞1922年年底，蘇俄建立了蘇維埃社會主義共和國聯盟，簡稱「蘇聯」。

＞＞1924年1月21日，列寧逝世。列寧逝世後，蘇聯共黨內沒有出現穩固的集體領導，反使原已存在的政治鬥爭進一步加劇。經過一段爭鬥後，1928年，史達林上臺成爲蘇聯的領導人。

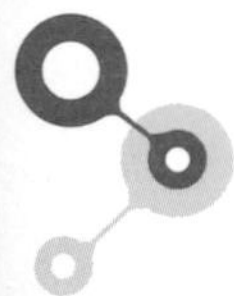

二次大戰前的世局——法西斯政權的興起

＞＞一次世界大戰後的巴黎和會上，身爲戰勝國的義大利沒有獲得自己想要的東西。損失慘重卻得不到補償，這使義大利人感到痛苦和憤怒；高漲的民族主義情緒，不幸被法西斯主義利用。

＞＞1922年10月，墨索里尼在米蘭組織了四萬武裝黨徒向羅馬進軍。而國王曼努埃三世卻傾向墨索里尼，拒絕了政府提出的緊急狀態法，這迫使政府與墨索里尼進行談判。10月29日，國王命令墨索里尼組閣，義大利開始了法西斯專政。

＞＞一次世界大戰後的德國，被戰勝國撕得四分五裂，凡爾賽體系讓德國人咬牙切齒，不滿與民族主義情緒高漲。

＞＞1933年1月30日，希特勒出任德國總理。1933年2月，希特勒逼迫興登堡總統解散國會，納粹在選舉中獲勝，得到了三分之二議會多數。議會通過《消除民族和國家痛苦法》，結束了威瑪共和國。

＞＞掌控軍權是希特勒的重要目標。他上臺後頻頻接近軍界，直接與士兵對話，向他們許下種種諾言，進而得到了軍官們的支持。另外，藉由「國會縱火案」，希特勒有效壓制了共產黨，並成立「蓋世太保」對非納粹黨員進行清除，德國在希特勒的領導下確立了納粹獨裁政權。

＞＞而位於亞洲的日本，因被1929年的經濟危機掃進了低谷。爲擺脫經濟危機，日本遂從對外侵略中尋找出路。

＞＞1931年11月，濱口雄幸首相遭軍國主義者刺死。他們企圖建立軍部控制的「舉國一致內閣」，其侵略的魔爪最先伸向了中國。1937年，日本發動侵華戰爭，於7月7日製造七七事變，展開全面侵華戰爭。

＞＞希特勒建立納粹政權後，立即整軍備戰，竭力打破《凡爾賽條約》的限制。德國先後制訂了陸軍擴軍和大規模發展空軍的計畫，並於1933年10月宣布退出國聯及國際裁軍會議，全速發展軍備。

＞＞1936年，德國出兵開進萊因河非戰區，直接向《凡爾賽條約》挑戰。英、法等國對於希特勒的擴張備戰視若無睹，以對納粹侵略行徑的縱容和綏靖換取一時苟安。

＞＞1934年12月，義大利入侵衣索比亞。英、法等國實行綏靖政策，將衣索比亞分割，拱手讓給法西斯政權，最終導致衣索比亞的陷落。而美國面對這一國際衝突，於1935年8月30日通過《中立法》，試圖使自己置身事外。

＞＞1936年7月，西班牙駐摩洛哥駐軍發動叛亂，西班牙內戰爆發。剛剛把衣索比亞納入自己版圖的義大利，又把矛頭指向西班牙，大力支持叛軍；而德國納粹政府也對西班牙內戰表現出極大的興趣，為叛軍提供了大批的槍支彈藥，甚至直接出兵西班牙。英、美、法三國仍然實行綏靖政策，甚至嚴禁向西班牙政府輸出武器裝備。西班牙共和國政府最後被佛朗哥叛軍顛覆，為德、義獨裁政權帶來了極大的鼓舞。

＞＞德、義侵略擴張目標的一致，使雙方最後走到了一起。1936年11月，德國和義大利簽訂協議，建立聯盟，即「柏林——羅馬」軸心。1937年11月，義大利加入由德、日訂立的《反共產國際協定》，三國建立了「柏林——羅馬——東京」軸心，正式形成軸心國集團。

＞＞1938年3月，德國納粹透過武力迫使奧地利同意兩國合併。英、法兩國僅僅在口頭抗議後，就承認了德國對奧地利的吞併。1938年5月，德國試圖以武力解決捷克，使英、法直接面對德國的威脅。

＞＞英、法再一次選擇退讓。1939年9月，德國、英國、法國和義大利在慕尼黑召開會議，在沒有捷克代表參加的情況下，訂立了《慕尼黑協定》，徹底葬送捷克。

第二次世界大戰

＞＞1939年9月1日，德軍閃擊波蘭，第二次世界大戰爆發。9月3日上午英國向德國宣戰，下午法國向德國宣戰。

＞＞1939年9月17日，蘇聯按蘇德條約的祕密協定從東部進入波蘭，使波蘭無法繼續抵抗德國。9月27日華沙投降，波蘭滅亡。

＞＞德國侵占波蘭後，張伯倫仍對德軍抱有一絲幻想。因此，英、法在1939年至1940年的戰略計畫只是依靠馬其諾防線進行防禦，坐視身邊的國家一個個被消滅。

＞＞1940年4月9日，德軍入侵挪威，於當天占領挪威首都，並占領丹麥。

＞＞英、法兩國眼看就要受到波及，於是決定與德國對戰。

＞＞1940年5月10日，張伯倫辭職當天，由邱吉爾組閣成立了新政府。同一天，希特勒通過比利時和荷蘭，向西線發動進攻。

＞＞荷蘭、比利時在兩個星期內相繼投降，德軍順利到達英吉利海峽，阻截了所有英國遠征軍和法國北部軍隊。5月26日，英、法兩國展開了著名的敦克爾克大撤退。

＞＞德國高級將領完美的指揮及裝甲軍的突進，迫使法國貝當政府在1940年6月22日簽署了投降條約。而簽署條約的地點正是第一次世界大戰結束時，法國元帥福煦與德軍簽訂停戰協定的同一節車廂裡，這無疑是對法國的莫大羞辱。

＞＞爲了迫使英國求和，希特勒於1940年8月轟炸英國機場，9月轟炸倫敦，發動大不列顛之戰。但頑強的邱吉爾挺住德國的狂轟濫炸，迫使希特勒放棄了英國。

＞＞1943年，英、美海軍研究出對付德國潛艇「狼群」的辦法，消滅了德國海軍主力，確保大西洋的運輸通道。

＞＞與德國相互呼應的義大利，於1940年10月起進攻希臘、阿爾巴尼亞和馬其頓。德國同時向南斯拉夫、希臘進攻，東南歐隨即淪陷。

＞＞德、蘇兩國雖然在戰前簽訂了互不侵犯條約，但雙方從未放棄以對方爲敵的念頭。1940年11月，當蘇聯表示不同意希特勒劃分德、蘇勢力範圍的建議後，希特勒決心消滅蘇聯。而此時，德國已控制了歐洲十四個國家。

＞＞1941年6月22日，德國發動侵蘇戰爭。10月2日，德軍向莫斯科全面進攻。德軍想以閃電戰占領蘇聯，但它低估了對手。經過三個月的戰爭，德軍最後被擊退，閃擊戰宣告失效。

＞＞1941年，德軍還對蘇聯的列寧格勒發動攻勢，但一直持續到1944年以德軍失敗而告終。

＞＞1942年7月，史達林格勒保衛戰開始。德軍損失二十多萬士兵後遭到擊潰，這一役是第二次世界大戰的轉捩點。

>>進攻史達林格勒失敗，希特勒迫切需要奪回德蘇戰場的主導權。他於1943年發動了史上最大規模的坦克戰——庫爾斯克戰，但結果是迫使德軍從此轉入全面戰略防禦。

>>在蘇聯的防守反攻戰中，蘇聯的傳奇元帥朱可夫功不可沒，他被稱爲史達林的「救火員」。

>>此時的「沙漠之狐」隆美爾元帥正橫行在北非戰場，他是德國軍界的神話。但隨著戰線的拉長、補給的匱乏，英國蒙哥馬利元帥對德發動阿拉曼戰役後，德軍潰敗。北非戰場的失利，最後使墨索里尼上了絞刑架，義大利退出戰爭。

>>在太平洋戰場上，山本五十六成功偷襲了珍珠港，導使美國對日宣戰。隨後的中途島戰役是太平洋戰爭的戰略轉捩點，在此戰役中日本海軍精銳盡失，再也無法在太平洋上興風作浪。經過瓜達卡納島戰役後，日本海軍力量進一步削弱，被迫轉入戰略防禦。

>>1944年6月6日，英、美等國軍隊在法國諾曼第登陸，成功開闢了第二戰場。

>>1945年，第二次世界大戰進入最後階段，美、英、蘇三國領袖在克里米亞半島的雅爾達舉行會議，以協調各方立場，加強盟國之間的合作，徹底打敗德、日，並討論盟國對戰後世界的安排。

>>1945年4月，美、蘇軍隊在易北河會師，包圍柏林。蘇軍攻占柏林，希特勒自殺。5月8日，德國向盟軍簽署了《德國無條件投降書》。

>>1945年8月，美國在日本廣島、長崎投下了兩顆原子彈。8月15日，日本無條件向盟軍投降。日本的投降，爲第二次世界大戰劃下了句點。

兩極分化的冷戰

>>第二次世界大戰結束後，整個歐洲由美、蘇兩國劃分勢力範圍，歐洲列強對自己的殖民地已無力控制了，各地獨立運動風起雲湧。在美、蘇主宰著世局之下，兩國雖未直接交火，但都對各自的支持者提供武器支援和經濟幫助。

>>經過大戰洗禮的西歐，經濟上已是千瘡百孔。美國趁時拋出了馬歇爾計畫，一方面援助歐洲復興，另一方面則建立自己的影響力。與此同時，蘇聯也向

各共產國家提供援助，以便擴大自己的陣營。

>>韓戰的爆發，逐漸由一場內戰演變成國際戰爭，以美國為首的十多個國家支援南韓軍隊，中國則發起「抗美援朝」，協助北韓軍。在雙方僵持不下的戰局裡，最後談判協定以北緯三十八度線為界停戰。而越戰亦是美國武力干涉國際事務的另一例證。

>>冷戰政策的最基本特徵是遏制對方但不付諸武力，競爭的主要領域之一就是科學技術。因此，當美國總統甘迺迪聽說蘇聯人首先進入太空後，大為震驚，隨後即不甘落後地制訂了「阿波羅登月計畫」。

>>蘇聯與美國的爭鬥還體現在柏林圍牆的建立上。由美國支持的西德和蘇聯支持的東德把柏林分成了兩半，而柏林圍牆的建立形同讓柏林變成了兩個獨立甚至相互隔絕的「國家」。

>>古巴導彈危機，讓蘇聯和美國經受了一次核戰考驗，讓全球冒出一身冷汗。核子戰爭一旦爆發，即使不能毀滅地球，至少也會像愛因斯坦說的那樣：「下次戰爭，我們就只能用石頭打仗了。」

>>冷戰雖然沒有使蘇聯和美國直接對戰，但不斷進行的軍備競賽，確實消耗了大量資金。蘇聯經濟的乏力，使自己陷入了無法自拔的泥淖中。美國推出的「星球大戰」計畫，再一次刺激了後繼無力的蘇聯經濟。

>>戈巴契夫上臺後提出開放政策，改革一黨專政，頓時讓蘇聯人的思想陷入了混亂。人人恐慌，聯盟中的國家也跟著騷動起來，要求脫離蘇聯。

>>1991年12月25日晚上七點，戈巴契夫講話結束。七點三十二分，克里姆林宮上空陪伴了蘇聯民眾幾十年的鐮刀錘子旗徐徐降下，蘇聯宣告解體，世界上第一個社會主義國家從此消失了，同時也預示了冷戰的結束。

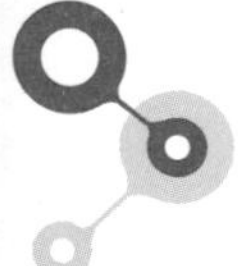

冷戰後的世界

>>蘇聯解體後，美國成了世界上唯一的超級大國。伊拉克入侵科威特事件爆發，美軍在波灣戰爭中顯示它強大的武力，徹底地把伊拉克軍隊趕回本土；而隨後對南斯拉夫的空襲，更顯示了它十足的霸氣。

>>2001年9月11日，一架裝滿燃料的波音七六七飛機，撞向了紐約世貿中心的北塔樓；十五分鐘後，又一架波音七六七撞向了世貿中心的南塔樓。不久，

世界貿易中心南塔樓爆炸倒塌。與此同時，另一架波音七五七飛機則撞向美國國防部五角大廈的西翼，並引燃起熊熊烈火。隨後，又一架波音七五七飛機在賓州墜毀，據推測，可能是乘客與劫機者發生衝突而導致飛機提前墜毀。此串事件讓美國舉國震驚。在經過一番調查後，美國鎖定了恐怖分子頭目賓拉登，不久便以反恐爲名發動對阿富汗的軍事攻擊，把塔利班政權剷滅。隨後，又以藏有大規模殺傷性武器爲由，對伊拉克發動戰爭，推翻海珊政權。

>>美國的大動作引起了世人的不安，聯合國似乎也有苦難言。同時，以美國爲首的北約開始進行東擴，將戰略布局囊括延伸到全歐洲。

戰後的文化科技

>>二次世界大戰結束後，全球沒有發生大的戰事，爲文化科技發展提供了良好的社會氛圍。

>>表演大師卓別林是無聲電影裡的王者，他成功地創造了一個頭戴圓頂禮帽、手持竹手杖、足蹬大皮靴的流浪漢形象，並爲觀眾帶來了「含淚的笑」。

>>一些作家開始反思戰爭給人們帶來的災難，蕭洛霍夫無疑是理性思考戰爭中的一員驍將；而海勒的黑色幽默，更是深刻諷刺了戰爭的殘酷。

>>與此同時，人們還努力對太空進行探索。哈伯望遠鏡從太空中傳返地球的影像，讓世人認識了宇宙的多姿多彩；而火星車登上火星後，又爲我們帶來了另一顆星球的資訊。

>>試管嬰兒的誕生、複製羊桃莉的出現，說明人們在基因研究上又邁出一大步；而網際網路的風起雲湧和電腦系統改革的日新月異，更是大大改變了人們的生活方式，使未來生活變得更加豐富寬廣。

↑ **愛因斯坦天文臺**

德國建築師孟德爾松1920年代設計。

愛因斯坦的廣義相對論對於一般人來說，既新奇又神祕，孟德爾松抓住這一印象，把它作為建築表現的主題。他用混凝土和磚塑造了一座混混沌沌的線型體形，上面開出一些形狀不規則的窗洞，牆面上還有一些莫名其妙的突起。整個建築造型奇特，難以名狀，表現出一種神祕莫測的氣氛。

西元1890年

西元2007年

歐洲舊勢力的衰落／科技的力量／第一次世界大戰／殖民地世界的覺醒／戰火籠罩下的文明／二次大戰前的世局／第二次世界大戰／二次大戰名將／兩極分化的冷戰／冷戰後的世界／戰後的文化科技

馬克沁機槍

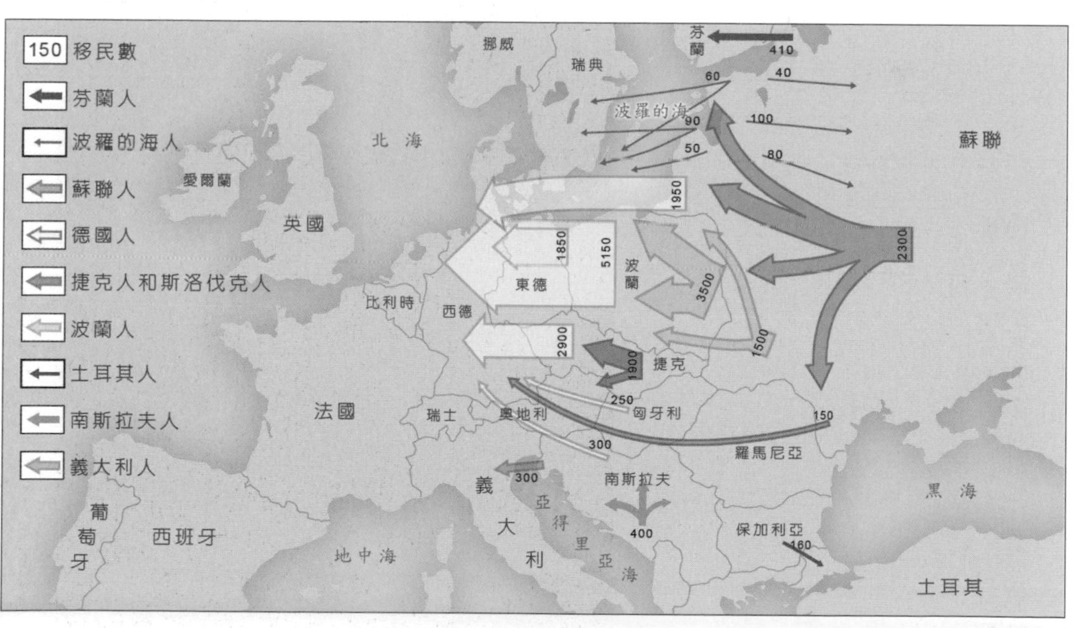

二次世界大戰後的歐洲移民路線圖

001.列寧的故事

列寧是馬克思的忠實信徒，他的思想是在馬克思理論的影響下所創立。由於列寧，共產主義迅速傳入世界許多地區。

暗殺沙皇行動

1881年3月，俄國沙皇亞歷山大二世的車隊正行駛在首都的大街上，突然，有幾個青年從人群中衝向車隊。「有刺客！」車隊衛兵大叫起來，但爲時已晚，隨著幾枚炸彈的巨響，沙皇亞歷山大二世的座車被炸。那幾名青年也消失在混亂的人群中。

是誰刺殺沙皇呢？原來是一群由熱血青年組成的民意黨成員。他們認爲國家落後、人民生活痛苦都是沙皇造成的，只要除去沙皇就能伸張自己的政治主張。誰知，新沙皇亞歷山大三世一上任便大肆搜捕民意黨成員，且更加殘酷地剝削壓迫人民，置人民於水深火熱之中。

「怎麼辦？」民意黨青年再次製造暗殺活動，但這一次他們沒有成功，反而被早有準備的沙皇一網打盡。沙皇政府追問誰是主謀，一個叫亞．烏里揚諾夫的青年挺身而出，扛起全部責任。沙皇立刻下令絞死了他。他十七歲的弟弟弗拉基米爾．伊里奇．烏里揚諾夫得知哥

【人文歷史百科】

亞歷山大二世

沙皇亞歷山大二世（1818～1881），是尼古拉一世的長子。他在位時實施了一系列國內改革，主要有解放農奴政策、設立地方自治議會、修訂司法制度、充實初等教育、改革軍制等，以謀求俄國的近代化。亞歷山大二世對俄國的革命運動採取無情鎮壓，致使革命活動不斷增多。1874年之後，革命者中的恐怖主義勢力抬頭，屢次刺殺沙皇。1881年3月3日，亞歷山大二世在聖彼得堡遭民意黨成員炸死。

↓亞歷山大二世肖像

這位沙皇最偉大的功績是解放農奴，終結一段曾束縛著兩千多萬農民的勞動體制。

→列寧頭像

哥的遇難，怒火中燒，緊握雙拳，在心中暗暗發誓定要爲哥哥報仇！

青年革命家

幾天來，在弗拉基米爾的腦海中，一直想著如何才能爲哥哥報仇？如何才能繼承他未盡的事業？這天他獨自一人來到了哺育自己長大的伏爾加河畔，望著那靜靜的流水，陷入了沉思。

「是像哥哥他們那樣繼續進行暗殺嗎？一個沙皇死了，還會有更多的沙皇……不，絕不能再這樣做了，這是一條走不通的路。」弗拉基米爾站了起來，對著伏爾加河水發出了自己的感悟：「哥哥，你的鮮血沒有白流，它擦亮了我的雙眼，使我看清了這個世界，唯有用暴力推翻腐朽的沙皇統治，讓人民當家作主，才能實現你的奮鬥目標！」

←列寧的全家合影像

列寧於1870年出生在一個政府官吏家庭，此照片攝於1879年，前排中右側者為列寧。由照片中可看出列寧的家境富裕。

↓列寧和他二妹的合影，攝於1874年

誰會想到，照片中這個擁有八分之一猶太血統的漂亮男孩，竟然成為歷史上最有影響力的人物之一。

1887年秋天，弗拉基米爾進入喀山大學法律系學習。在校期間，他細心研究各種社會學說，與同學組織各種抗爭活動。尤其閱讀了馬克思的著作後，使他對資本主義的現實有更深入的認識，他將自己的理解講給同學們聽，得到不少認同，個人威信日益提高。因爲他發表文章時常使用「列寧」此一筆名，所以大家都親切地叫他「列寧」。

但是沙皇政府對學校的管控甚嚴，當列寧準備領導一次反對政府的學生集會時，卻被抓到了。在押解他的路上，一名衛警關心地「開導」他說：「孩子啊，你年紀輕輕的，爲什麼做這種造反的傻事呢？你應該清楚，你的前頭可是一堵牆，不是一張紙啊！」列寧斬釘截鐵地說：「是的，那是一堵牆，但那只

不過是一堵潰爛的朽牆，只要人民團結起來，就會把它推倒的！」在被關押期間，列寧不時地向獄友們宣講革命之說和馬克思主義。當有人問他出獄後的打算時，他毫不猶豫地說：「革命！繼續革命，這是我們唯一的出路！」

←青年時代的列寧，攝於1891年
1891年列寧以校外生的身分參加聖彼得堡大學法律系的國家考試，並取得助理律師資格。

聖彼得堡的註冊律師

1887年12月9日，列寧被流放到柯庫什基諾村，但他絲毫未動搖自己的信念，利用所有時間來磨勵自己。一年後，他回到了喀山，祕密地參加了一個馬克思主義的學習小組，有系統地研究並宣傳馬克思主義學說。

1889年列寧來到了薩馬拉，在那裡建立俄國第一個馬克思主義小組。由於沙皇政府不許他再上大學，列寧就利用兩年時間自學完成大學課程，並以校外生的身分參加了聖彼得堡大學的法律系國家考試，被授予最優等的畢業文憑，很快就成爲一名註冊律師。

1893年8月底，年僅二十三歲的列寧來到了聖彼得堡。他把全部精力都投入到建立馬克思主義政黨，深入工人社區，參加各類集會發表演講。

在列寧的積極倡導之下，聖彼得堡建立了許多工人小組，這些小組聯合起來在1895年秋天，祕密地成立「工人階級解放鬥爭協會」。這是俄國歷史上社會主義和工人運動的首次結合。列寧非凡的組織能力，使他很快就成爲了這個組織的領導者。

↓列寧和他的同志，攝於1897年
此照片中間者為列寧。在流放西伯利亞時，遭流放的革命同志們常常找一些藉口彼此探望，集會討論政治問題。

獄中抗爭和流放生活

「工人階級解放

鬥爭協會」廣泛的活動，隨即被沙皇政府察覺。不久，列寧又遭祕密逮捕。他被關押在小牢房中，仍堅持寫作，用手中的筆來進行抗爭。在獄中他完成了《俄國資本主義發展》的大部分內容。

爲了領導工人運動，他在獄中寫了大量傳單和小冊子。列寧利用一項巧妙的辦法，與外界互通訊息：在獄方同意的情況下，他讓家人定期替他送書來，然後用牛奶當墨水把字寫在書的空白處，當牛奶乾燥後什麼也看不出來。家人將書帶回去後，用火一烤，那用牛奶寫的字跡就顯現出來了。爲了不讓看守發現，他用麵包做了一個「墨水瓶」，把牛奶灌了進去。有一次，守衛看見列寧背對著牢窗，好像低頭做著什麼，就推開牢門闖了進來，大聲嚷道：「你在做什麼？」機警的列寧迅速把特製的「墨水瓶」吞了下去，守衛見列寧吃著麵包，無啥異狀，便說了些訓斥的話，悻悻地走了。就這樣，列寧採用各種巧妙的辦法，在獄中指導工人運動。

1897年5月，沙皇政府又把列寧流放到西伯利亞東部的舒申斯克村。這裡偏僻荒涼，連報紙都沒有，列寧保持著樂觀的態度，在三年流放中翻譯了兩本書，寫了數十篇文章，完成了《俄國資本主義的發展》一書。

布爾什維克的誕生

三年流放生活結束後，列寧輾轉來到國外，考慮組建無產階級政黨。1902年底，他在法國萊比錫出版《火星報》，發表大量文章。這些文章後來祕密傳回國內，在俄國工人間傳播，「列寧」之名再起。

經過列寧的宣傳，俄國社會民主工黨於1903年7月，在布魯塞爾的倉庫裡召開代表大會。在列寧的倡議下，通過了國際共產主義運動史上第一個列入無產階級專政條文的黨綱。在大會選舉中，以列寧爲代表的馬克思主義者獲得了多數席位，成爲布爾什維克派，並組成黨中央機構，滲透著列寧主義思想的布爾什維克黨於焉誕生。

→下棋的列寧
列寧從小就喜歡下西洋棋，他走棋從不馬虎，一旦掌握了規則，就嚴格地遵守，並且要求對手也這樣做。此照片攝於1908年，中間者為高爾基。

002.五一國際勞動節的由來

1886年5月1日，美國工人為了爭取八小時工作制而奮起抗爭，這一天可說是全球勞動者的共同節日。

美國工人大罷工

每年的五月一日是全世界勞動者的節日，然而它的由來卻充斥了斑斑血淚。

←罷工動員宣傳畫，版畫
畫面中呈現美國工人走上街頭，動員大家為自己的權益來參加罷工抗爭。

1877年，當時的美國工人爲了改善勞動和生活條件，強烈要求縮短十幾個小時的工時。他們舉行大規模的遊行示威，訴求實行八小時工作制，由此揭開美國史上首次全國大罷工的序幕。迫於工人運動的壓力，美國國會不得不宣布實行八小時工作制。唯身爲雇主的資方根本不想執行。1884年10月，來自美國和加拿大的八個工人團體在芝加哥舉行聚會，他們決定舉行一次更大規模的總罷工，爭取實行八小時工作制。

1886年5月1日，美國工人們舉行聲勢浩大的全國性示威遊行，不同膚色、行業的三十五萬多名工人停工，走上街頭進行抗議，使得全美的主要工業立刻陷入癱瘓狀態。

罷工運動的空前規模和工人階級的頑強鬥志，使得政府當局和資本家恐慌不已，但他們不甘答應工人們的要求，因此想出非常手段來遏制。1886年5月3日，一些受資方唆使的破壞分子混入遊

→鎮壓罷工者，版畫
1877年美國爆發了史上第一次全國性大罷工，罷工雖然遭到警力的鎮壓，但迫於工人運動的巨大壓力，美國國會不得不宣布實行八小時工作制。

↑鎮壓罷工者，版畫
1886年5月1日，美國芝加哥城二十萬工人舉行罷工和示威遊行，要求改善勞動條件，實現八小時工作制。工人和軍警搏鬥，經過流血抗爭，得到各國工人的支持，才終於獲得八小時工作制的權利。

行隊伍中，他們有意地口角甚至械鬥，引人注意地叫嚷：「有人打起來啦！」這使原本很有秩序的遊行隊伍出現騷亂。事先有所準備的員警趁勢以維護治安秩序為由，格斃幾名工人，壓制工人的抗爭情緒。

第二天晚上七點，三千多名滿懷沉痛心情的工人們聚集到芝加哥的秣市廣場，為死傷者開追悼會，並要求為罹難工友們討公道，抗議當局的暴行。十點左右，追悼會接近尾聲時，突然闖來二百多名全副武裝的員警，他們以維護治安為名，不許工人聚會，憤怒的工人們立即與員警進行爭辯。這時躲在角落裡受資方派遣的暴徒又行動了，他們趁人不注意，向激烈爭辯的人群投了一枚炸彈。只聽「轟」的一響，幾名工人和員警應聲倒在血泊中。別有用心的暴徒為擴大混亂的事態，肆意瘋狂叫喊著，廣場頓時陷入一片混亂。站在遠處觀望的資本家們，見勢馬上報告當局說工人集會炸死了員警。芝加哥政府遂出動大批員警包圍廣場，向工人開槍掃射並逮捕許多人，當場死傷達二百多人。

工人的勝利

「芝加哥事件」發生後，資方又大肆地造謠說：「投彈者就是提出八小時工作制的工人，絕不能答應這些弒警者的要求。」政府當局與資本家勾結，不經任何調查，就把被捕的八個工人領袖送上法庭，誣告他們犯有殺人罪。工人們強烈抗議違背事實的指控，上訴到聯邦最高法院，但法院依舊維持原判。1887年11月，四名工人領袖被處死刑，三人判無期徒刑，一人則受盡折磨死在獄中。

美國這次聲勢浩大的罷工運動，得到全世界工人的回應和支持，迫於壓力，美國政府不得不在1887年12月宣布實施八小時工作制，美國工人運動因此取得了初步的勝利。

為紀念1886年5月1日美國工人爭取八小時工作制的罷工，人們便把這一天定為國際勞動節。

003.德雷福斯事件

德雷福斯事件可看作是歷史上最離奇的偵探小說之一，它直接影響法國社會的政治進程。

被歪曲的事實

←德雷福斯（1859～1935），為猶太裔法國上尉軍官1894年在法軍總參謀部任職期間，被指控把有關新式武器的祕密文件出賣給德國駐法武官。由於當時軍界排猶主義情緒猖獗，軍事法庭在證據不足的情況下判處德雷福斯終身監禁，押解到法屬圭亞那的魔鬼島服刑。

1898年1月13日，法國著名作家左拉在《曙光日報》上發表〈我控訴〉一文，嚴厲指責法國政府的反猶太政策，聲討他們所製造的「德雷福斯事件」。輿論認爲這篇文章簡直就是寫給總統的公開信。之後，政府即以誹謗政府的罪名將左拉告上法庭，左拉被迫逃往英國。

關於「德雷福斯事件」，得從一封洩密信說起。普法戰爭以後，戰敗的法國割地又賠款，人們的反德情緒非常激烈。法國情報部門爲搜集德國的情報，就在德國駐巴黎使館安排一名間諜做女傭。女傭偶然發現了一封寄給德國武官史瓦茲．考本的信，信封上未署名，而信的內容涉及了一些關於法國在德國邊境部隊的情況，還有其他的軍事機密。女傭不敢怠慢，馬上把信送交法國情報部門。

洩密信很快被轉交到法國陸軍總參謀部情報局反間諜處處長桑德爾上校的手中。桑德爾看到信後頓時喜出望外，因爲最近一段時間法國出現了好幾起機密洩露的事件，但始終沒有破案線索，於是他立刻通知兩位副處長前來分析。

亨利少校和邊帕葦少校相繼趕來。桑德爾把信交給他們看，亨利看過信後，頓時嚇得心驚膽跳，原來這封信上的字跡竟是他的老友——情報局的德語翻譯艾斯特拉齊少校的。「怎麼辦？他向德國人洩露本國的軍事祕密，和我也有很大的關係，如果指出是他，我自己的前程怎麼辦？」想到這裡，亨利並沒有說出事實眞相，而是不動聲色地和桑德爾一起推測這封信的「眞正主人」。過了一會兒，亨利十分果斷地說：「這件事一定是猶太軍官德雷福斯上尉所爲。」同時，他還舉出德雷福斯提供情報的種種可能性，以便轉移大家的視線。

桑德爾上校本來就對猶太人有偏見，他曾強烈反對具有猶太人血統的德雷福斯進入總參謀部。亨利的說法正好切中他的心意，於是他立刻向上級報告說德雷福斯洩露了機密。普法戰爭的慘敗令軍隊高層非常惱火，當他們知悉這件事時，立即就以間諜罪和叛國罪下令逮捕德雷福斯。

辯護無效

軍事法庭祕密地展開對德雷福斯的

→ 介紹德雷福斯案件的書籍

審訊。但到場的只有五個人，法官、被告德雷福斯及其辯護律師，還有警察署長和陸軍部隊的觀察員皮卡爾上校。開庭前，軍方請來幾名字跡專家進行鑑定。專家們得出的結論是：「這不可能是德雷福斯的筆跡。」

在法庭上，德雷福斯提出許多理由證明自己一點也不瞭解信上所涉及到的情報，而且也沒有任何作案的動機。辯護律師也在充分調查的基礎上，列舉許多德雷福斯無罪的證據。法官一時無法做出判斷，只好宣布暫時休庭。當時，正直的皮卡爾上校以軍方觀察員身分，如實地向部長彙報庭審經過，同時指出案件很難成立。

→一個幸福的家庭
德雷福斯和他的家人，1894年攝。

亨利少校得知庭審情況後，心急如焚，生怕事情敗露，於是急忙趕到法庭，親自指證德雷福斯，並信誓旦旦地以軍官的名譽作證。陸軍部長聽完皮卡爾的彙報後，發現自己犯下一個嚴重的錯誤，但爲維護自身尊嚴，他又故意編造一份「密件」，製作「罪證」資料，連同過去沒有破獲的竊密事件，都加諸在德雷福斯身上。法官不再理會德雷福斯的申辯，他依據這些捏造的證詞和資料，最後判處德雷福斯無期徒刑，同時革除軍職，流放到「魔鬼島」。

德雷福斯的親屬們在判決確定後四處奔走，爲他申冤請命。一些正直的律師、記者和作家也爲他抱不平之鳴。德雷福斯的兄弟在法國

↓左拉肖像，油畫，1868年馬奈作品，現藏巴黎羅浮宮
馬奈與左拉是莫逆之交。1868年，馬奈為他畫了一幅肖像，這幅畫可算是馬奈的藝術宣言，因為畫上有三處細節表明他的藝術理想和靈感之源泉：一是桌上一本左拉寫的關於馬奈的小冊子，二是牆上掛著的一幅馬奈的《奧林比亞》，三是日本浮世繪的版畫。

《震旦報》上向公眾講述這一冤案，立即引起了轟動，許多正義人士強烈呼籲撤銷錯誤判決，還德雷福斯一個公道。

命懸一線

此時已繼任反間諜處處長的皮卡爾，得到了女間諜從德國大使館廢紙中找出的另一封信，是德國大使寫給艾斯特拉齊少校的草稿。這份草稿立即引起了皮卡爾的警覺，他開始暗中對艾斯特拉齊進行調查，結果發現艾斯特拉齊與德國武官的關係十分可疑。於是皮卡爾將艾斯特拉齊的筆跡，與先前疑似德雷福斯所寫告密信的筆跡一對照，驚奇地發現筆跡完全相同。

←驚人的揭露
1898年1月13日的巴黎《曙光日報》，刊登左拉著名文章〈我控訴〉，向世人揭示「德雷福斯案件」是一樁冤案。

皮卡爾立即向副總參謀長報告，並請求重新審理這個案件。聽到皮卡爾的分析後，副總參謀長也感覺到這是一起冤案，但爲了維護軍方的榮譽，他沒有爲德雷福斯平反；對於皮卡爾的建議也未加理睬，而是默認判決。正直的皮卡爾不甘心，他不斷向上級陳述而惹怒高官，於1896年底被派到法國殖民地突尼西亞南部作戰。此時的亨利少校爲使冤案無所爭議，竟然僞造出德雷福斯與德皇的通信，進一步誣證德雷福斯是德國間諜。1897年12月17日，陸軍部長當眾宣布，法庭對德雷福斯的判決是公正無誤的，當時的內閣總理也宣稱德雷福斯案件沒有問題。

在這期間，德雷福斯的親屬和朋友們並未停止控訴，他們甚至寫信給德皇

↑諷刺漫畫
刊登在《曙光日報》上的漫畫，諷刺法國政府的反猶太政策和炮製德雷福斯冤案。

【人文歷史百科】

德雷福斯事件與法國知識分子

德雷福斯事件也稱得上是一次知識分子的事件。從知識分子的角度對其進行考察，可以看到：德雷福斯事件為法國「知識分子」的誕生提供了時空條件；二十世紀法國各代知識分子在充當「社會良心」時所採取的手段，及表現出來的特點，大多可在此一時期法國知識分子身上找到先例。

威廉二世，請求他證明德雷福斯的清白。德皇正沉浸在戰勝法國的喜悅中，根本沒想去理會這件事。無奈之下，德雷福斯的親屬複製了大量告密信的照片，在街頭四處張貼，希望有人出來幫助指認眞正的作案人。幸運的是，一位銀行家認出了這個筆跡，說告密信和他一位顧客的筆跡完全相同，而這名顧客就是艾斯特拉齊。德雷福斯的親屬查知艾斯特拉齊的身分後，認定此人有充分的作案條件，於是便急忙向法庭控告艾斯特拉齊。

一波三折

艾斯特拉齊終於被帶上軍事法庭。但是軍方害怕事蹟敗露，特意派亨利等人爲他擬好辯護詞。結果，艾斯特拉齊獲判無罪。

但是強烈的輿論壓力迫使陸軍部不得不對案件做出進一步審查，接手這個案件的新任軍官很快就發現亨利僞造的證據。在確鑿的證據面前，亨利再也無法抵賴，他承認所有的罪證，於被捕後的第二天自殺。而艾斯特拉齊潛逃到英國，陸軍部長也被迫狼狽辭職。

1899年8月，軍事法庭重新開庭審理，仍舊宣布德雷福斯有罪，只是將他的刑期改判爲十年的苦役。判決一出，立刻引起人們的強烈憤慨。許多正義人士又團結起來，繼續爲德雷福斯案件奔走抗爭。

面對強大的輿論壓力，法國的新任總理提出折衷方法，即繼續維持原判，但以總統名義對德雷福斯施行特赦。只是特赦並不等於無罪，德雷福斯的冤案仍未得到澄清。

此後，又經過漫長的七年奔走，1906年6月，激進派領袖克里蒙梭出任總理，他主張重審此案；7月，最高法院宣布德雷福斯無罪。在蒙受十二年冤屈後，德雷福斯終於恢復名譽。此後，他恢復軍籍，並獲得榮譽勳章，第一次世界大戰中又晉升爲中校。正直的皮卡爾也晉升爲準將，後來還擔任陸軍部長。

二十四年後，德國武官史瓦茲．考本的記事手冊公布於世，德雷福斯案件才告眞相大白。1930年6月，史瓦茲．考本的妻子將記事手冊寄給德雷福斯，並在信中附上了武官用法文寫的「德雷福斯無罪」等字樣。五年後，經歷這場風波的主人公——德雷福斯，在巴黎安詳地離開人世。

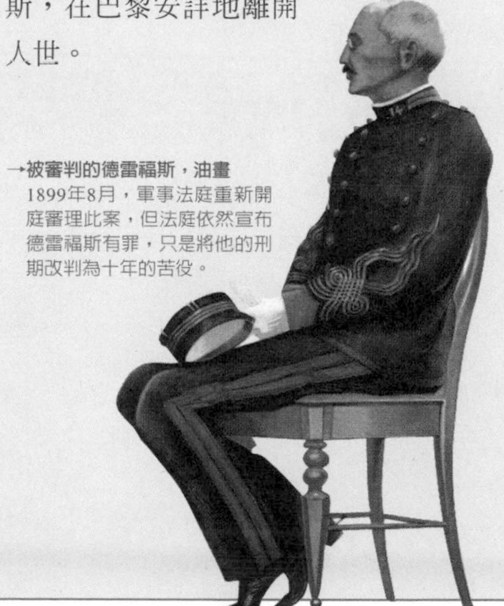

→被審判的德雷福斯，油畫
1899年8月，軍事法庭重新開庭審理此案，但法庭依然宣布德雷福斯有罪，只是將他的刑期改判為十年的苦役。

004.蓄謀已久的美西戰爭

1805年，美國總統傑弗遜赤裸裸地表示：若與西班牙開戰，必先占領古巴。

神祕爆炸案

十九世紀末，古巴還是西班牙的殖民地。1895年，古巴境內掀起爭取民族獨立的戰爭，而此時的美國卻隔岸觀察事態進展，準備伺機行動。

1898年初，古巴革命眼見就要成功，西班牙的殖民統治即將土崩瓦解。同年1月24日，以「幫助古巴革命」並維護自身在古巴的利益和僑民爲由，美國將「緬因號」巡洋艦開進古巴首府哈瓦那港，開始向西班牙殖民者施加壓力。

1898年2月15日晚，緬因號巡洋艦上燈火通明，士兵在甲板上喝酒談笑，享受著靜謐的夜晚。突然「轟隆」一聲巨響，緬因號發生劇烈震動。頃刻間，濃煙滾滾而起，整個軍艦立刻陷入火海之中。「有人炸船啦！」聽到這聲驚呼，官兵才從輕鬆的氛圍中醒悟過來，大喊著四處逃命。

有個軍官站在甲板上，大聲呼叫：「救火，不要驚慌！趕快救火！」但是士兵們根本聽不進去，紛紛跳進大海。軍官非常氣憤，隨手揪住身邊兩個奔跑的士兵，命令他們立刻救火。士兵們剛要遵命行動，又一聲巨響隨之而來，頓時，整艘軍艦緩緩地向右邊傾斜過去。意識到這條船已無法挽救，大伙只好跳水逃命。

緬因號爆炸的消息在美國引起強烈震憾，人們極欲想知道，究竟是誰炸了緬因號，是西班牙人，還是古巴人？

美西戰爭爆發

美國經過一番調查後，公布結果：是西班牙人用水雷炸沉緬因號。消息一經傳出，美國國內擴張主義者抓住這個最佳時機，舉行密集的集會活動，並在各大報紙上接連發表激進文章，鼓動對西班牙宣戰，並喊道：「爲在緬

↑ **悲慘的晚會**
1898年2月15日晚，美國緬因號巡洋艦的爆炸案，引發美國和西班牙的戰爭。

←海上巨人
1898年初，停泊在古巴首府哈瓦那港的緬因號巡洋艦。

因號死難的同胞報仇！美國人的鮮血絕不能白流！與西班牙人進行決戰！血戰到底！」整個加勒比海地區籠罩著戰爭陰霾，美國和西班牙之間的戰爭一觸即發。

1898年4月20日，美國發出最後通牒，要求西班牙撤出古巴。西班牙政府斷然拒絕，宣稱這次爆炸與他們無關，而是軍艦內部爆炸。但是此聲明已不具任何意義，4月25日，美國正式向西班牙宣戰，美西戰爭爆發。

開闢菲律賓戰場

菲律賓是西班牙在亞洲的殖民地，美國一直將它視為前進亞洲的跳板，因此想盡快納入版圖。5月1日，美國總參謀部向遠東艦隊司令杜威下達作戰命令。艦隊冒著西班牙魚雷和大砲的交錯轟擊，強行闖進馬尼拉灣，與西班牙艦隊展開激烈海戰。

西班牙軍艦奮力還擊，但由於設備陳舊落後，火力太弱，根本無法擊中對方。而美國艦隊憑藉著遠程火砲，一會兒就把馬尼拉灣的十艘西班牙軍艦全部擊中，之後又把砲口對準岸上的砲臺，進行一番狂轟亂炸，迅速封鎖馬尼拉港口。但是，杜威感到登陸後不能控制局面，因此直接電告最高軍事當局，請求立即派兵前來支援。不到一個月時間，美軍增兵三次，派出一萬多人，攻占了馬尼拉城。

此時，菲律賓人利用美西戰爭的機會，迅速推翻西班牙的殖民統治，並宣告菲律賓的《獨立宣言》。但是，菲律賓人民高興得太早。美國軍隊在攻取馬尼拉後，便迅速強占已被菲律賓人解放的馬尼拉郊區，同時與西班牙駐菲律賓總督舉行密談，逼迫他交出菲律賓。西班牙殖民者看到大勢已去，只好放棄。於是，杜威便在幾聲空砲中占領菲律賓。

西班牙潰敗

對西班牙而言，古巴是非常重要的戰略要地，他們不甘心像菲律賓那樣放棄，因而從大西洋的佛得角群島調來大批艦隊，陸續駛進古巴東端的聖地牙哥灣，準備隨時援助島上的西班牙軍隊。美國艦隊緊急封鎖通往聖地牙哥灣的狹窄航道，迅速將港內的西班牙艦隊圍困住，然後利用遠端重砲的優勢進行猛烈轟擊。被困在港內的西班牙艦隊如甕中之鱉般，處於被動挨打的境地，在火光沖天、煙霧滾滾中，一艘艘西班牙戰艦終成一堆廢鐵。

↓**自信的美利堅將士，復原圖**
1898年進攻菲律賓馬尼拉城的美國登陸部隊，畫面中的將士充滿來自新大陸帝國的自信與英勇。

同時，在聖地牙哥東約二十五公里處的地方，約有一萬五千名美軍強行登陸，向聖地牙哥進襲。西班牙軍隊積極設防，用盡所有武器來阻擊美軍。雙方經過十天苦戰，傷亡都十分慘重，暫時處於對峙的局面。

為擺脫被動局面，困守在聖地牙哥灣的西班牙艦隊準備在7月實行突圍，與美軍艦隊進行最後決戰。

突圍的時間到來，西班牙艦隊一字排開，開足馬力欲做出最後一搏。

↑ **強大的攻勢**
在美西戰爭中，美軍利用良好的形勢，在陸上發動強大攻勢，迅速占領了古巴聖地牙哥城外的埃爾卡內山和聖胡安山。

但剛駛出港灣，還沒有看到美軍，西班牙艦隊就遭受重創。一發發砲彈在甲板上炸開，還沒來得及開火，多艘戰艦就葬身海底。美軍砲火的射程遠比西班牙高出許多，因此西班牙艦隊還沒靠近美軍，遠遠地就被擊沉了。

因為實力差距過大，西班牙很快就宣告戰敗。西班牙艦隊慘敗，有五百多人死亡，包括艦隊司令在內的一萬七千多人被俘；而美軍僅一人死亡，幾個士兵受傷，軍艦則根本未遭到任何重創。

隨後，美軍又趁勢占領聖地牙哥城外的埃爾卡內山和聖胡安山。一次又一次的失敗，使西班牙軍隊喪失了還擊的能力，甚至連招架之力也沒有，最後倉皇地向美軍投降。

短短的三個月裡，美軍便成功攻占整個古巴。1898年12月，美國和西班牙在巴黎簽訂和約，西班牙撤出在古巴和菲律賓的駐軍。但引起美西戰爭的導火線——緬因號爆炸的真正原因，卻成了未解之謎。

↑ **戰地醫生，復原圖**
美軍強行登陸古巴聖地牙哥後，帶來了大批的戰地醫生。

005.日俄戰爭

日本開戰了，他們向俄國不宣而戰！——俄軍士兵

日本不宣而戰

←集結在大連的日本軍隊
日軍在海戰進行的同時，派出了大批部隊在中國境內集結，準備進行一場聲勢更大的陸戰。

1904年2月8日的夜晚，中國北方的旅順天氣寒冷異常，在旅順港內停泊的俄國太平洋艦隊卻沉浸在一片歡鬧氣氛中，艦上正在爲俄國太平洋艦隊緬懷斯達爾克將軍夫人的命名日而慶祝。

突然，港口方向傳來一陣轟隆隆的砲聲，接著又是一陣劇烈的爆炸聲，無數道刺眼的閃光從窗外的天空劃過。舞池裡頓時一片慌亂，女士們顧不得平時的優雅，發出刺耳的尖叫聲。

隨後又傳來了一陣更加強烈的砲聲，而且火光更加明亮而刺眼。人們正爲這異常激烈的「禮砲」感到莫名其妙時，突然踉蹌地跑來一名士兵，他氣喘吁吁地大聲叫道：「日本開戰了，他們向俄國不宣而戰！」大家這才恍然大悟，抱頭鼠竄地跑出俱樂部。

↓日俄戰爭前停泊在旅順口的俄國太平洋艦隊
1904年2月8日，日本不宣而戰，派遣海軍偷襲旅順口的俄國太平洋艦隊，戰爭前，俄國太平洋艦隊還靜靜地停泊在那裡。

在俄國人放鬆跳舞之際，日本海軍中將東鄉平八郎率領著聯合艦隊，偷偷地接近停泊在港口的俄國軍艦。日軍艦隊密集的砲彈呼嘯著飛到俄艦，艦上的俄國官兵被從夢中炸醒，狼狽地撤往旅順港內，但在途中又遭日本魚雷艦的伏擊，兩艘戰鬥艦和一艘巡洋艦當即被擊沉。

這次偷襲行動日本蓄謀已久，這是日俄衝突激化的必然產物。因爲中日甲午戰爭後，中國戰敗，日本在《馬關條約》中提出割讓遼東半島的條款，而遼東半島上的旅順是俄國租界。俄國還把東北視爲它的「勢力範圍」，怎能讓日本染指此處，於是聯合法、德等國讓日本把遼東半島歸還給中國，這使兩國的關係變得惡化。

封鎖航道的妙計

爲了迷惑對方，讓自己有充足的時間備戰，兩國派出代表進行所謂的「和平談判」，來掩蓋雙方劍拔弩張的眞面目。亟欲爭奪中國東北的日本終於忍不住，在1904年2月8日以偷襲旅順軍港的

↑日本第三集團軍在大連灣登陸
1904年6月，日本第三集團軍的司令乃木希典率領第三集團軍在大連灣登陸，準備向駐旅順俄軍陣地發動攻擊。

方式，拉開了日俄戰爭的序幕。

戰爭開始前，日本計畫先消滅南邊的俄軍主力，如此即必須奪取旅順。因此，他們不宣而戰的偷襲旅順港，妄圖以最快的速度擊敗俄國。第二天，日本又派出大批軍艦圍殲對方。沙俄艦隊沒有主動出擊，反將港外的所有艦隊撤回旅順港內。這使得日本得以封鎖旅順口，毫不費力地將俄國艦隊困死在旅順港內。

在一個異常寒冷的夜晚，日軍派出一支由八十多人組成的敢死隊，駕駛著五艘裝滿巨石的破舊船隻，偷偷地駛向旅順港口。

↑日俄戰爭中的一處俄軍陣地
日俄戰爭是在東北境內發生的，不管誰輸誰贏，受害最深的都是無辜的中國老百姓。

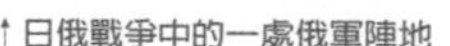

【人文歷史百科】

《馬關條約》
1895年4月17日，李鴻章與日本代表簽訂中日《馬關條約》。條約規定：清政府承認朝鮮獨立；割遼東半島、臺灣、澎湖列島及附屬島嶼給日本；賠償日本軍費白銀二億兩；增開重慶、沙市、蘇州、杭州為通商口岸；開闢內河新航線；允許日本在中國的通商口岸開設工廠，產品運銷中國內地免收內地稅。

但他們很快就被砲臺上的俄軍發現，遭到俄軍猛烈的砲擊。勉強靠近港口後，船上的日本人點燃船上的火藥便跳海逃走。伴隨著炸藥的爆炸聲，滿載巨石的五艘船隻紛紛沉入海底；俄軍才突然明白，原來日本人想用沉船的辦法來堵塞航道！令俄軍欣喜的是，這裡並非軍方的出航要道。東鄉平八郎見計畫落空，便下令將大量水雷布設在旅順口外海域，又派軍艦不停地在港外來回巡邏，企圖將俄艦死死盯守在港內。

日軍的一系列布防使俄國海軍膽戰心驚，他們曾嘗試著衝出去，但都被日軍猛烈的砲火打了回來。日軍逐漸掌握制海權，日本的陸軍不多久就登上遼東半島，並迅速占領大連，切斷俄軍的陸上通道；旅順變成一個孤立的據點，守衛旅順的俄軍司令施特塞爾只得做困獸之鬥，與日軍決戰。

激烈的海戰

當時的旅順要塞，防禦工事非常堅固，大小堡壘、砲臺星羅棋布，各種火砲配置在不同位置，可形成交叉火力控制整個要塞。

俄軍司令施特塞爾是一個戰場老手，雖然處於孤立無援的境況，但他卻堅信日軍不會攻破旅順。

↑沙河戰爭
1904年9月末，俄軍與日軍在沙河展開激烈攻防戰，俄軍兵力為二十一萬餘人，擁有火砲七百五十八門。日軍投入兵力十二萬人。

↓乃木希典（1849～1912）
日本陸軍上將，日本軍國主義的積極推行者。在中日甲午戰爭中參與奪占旅順要塞的攻堅戰。1902年退役，日俄戰爭爆發後重返陸軍，出任第三集團軍司令，1905年初率部攻陷旅順要塞，3月參加瀋陽會戰。1912年與其妻切腹自殺，為明治天皇殉死，是日本武士道精神的典型代表。

8月中旬，數萬名日軍逼近旅順，幾百門大砲對準旅順要塞。日軍總指揮乃木希典得意洋洋，認爲攻破旅順指日可待。但日俄雙方誰也不願主動出擊，形成暫時的對峙局面。

不久，供給嚴重不足的俄軍艦隊沉不住氣，二十多艘俄艦陸續駛出旅順港，準備向海參崴方向突圍。奇怪的是並沒有發現日軍軍艦，艦隊司令維特洛甫梯以爲突圍成功了。中午時分，日艦突然出現在海面上。「不好，有日艦！」俄艦官兵只好硬著頭皮倉皇應戰。日艦有備而來，提前開砲，霎時間，海面上砲聲隆隆。

俄軍艦隊憑藉數量上的優勢，最後以慘重代價衝出日艦的包圍。然而在傍晚左右，日艦又追上來，疲憊的維特洛甫梯爲打通逃生之路而迎戰，但此時的俄艦彈藥明顯不足，只能挨打。不一會兒，維特洛甫梯就與他的旗艦葬身火

海。剩下的俄艦則掉轉船頭，逃回旅順港。

←彼得羅巴甫洛夫斯克號
1904年5月27日，俄國從歐洲增派的第二、第三太平洋艦隊三十八艘艦艇駛抵對馬海峽，遭到日本九十九艘戰艦截擊。翌日俄國艦隊大敗，被擊沉了十九艘，俘五艘，死亡五千人、俘六千人。圖為即將沉沒的沙俄戰艦「彼得羅巴甫洛夫斯克號」。

敢死隊的最後一擊

海戰的同時，乃木希典命令三百多門大砲同時轟擊旅順，摧毀許多堡壘和砲臺。但俄軍憑藉居高臨下的地理優勢和堅固的工事奮力反擊，乃木希典命令加大火力，並下令分三路對旅順的幾個制高點發起猛攻。日軍嚎叫著衝向俄軍陣地，但在俄軍垂死掙扎的火力下傷亡十分慘重。戰鬥六天下來，五萬多人的日軍已傷亡過半，但旅順依然被俄軍牢牢控制。

乃木希典想用挖地道的辦法偷襲，又被俄軍識破。俄軍在前線挖了一道橫向的塹壕，日軍的地道剛剛挖通，就暴露在俄軍的砲火之下，頓時又有幾千人成爲俄軍砲火的活靶。

Le Petit Journal

SUPPLÉMENT ILLUSTRÉ

ABONNEMENTS

CRUELLES REPRÉSAILLES DES JAPONAIS EN MANDCHOURIE

Exécution de fonctionnaires chinois accusés de sympathie pour les Russes

↑被砍頭的俄軍奸細
這一幅外刊報紙，刊登了即將被日軍處決的俄國間諜。

惱羞成怒的乃木希典調集一個師的兵力前來增援，並攜帶大批重型大砲和新式手榴彈。爲盡快占領旅順，乃木希典親自率領三千多人的敢死隊，準備夜襲旅順要塞。

這天，乃木希典調集砲火全力轟擊一處，爲前行部隊打開一個缺口。頃刻間，俄軍的一處防線被夷成平地。

眼裡充滿血氣的乃木希典，手持一把寒氣森森的武士刀，率領敢死隊從缺口處衝進去，立即搶奪制高點。俄國人被突如其來的敢死隊嚇破膽，紛紛舉手投降。

日軍後續部隊蜂擁而上，迅速占據俄塞的制高點二〇三高地。緊接著，日軍架設大砲，轟擊旅順市區和港口停泊的艦船，俄軍頓時潰不成軍。

施特塞爾見大勢已去，只好投降，1905年初，旅順落入日本人手中。此後，俄國無力再戰，同意將遼東半島的權力轉讓給日本。

006.第一架飛機試飛成功

1903年12月17日，萊特兄弟製造的飛機在美國北卡羅萊納州的基蒂霍克試飛成功，開創人類在航空史上的新時代。

聰明的萊特兄弟

1877年的冬天，在美國代頓地區一個白雪皚皚的山坡上，有一群孩子正興致勃勃地進行雪橇比賽。其中，有兩個小男孩拉著一個又矮又小的雪橇，夥伴們都嘲笑他們的矮雪橇像個小怪物。

比賽開始了。那兩個小男孩駕駛著小「怪物」，迎著凜冽的北風，一馬當先，遠遠把夥伴們高大的雪橇拋在後面，飛快地衝過終點線。原來，矮雪橇可以減少風的阻力，跑得更快。

這兩個喜歡動腦筋的小男孩，就是後來發明飛機的萊特兄弟，小怪物雪橇就是他們自己動手做的。但這時候誰會想到，航空史上的新時代將要由他們這兩雙小手開闢呢？

耶誕節來臨了，小萊特兄弟收到了爸爸送的禮物：一個纏著橡皮筋的玩具。爸爸告訴他們這個玩具能飛上天，並示範給他們看。

↑少年時代的威爾伯，攝於1880年

「它能不能把人帶上天呢？」兄弟倆不約而同地問道。

↑童年時代的奧維爾，攝於1881年

老萊特愣了一下，看著孩子們天真的小臉，笑說：「傻孩子，只有鳥才能飛上天，人怎麼可以飛上天呢？」然而，「製造出把人帶上天的東西」這個念頭，卻從此在他們腦海裡生根。

萊特兄弟長大後，開了一家自行車商店，和普通人一樣過著平凡的日子。1896年的一天，奧維爾在報紙上看到了德國的李林塔爾駕駛滑翔機失事身亡的消息，急忙告訴哥哥。威爾伯聽後陷入沉思，然後認真地注視著奧維爾說：「我們爲什麼不能做一個更好的滑翔機呢？」兩兄弟的手緊緊地握在一起。

製造滑翔機

自從決定製造滑翔機以後，他們除

↑萊特兄弟故居，攝於1900年
位於美國俄亥俄州西南部代頓市的萊特兄弟故居。

↑第一架滑翔機，攝於1900年
萊特兄弟研製的第一架像風箏一樣的滑翔機，必須繫上繩索，憑藉風力飛行。

了照顧商店外，其餘的精力全花在查找飛行資料上，全力以赴地研究飛行理論。就這樣過了三年，他們把掌握的航空知識與鳥類飛行的原理結合起來，開始第一架滑翔機的設計工作。

1900年10月，萊特兄弟的滑翔機研製成功。他們把滑翔機帶到空闊的基蒂霍克海邊拼裝好，借助強勁的風力，滑翔機飛起來了！雖然只有一公尺多高，萊特兄弟依然受到極大的鼓舞。成功的喜悅使他們再次以狂熱的激情，投入到改進滑翔機性能的工作中。

到了第二年秋天，兄弟倆又進行了一次試飛。只見滑翔機借著風勢，像隻展翅的雄鷹一樣，飛上一百八十公尺的高空。然而萊特兄弟並沒有感到滿足，因爲他們想要的是一架不需借助風力就能自行起飛的滑翔機。

怎樣才能讓滑翔機獲得自行起飛的動力呢？萊特兄弟到處收集資料，反覆論證，但仍然毫無頭緒。

一天，有人到他們店裡借東西，說要修一下汽車發動機。當聽到「發動機」這三個字時，威爾伯腦子裡靈光一閃，忽然想到利用發動機作滑翔機動力源的方法。狂喜之餘，萊特兄弟馬上到處尋找優良的發動機。唯當時世界上生產的發動機都非常笨重，在那樣的重量下，飛機根本無法起飛，而且也沒有工廠願意專門爲他們研製小發動機。於是，萊特兄弟不得不自行研製合乎要求的發動機。在自行車技師泰勒的幫助下，他們終於研製出一臺十二匹馬力，重量不及普通發動機三分之二的發動機。

發動機的問題解決了，可是怎麼才能讓它派上用場呢？這個問題沒有難倒聰明的萊特兄弟，經過反覆試驗，他們想到用發動機帶動螺旋槳來使滑翔機飛行的辦法。

↑成年後的萊特兄弟合影（左為弟弟奧維爾，右為哥哥威爾伯）

↓奧維爾和飛行者一號
1903年12月17日，奧維爾駕駛「飛行者一號」在基蒂霍克試飛成功。

試飛成功

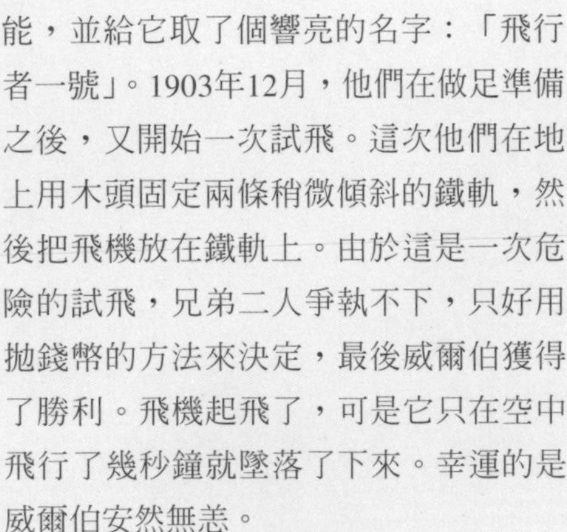

1903年9月，萊特兄弟製造出帶發動機的飛機，可惜第一次試飛沒能成功。他們總結經驗，多次改進飛機的性能，並給它取了個響亮的名字：「飛行者一號」。1903年12月，他們在做足準備之後，又開始一次試飛。這次他們在地上用木頭固定兩條稍微傾斜的鐵軌，然後把飛機放在鐵軌上。由於這是一次危險的試飛，兄弟二人爭執不下，只好用抛錢幣的方法來決定，最後威爾伯獲得了勝利。飛機起飛了，可是它只在空中飛行了幾秒鐘就墜落了下來。幸運的是威爾伯安然無恙。

兄弟倆趕緊檢查飛機，飛機構造沒有出現任何問題，回憶操作方法也沒有問題。奧維爾忽然說道：「我明白了！因爲在地上滑行的時間太短，螺旋槳沒能達到足夠高的速度，以完全抵消機身的重力，所以很快墜了下來。」於是他們把鐵軌移到平坦的地面上，並增加鐵軌的長度。

1903年12月17日上午，溫度低到泥濘都結了冰。試飛開始了，這次由奧維爾駕駛，伴隨發動機的轟鳴聲，飛行者一號在鐵軌上滑行了一段時間後，平穩地升空。威爾伯跳了起來，跟著飛機歡呼著：「飛起來了！飛起來了！」這次飛機飛行十二秒鐘，約三十六公尺遠。後來兄弟倆又飛了三次，由威爾伯駕駛的第四次試飛，距離達到了二百六十公尺，時長五十九秒鐘，這是公認的世界上最早的空中持續動力飛行。

萊特兄弟更加認眞地改進飛機的性能，陸續製造出了「飛行者二號」與「飛行者三號」，後者竟能在空中飛行一個小時之久，消息傳出後驚動美國政府。於是，政府讓他們在公眾面前進行

↓飛行者一號
1903年12月16日，萊特兄弟把「飛行者一號」拖出倉庫。萊特兄弟在「飛行者一號」上安裝一臺自製的8800千瓦功率的內燃機，帶動兩副二葉推進式螺旋槳，採用升降舵在前、方向舵在後的布局。翼剖面呈弧形，翼展十三．二公尺，滑橇式著陸裝置，駕駛員俯臥操縱。

【人文歷史百科】

航空百年大事記

1977年：兩架波音七四七客機（一架屬荷蘭皇家航空公司，一架屬美國泛美航空公司）在加那利群島的聖克魯斯——德特內里費上空相撞起火，共五百八十三人死亡。這是世界史上最嚴重的空難。

1999年3月21日：瑞士探險家伯特朗．皮卡爾和夥伴布里敦．布賴恩．瓊斯創造人類首次乘熱氣球不間斷環球飛行的壯舉。他們共飛行了十九天又二十一小時五十五分，通過三十個國家的上空。

2003年10月23日：「協和」超音速飛機舉行告別飛行。

↑奧維爾試飛成功
1903年12月17日，奧維爾・萊特在北卡羅萊納州的基蒂霍克駕駛「飛行者一號」飛機進行試飛。飛機在空中飛行十二秒，飛行距離為三十六・五公尺，此舉成為人類第一次可操縱的動力飛機的持續飛行。站在飛機旁的是他的哥哥威爾伯・萊特。

一次飛行表演。

飛天之舞

1908年9月10日上午十點，無數觀眾聚集在一個空闊的場地上，大家都迫切地想知道，停放在中央的那個怪物到底能不能飛起來。而奧維爾正在怪物——「飛行者三號」裡面，有條不紊地做著試飛前的準備工作。

威爾伯細心地檢查了飛機的所有器件，然後信步走到飛機的左側，接過工作人員遞過來的令旗，向奧維爾揮旗致意。全場頓時靜了下來，鴉雀無聲。

這時奧維爾啓動了發動機。只見威爾伯高高地揚起令旗，猛地往下一揮，飛機馬上順著鐵軌向前滑去。在人們的期待與發動機的轟鳴聲中，「飛行者三號」瀟灑無比地滑動著，接著倏地飛了起來，如同展翅高飛的雄鷹一般衝向空中。它越飛越快，越飛越高，最後，在蔚藍的天空中平穩地盤旋起來。啊，飛天之舞！無數人的夢想終於變成現實。

地面早就沸騰起來了，人們忘情地呼喊著。小夥子們把帽子高高地扔向空中，姑娘們解下鮮豔的頭巾向天空中的英雄揮舞著。「飛行者三號」像鳥兒一樣在高達七十六公尺的天空中，自由地展示著人類的飛天之舞，這非凡之舞整整持續了七十四分鐘。之後，「飛行者三號」又成功地搭載了一名乘客，那名勇敢的乘客讚嘆道：「太美妙了！我竟然能在天空中飛行！」

威爾伯與奧維爾因此於1909年獲得美國國會榮譽獎。萊特兄弟的這次試飛，是人類在飛機發展史上所邁出的一大步，它圓了人們的飛天之夢，開創航太時代的新紀元。

↓能夠搭載乘客的飛機，攝於1908年
1908年9月10日，奧維爾駕駛著能夠搭載乘客的飛機，在高空盤旋了一小時又十四分。

007.倫琴發現Ｘ光

「X」光的發現，對物理學尤其人體醫學來說是一項新革命。──倫琴

奇怪的綠光

←倫琴的實驗室
倫琴在物理學方面（如運動電介質的磁效應、晶體導熱性、熱釋電和壓電現象等）貢獻卓著，但他為人熟知的是發現了X光。

1895年11月8日晚上，德國維爾茨堡大學的校長倫琴教授，像往常一樣來到實驗室裡，準備繼續做改良陰極射線管的實驗。

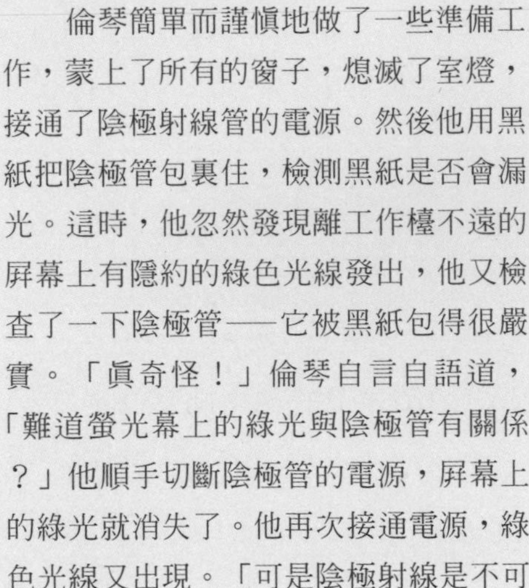

倫琴簡單而謹慎地做了一些準備工作，蒙上了所有的窗子，熄滅了室燈，接通了陰極射線管的電源。然後他用黑紙把陰極管包裹住，檢測黑紙是否會漏光。這時，他忽然發現離工作檯不遠的屏幕上有隱約的綠色光線發出，他又檢查了一下陰極管──它被黑紙包得很嚴實。「真奇怪！」倫琴自言自語道，「難道螢光幕上的綠光與陰極管有關係？」他順手切斷陰極管的電源，屏幕上的綠光就消失了。他再次接通電源，綠色光線又出現。「可是陰極射線是不可能穿透黑紙的，它連幾公分的空氣都穿透不了。」他反覆切斷、接通電源，綠色光線隨之時隱時現，「這到底是怎麼回事呢？」他沉思了一會兒，腦子裡有了點眉目：綠色光線肯定是因陰極管而出現的，很可能是陰極管發出的某種射線到達屏幕，而使屏幕發出綠光。

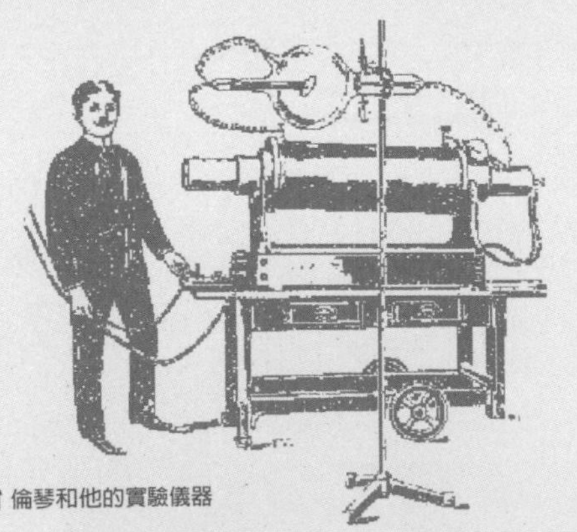

↑倫琴和他的實驗儀器

強大的穿透力

這種射線能不能穿透空氣以外的物質呢？他試著把一張紙擋在陰極管與螢光幕之間，綠光依然存在，他隨即又拿起一本書去擋，仍然無濟於事，他又用木板、橡膠模具……然而所有物質都不能阻擋綠光的顯現。

「上帝啊！這真是太神奇了！」巨大的喜悅使得倫琴教授完全忘記了時間，他尋找著各種質地的物品，反覆地進行

【人文歷史百科】

倫琴和Ｘ光

倫琴（1845～1923），德國實驗物理學家。1895年發現Ｘ光（又稱倫琴射線）。它是一種高頻電磁輻射，頻率大於紫外線的頻率，但比射線的頻率小；常由於高速電子衝擊到金屬靶上而產生。

試驗。最後，他終於確定，陰極射線管發出的一種不知名射線到達屏幕後，可以使屏幕發出綠光。他把這種神奇的射線叫做「X（未知的）光」。

←倫琴射線下的手
這張照片中的手是倫琴夫人的手，她應倫琴的請求，懷著矛盾的心情把手伸向了X光。

後來，他發現屏幕之所以會發出綠光，是因爲屏幕上覆蓋了一層叫氰亞鉑酸鋇的無機鹽，若換成類似的無機鹽，這種現象也會發生。他又發現許多金屬都會被X光穿透，只有鉛等少數金屬可以吸收X光。而且很多螢光物質在遇到神奇的X光後，都會發出不同程度的螢光。

造福人類

倫琴發現這些神奇的現象後，激動得不能自己。就在這時，他無意之中把手放到了陰極管與螢光幕之間，忽然看到屏幕上閃動著一個骨架似的怪東西，頓時大吃一驚，嚇住了。天哪，他看到屏幕上赫然顯示著一具陰森森的手形骨架！

他壓抑住巨大的驚喜，又試了一次。千眞萬確，X光竟然可以透視人體！倫琴打電話叫來妻子，他請妻子把手放在用黑紙包著的照相底片上，用X光照射，底片顯影後看到倫琴夫人的手骨像，手指上的結婚戒指也非常清晰，這成了一張歷史性的照片。後來這種照片被應用於人體醫學上，發揮了非凡的作用。

1895年12月8日，倫琴把這張「X」光照片連同論文〈一種新的射線〉發表在報紙上，頓時引起全世界的轟動。他又於1896年及1897年分別發表論文與演講。在演講中，他激動地說道：「X光的發現，對物理學尤其人體醫學來說是一項新革命。」從此，人們都把X光叫做「倫琴射線」，倫琴因此於1901年獲得首屆諾貝爾物理學獎。

↓坐在實驗儀器旁的倫琴
倫琴進行陰極射線實驗，觀察到射線管附近的氰亞鉑酸鋇小屏幕上發出綠光，他斷定這是由管中發出的某種射線所致。

008.生理學之王──巴甫洛夫

十九世紀後期，巴甫洛夫發現條件反射與非條件反射，於1904年成為首位獲得諾貝爾生理及醫學獎的生理學家。

神祕的條件反射

←喜歡運動的巴甫洛夫
巴甫洛夫在研究之餘，總要和朋友一起活動一下，他說：「運動是保持精力旺盛的要件。」

1890年，聖彼得堡軍醫學院裡不知什麼時候流傳起「條件反射」的說法，對於這個奇怪的辭彙，沒有一個人能解釋清楚。10月的一

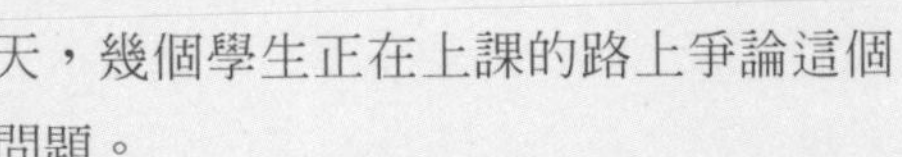

天，幾個學生正在上課的路上爭論這個問題。

「今天這節課是巴甫洛夫教授上的，」一個學生說道：「請教一下他就知道誰說得對了！」

「太好了，巴甫洛夫教授可是有名的生理學家，」另一個學生連忙接著說：「聽說『條件反射』就是他提出的！」說著，他們走進教室坐定位置。

上課鈴聲未落，巴甫洛夫穩健地走進了教室。教室裡頓時靜了下來，同學們無一不期待教授精采的演講。巴甫洛夫把教科書放到桌子上，微笑地看著同學們說：「各位，我是巴甫洛夫，今天的消化生理課由我來講授。」這時，有個學生站了起來：「巴甫洛夫教授，請問什麼是條件反射？」巴甫洛夫對那個學生點了點頭，說道：「好吧，下面我爲大家講個故事。」

有趣的故事

巴甫洛夫踱下講臺，開始講起故事來：「有人向朋友要了一條狗，因爲怕這條狗跑回朋友家，他就用鎖鍊把狗鎖到院子裡。從此以後，這條原本溫順的狗性情大變，牠只要看到路人，就『汪汪』狂叫，樣子特別凶惡。」

「一天，有一群孩子經過這

←巴甫洛夫的諾貝爾獎證書
巴甫洛夫製成了保留神經支配的「巴甫洛夫小胃」，並創造了一系列研究消化生理的慢性實驗方法（如唾液瘻、食道瘻、胃瘻、胰腺瘻等），揭示了消化系統活動的一些基本規律，並把結論成果發表在《主要消化腺講義》一書中。為此他獲得1904年諾貝爾生理及醫學獎。

裡，那條狗又開始狂叫起來。孩子們都嚇壞了，躲得遠遠的不敢靠近。其中有一個膽大的男孩，他慢慢地走上前去。夥伴們都叫了起來：『別過去，狗會咬你的！』那個男孩繼續朝那條狗走去，邊走邊說：『我家就養了一條狗，只要把牠放開，牠就不會這麼凶了。』『你瘋了嗎？』聽他這麼一說，夥伴們嚇得四散逃跑。那個男孩真的想辦法把鎖鍊打開了，而那條狗很溫順地伸出舌頭，舔了一下小男孩的手。夥伴們提起膽子圍上來撫摸牠，牠也不介意，反而搖頭晃腦的，顯出親熱的模樣。」

講到這裡，巴甫洛夫停了一下，接著說：「起初我也不知道是怎麼回事，後來經過研究發現：如果給狗鎖上鍊子，就等於給牠一個約束條件。這個條件使得狗喪失自由，深深地刺激牠的大腦，於是引起牠本能的自我保護意識的反射，狗兒因此變得極為凶惡。後來鎖鍊被打開，約束條件解除，狗的自我保護的反射也自然而然地消失了，所以便恢復溫順的性情。這就是條件反射的作用。」

←巴甫洛夫夫婦
巴甫洛夫說：「我努力尋找生活中的伴侶，希望她能給我的生活帶來無盡的動力，事實上，這位夫人比我理想中的還要完美。」

「假飼」實驗

1849年，巴甫洛夫在俄國的梁贊出生。巴甫洛夫出生時，父親只是個普通的傳教士，經濟上不是很富裕。巴甫洛夫草草地度過二十一歲生日，拿著一張「貧困證明書」走進聖彼得堡大學。大學裡的巴甫洛夫主攻生理學，但他博覽群書，並不僅僅局限於生理學領域。因為學習成績優異，在畢業時他獲得學校頒發的金獎章。畢業後，巴甫洛夫進入軍醫學院深造，一待就是四十多年。在這些年裡，消化系統生理狀況的研究，占

【人文歷史百科】

巴甫洛夫

巴甫洛夫（1849～1936）是前蘇聯生理學家、心理學家，也是高級神經活動學說的創始人，行為主義學派的先驅，蘇聯科學院院士。1870年在聖彼得堡大學攻讀動物生理學。1875年轉入軍醫學院學習，1883年獲醫學博士學位。初始研究血液循環和消化功能，1904年因消化腺生理學研究而獲得諾貝爾獎。

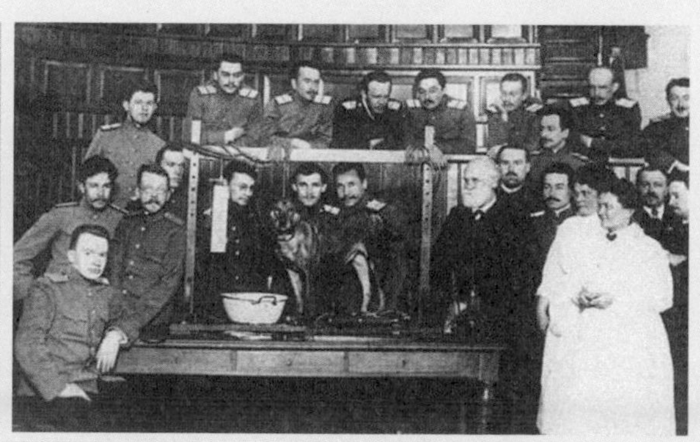

↑巴甫洛夫和他的學生

據巴甫洛夫生活的大部分時間，而他研究動物體內消化活動的實驗成果，爲他帶來了極高的榮譽。其中最著名的是「假飼」實驗，透過這個實驗，他提出條件反射的概念。

在假飼實驗中，巴甫洛夫切斷狗的食道，把食道的出口縫在狗的皮膚上，同時又給狗的迷走神經動手術。他把這條狗餓了一天，然後端來一盆肉，飢餓的狗開始大口大口地吞食那盤肉。

由於食道管已被切斷，被吞下去的肉又順著食道回到了盆子裡，而狗繼續貪婪地吞咽著。有趣的事情發生了，過幾分鐘，從狗的胃裡引出的一根橡皮管流出了大量的胃液。在實驗中，可以很清楚地瞭解到狗兒消化腺的分泌情況。原來，狗的第十對腦神經（即迷走神經）受到強烈的刺激，牠的衝動引起胃液的大量分泌。

巴甫洛夫在狗兒的迷走神經縫上一根細線，只要輕輕一拉這根線，腦與胃之間的聯繫就會被切斷。這時，雖然狗還在不停地吞食著肉，但胃液卻停止分泌；而一鬆開細線，胃液又大量地冒了出來。這就是著名的假飼實驗。

巴甫洛夫透過大量的實驗與不懈的努力，發現條件反射，揭示消化系統活動的一些基本規律，並把結論發表在《主要消化腺講義》一書中。爲此他獲得1904年度諾貝爾生理及醫學獎，成爲首位獲得此獎項的生理學家。

創立條件反射學說

二十世紀初，巴甫洛夫又開始對高級神經活動進行研究，首次發現大腦皮層機能的活動規律。他再次找來一條狗

↓正在對狗施行手術的巴甫洛夫

巴甫洛夫曾說：「當看到一個活蹦亂跳的生命在我手裡結束時，我感覺到自己就像個屠夫。唯一能減除我心中愧疚的管道，就是把實驗做得更好。」

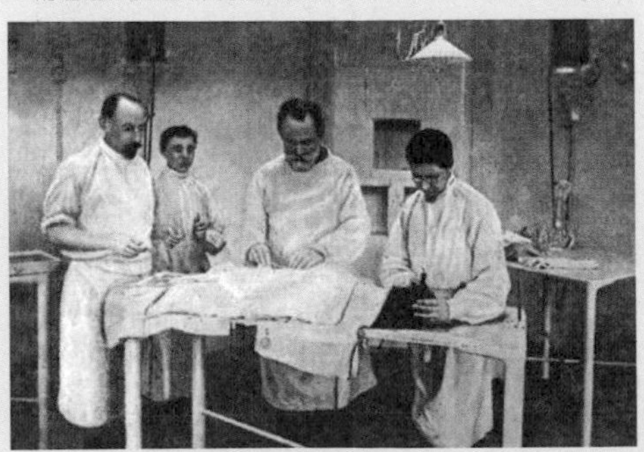

【人文歷史百科】

討厭心理學家的巴甫洛夫

巴甫洛夫並不願意做一名心理學家，相反的，他希望自己是一名嚴謹的自然科學家。巴甫洛夫十分反對當時的心理學，反對過分強調「心靈」、「意識」等看不見、摸不著的僅憑主觀臆斷推測而得的東西。他甚至威脅說，如果有誰膽敢在他的實驗室裡使用心理學術語，他將毫不留情地開槍將他擊斃。

進行實驗：巴甫洛夫先在狗的臉頰上切開一個小洞，找到牠的唾液腺，接上一根很細的導管，然後端來一塊鮮肉和一碗肉湯。他發現狗吃東西時，導管中就會流出很多唾液，但吃肉時唾液分泌得多，喝湯時唾液分泌得少。巴甫洛夫稱之為「非條件反射」，認為這種反射是動物們與生俱來的本能反應。後來巴甫洛夫發現，其他如光線、聲音等外界刺激，也會引起狗的唾液分泌。

←巴甫洛夫的笑
這張傳閱甚廣的照片中，巴甫洛夫如兒童般的天真笑容甚具吸引力。

在一次聚會中，巴甫洛夫為更深入地解釋條件反射，他拿起一顆鮮檸檬對現場的人說：「這是一顆鮮檸檬，我想在座的各位都吃過吧？」話剛說完，有一些人就不自覺地流出了口水，人們相互打趣著對方的饞相。

「為什麼大家還沒有吃到檸檬，就流出了口水呢？」巴甫洛夫笑著說，「因為大家以前吃過，知道它又酸又甜，現在自然地就產生如此反應。這種反應是有條件的，就是你以前吃過檸檬，所以稱為『條件反射』。我相信，條件反射將會在生理學及醫學方面發揮出色的作用，它將會大大地推動兩者的發展。」

二十世紀初，巴甫洛夫建立條件反射學說，發表《大腦兩半球活動講義》和《動物高級神經活動客觀性研究實驗二十年》，引起全世界的強烈迴響。1907年他當選為俄國科學院院士，後又被英、美、法、德等二十二個國家的科學院選為院士，並成為二十八國生理學會的名譽會員和十一個國家的名譽教授。

↓巴甫洛夫和他的同事們
這是巴甫洛夫與其同事們的合影。巴甫洛夫說：「有人說我是天才，這要歸功於身邊的同事們，因為任何人得到他們的幫助，都會變成天才。」

009.諾貝爾獎的由來

諾貝爾在遺囑中稱囑，將遺產大部分作為基金，每年以其利息頒獎給前一年在物理、化學、生理及醫學、文學與和平事業中「對人類做出最大貢獻的人」。

人生起始點

←年輕的諾貝爾
諾貝爾1842年隨家人赴聖彼得堡居住。1850年去巴黎學習化學一年，後又在美國人埃里克森手下工作過四年。回聖彼得堡後，在他父親的工廠裡工作。這是諾貝爾1850年左右的照片。

1833年10月21日，諾貝爾在瑞典首都斯德哥爾摩出生。他的祖父曾經做過一名軍醫；父親伊曼努厄爾．諾貝爾似乎對外科器械設計較感興趣，痴迷於造船工程，同時還是個科學發明家，並一直致力於爆破性化學的研究。受父親影響，諾貝爾從小對化學、物理學和機械工程學產生了濃厚的興趣，在十七歲時專程前往美國學習造船工程學。

在美國學習造船工程期間，諾貝爾經常去郊外遊玩。當時，他看見工人們爲了開通一條鐵路或公路，在荒山中用鐵錘拚命地敲打石頭，這種落後的工作方式讓他留下了很深的印象。他時常思考著：如果發明一種東西，能夠不費力氣就將山給劈開，那對人類該是多大的貢獻啊！

學成返國以後，諾貝爾便回到父親的工廠工作，從事硝化甘油和其他烈性炸藥的實驗和製造。

1866年，經過數百次高危險性的實驗，諾貝爾終於成功研製出一種爆炸力驚人的液體炸藥：「諾貝爾炸油」。但是諾貝爾炸油雖然威力巨大，爲人們省了不少力，但是它也有個致命的缺陷，就是容易引起爆炸，只要有劇烈的震動或磨擦，即可能會發生爆炸，這爲長途運輸帶來了極大的

↓斯德哥爾摩
1833年10月21日，諾貝爾在瑞典首都斯德哥爾摩出生。從此，這個北歐斯堪地半島東部的王國便與「諾貝爾」一名緊緊聯繫在一起，成為世人嚮往的地方。

→斯德哥爾摩的諾貝爾紀念雕刻

麻煩。美國舊金山的一輛火車曾運送過這種炸藥，但因爲行車時發生顛簸，引爆了炸藥而車毀人亡；一艘巨輪也曾運送過這種炸藥，但受風浪襲擊而造成船體內部震動，最終引爆炸藥，巨輪沉到海底。

諾貝爾炸油的不穩定性，讓人們心生寒意，不願意去接近它。許多運輸公司對它實行禁運，人們也不再使用它，這使諾貝爾炸油失去存在的意義。爲了能達成服務人類的目的，諾貝爾傾力研製更爲安全的炸藥。

沉重的代價

1864年9月3日，諾貝爾離開實驗室外出工作。回來時被眼前的慘景給嚇呆了：他的實驗室已不復存在，濃濃的硝煙還在廢墟上遊蕩，刺鼻的氣味在廢墟周圍凝結著，四周散落一地的碎玻璃，磚塊下還滲出了灘灘鮮血。諾貝爾有一種不祥的感覺。趕到醫院他才知道，五名工作人員已經全部遇難，弟弟也因搶救無效而死亡，父親變成了終身殘廢。

諾貝爾突然有點不知所措。但不服輸的心理又讓他鼓起了勇氣，他從深沉的悲痛中解脫出來，盡全力投入新的實驗中。爲了避免爆炸造成大損失，諾貝爾在朋友的幫助下，把實驗室遷到一條

←諾貝爾的父親

伊曼努厄爾．諾貝爾是位發明家，他發明了家用取暖的鍋爐系統，設計出一種製造木輪的機器以及大鍛錘，改善了工廠設備。1853年，沙皇尼古拉一世為了表彰伊曼努厄爾的功績，破例授予他勳章。

船上。

待在船上的諾貝爾可以隨心去做試驗。經過四年的努力，諾貝爾在進行數百次實驗後，終於製造出了更爲安全的黃色固體炸藥，這種炸藥唯經引爆才能爆炸，磨擦、震動皆已不構成威脅。諾貝爾的研究還不止於此，人類歷史上第一個引爆裝置——雷管，也是出自他的發明。

又一次冒險

由於對炸藥爆炸力的苛求，諾貝爾經過反覆試驗，再研製出威力更大的炸藥。但是，他無法判斷這種炸藥的爆炸力究竟有多大，於是他決定進行一次冒

↓諾貝爾兄弟

（順時針）羅伯特、阿爾弗雷德、路德維格和嬰兒埃米爾。這批照片來自聖彼得堡，拍攝時間約在1843年左右。

↓諾貝爾出生的地方

險試驗。很顯然，爆炸力越強，危險性也就越大。

1875年的某天，諾貝爾決定測驗炸藥的爆炸威力。1864年9月3日那次意外還深深地烙印在他的腦中，這次他決定一個人冒險。他把所有的人趕出了實驗室，把自己鎖在裡面。然後，他再次檢查一下炸藥，開始點燃導火線。導火線迅速地燃燒起來，留下一股刺鼻的煙味。爲了能夠掌握炸藥爆炸的眞實情況，他死盯著導火線，炸藥離他僅有很短的一段距離。

隨著「轟」的一聲，實驗室外的人們立即緊張了起來。濃濃的煙霧從實驗室的窗戶裡衝出，大夥已顧不了太多，紛紛衝向實驗室門口。門忽然打開了，裡面跑出一個滿身是血的人，他邊跑邊喊：「成功了！成功了！」人們顧不得分享他的喜悅，趕緊拉住他來檢查傷勢。這一天，諾貝爾研製出了威力強大的膠質炸藥。

諾貝爾獎金的設立

諾貝爾經過不懈的努力，研製出了安全性更佳、威力更大的炸藥，而且還

←諾貝爾的實驗室
1859年諾貝爾開始研究硝化甘油，1862年完成了第一次爆炸實驗，1863年獲得瑞典炸藥專利。諾貝爾在斯德哥爾摩附近建立小型工廠來生產硝化甘油，但在1864年工廠發生爆炸。為了防止以後再發生意外，諾貝爾將硝化甘油吸收在惰性物質中，使用比較安全。諾貝爾稱它為「達納炸藥」，並於1867年獲得專利。

↓諾貝爾聖彼得堡的家
1859年以前，諾貝爾的家就在這個地方。

→諾貝爾獎牌

不斷地在改良。這爲他帶來「炸藥大王」的榮銜，同時還爲他帶來不菲的收入。資金充裕使得諾貝爾的實驗環境有了大幅度的改善，實驗條件也更加充足。1887年，諾貝爾成功研製出了無煙炸藥，被人們一直沿用至今。

1896年12月10日，「炸藥大王」諾貝爾在義大利去世。而在前一年，他立下一項偉大的遺囑：把自己名下所有的財產全部捐獻出來，設立一個基金會，然後把基金會每年所產生的利息，頒獎給在物理、化學、生理及醫學、文學與和平事業中「對人類做出最大貢獻的人」。

1901年12月10日下午四時三十分，二十世紀初最偉大的盛會在瑞典首都斯德哥爾摩的音樂廳內隆重舉行。參與這次盛會的都是各個領域裡的頂尖人才，「諾貝爾基金會」將給那些爲人類做出傑出貢獻的人，頒發榮譽證書和高額獎金。瑞典國王也親臨致詞，向得獎者表示衷心的祝福。

↓諾貝爾雕像
諾貝爾經營油田和炸藥生產，累積了龐大財富。他逝世時將遺產大部分作為基金，每年以其利息（約二十萬美元）贈予前一年在物理學、化學、生理及醫學、文學與和平方面對人類做出卓越貢獻的人士，即諾貝爾獎，於1901年首次頒發。1968年起，增設諾貝爾經濟學獎金，由瑞典國家銀行提供資金。

【人文歷史百科】

輕視金錢的諾貝爾

諾貝爾與許多富豪不一樣，他輕視金錢和財產。母親去世時，他將母親留給他的遺產全部捐獻給瑞典的慈善事業，僅留下慈母的照片作為紀念，他曾經說：「金錢這種東西，只要能夠解決個人的生活就行；若是過多了，它會成為遏制人類才能的禍害。對於有兒女的人，如果除去必需的教育費用外，再傳下許多的財產，我認為那是錯誤的，這樣只會鼓勵懶惰，使他不能發展個人的獨立生活能力和才幹。」

正是依照這一思想，諾貝爾立下了設立諾貝爾科學獎的遺囑。百年來，一年一度的諾貝爾獎是舉世公認的最高肯定。獲獎科學家得到的不僅僅是獎金，更重要的是榮譽，為全人類科學事業做出貢獻的自豪。

010.科學女王居禮夫人

放射性科學的奠基人居禮夫人，於1903年與1911年分別獲得諾貝爾物理學獎和化學獎，成為歷史上第一位兩次獲得諾貝爾獎項的科學家。

異國求學夢

1867年11月7日，一名女嬰誕生在波蘭的某戶貧窮家庭裡，她的名字叫做瑪麗．斯可羅多夫斯卡。貧寒的家境讓小瑪麗更加珍惜難得的學習機會，十六歲那年，她以優異的成績畢業於華沙女子中學，並取得學校頒發的金獎章。這激起瑪麗學習的熱情，但那時波蘭已被俄、普、奧三國瓜分，當權者取消了波蘭女子上大學的權利。瑪麗想到去國外求學，可是貧窮的家庭無法支付高昂的學費，她只好先在鄉下做五年家庭教師。在此期間，向上深造的念頭沒有從瑪麗心底消失，反促使著她省吃儉用，積攢一筆可以到國外求學的學費。

↑居禮夫人和她的家庭

1891年冬天，二十四歲的瑪麗前往巴黎求學。進入巴黎大學理學院後，瑪麗傾注所有的精力在學業上，實驗室和圖書館是最能發現她忙碌身影的地方。很快，勤奮的瑪麗付出的努力有了回報，她成爲全班最優秀的學生，也是教授最喜愛的助手。

刻苦攻讀

由於家裡不能提供經濟上的幫助，所以瑪麗的生活過得很拮据。爲了能省下一些錢，她住在最便宜的閣樓裡，忍受著極度惡劣的居住環境；爲了省下吃飯的時間，她只簡單地吃一些麵包；爲了省燈油，她總是去圖書館裡研讀，直到圖書館熄燈了，才回去點上小油燈再讀到淩晨兩、三點……

瑪麗如此拚命地學習，而營養又跟不上，身體不久就瀕臨崩潰的邊緣。有一天，她正和同學走著聊著，面色突然變得蒼白，隨後便暈倒在地上。同學立即把她送到醫院，瑪麗的姐夫聞訊趕來。因爲瑪麗的姐夫是名醫生，他替瑪麗仔細檢查後，瞭解了其中的原委。

←**實驗室裡的居禮夫人**

居禮夫人做事一絲不苟，對人要求很嚴格，她在實驗室的門上貼著一張已發黃的紙條，上面用法文寫道：「任何材料不許帶出室外」。其實，居禮夫人用意是關心大家的身體，不受這些化學物品傷害。

→居禮夫人頭像

當瑪麗醒來後，姐夫嚴肅地斥道：「妳這些天都吃些什麼？」「妳現在得貧血病，身體又那麼虛弱，明顯是營養不良！」

瑪麗無言以對，知道瞞不過姐夫了，只好把自己的生活景況告訴他。姐夫聽到瑪麗每天只吃一點東西，而且爲了抓緊時間研讀，每天只休息三、四個鐘頭後，感嘆不已，既爲她的精神感動，也爲自己沒能善加照顧而自責。此後的時間裡，姐夫盡全力支持她，瑪麗也憑藉堅強的毅力一直保持學業領先。1893年夏天，瑪麗以第一名的成績獲得物理學碩士學位；第二年夏天，又以第二名成績獲得了數學碩士學位。

←居禮夫婦一家
這張照片拍攝在1904年，從左往右依次為：皮埃爾、居禮夫人、居禮夫人的女兒（1935年和丈夫獲諾貝爾物理學獎）、皮埃爾的父親。

科學新發現

從巴黎大學畢業後，瑪麗原本打算回國貢獻，但法國物理學家皮埃爾·居禮請求她留了下來，他們於1895年結爲夫妻。從此以後，人們就稱瑪麗爲「居禮夫人」。

1895年，德國科學家倫琴發現了X光。次年，法國物理學家貝克勒發現，鈾礦物質也能放射出與X光相似的光。這引起了居禮夫人的高度興趣。她與丈夫商量研究這個課題，皮埃爾最後決定全力支持她。皮埃爾放下自己正研究的課題，爲了方便實驗，他搬到以前工作過的理化學校。但居住條件惡劣，實驗儀器也很少，他們就在這樣艱難的情況下開始對鈾的研究工作。

經過無數次的實驗，居禮夫人發現，能發射與X光相似之射線的物質不僅有鈾，還有釷。但是，貝克勒發現的那種光卻比鈾放射的光線強得多，所以她推斷，一定還有一種物質能夠放射光線，而且這種物質還是未被發現的新元素，它極少量地存在於礦物中。居禮夫人把它定名爲「鐳」。居禮夫人剛一提出自己的推論，很多科學家都抱持疑態

【人文歷史百科】

居禮夫人

居禮夫人（1867~1934），為法國物理學家、化學家，原籍波蘭。1891年赴巴黎大學學習。1895年與法國物理學家皮埃爾·居禮結婚。他們共同對法國物理學家貝克勒首先發現的放射性現象進行研究，先後發現釙和鐳兩種天然放射性元素。1906年居禮先生逝世後，她繼續研究放射性並獲得成就。因放射性現象研究的重要貢獻，居禮夫婦、貝克勒於1903年共同獲得諾貝爾物理學獎，1911年居禮夫人又獲諾貝爾化學獎。

度，因爲他們認爲已經對鈾研究得夠徹底了，有人發難道：「如果妳的推論是正確的，那請把那種元素提取出來給大家看看吧！」

←實驗室裡的居禮夫婦
這張照片大約拍攝在1896年，居禮夫婦正在他們的實驗室裡做實驗。他們是婚姻幸福的伴侶，在工作上也是對方最得力的幫手。

提煉鐳元素

居禮夫人爲了證實自己的推斷，決定提取鐳元素。要提取鐳元素，必須有大量的瀝青鈾礦，但這種礦十分稀少，價格也非常昂貴，如果由夫婦倆自己出錢去買，顯然是不可能完成的。後來奧地利政府知悉這件事，表示願意給予他們支持，隨後便贈送給他們一噸已提取過鈾的瀝青礦殘渣。

有了提取鐳的物質，居禮夫婦貫注全力投入鐳元素的提取工作。經過三年的努力，居禮夫婦終於在1902年提煉出了〇·一克的鐳，此後，他們又初步測定了鐳的原子量。同時他們還發現，這種元素的放射性要比鈾強上二百萬倍，它不需要借助任何外力即可自然發光發熱。鐳元素的發現立刻引起科學界的轟動，它打開了人類探索原子世界奧祕的一扇大門。從某種意義上說，鐳的發現，開闢了科學世界的新領域，新興的放射學由此誕生。

永恆的財富

居禮夫婦提煉出鐳後，各種榮譽隨之而來，他們先是在1903年獲得諾貝爾物理學獎，並於同年11月獲得英國倫敦

↓布魯塞爾第一屆索爾維量子力學大會
1911年10月至12月，居禮夫人參加了在比利時布魯塞爾舉行的第一屆索爾維量子力學大會，當時愛因斯坦站在後面（右數第二位）。後來愛因斯坦說：「在我認識的所有名人裡面，居禮夫人是唯一不為盛名所累的人。」

【人文歷史百科】
鐳
鐳是一種化學元素，符號是Ra，原子序數是88，為一種銀白色的鹼土金屬，帶有放射性。鐳在1898年由居禮夫人及她丈夫皮埃爾·居禮於捷克北波希米亞發現。鐳在拉丁文中是「放射」的意思。

皇家學會的最高獎項——大衛獎章。然而不幸的事也接踵而至，1906年4月，皮埃爾在一場車禍中喪生。居禮夫人一度處於悲痛中無法自拔，但科學研究的使命讓她從悲痛中清醒過來，繼續投入工作中。四年後，居禮夫人成功分離出純鐳，並分析出鐳元素所具有的各種性質，以及確定其中的原子量；同年隆重召開的國際放射學理事會，邀請居禮夫人出席盛會，並制定以居禮之名命名的放射性單位，還採用了她所提出之鐳的國際標準。

←居禮夫人和美國總統哈丁
1921年5月20日，美國第二十九任總統哈丁，在白宮代表美國婦女將一克純鐳贈送給居禮夫人。

鐳在醫學方面的廣泛應用，使其身價陡增，有人勸說居禮夫人去申請專利，因爲這樣可以爲她帶來大量財富。但居禮夫人認爲鐳應歸屬於全人類，自己不該以此謀利。曾有一個美國女記者採訪居禮夫人：「如果這個世界上的東西任妳挑選，您會選擇什麼？」

「一克純鐳吧，這樣我就可以做更深入的研究，只是它太昂貴了，我買不起。」居禮夫人回道。

這讓女記者有些不解：「那您當初爲什麼還把鐳送給巴黎大學實驗室？」

居禮夫人很堅定地說：「那是屬於實驗室的，它不屬於我個人。」

女記者採訪完後極受震撼，回到美國後便大力宣傳居禮夫人的無私精神，並號召美國人進行捐獻活動，贈予居禮夫人一克鐳。經過女記者的努力，美國總統哈丁決定在首都華盛頓親自將一克鐳轉贈給居禮夫人，而居禮夫人多次聲明：「美國贈送的這一克鐳，應該屬於科學界共有，而非我個人的私產。」

→居禮夫人在比利時
1927年10月，居禮夫人參加了布魯塞爾第五屆索爾維量子力學大會，與會的二十九位科學家坐在一起留下合影，你可以在上面找到康普頓、居禮夫人、愛因斯坦和普朗克……在未來的日子裡，他們當中有十七位獲諾貝爾獎。

011.愛因斯坦與相對論

「若要對愛因斯坦的理論進行評價，那麼我所期望的就是把他比作二十世紀的哥白尼。」
——德國物理學家普朗克

少年木訥

←愛因斯坦和妹妹
這是五歲的愛因斯坦和三歲妹妹瑪雅的合影。愛因斯坦小時很令父母失望，人家的孩子都開口說話了，三歲的愛因斯坦才「咿呀」學語。後來，比他小兩歲的妹妹已經能和鄰居交談，愛因斯坦說起話來卻還是支支吾吾，前言不搭後語……

1879年3月14日，愛因斯坦出生在德國西南的烏爾姆城，一年後隨全家遷居慕尼黑。愛因斯坦的父母都是猶太人，父親在當地經營一家電器作坊。母親玻琳是受過中等教育的主婦，她熱愛音樂，在愛因斯坦六歲時就教他拉小提琴。

和牛頓一樣，愛因斯坦並不是早慧的孩子。他三歲多時還不會講話，父母因擔心他是啞巴而帶他去檢查。愛因斯坦小的時候很喜歡思考，在四、五歲時，父親送給他一個羅盤。他非常驚訝指南針爲什麼總是指南，覺得一定有什麼東西隱藏在這現象後面。他不停地詢問身邊的每一個人，問出了一連串的問題。

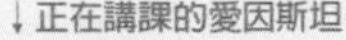

↓正在講課的愛因斯坦
愛因斯坦的一個學生這樣寫道：「當愛因斯坦身著半舊上衣、下穿過短長褲登上講壇時，我們發現他胸前掛著一條鐵製錶鍊，對新教授不免心存懷疑。但他一開口講話，就以獨特的講授方法征服了我們冷卻的心。」

愛因斯坦十五歲時，父親的商店因經營不善而倒閉。爲了生存，父親決定帶著家人一起到義大利謀生。愛因斯坦繼續留在慕尼黑上學。但他非常討厭德國學校裡的軍國主義教育，因此想盡快脫離學校前往義大利。

德國當時的法律規定，男孩在十七歲以前離開德國便不必回來服兵役，於是愛因斯坦決定在十七歲以前逃離這個地方。他請數學老師幫忙開具證明，證明他數學成績優異，已達大學水準；然後再弄來一張病假證明，說他神經衰弱，需要回家靜養。愛因斯坦以爲有這兩張證明，就可逃出這厭惡的地方。

可是還沒等他提出申請，訓導主任卻把他叫了去，以敗壞班風、不守校紀的理由勒令他退

→愛因斯坦頭像

學。愛因斯坦臉紅了，他並不是羞愧於這種離學方式，而是爲自己想出的狡猾主意感到內疚。後來，每提及此事，愛因斯坦仍會害羞得臉紅。

←年輕的愛因斯坦
愛因斯坦的同學這樣描述年輕的愛因斯坦：「他把灰呢帽推到腦後，露出又軟又亮的黑髮，堅定而有力地走著，步履如飛，甚至可以說有些瘋狂，從中可見他那包容整個世界的胸懷。」

愛因斯坦到義大利和家人會合後不久，就轉學到瑞士阿勞市的州立中學。1896年10月，愛因斯坦進入蘇黎世聯邦工業大學，學習數學和物理學。在校時除了數學課以外，他又對自然科學產生濃厚的興趣，熱中於探索自然界的奧祕，常利用課餘時間閱讀大量哲學和自然科學的書籍。

創立狹義相對論

1900年，愛因斯坦從蘇黎世聯邦工業大學畢業，由於他對老師態度冷淡，被拒絕留校。在失業一年半之後，他的同學馬塞爾·格羅斯曼向他伸出援手。格羅斯曼說服父親把愛因斯坦介紹到瑞士專利局去工作。1902年愛因斯坦被伯恩瑞士專利局錄用爲技術員，從事發明專利申請的技術鑑定工作。愛因斯坦終身感謝格羅斯曼對他的幫助，他後來曾說：「這如同救命之恩，沒有他，我雖不至於餓死，但精神會頹廢下去。」

1900至1904年，愛因斯坦每年都寫出一篇論文，發表於德國《物理年報》上，但讓他揚名立萬的是1905年；對於世人來說，這是愛因斯坦創造奇蹟的一年。在這一年裡，愛因斯坦寫了六篇論文，利用工作之餘額外的時間寫的，在三個領域達成四項劃時代的貢獻。尤其是六月分提出的狹義相對論，大大地解決了十九世紀末出現的古典物理學危機，改變牛頓力學的時空觀念，可謂是近代物理學領域最偉大的革命。此時的愛因斯坦，年僅二十六歲。

反戰宣言

1911年，愛因斯坦獲布拉格大學受聘爲理論物理學教授，1912年任母校蘇黎世聯邦工業大學教授。1913年，他又重回德國，擔任柏林大學教授，並當選

【人文歷史百科】

愛因斯坦年

1905年，二十六歲的愛因斯坦發表有關量子理論、狹義相對論和布朗運動的五篇論文，徹底改變了人類看世界的方式。

為紀念物理學上的這一「奇蹟年」，聯合國教科文組織將2005年定為「世界物理年」，許多國家更將2005年定為「愛因斯坦年」。國際物理學界希望在2005年，透過展示物理在經濟、技術、文化等方面的重要作用，爭取全球民衆對物理學的理解與支持，讓物理學在二十一世紀得到更全面的發展。

←愛因斯坦的頭髮

愛因斯坦生活上不拘小節，他的頭髮總是一片蓬亂，西裝的扣子也經常扣錯。一位與愛因斯坦素不相識的年輕小姐曾寫信說：「親愛的愛因斯坦先生，我在報紙上看到您的照片，我認為您應該剪剪頭髮，這樣您看起來會更有精神。」

爲普魯士皇家科學院院士。1914年，應普朗克和能斯特的邀請，愛因斯坦擔任威廉皇帝物理研究所所長兼柏林大學教授，唯不滿四個月，第一次世界大戰就爆發了。

戰爭期間，愛因斯坦與一位哲學家共同起草了《告歐洲人民書》，公開發表反戰宣言，呼籲歐洲科學家應該爲結束這場人類大屠殺而共同努力。然而，當時並沒有著名人士加以回應。失望痛苦的愛因斯坦在這段時間內閉門不出，繼續深入探索自己的科學研究。

愛因斯坦從未滿足於狹義相對論的創立，他在研究中發現狹義相對論的理論體系不夠完善，於是決定突破狹義相對論的局限性，建立一個更完善的體系。1915至1917這三年時間，愛因斯坦迎來了科學成就上的第二高峰。他在三個不同領域中分別取得了歷史性的成就：1916年在輻射量子方面提出了重力波理論，1917年又開創現代宇宙學，而被公認爲人類思想史中厥偉成就之一的廣義相對論，則是他在1915年創建的。

←拉小提琴的愛因斯坦

愛因斯坦學習小提琴的技巧，並非透過正規的小提琴教學，而是透過莫札特的奏鳴曲來摸索完成的。他認為熱愛就是最好的導師，從此他愛上莫札特；小提琴也成了愛因斯坦科學生涯中的終身伴侶和歡樂泉源。

創立廣義相對論

愛因斯坦是如何創造廣義相對論的故事，他的太太米列娃曾對喜劇泰斗卓別林講述過，後來卓別林把這事記在了他的自傳裡：

「吃早餐時，博士還像往常那樣穿著睡袍下樓，可是吃完後卻顯得有些魂不守舍。我便問他出了什麼問題。」

他回答：「親愛的！我冒出了前所

未有的巧妙想法。」

喝完咖啡後，他走到鋼琴前彈奏起來。彈奏一會兒，就停下來在紙上記下一些東西，然後不停地說：「我得釐清這巧妙的想法，極美妙的想法。」

「雖然有點困難，但我仍要堅持下去。」

他繼續彈鋼琴，也陸續間歇寫下一些東西。半個小時之後，他上樓進研究室，並吩咐我切勿打擾他，每天把食物送上樓就行了。傍晚時他會出來散步一會兒，然後又鑽進實驗室裡。

兩個星期後，他走下樓來，臉色略顯蒼白地說：「我終於理通了那個巧妙的想法！」他把兩張紙放在桌上，這就是他的「相對論」。

←愛因斯坦的笑
1951年3月14日，愛因斯坦七十二歲生日那天，被攝影記者要求在鏡頭面前笑一下。他出人意料地做出了這樣的古怪表情，後來竟成為一種社會文化符號，無人不知。

1933年，希特勒上臺，開始對猶太人進行殘酷的迫害，愛因斯坦成了頭號迫害對象，被迫遷居美國，同時任普林斯頓高等研究院教授。1939年，愛因斯坦向羅斯福總統建議推動原子彈研究，但原子彈對生命的毀滅讓他晚年深感愧疚。1955年4月，愛因斯坦因主動脈瘤破裂，逝世於美國普林斯頓。他在遺囑中要求不發訃聞，不舉行葬禮，直接將遺體火化，骨灰撒在不讓人知道的河裡……

↓愛因斯坦在普林斯頓的住居
愛因斯坦剛到普林斯頓時，被問到一年希望的薪俸，他說五千美金差不多。一年五千元是物理系剛畢業學生的水準。校方為難地說：「若給你年俸五千，別人那邊就說不過去了，請你為我們著想一下，還是勉強訂年俸一萬五千元吧！」

【人文歷史百科】

愛因斯坦大腦之謎

科學泰斗愛因斯坦腦部結構的祕密，近年來得到破解，他的大腦負責數學運算的部分，比常人大上15%。這一發現一經宣布，立即在世界上引起轟動。

威特森教授領導的研究小組，發現愛因斯坦的天才確是「天生」的。雖然科學研究證實，後天的努力也能成才，但與生俱來的天才確實是存在的。然而有些西方科學家呼籲，這一發現固然可喜，但應謹慎對待，愛因斯坦就算是天才，但若無後天的培養和個人的努力，也難以發揮出超人的智慧。

012.大戰導火線

1914年6月28日，波西尼亞首府塞拉耶佛的大街上響起了兩聲響亮的槍聲。這兩聲槍響，成為人們永遠銘記的第一次世界大戰之導火線。

耀武揚威的出巡

←在塞拉耶佛街頭的斐迪南大公夫婦
1914年6月訪問塞拉耶佛的斐迪南大公，和接待他的市政廳官員握手的場景。

1914年6月28日，波西尼亞首府。當地時間上午九點，天氣晴朗，一列豪華專車徐徐開進了塞拉耶佛火車站。這趟專列乘坐的正是奧匈帝國王儲斐迪南大公。他和一起前來訪問的妻子索菲緩緩走下車來，踏上這塊已被帝國征服的土地。

大公一身戎裝，頭戴插著羽毛的圓柱形頭盔，胸前佩帶著閃閃發光的勳章。索菲夫人則身穿翻領貂裘大衣，頭戴飾有鮮花和羽毛的寬邊遮陽帽，顯得高貴典雅。

斐迪南大公崇尚軍國主義，他對鄰近波西尼亞的塞爾維亞早已垂涎三尺，日夜想著把這塊富饒之地列入帝國的版圖。

斐迪南大公氣勢淩人地穿過戒備森嚴的車站，偕著妻子地坐進一輛等候的汽車內。六輛敞篷車隊緩緩地駛出車站，轉向塞拉耶佛市政廳。王儲夫婦饒有興致地，與陪行的波西尼亞總督，談論著這個美麗的城市。

等待時機

巴爾幹半島乃十九世紀與二十世紀之交歐洲列強爭霸的火藥桶，而波西尼亞就是位於巴爾幹半島，1908年與赫塞哥維納一同被奧匈帝國呑併。它們和臨近的塞爾維亞同屬於斯拉夫族。以塞爾維亞人爲核心的斯拉夫族，希望建立一個統一的民族國家。奧匈帝國粗暴的侵略行徑，激起了塞爾維亞人的強烈憎恨。此次斐迪南大公的出巡，正是他們剷除頭號敵人的大好機會。

←氣勢淩人的斐迪南大公
斐迪南大公是個極端的軍國主義分子，他趾高氣昂地走在這塊垂涎已久的富饒土地上。

↑斐迪南大公一家合影，攝於1913年
這是斐迪南大公遇刺前一年所拍攝的一張全家福照，看起來相當幸福而美滿。

爲達此目的，塞爾維亞的民族主義者加夫里洛·普林齊普組建了一個七人暗殺小組，早早就埋伏在車站往市政廳的街道兩旁，伺機刺殺這位皇太子。

對斐迪南大公而言，這次行程的目的，是希望給塞爾維亞人民留下開明親和的好印象。此外，這一天也是他和索菲夫人結婚十四周年紀念日。索菲原是大公堂姐的侍女，結婚十四年來，在宮廷裡一直得不到應有的禮遇。所以，他想透過此行讓愛妻享受在維也納得不到的皇室尊榮。故此大公身邊只象徵性地帶了幾名衛兵。此舉對普林齊普等人的暗殺行動來說，正好提供了絕佳契機；七位愛國青年身藏手槍、炸彈，分頭行動，靜靜地埋伏，等待大公一行人的到來。

兩次刺殺失敗

七人當中的第一個刺殺者，是一位

【人文歷史百科】

奧匈帝國

奧匈帝國是1867至1918年間，由匈牙利王國與奧地利帝國組成的聯盟國。

奧匈帝國幅員遼闊，版圖僅次於俄國，居歐洲第二；其地居水陸交通要道，經濟自成體系，立國後工農業、科學文化均有長足發展，是歐洲主要強國之一。但日耳曼人和匈牙利的馬札爾人對其他少數民族的歧視，導致民族抗爭此起彼伏，帝國政治極不穩定，而於第一次世界大戰後解體。

二十歲的高個子青年，他埋伏在一座橋附近。當看到車隊駛近時，他插在衣服裡、緊握炸彈的手早已滲出了緊張的汗水。他兩眼直視大公，腳步僵硬地緩緩向前移動。

「喂，立即後退！」

一名全副武裝的衛警突然走過來，向他大聲吆喝著。就在這一瞬間，車隊安全地越過了橋面。那青年見良機已失，嘆口氣，黯然離開了。

車隊繼續前行，在它駛進阿佩爾碼頭時，埋伏在此的第二個刺殺者察布里諾維茲立即衝出人群，奮力向車隊扔出一枚炸彈！

司機發現形勢不妙，趕緊加快車行速度。炸彈在第三輛汽車剛剛駛過時，「轟」的一聲巨響，在那輛汽車的前方爆炸了，輪胎被炸裂，炸彈的碎片擊傷了車中的總督和大公的幾名隨從。

突如其來的爆炸聲嚇壞了所有在場的人，斐迪南大公也嚇了一跳。雖然他並沒有受傷，但是臉上傲然自得的神情頓時全消。索菲夫人更是被嚇得面色蠟黃。

坐在第一輛車中的塞拉耶佛市長和衛警，爲自己的護航不周感到驚恐，大聲叫道：「快，捉住他，快捉住他！」察布里諾維茲見刺殺失敗，立即服毒並投河自盡。

【人文歷史百科】

塞爾維亞人的反抗

1914年6月，奧匈皇儲斐迪南在波西尼亞指揮軍事演習，以塞爾維亞和門的內哥羅為假想敵，激化塞爾維亞人的民族情緒。同月28日，斐迪南在波西尼亞首府塞拉耶佛被塞爾維亞愛國分子炸死，德奧集團以此為藉口，挑起第一次世界大戰的戰火。

幾名衛警隨即跳入河中，將奄奄一息的刺殺者從河中拉了上來。這位愛國青年嘴唇緊閉，忍受著身體的劇痛，用憤怒的眼神逼視著斐迪南。斐迪南故作鎮靜地說：「這人精神可能有問題，不必理會。我們繼續前進！」

受到驚嚇的車隊一路顛簸，終於抵達了市政廳，市長匆步走下汽車，迅速登上大廳講臺，從口袋裡掏出事先準備好的歡迎致詞。他剛準備宣讀，斐迪南大公就一把抓住市長的手臂，大聲吼道：「夠了！市長先生，這是我的和平訪問，你們卻用炸彈來迎接我，你滿口忠誠，又有什麼意義呢？」

市長嚇得不知所措，索菲見丈夫失態，急忙勸阻他，市長的歡迎儀式才得

→前往醫院的斐迪南

在斐迪南大公的要求下，車隊一行打算前往醫院，看望先前暗殺意外中受傷的隨行人員。

→刺客普林齊普像

以進行，但草草地結束了。斐迪南怒氣未消，他皺著眉頭問波西尼亞總督：「總督先生，你覺得我們還能繼續參觀國家博物館嗎？」

「請陛下放心，我用生命來保證您的安全！」

「那好吧！先改道去醫院，我要探望一下受傷的人。」總督剛想插嘴勸他，但看到大公一臉怒氣，只好把想要說的話吞了回去，硬著頭皮答應他。

世紀迴響的槍聲

車隊又上路了，衛警加強了安全工作，授意侍從官手按刀柄站在汽車的踏板上，以保護斐迪南夫婦。沒多久，總督發現路線錯誤，於是車隊匆忙調頭。

此時，第三位行刺者——年僅十七歲的普林齊普，已埋伏在側。就在車隊掉轉方向忙作一團時，普林齊普抓住機會，在離斐迪南大公的專車不到二公尺處，突然一個箭步衝了上去，對準斐迪南夫婦連放兩槍。

一顆子彈打中了大公的脖子，另一顆子彈射入索菲夫人的腹部。斐迪南大公目光呆滯，口噴鮮血，可憐的索菲癱軟地倒在丈夫身上。

侍從官突然反應過來，舉刀砍向普林齊普，總督立刻阻止道：「抓活的！」

普林齊普在與衛警的搏鬥中，尋機服下了一小瓶毒藥。斐迪南大公夫婦被緊急送往醫院，卻因搶救無效而亡。

↑斐迪南大公遇刺，復原畫
畫面中呈現出普林齊普衝向王儲專車，沉著地朝斐迪南夫婦開槍的情景。

聽聞王儲夫婦的噩耗，八十二歲的奧匈帝國老皇帝悲痛欲絕。而另一方，德皇威廉二世卻是大喜過望，他認爲這是個千載難逢的好機會，極力勸說奧匈帝國向塞爾維亞開戰。

7月28日，奧匈帝國藉口塞爾維亞未全盤接受自己提出的條件，砲轟塞國首都貝爾格萊德，發動蓄謀已久的戰爭。

隨後，德國爲了支持奧國，要求俄國停止動員支援塞國，並要求法國嚴守中立，但遭拒絕，於是便向俄、法宣戰。英國則以德國攻法破壞比利時中立爲由，對德宣戰。就這樣，短短的幾天時間，參戰國家多達三十四個，影響規模達七千四百萬人，人類歷史上第一次世界性大規模戰爭爆發了！

013.破產的「施里芬計畫」

馬恩河會戰粉碎了德軍的「閃電計畫」，毛奇哀嘆說：「我們已經輸掉了整場戰爭！」

「施里芬計畫」問世

早在1905年時德軍就拋出世界大戰的預備計畫，因爲是當時的總參謀長施里芬所制定，所以又稱爲「施里芬計畫」。這份計畫把西方視爲要敵，將戰略重點放在西歐：開戰後首先把優勢兵力集中在西線，採用「閃電戰術」，力求在四至六週內占領比利時，突襲法軍後方，切斷英國與歐洲大陸的聯繫；而後迅速把戰場轉到東線的俄國，爭取在三到四個月內擊敗俄國，贏得戰爭的全面勝利。「施里芬計畫」後來根據形勢的變化，經過反覆補充和修改，最後才確定下來，由繼任的總參謀長毛奇實行。

避免東、西兩面同時受敵，是「施里芬計畫」的關鍵步驟。施里芬臨死前還再三囑咐：切勿削弱德軍右翼實力！毛奇基本上保留「施里芬計畫」的設想，在左翼的亞爾薩斯和洛林地區挖深壕、築高屏障，布置少數兵力，吸引法軍的注意力。但他卻不斷向東線和西線左翼分兵，使「施里芬計畫」中右翼七十個師的兵力削減甚多，這布局對後期戰局產生了很大的影響。

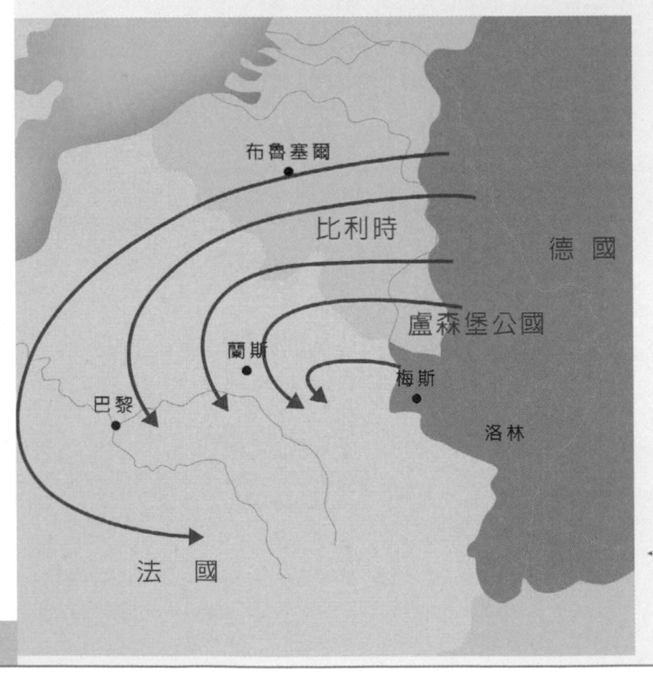

←「施里芬計畫」作戰示意圖
「施里芬計畫」將西方視為戰爭的主要對象，首先在西線先發制人，把優勢兵力集中起來，採用「閃電戰術」：借道比利時，襲擊法軍後方。

爭奪列日要塞

1914年8月4日早晨，德軍在埃米蒂將軍的率領下，迅速越過比利時邊境，衝向列日要塞，依「施里芬計畫」開戰。

列日要塞地勢險要，十二座環繞周圍的砲臺由堅固的鋼筋混凝土建成，裡面置有四百多件輕重武器。每座砲臺周圍還挖了三十英尺深的壕溝，並且配有能在地面上自由升降的

←穿行於列日鎮的德國軍隊
經過兩天的激戰，列日砲臺久攻不下，德軍傷亡慘重。德軍後來採用了穿插滲透的戰術，分別從東西兩個砲臺之間的缺口攻入，占領列日鎮。但周圍的砲臺並未因此而停止抵抗，戰鬥還在繼續進行。

探照燈和重砲。

勒芒將軍率領四萬餘比利時軍隊，一邊等待法國援軍，一邊監視著德軍的一舉一動。誰知固執的法軍統帥霞飛未增援勒芒將軍，反而率軍一味猛攻亞爾薩斯和洛林地區。勒芒將軍見救援無望，只好集合餘眾全力應付德軍。

德方埃米蒂將軍知悉法國沒有及時增援，心中暗喜，他狂妄地認爲比利時定會不戰而降，便派使者去勸降。使者也十分傲慢地對勒芒將軍的代表說：「如果你們識時務放下武器，我以軍人的名譽擔保你們的生命安全。」

震怒的勒芒將軍之代表反脣相譏：「比利時是中立國，你們竟敢公然侵犯，藐視國際公法，卻勸我方投降，眞是恬不知恥！請你回去稟報埃米蒂將軍，盡早罷兵回國吧。」

「如果你們這般頑固拒絕投降，那麼我們就不客氣啦！」德國使官仍舊傲慢地說。而他得到的回應，是比利時軍代表以堅決口吻說道：「我們遵照國王陛下的命令，堅守要塞，誓與要塞共存亡！」

埃米蒂聽到使者的彙報後暴跳如雷，立刻下令砲轟要塞。比利時軍隊以猛烈砲火還擊，雙方在列日要塞展開激戰，直到日落時分方休。

第二天，德軍又派飛機來轟炸，戰場上頓時濃煙瀰漫，火光衝天。德軍趁勢湧向砲臺，但幾波衝鋒都被比利時軍隊打退。經過一天的激戰後，德軍傷亡慘重卻沒能攻下列日砲臺。夜間，德國第二集團軍副參謀長魯登道夫想出了滲透戰術，率領一旅步兵，從東西兩個砲臺之間的缺口偷襲攻入，占領列日鎮。但周圍砲臺頑強的抵抗還在繼續，德軍

【人文歷史百科】

戰爭狂人——小毛奇

赫爾穆斯．約翰內斯．毛奇（1848～1916），德國大將，老毛奇之侄，又稱小毛奇。他出生於典型的普魯士貴族家庭，從小受到狂熱軍國主義思想的薰染。1880年擔任老毛奇副官。1891年起先後任德皇威廉二世侍從武官、王牌師師長、德軍軍需總監等職。1906年任德軍總參謀長。他聲稱自己一生的工作，都是在為發動世界性戰爭作預備。

前進的速度仍很緩慢。

發覺上當

要想達到迅速占領法國的目的，就必須盡快掃除列日要塞這一障礙。於是德軍調來一門巨型榴彈砲，十多個砲臺很快就被摧毀了。8月16日，勒芒將軍遭俘。

攻下列日後，德軍長驅直入，只用四天時間就占領了比利時首都布魯塞爾。接著兵分五路，衝向巴黎。

法國的霞飛將軍聽到這個消息後，反倒非常高興地說：「德軍從北方進攻，我們就從東北回擊……」於是，霞飛命令部隊全力進攻，亞爾薩斯、洛林地區很快就被收伏了。但是，他哪裡知道這是「施里芬計畫」特意設的圈套：德軍有意的退卻，正是爲了誘引法軍深入，以拉開他們與攻法德軍的距離；待法軍取得一定的勝利後，這些退卻的德軍再適時進行反擊。

果然，霞飛將軍不久就接連收到失利的消息：「從蒙斯來援的英國遠征軍被德方第一集團軍擊潰！」「我軍與德軍遭遇，在阿登森林血戰三天，已招架不住，開始向南撤退！」此時霞飛將軍如夢方醒，急忙重新配置兵力，把軍隊調到左翼，想從另一面對德軍進行夾攻。

夢想破滅

德軍部隊步步進逼巴黎，法國政府在1914年9月3日被迫遷到波爾多。毛奇似乎看到「施里芬計畫」成功在望，他

←**遭摧毀的列日要塞**
德軍為盡快通過列日，從後方調來一門巨型榴彈砲，很快就將十多個砲臺摧毀。圖為德軍正在察看被摧毀的列日要塞。

→法軍統帥霞飛像

↑運送法軍的計程車隊
在「馬恩河」大會戰中，巴黎政府徵用了約六百輛計程車，將六千多名士兵送到馬恩河的前方陣地。

沒有預料到的。

馬恩河大會戰從 9月 5日一直持續十天，雙方共投入一百五十多萬兵力，戰線拉了二百公里長。經過近五天的廝殺，法軍兩萬多人陣亡，十二萬餘人受傷；但德軍傷亡更為慘重，有四萬多人陣亡，十七多萬人受傷。損失慘重的德軍開始支持不住，逐漸向北撤退，而法軍暫時無力追擊，雙方就這樣形成對峙狀態。

馬恩河大會戰，粉碎了德軍以閃電速度征服法國的夢想。戰役結束後，毛奇哀嘆道：「我們已輸掉了整場戰爭！」9月14日，主導施行「施里芬計畫」的毛奇被撤去職務，意味著「施里芬計畫」徹底失敗。

立即抽調兩個軍旅到東線，想提前對付俄國。這使德軍右翼的進攻力量銳減一半，遠遠不及法軍，「施里芬計畫」的整個部署發生變化。

從表面上看，法軍一敗塗地、潰不成軍，但實際上其總體實力並未削弱，而且霞飛將軍的左翼力量也及時趕來，反造成德軍受到兩面夾擊。在馬恩河與法軍展開激戰，乃是「施里芬計畫」裡

【人文歷史百科】

馬恩河大會戰的兵力和裝備

1914年9月5日，馬恩河大會戰爆發。當日，法國第六集團軍先遣部隊和德國第一集團軍的右翼，在烏爾克河地區遭遇。法軍動用約一千兩百輛汽車，將第六集團軍一部由巴黎運往前線。

戰役爆發時，協約國軍在凡爾登——巴黎擁有五十六個步兵師和十個騎兵師共一百零八萬人，輕型火砲二千八百多門，重型火砲一百八十四門；德軍擁有四十四個步兵師和七個騎兵師共九十萬人，輕型火砲二千九百多門，重型火砲四百三十六門。

↓馬恩河大會戰中的德軍士兵
馬恩河大會戰粉碎了德軍的「閃電計畫」，德軍迅速征服法國的夢想破滅，雙方自此形成了對峙局面。

014.坦能堡戰役

「我認為不會出現這樣的危險！他們兩軍之間有百公里的空隙地帶相隔，即使想救援，恐怕也來不及；即使時間允許，萊寧堪普也不會援救薩姆索諾夫的！」──霍夫曼上校

腹背受敵

第一次世界大戰剛開始的時候，德國按照「施里芬計畫」把絕大部分兵力集中在西線，希望靠閃電戰術、優勢兵力一舉攻下巴黎。由於洞悉當時俄國國內危機四伏，因此德國認爲俄國不可能立即對德國發動進攻，只是在東面布置第八集團軍，以防禦俄軍的進攻。

當時，俄國與英、法結成軍事同盟，雙方約定如果德國向法國開戰，俄國就從東線進攻東普魯士和奧地利的加利西亞，逼德軍東、西兩線作戰，腹背受敵。

戰爭剛爆發時，俄國總參謀長吉林斯基曾經誇下海口：「兩個星期內就會有八十萬俄軍作好應戰準備，他們隨時可接應法國。」1914年8月中旬，吉林斯基率領兩個集團軍進攻東普魯士，開闢東線戰場。其中，萊寧堪普和薩姆索諾夫各率領一個集團軍，分別向德軍展開進攻。守衛在東線的德軍沒有任何防備，很快就被打垮，向西撤退。

取得初戰勝利的俄軍滋生出一股傲氣，長驅直入突進普魯士。但過長的戰線和後方補給的匱乏，使俄軍士氣逐漸下滑，喪失當初原有的鬥志。由於兩個集團軍之間沒有保持聯繫，很快就出現了長達百公里的空隙地帶。

西撤的德軍馬上察覺到俄軍的種種缺陷，霍夫曼上校立即擬定一份詳細的作戰計畫，準備對俄軍實行各個擊破，欲先消滅薩姆索諾夫的集團軍。

但德國第八集團軍參謀長卻顧慮重重，擔心在進攻薩姆索諾夫時，萊寧堪普會來馳援，進而使自己陷入被包圍夾擊的境地。

←茵斯特堡的演習

1914年3月，在坦能堡戰爭前夕，俄軍總參謀部對作戰計畫進行了模擬試演。第一集團軍司令萊寧堪普將軍和第二集團軍司令薩姆索諾夫將軍也參與了演習。模擬過程暴露計畫中的薄弱環節：第二集團軍攻入東普魯士的行動太遲了。

霍夫曼信心十足地說：「我認爲不會出現這樣的危險！他們兩軍之間有百公里的空隙地帶相隔，即使想救援，恐怕也來不及；即使時間允許，萊寧堪普也不會援救薩姆索諾夫的！」

←馬克斯．霍夫曼
霍夫曼是德國第八集團軍在馬蘇里湖和坦能堡獲勝的謀劃者，體現出他戰略家的才華。他天性懶惰，但卻思維敏捷，且十分果敢。

參謀長驚奇地問：「你得到了什麼祕密情報嗎？敢這樣肯定？」

「沒有什麼情報，只知道在十年前，這兩位將軍曾是一對冤家。」霍夫曼上校笑著說。

原來1905年日俄戰爭進行時，薩姆索諾夫在一次戰鬥中因得不到萊寧堪普的支援，幾乎全軍覆沒。見面後薩姆索諾夫破口大罵，與萊寧堪普大打出手，後經長官調解才勉強分開。自此，兩人結下不共戴天之仇。

誘敵深入

剛聽完霍夫曼的敘述，參謀人員進來報告說：「我方截獲俄軍兵力調動情況的電報，是明碼拍發的。」

「用明碼？」參謀長不解地叫道：「這也許是俄軍的陰謀。」

「這不是陰謀，據我了解，俄國野戰軍根本沒有密碼人員，指揮作戰用的都是明碼電報。」霍夫曼上校肯定地解釋道。

霍夫曼是俄國問題專家，曾多次赴俄，對俄國的情況非常瞭解，眾人十分相信他所說的話。經過一番討論之後，德軍按霍夫曼的作戰計畫，向薩姆索諾夫發動進攻。

德國參謀長派遣一個師團，去牽制萊寧堪普的第一集團軍。然後集中德軍大部分兵力，迅速趕往薩姆索諾夫的第二集團軍兩翼。

德軍使用誘敵深入法，先派出一小部隊吸引薩姆索諾夫。雙方剛一接觸，

↑坦能堡戰役中的騎兵

德軍就佯裝潰不成軍，掉頭往西敗逃。薩姆索諾夫果然上當，不顧食物和彈藥的短缺，向西緊追。追了一天後，疲憊不堪的俄軍卻不見德軍蹤跡。薩姆索諾夫正在納悶，突然接到騎兵偵察報告說兩翼出現了大批德軍。薩姆索諾夫大吃一驚，頓感問題的嚴重性，急忙電告吉林斯基將軍，請求暫停追擊，以防德軍兩面夾攻。

此時，吉林斯基正在爲俄軍的勝利喝酒慶功。他認爲那只不過是一小隊德軍，不必太在意，所以根本不把薩姆索諾夫的話放在心上，反而回電斥責他膽小如鼠，命他繼續進攻。德軍參謀長看到吉林斯基的明碼電報後，哈哈大笑，放心大膽地對薩姆索諾夫進行分割包圍。

↓坦能堡戰後的俄軍陣地
1914年3月時，俄軍做過模擬軍演，但是模擬中出現的問題沒有引起上層的足夠重視，若將演習漏洞補上，戰爭的結果或許就可轉寰了。

←俄軍將領薩姆索諾夫
薩姆索洛夫是一位卓越的師旅指揮官，個性友善單純。作為一個軍人，他的勇敢無可置疑，但是指揮大兵團作戰卻顯得經驗不足。相對於吉林斯基對俄軍糟糕的戰前準備和最高指揮官應負的責任，薩姆索洛夫對坦能堡戰役的結局僅負有次要責任。

消滅第二集團軍

8月26日夜間，疲憊不堪的俄軍正在休息時，遭到德軍的突襲，已無招架之力的俄軍只得倉皇退逃。由於夜間路況不明，疲於逃命的俄軍士兵，紛紛被擠進湖中淹死。

第二天清晨，薩姆索諾夫第二集團軍的十幾萬人被德軍包圍在坦能堡地區。薩姆索諾夫知道已無法扭轉戰局，急忙發電給第一集團軍，請求對方援救。正如霍夫曼所預料，萊寧堪普根本不予理睬。連吉林斯基都一口咬定，德軍根本沒有多少兵力，不可能組織大規模的作戰，薩姆索諾夫只是小題大做。薩姆索諾夫見自己發出的一封封求援電報如石沉大海，沒有回音，不禁沮喪地長嘆一聲，之後倉促對隊伍作了一番布置，硬著頭皮迎擊德軍。

【人文歷史百科】

三國協約

十九世紀末，德國先後搶占非洲西南部及多哥、喀麥隆等殖民地，強租中國的膠州灣。德國的侵略擴張，對老牌殖民國家英國的威脅最大，英、德之間的矛盾逐漸成為新帝國主義國家之間的衝突。英國協調自己與法、俄的利害衝突，先後於1904年和1907年，簽訂了《英法協約》和《英俄協約》，形成了英、法、俄「三國協約」。

←萊寧堪普
坦能堡戰役中，與德軍傷亡一萬人相比，萊寧堪普部隊的傷亡高達十四萬五千人。對這種不相稱的損失感到歇斯底里的萊寧堪普，拋棄了他的軍隊，飛快逃回俄國。

一會兒，德軍就向俄軍發起猛烈進攻，砲彈不斷地落在俄軍陣地，隨著陣地逐漸縮小，俄軍已成被動挨打之勢。德軍一次又一次的衝鋒，使疲憊交加的俄軍士氣更加低落，喪失最後抵抗的勇氣，後來一見德軍衝來便紛紛放下武器，舉手投降。頃刻間，十萬餘人的俄國第二集團軍就被打垮了。心灰意冷的薩姆索諾夫徹底絕望，他走進一片樹林，「砰！」的一聲槍響，結束了自己的生命。

↑投降的俄軍
坦能堡一戰，俄軍被俘虜的有九萬多人，這只是其中的一個縮影。

消滅第一集團軍

直到和第二集團軍完全失去聯繫後，吉林斯基才意識到，是自己的輕敵葬送了他們的生命，於是命令萊寧堪普火速馳援第二集團軍，但爲時已晚，俄國第二集團軍早已不復存在。

殲滅俄國第二集團軍後，德軍隨即掉頭，衝向萊寧堪普的第一集團軍。此時的萊寧堪普尙未意識到自己已成孤軍，還貿然地命令部隊向前挺進，陷入了德軍的包圍。德軍士氣旺盛，一番慘烈的激戰下來，俄國第一集團軍根本無力反攻。萊寧堪普見大勢已去，倉皇逃回俄國。

這次戰鬥後，德軍上校霍夫曼被擢升爲少將，並擔任德軍東線總參謀長，這次戰役也因他的提議而被命名爲「坦能堡戰役」。

→坦能堡戰役
「坦能堡戰役」的勝利，為興登堡帶來了無限的輝煌。這位退役老將一夜之間扭轉乾坤，成了德國人心中的偶像。1916年 8月，他取代小毛奇出任德軍總參謀長。上任後他嚷喊道：「打下去，日耳曼人只有在戰爭的治療中才能獲得新生！」

015.人類史上首見的毒氣戰

1915年4月23日淩晨，德軍首先吸引英法聯軍追擊，然後用飛機投擲了大量的毒氣彈。這是人類戰爭史上首次大規模使用毒氣。

取勝的妙招

1914年9月5日至9日，英法聯軍在馬恩河戰役中打敗德軍。在德軍退守安訥河地區的時候，英法聯軍趁勢向北挺進，在比利時的伊普爾運河一帶構築戰備防禦地帶，準備隨時與德軍進行決戰。

此時的德軍爲避英法聯軍的鋒芒，改變了原來的作戰計畫，將主力轉移到東線戰場，然後窺探英法聯軍下一步將如何行動。1915年春，俄軍在東線戰敗，將進攻轉爲防守。東線無戰事的德軍又把注意力轉向西線，準備在伊普爾運河一帶與英法聯軍展開會戰，以報馬恩河慘敗之仇。德皇親自召見總參謀長法爾根漢，想知道他欲如何戰勝英法聯軍。法爾根漢詭祕地笑了笑，非常有信心地說：「陛下請放心！這次我有一計妙招，要讓伊普爾運河成爲敵人的墳墓！」

【人文歷史百科】

威廉二世

威廉二世（1850～1941）是德意志帝國皇帝，第一次世界大戰的挑動者。他是德皇威廉一世之孫，1877年在波昂大學讀法律系和國家學，1885年任波茨坦第一近衛軍團團長，1888年繼承王位。在位時期，對內加強專制統治，獨攬大權，迫使老宰相俾斯麥下臺；對外則推行「世界政策」，進行殖民擴張，爭奪世界霸權。

魔鬼試驗

一天下午，德皇攜同一批高級官員乘車來到了一處軍事試驗場。此處隱蔽在一片山丘中，戒備森嚴，荷槍實彈的憲兵和在遠處樹林中遊動的哨兵，全神貫注地來回巡視著。

早已等候在看臺旁的將軍全體起立，恭敬地注視德皇登上看臺。法爾根漢坐在德皇的身旁，他示意了一下，一位將軍立即將手中的紅旗揮舞幾下。突然，試驗場上一群士兵拉出了一門巨大的海軍火砲和一門三英寸口徑的野戰砲。

與此同時，兩個士兵趕著一群綿羊

↑德皇威廉二世

←一次大戰時期德國一所前線臨時毒氣實驗室
毒氣在這裡被收集到瓶子中，戰時投擲到敵人的戰壕附近，令狙擊手打破瓶子，釋放毒氣。

↑剛上任的德軍總參謀長——法爾根漢

出現在一公里外的山丘上，羊群慢慢地向山坡走去。接著，兩個士兵拋下羊群迅速轉身往山下跑，山坡上只剩下那群正在慢慢吃草的羊。隨著一聲口哨的響起，等待的士兵馬上站在兩門砲旁邊，指揮官右臂向下一擺，野戰砲立刻射出一發砲彈，在離羊群很近的地方炸開。令人奇怪的是，這枚砲彈並沒有發出實戰中正常的爆炸聲，只是發出較輕微的聲音。爆炸後，一團黃綠色的煙霧開始向周圍散去，正好隨風飄向了羊群，煙霧很快就將羊群籠罩住了。

等煙霧消散後，德皇迫不及待地架起望遠鏡朝著山坡上望去。透過德皇的望遠鏡，只見一隻隻綿羊躺在山坡上抽搐著，有的已經停止了動彈。他放下望遠鏡，興奮地對站在一旁的法爾根漢說：「很好！我的總參謀長，命令部隊立即進攻伊普爾！」

罪惡的騙局

1915年4月21日，德軍開始向伊普爾發動攻擊，德軍架起十六英寸口徑榴彈砲，用高爆炸彈對英法聯軍的陣地狂炸。英法聯軍也憑藉堅固的工事，向德軍猛烈還擊。雙方持續了一個多小時的

←第一次世界大戰中的毒氣攻擊
在一次世界大戰期間，人類首次在戰場上大規模使用毒氣，造成交戰各方巨大的人員傷亡。但此時毒氣並非是完全可靠的武器，施放效果端賴於對風向的正確預測。變幻不定的風向，經常將毒氣吹回到施毒一方的陣地。

轟炸後，在黃昏時分靜了下來。

英法聯軍的士兵趁機休息一下，有的吃東西，有的走到戰壕外面呼吸新鮮空氣。他們覺得憑藉堅固的防禦工事，德軍根本無法攻過來。因此，說著笑著，彷彿戰爭的硝煙馬上就要散去。

←英軍為應對毒氣而準備的護目鏡和浸濕的紗布

法軍總司令霞飛獲悉德軍將使用祕密武器的消息後，急令各軍準備防毒面具。但由於時間倉促，大批防毒面具根本不及備妥，所以只好給大部分人發了一條毛巾應急。

突然，「嗡嗡」的飛機響聲傳了過來，只見十幾架飛機正從東北方飛來。一名士兵大喊：「德國飛機！」所有的英法士兵立刻警覺地跳進戰壕中。很快，機群便飛近伊普爾運河。英法聯軍對著德機，架起輕重機槍猛烈開火。然而，出乎英法聯軍意料的是，德軍飛機只是在遠處繞了一個弧形，既未投擲炸彈，也沒有掃射，不久便消失了。英法聯軍虛驚一場，以為這又是德軍常用的神經戰。因此互相嘲笑著剛才跳進戰壕時各自的醜態，輕鬆的笑罵聲又出現在陣地上。

英法聯軍哪裡知道，這只是一批偵察機，是德軍總參謀長法爾根漢派出偵查情況的。偵察員回來後稟報：英法聯軍陣地很長，且地勢崎嶇不平，掩蔽物和碉堡交相錯落，參差不齊，難以估量兵力。法爾根漢聽後對前線指揮官說：「我們要想辦法把敵軍引到一處平曠地方，這樣我方祕密武器才能發揮威力。」說完後，便在地圖上選定了理想地點。

陰謀洩漏

令法爾根漢萬萬沒有想到的是，他使用祕密武器的消息竟被法國間諜呂西托偵知了。法軍總司令霞飛聽到後大吃一驚，嚇出一身的冷汗，他急忙命令各軍趕緊準備防毒面具，並指示若敵軍施放毒氣，就迅速撤到上風處或高處。但是，由於時間太倉促，防毒面具根本無法準備齊全，只好給一些人加發了一條毛巾應急。

4月22日深夜，烏雲密布，東北風吹了起來。法爾根漢密令各部緊急起身，

【人文歷史百科】

防毒面具誕生的故事

在第一次世界大戰中，德軍於1915年4月的伊普爾戰役上使用了氯氣，造成英法聯軍一萬多名士兵傷亡。戰場周圍的大量野生動物也因中毒而死去，唯獨野豬安然無恙。經專家實地考察和研究發現，當野豬嗅到強烈刺激的氣味後，就本能地用嘴拱地，把長鼻子埋入疏鬆的泥土下，泥土發揮了過濾和吸附的作用。人們由此受到了啓發，以豬嘴的外形並仿造疏鬆泥土，採用多孔的物質來吸附毒劑。

一次大戰期間西線戰場英軍毒氣傷亡表			
日期	毒氣	傷亡	
		致命	非致命
1915年 4月～1915年 5月	氯氣	350	7000
1915年12月～1916年 8月	氯氣	1013	4207
1916年 7月～1917年 7月	各式各樣	532	8806
1917年 7月～1918年11月	芥子氣	4086	160,526
1915年 4月～1918年11月	共計	5981	180,539

戴好防毒面具，準備在黎明時分發動突襲。天剛亮時，隨著一陣「隆隆」的車輪聲，一百多輛德軍軍車向英法陣地直駛而來。英法聯軍立即用各種砲火還擊。一陣砲聲過後，德軍倉皇撤退。英法聯軍不知是計，還以為德軍招架不住了，於是立即躍出戰壕，對德軍窮追猛打。戰地頓時殺聲四起，幾萬名英法聯軍像潮水般湧出，把德軍追到一片空曠地帶。

突然，早已準備好的德軍大砲同時響起，逃跑的德軍也突然轉身，對英法聯軍進行攻擊。幾萬名英法聯軍被這戰場上的突變嚇壞了，又沒有退路，只好伏在這個平曠的地帶，尋找小丘、樹叢作為臨時的掩護來伺機還擊。

魔鬼之手

這時，幾十架德國飛機從東南方向飛來。他們在英法聯軍匍伏的這片曠地投下了大量炸彈，炸彈爆炸後冒出的濃密煙霧，迅速向四周瀰漫開來。

英法聯軍這才醒悟過來，德軍敗退是個騙局，他們的目的是要施放毒氣。一時間，英法聯軍一片混亂，他們慌亂地繫上了毛巾。但這根本起不了多少作用，那濃密的煙霧使英法士兵們接連倒下，呼吸急促，接著口角流血，四肢抽搐。飛機剛剛離開，西北方向高地上的德軍又繼續瘋狂地發射毒氣砲彈。頓時，英法聯軍被毒氣所籠罩。法爾根漢的祕密武器正是氯氣彈，它釋放的有毒氣體比空氣重一倍多，一般人吸入後立刻就會窒息而死。片刻過後，英法聯軍便有數百人被毒氣奪走生命，沒死的人也被折磨得喪失戰鬥力。十公里長的陣線已變成無人守衛的陣地。而此時德軍頭戴防毒紗罩，從四面八方衝過來，不費吹灰之力就攻占下英法聯軍陣地。

↓迅速瀰漫的毒氣
德軍飛機在平曠地帶投下大量炸彈，炸彈紛紛墜落地面之後，沒有產生激烈的爆炸聲，而是冒出了濃密的煙霧，迅速向四周瀰漫開來。

016.Q 船在行動

為了對付德國潛艇，英國利用改造過的「Q 船」引誘德國潛艇露出水面，然後把它們一舉擊沉。

破舊的運煤船

風平浪靜的海面上，一艘破舊的運煤船正緩緩地駛往英國，船上似乎載滿了煤炭，不停地發出沉悶的響聲。突然，一根黑桿子從海面上冒了出來，在水中快速地劃行，隱約可見像鯊魚般的黑影在水底不停地晃動。貨船上的水手們看到後大叫：「不好，那是一艘德國潛艇！」他們飛快地跑到駕駛艙，報告坎貝爾船長。坎貝爾聽後並沒表現出十分驚異的樣子，而是漫不經心地說：「繼續工作，不要亂跑！」水手們詫異地回到自己的崗位上，此時最悠閒的是大副，他提著一個裝著漂亮鸚鵡的鳥籠，不停地逗弄。幾分鐘後，一艘德國潛艇突然托著濕淋淋的艇體冒出水面。幾個德國水兵掀開艙蓋，從艇中鑽出來，他們除掉艇砲的外殼，把砲口對準了貨船。隨著艇長一聲令下，一枚砲彈呼嘯著朝貨船飛來。「轟」的一聲後，船上大亂，尖叫聲四起，大副扔掉鳥籠跑進了船艙。

↑一次大戰時期，英國海軍的一艘 Q 船

從外表看「Q 船」，與一般商船沒有區別，但船上卻裝有大口徑火砲和反潛炸彈，有的還裝有魚雷。船員都是來自皇家海軍後備部隊或商船隊的志願人員。

水手們慌忙解下救生艇，爭先恐後地跳了上去，拚命地划船逃命。德國潛艇艇長見到這種狼狽場面，便下令停止砲擊，向貨船靠攏。

祕密武器

潛艇距離貨船越來越近，艇長盯著前面的貨船，只見貨船的上擋板忽然被掀起，幾門漆黑砲口驀地跳了出來正對著他們。同時，一面英國皇家海軍的軍旗在船上徐徐升起。德國艇長這時才如夢初醒，立即大叫：「快，緊

↑Q 船上隱蔽的大口徑火砲

Q船服役、損毀表		
時間	服役數量	損毀數量
1914	3	
1915	29	9
1916	41	11
1917	95	17
1918	25	1
共計	193	38

【人文歷史百科】

Q船

Q船是英國海軍的偽裝獵潛艦。從外表看，它與一般商船幾無區別，但船上卻裝有大口徑火砲和反潛炸彈，有的還裝有魚雷。它的船員都是志願人員，來自皇家海軍後備部隊或商船隊。在一次世界大戰期間，皇家海軍共裝備了一百九十多艘各式各樣的Q船。據統計，從1915年7月到1918年11月間，這些 Q 船共擊沉十艘德國潛艇，擊損至少六十艘。

急下潛！」但爲時已晚，英國人的砲彈迅速從「貨船」上飛出。被擊中的潛艇，不情願地在水面上顛簸了幾下，便慢悠悠地沉到海底。這是1916年春季的一天，這艘運煤船，就是英國人自行設計的「Q船」，它讓德國潛艇遭受巨大的打擊。

↑「Q船」被擊中後，船員乘救生艇佯裝棄船
一艘Q船與德軍潛艇遭遇，中彈後，部分船員乘救生艇佯裝棄船。

此後，德國潛艇看到商船再也不敢貿然浮出水面，而是在水下用魚雷來攻擊，同時派出大量間諜搜集關於這種「神祕之船」的資料。不久，德國間諜就探聽到了它的祕密。原來這些船是英國由不定期貨輪和帆船僞裝而成的，且裝有隱蔽的大砲和魚雷發射管；船員則是由海軍組成，他們憑藉祕密的Q號來進行偵察。德國海軍掌握這些情況後，立刻下達命令，只要遇到可疑船隻，不必警告即用魚雷將它擊沉。這樣一來，很多「神祕之船」紛紛被德潛艇擊沉。英國海軍面對這種情況，只得採取新的戰術。

↓「Q船」擊中德國潛艇
德國潛艇在燃燒的「Q船」周圍徘徊，直至確認是一艘空船時，才派人走到艦橋查看。此時，Q船上的幾門大砲突然開火。頃刻間，潛艇中彈，開始下沉。

「Q—5」號中彈

又是一個晴空萬里的上午，寧靜的海面上，一艘貨船向英國駛去。幾名水手在甲板上工作著，一些船員則在散步閒聊，享受著清涼的海風和溫暖的陽光。這艘船是經過改造的「Q—5」號。突然，瞭望哨發出信號，一艘德國潛艇正向他們靠近。船長坎貝爾急忙令船呈「之」字形航行，不讓對方捉到最佳的射擊方位，並命令砲手做好戰鬥準備。但是，德國潛艇並沒有露出水面，只是利用潛望鏡觀察情況後發射了一枚魚雷，就向深海處下潛。魚雷衝向了「Q—5」號，「轟」的一聲，擊中了鍋爐艙，滾滾蒸汽頓時衝上天，船員們被蒸汽燻得喘不過氣來，紛紛跳上救生艇，有的則跳進大海逃命。隨著「砰」的一聲，輪機艙的水密門也被氣浪推開了，在這裡工作的大副史密斯難以忍受汽浪的灼熱，向外衝去。一份僞造的船照裝在他的口袋裡，上面註明他是這艘船的「船長」。他帶領幾十個「倖存者」慌亂地爬上三艘小艇，向遠處逃去，而貨船開始慢慢下沉。

【人文歷史百科】

一次大戰中的德國潛艇

在第一次世界大戰中，德國海軍最為重視潛艇的運用，率先發動潛艇作戰。在戰爭期間，德國共擁有三百五十艘潛艇，在潛艇的主要作戰武器——魚雷的發展上也有了顯著提升。名垂潛艇史冊的「一艇沉三艦」就是德國潛艇部隊的經典之戰。

不要開砲

按照常理，這艘船應該很快沉下去才對，奇怪的是，「Q—5」號的下沉速度卻越來越慢，似乎有什麼東西一直向上托著它。原來，船在設計時加裝了許多軟木，以防止船體遭到攻擊時快速下沉。船上的很多人看似都逃走了，實際上這艘船並不是空船，因為船長坎貝爾和砲手們全都躲在裝飾板後面，緊緊地盯著海面敵人的動靜。狡猾的德國潛艇還是沒有露出水面。透過觀察孔，坎貝爾在望遠鏡中發現德國潛艇的一個潛望鏡正向「Q—5」號慢慢移動，潛望鏡下隱約能看到潛艇的黑影在水中晃動。時間一分一秒地過去，潛望鏡還在

←**正遭受德國潛艇攻擊的「Q船」**
「Q船」的出現，使德國潛艇遭受巨大的打擊。於是，德國海軍在發現可疑船隻後，不作任何警告，直接發射魚雷將其擊沉。

圍繞「Q—5」號轉來轉去。

英國水兵有些沉不住氣了，因爲滾燙的水蒸汽和灼熱的氣浪使他們難以喘氣，一些人急著請求開砲。坎貝爾也很著急，但他知道現在開砲不但擊不中敵人，反而會暴露自己的存在，如此一來，不但前功盡棄，還會葬身海底。就這樣又挨過了二十多分鐘，潛艇終於小心翼翼地靠近了「Q—5」號，連潛艇發動機都能聽到。坎貝爾示意大家沉住氣，千萬不能發出任何聲響。又過了一會兒，德國潛艇終於全浮出水面，艙門打開了，兩名水兵先探出頭來，四下張望，見無異狀後從裡面鑽出，隨後艇長也爬了出來。此時，德國人確信這是一艘空船，沒有任何危險。艇長緩緩地走到艦橋上，臉上露出得意的笑容。

←第一次世界大戰時期停泊在港口的德國潛艇群

在第一次世界大戰中，德國潛艇造成英國巨大損失，並牽制了協約國的大量人力、物力，初次顯示出潛艇在海戰中的重要作用。

擊沉潛艇

與此同時，躲在船內的坎貝爾也同樣露出得意的笑容，他輕輕揮揮手，僞裝的檔板刷地被砲兵們掀開，早已調好角度的砲口整齊畫一地對準潛艇。坎貝爾右臂用力一揮，幾門大砲同時響了起來，砲彈呼嘯著飛向德國潛艇。

頃刻間，潛艇便沉入了大海。這時「Q—5」號才向附近海域的英國軍艦發出緊急呼救。很快，一艘驅逐艦把「神祕之船」拖回英國港口。德國海軍對這樣的遊戲疲於應付而惱羞成怒，希望能夠盡快與英國進行決戰，一場大規模的海戰漸趨成形。

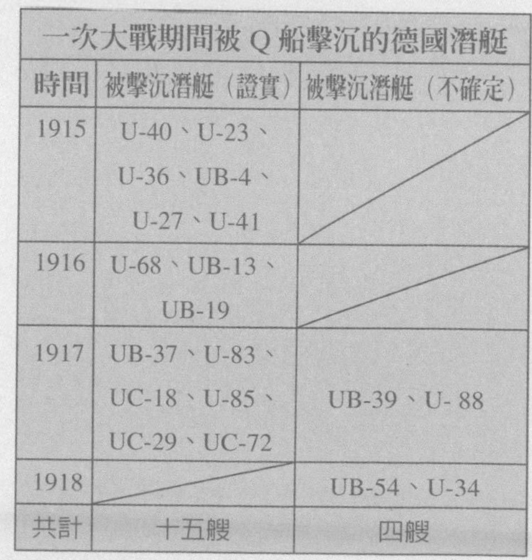

一次大戰期間被 Q 船擊沉的德國潛艇		
時間	被擊沉潛艇（證實）	被擊沉潛艇（不確定）
1915	U-40、U-23、U-36、UB-4、U-27、U-41	
1916	U-68、UB-13、UB-19	
1917	UB-37、U-83、UC-18、U-85、UC-29、UC-72	UB-39、U- 88
1918		UB-54、U-34
共計	十五艘	四艘

017.日德蘭海戰

Q船連敗德國潛艇，令德軍非常惱怒。於是，德國艦隊司令海軍上將舍爾獲命帶領大批艦隊，在海上尋找時機，與英軍進行海上大決戰。

鬥智時刻

↑駛入北海的德國公海艦隊
德國公海艦隊駛入北海，伺機與英軍進行海上決戰。

1916年5月30日，以「留佐號」爲首的德國巡洋艦戰鬥群沿著日德蘭海岸向北海航行，邊航行邊向德軍軍港彙報著海上的情況，以及自己的準確位置。德艦的電報信號很快被英軍截獲，英國海軍司令傑立克從報告中瞭解到，「留佐號」是德國艦隊的旗艦，排水量兩千六百噸，指揮官爲海軍中將希佩爾，艦上配有十二英寸口徑的大砲。

傑立克根本沒把德國艦隊放在眼裡，輕蔑地笑著對部下說：「德國人竟敢明目張膽地駛進北海，這分明是在向我們挑釁，我們必須想辦法收拾它！」沉思了一會兒，他果斷地做出決定：命令貝蒂中將率領一支實力較弱的艦隊先去迎擊德艦，只許敗不許勝，目的是誘敵深入，自己則率領主力艦隊跟在他們後面，在貝蒂佯敗返回後，他再率領艦隊突擊，一舉殲滅德國艦隊。

貝蒂按計畫出發後，傑立克就親自率領由二十四艘戰列艦、三艘巡洋艦，以及許多輔助艦組成的強大艦隊離開軍港，前往海上準備與德軍一決雌雄。

德軍的計畫

對於這次決戰，英軍艦隊志在必得，他們堅信一定能給德軍沉痛打擊。但他們哪裡知道，他們的計畫只是一廂情願，因爲德國的「留佐號」之所以頻繁地向總部發出電報，目的就是故意向英軍洩漏情報，造成對方的錯估誤判，進而把他們的主力引誘到海面上來決戰，實現一舉擊垮英國海上軍力、控制海上通道的目的。

爲此，德軍公海艦隊司令舍爾經過一番苦思後，才想出這個他自認近乎完美的殲敵方案：派「留佐號」在前面行駛，故意暴露自己的航線，引誘英軍出現，自己則率領主力艦隊緊隨其後，一舉消滅英國海軍。爲了迷惑英軍，讓他們確信公海艦隊的主力仍留在本土港內，他們還頻繁在德國軍港用舍爾旗艦

【人文歷史百科】

日德蘭海戰

1916年5月31日至6月1日，英、德雙方在日德蘭半島附近北海海域爆發海戰。這是第一次世界大戰中最大規模的海戰，也是這場戰爭中交戰雙方唯一一次全面出動的艦隊主力決戰。

→日德蘭海戰，油畫

【人文歷史百科】

戰列巡洋艦

戰列巡洋艦是二十世紀初興建的一種大型戰艦。是在裝甲巡洋艦的基礎上演變過來的一種功能性強的新型戰艦。世界上最早的戰列巡洋艦是英國的「不屈號」、「無敵號」、「堅定號」戰列巡洋艦，船體和砲塔裝甲厚度為十五或十八公分，航速可達每小時八公里，火砲口徑為三〇五公釐。

的呼號不斷廣播。

巧的是，他們雙方的作戰計畫居然「不謀而合」：都想誘敵出擊，然後一舉消滅對方……

前鋒相遇

5月31日下午，英、德兩支艦隊駛入日德蘭西北部海域。當時雙方相距五十公里，卻不知對方就在自己眼前。過了一會兒，德國艦隻先被英方艦隊的前鋒發現。接到報告後，貝蒂中將迅速下達按計畫行動的指令。

前鋒船艦長立即離開編隊，加速向前航行。德軍發現英軍艦隊後，也加速向英艦駛來。「留佐號」在希佩爾的指揮下衝在最前面。雙方的佯攻誘敵艦隊很快便進入有效的射程範圍，貝蒂命令：只要對方靠近，馬上開砲進攻。希佩爾也命令艦隻進入全面戰備，等待良機，隨時給對方來一個先發制人。

最後德軍先開砲了。「轟」的一聲巨響，貝蒂的旗艦「獅號」被擊中，船身晃動起來。貝蒂笑了笑，立即下令對準目標開砲還擊。「轟隆」一聲，一枚重型砲彈在德艦旁邊爆開，把海水掀到了德國軍艦上。

希佩爾也笑了，他看到英艦的火砲口徑雖然比自己的大，但命中率太低。「哈哈！讓英國佬炸海水去吧！」雙方的砲彈呼嘯著往來飛馳，隆隆的砲聲震盪在整個日德蘭海面，而雙方的主力部隊則隱藏在佯攻艦隊的後面傾聽前方的砲聲。傑立克和舍爾這兩位想出同樣計謀的敵對雙方指揮官，都認為自己馬上就要成功了，於是幾乎同時下令艦隊全速前進，以圖消滅對方。

↓海軍上將大衛・貝蒂，Arthur Stockdale' Cope 繪於1920 年，現藏於英國國家航海博物館

英艦小負

貝蒂本想按計畫稍事接觸後就佯敗逃走，但德軍艦把他死死纏住，如雨的砲彈不停地飛來，迫得他急令艦隻全速撤退。

希佩爾發現英軍想逃跑，命令所有砲火對準貝蒂的旗艦「獅號」猛烈轟擊。一發砲彈正好擊中「獅號」砲塔中段，艦面上除了指揮官哈威少校以外，其他人員當場被炸死。爆炸引起了火藥袋著火，如果不及時撲滅，整個軍艦就會自行炸沉。身負重傷的哈威臨死前拚命抓住傳聲管命令立刻向彈藥庫放水，這才使「獅號」倖免於難。

見「獅號」已身負重傷，德軍又把砲火集中對準「瑪麗王后號」。不一會兒，這艘戰鬥巡洋艦便被擊沉。英軍的「不屈號」也被德艦擊中，艦體急速下沉。貝蒂見狀氣憤不已，改變撤退的計畫，命令艦隻全速衝向德方。希佩爾見初戰小勝便按計畫調轉航向，向己方主力艦隊迅速靠攏。追擊的貝蒂隱約看到前方出現了大批德艦，原來對方也早有準備，自己上當了。膽怯的貝蒂立即下令前後隊調換，後隊變前隊，按原計畫全速撤退。

看到「獅號」又要逃走，「留佐號」再變撤退為追擊，緊追不放。損傷慘重而惱火的英國人遂停止了逃跑，把所有砲口瞄準「留佐號」。頃刻間，「留佐號」中彈起火，飄蕩在水面上喪失追擊的能力。此時趕到的英國主力艦隊，還以為貝蒂按計畫引誘成功，傑立克立刻下令：全部戰列艦向左排成舷側單行，馬上進入戰鬥狀態，迎擊敵人！

一場混戰

緊追英艦的舍爾猛然發現，前方出現二十艘英國戰列艦平列組成的作戰群，而這時雙方已經形成了「T」字形作戰陣勢。德國人立刻慌了手腳，原來英國人也是有備而來。這樣的作戰形勢對德軍十分不利，英軍可以用所有大砲轟擊，而德軍只能用艦首砲還擊，後面的艦隊因為距離太遠，達不到有效射程，所以無法發揮威力。

↑ **排成平行縱隊前進的英國艦隊**
日德蘭海戰中英軍傷亡慘重，但主力尚存。

英國人抓住這難得機會砲火齊發，一下子，三艘德艦就身負重傷開始下沉了。「留佐號」失去了戰鬥力，希佩爾只好換乘另一艘，眼睜睜看著「留佐號」沉下海底。

↑被德軍擊中的英軍旗艦「獅號」
「獅號」被擊中後，垂死的少校哈威下令向彈藥庫放水，才使「獅號」倖免於難。

夜幕降臨，燃燒戰艦的濃濃硝煙還在海面上飄蕩，但大海漸漸恢復了平靜。舍爾本想撤回本土，卻因爲夜色的阻礙，使他們偏離航線，深夜時又與英艦相遇。靠照明彈和探照燈的幫助，雙方再度展開了混戰，雙方都有艦隻被擊沉，誰也沒有占到太大的便宜。戰爭一直持續到黎明時分，打得難解難分的英軍和德軍才駛向各自的基地。

這次海上決戰，德軍有一艘大艦和十艘小艦被擊沉，二千五百餘人死亡；英軍則有三艘大艦、十一艘小艦被擊沉，六千多人喪生。雖然雙方傷亡都很慘重，但主力尚存，唯一的變化就是德國妄想控制海上通道的美夢徹底破滅了。

↓被擊中的「瑪麗王后號」巡洋艦
「瑪麗王后號」是英軍一艘二萬六千餘噸的戰鬥巡洋艦，被擊中後，因彈藥庫爆炸而沉沒。一千二百七十五名船員中僅有九人生還。

日德蘭海戰		
戰爭	第一次世界大戰	
日期	1916年5月31日至6月1日	
地點	丹麥日德蘭半島附近的北海海域	
結果	戰術上德國獲勝	
	戰略上英國獲勝	
作戰各方		
英國	德國	
指揮官		
約翰·傑立克海軍上將	萊因哈德·舍爾海軍上將	
大衛·貝蒂海軍中將	佛朗茲·馮·希佩爾海軍中將	
兵力		
一百五十一艘戰艦	九十九艘戰艦	
傷亡		
6094人陣亡	2551人陣亡	
510人受傷	507人受傷	
177人被俘		
十四艘戰艦沉沒	十一艘戰艦沉沒	

018.凡爾登絞肉機

「來吧，我要讓你們在這裡把血流乾！」——德軍統帥法爾根漢

烏雲密布

1916年初，德國的「施里芬計畫」徹底破產，法爾根漢繼任為德軍總參謀長。為了扭轉戰局，他對整個作戰布置做了調整：把東線作為防禦區，重點放在西線，傾全力突擊法軍右翼部隊所依靠的「凡爾登突出部」。他將這個軍事次行動計畫稱為「處決地」，目的是誘使法國投入全部兵力，進入到一個不願放棄的軍事要地，然後自己再集中全力加以殲滅。只要使法國在軍事上失利，就能迫使其投降。因此，法爾根漢公開叫囂：「要讓法國為此流盡鮮血！」

法國的凡爾登要塞正面築壘地域有一百一十二公里寬，由四道防禦陣地組成，其中第四道防禦陣地由凡爾登要塞的永備防禦系統及兩個堡壘地帶構成，駐紮著四個師十餘萬人，法國人自認為是固若金湯，易守難攻。法軍總司令霞飛因此把全部精力投入索姆河戰役的準備中，無暇顧及離巴黎二百多公里的凡爾登要塞。

【人文歷史百科】

一次大戰前的擴軍競賽

1893年德國國會通過一項軍事法案，使德軍平時的編制增加到近六十萬，到第一次世界大戰前夕，德國陸軍增加到八十七萬人。英、法、俄也不甘示弱，到1913年英國現役軍人（包括印度兵在內）已增加到四十一萬人，其中大部分隨時可開赴法國協同作戰。法國也於1913年夏天通過新的軍事法案，延長軍人的服役期，使法國陸軍人數增加了二十三萬人。1913年底，法國的常備軍已達八十萬人。1913年，俄國的現役軍人已達到一百三十萬，但它仍通過擴軍法案，準備將常備軍擴充到二百三十萬人。

為了實施「處決地」計畫，保證軍隊在數量和力量上以絕對優勢壓倒對方，進而迅速取得決定性勝利，法爾根漢做了精心安排。他把遠在俄國、巴爾幹半島前線以及克虜伯兵工廠的大砲全部祕密集結到凡爾登要塞周圍。十二公里長的戰線上，德軍排列了近千門大砲，前線陣地還裝備了五千多個擲雷器，德軍投入兵力達二十七萬人，是防守凡爾登法軍人數的三倍。

↓**向凡爾登前線行進的德國軍隊**
為了取得凡爾登戰役的勝利，德國向前線大量派兵，以人數優勢壓倒法軍。

硝煙四起

2月21日早晨，德軍發起瘋狂的進

↑從空中拍攝的杜奧蒙特堡壘
在德軍狂炸之下，杜奧蒙特堡壘及周圍的陣地滿布彈坑。

↑使用噴火器向法軍進攻的德軍士兵
德軍在對法軍陣地進行持續的轟炸和猛烈的砲擊之後，又使用噴火器使法軍前線陣地成為一片火海。

攻，隨著信號彈在高空爆炸，近千門大砲怒吼齊發，頻率達每小時十萬發，如暴雨般傾瀉在凡爾登的法軍陣地上。

同時，德軍又亮出了十三門大口徑的攻城榴彈砲，一顆顆重磅砲彈，直奔著要塞最堅固的第四道永備工事而去。一百多磅高爆炸藥和裝有金屬碎片的榴霰彈隨著擲雷器的發射，炸得法軍士兵哀嚎聲一片，瞬間就把法方整片塹壕夷爲平地。緊接著德軍又使用了噴火器，法軍前線陣地頓時成了一片火海。

反覆的狂轟濫炸，加上瘋狂的掃射，法軍凡爾登要塞附近狹窄的三角地帶戰壕遭摧毀殆盡。這一帶原有的森林頃刻間燒成灰燼，山頭被大砲削成了平臺，法軍掩體盡被德軍摧毀，赤裸裸暴露在德軍視野之下。砲火剛剛停息，伴隨著一陣吶喊聲，德軍六個步兵師又從寬十公里的戰線上衝了過來。

雖然遭到猛烈的輪番轟炸，但法軍士氣未減，依藉僅存的工事奮力反擊。他們跳出戰壕，迎著敵人衝去，與之展開近距離的肉搏。憑著高昂的鬥志和異常勇猛的拚勁，法軍把德軍的一次次衝鋒打壓回去。激戰兩天後，法軍終因勢單力薄而敗陣，被德軍俘虜了一萬多人，前線陣地也被德軍攻占。

緊急救援

法軍總司令霞飛接到凡爾登失利的報告後，急令總參謀長火速馳援凡爾登，不惜一切代價守住現有陣地，等待後續部隊前來增援奪回失地。同時又委任貝當將軍爲凡爾登地區司令官，命他迅速集結兵力前往增援。

貝當到凡爾登後，立即進行一番巡視。只見法軍前線陣地屍體成堆，一片

↑向法軍陣地射擊的德軍重砲
在凡爾登戰場十二公里長的戰線上，德軍布置了近千門的大砲。

焦土，情況萬分危急，隨時面臨著被敵人包圍而全軍覆沒的危險。要塞東北部的都慕砲臺，原有一個輕步兵師堅守，但經過德軍十二萬發砲彈的狂轟濫炸，守軍將士全部陣亡，德軍只用九人巡邏隊就占領了這個制高點。

貝當看到有利地形落入敵手，感到情況愈來愈危急，急令在前線劃出一條督戰線，嚴令士兵務必壓制德軍進攻，不能讓他們越過督戰線，退過這條線者格殺勿論。接著又緊急召開前線軍事會議，討論如何確保後方援軍和軍火物資能夠按時接濟。

「現在情況萬分危急，法國危在旦夕，我和霞飛司令研究過，唯有在一週內往凡爾登調集二十萬軍隊和二萬多噸軍火物資，才能保證它不落入敵軍之手。現在請大家討論一下，哪條道路能夠承擔如此繁重而又關鍵的運送工作？」貝當開門見山地說道。

負責後勤的指揮官皺著眉頭說：「西南方的巴勒杜克──凡爾登公路未被完全破壞，可以通行，其他路段全遭德國大砲炸毀了。」

【人文歷史百科】

凡爾登戰役

凡爾登戰役中，法軍總兵力的七十個師中有六十六個師先後參加凡爾登戰役，而德軍也有四十六個師投入戰鬥。雙方傷亡的總兵力高達七十萬人，其中以法軍損失略多。因此，凡爾登戰役也被稱為「凡爾登絞肉機」。

「那條路路面有多寬？」貝當忙問。

「六公尺。」

「路況如何？能承受大批載重車通行嗎？」

「路面不甚佳，要看有多少車輛通行？」

「急需如此多的兵力和軍火物資，我看至少也得六千輛汽車晝夜不停地運送。」貝當略微計算了一下說。

「將軍，那恐怕不行！必須先搶時間修復一下，不然，這麼多汽車日夜穿行，肯定要釀成車禍。」負責後勤的指揮官急忙補充道。

貝當立刻下令：「馬上組織搶修隊並召集沿途民眾協助，一定要把路面鋪平拓寬，保證軍用車輛安全通行，凡爾登的成敗在此一舉！法蘭西的存亡在此一舉！」同時，他命令負責後勤的那名指揮官親自前去督促修路，務必確保在27日之前完工，通車運行。

兩天後，六千輛汽車

↑ **乘火車抵達凡爾登的法軍**
法軍在凡爾登失利之後，立刻將兵力和軍火物資，透過各種方式源源不斷地向前線輸送。

→戰爭結束後的沃克斯堡壘

就開始奔馳在這條道路上，十九萬援軍和兩萬多噸軍火物資如期輸送到凡爾登要塞。這條公路承擔了凡爾登戰役的運輸任務，爲前方軍隊提供了源源不斷的戰鬥物資，法國人親切地稱它爲「聖路」。就這樣，在「聖路」的幫助下，雙方的軍事力量很快趨於平衡。雖然德軍曾一度占優勢，但法國大批援軍和彈藥的及時補充，使德軍頓時寸步難行，雙方又恢復到對峙狀態。

←屍體遍布的凡爾登戰場
從戰場上的一角，可見出凡爾登戰役之殘酷。

瘋狂廝殺

法爾根漢作夢也沒有想到，一週時間內，法軍竟得到了充分的兵力補充和物資補給。吃驚之餘，他心裡暗暗高興，因爲這正是他所期待的，想到這，臉上不由得露出了笑容：「來吧，法國佬，我要讓你們在這裡把血流乾！」於是，他命令部隊作短暫休息，準備進行大規模的戰鬥。

此時的貝當將軍也命令增援部隊火速趕赴前線，修築戰壕，布設大砲，準備新一輪的戰鬥。

3月5日，法、德之間大規模戰鬥開始。在猛烈砲火交叉掩護下，德國步兵先從三十公里長的戰線上一齊衝向法軍陣地，發起猛攻。貝當將軍命令所有大砲一起開火，二十多萬軍隊同時用各種武器向德軍掃射還擊。

德軍被這猛烈的砲火打得橫屍遍野。法爾根漢看到地面進攻很難奏效，馬上命令德軍停止全面戰鬥，集中兵力突擊馬斯河左岸，並改急速衝鋒爲穩步前進。但是部隊整體推進不到兩公里，速度極慢。一轉眼就到了七月分，這四個多月裡，法、德雙方展開無數次拉鋸戰，死傷極爲慘重。

1916年10月24日，法軍展開大規模反攻，很快就奪回被占領的砲臺。此時德軍開始全線潰敗，最後退出凡爾登戰場。在這場戰役中，狂傲的法爾根漢不僅讓法國人付出鮮血，也使德軍把血流盡了。

↓被法軍奪回的杜奧蒙特堡壘
法軍轉入大規模的反攻後，一一收回被德軍占領的堡壘、陣地，德軍一潰千里。

019.蘭斯保衛戰

蘭斯保衛戰，是協約國轉守為攻的轉捩點，也是結束第一次世界大戰的關鍵戰役。

午夜砲火

1914年，第一次世界大戰爆發，敵對雙方在西線經過長達四年的殘酷廝殺後，形成暫時的對峙局面。爲結束這種狀態，1918年7月，德軍開始集結重兵，意圖一舉攻破法國巴黎的門戶——蘭斯，進占巴黎，迫使法國投降。對於這一戰，德軍高度重視，統帥魯登道夫進行周密的部署，命令部隊從兩面包圍蘭斯城，力求攻破蘭斯，長驅直入巴黎。爲此，德國皇儲威廉親率龐大的集團軍，祕密進入陣地。

此時的法國第四集團軍司令古羅將軍警覺蘭斯將成爲德軍進攻的下一目標。於是，他命令情報部不惜一切代價獲取德軍下一步具體行動的情報。情報部門很快就捕到一名俘虜，獲悉德軍計畫在零點十分起發動砲擊，接著全面總

↑ 在蘭斯的英軍 ，攝於1918年
1918年7月15日馬恩河戰役開始，鋪天蓋地的英軍在戰爭間歇休息。

↑ 馬恩河戰役中的德國軍隊，攝於1918年
正在挖掘戰壕的德軍士兵。

攻擊。古羅將軍知道後立刻發出命令，要砲兵部隊趕在德軍之前提前開火。

零點，法軍兩千多門大砲同時向德軍開火。剎那間，砲聲隆隆，火光衝天，規模空前的蘭斯之戰開始。

德軍失去先發優勢，總司令魯登道夫只好率軍強渡馬恩河。河對岸的美軍三十八步兵團發現德軍後立即猛烈轟擊。在河流中的德軍被打得措手不及，幾十艘小艇接連遭擊沉，士兵付出慘重代價才衝上對岸，攻取一處制高點，隨即向美軍發動全面反擊。美軍雖未能阻止住德軍過河，但誓死堅守陣地，整個戰場頓時硝煙瀰漫。

戰爭打響後，德軍曾一度突破幾道防線，但馬上又被美法聯軍打了回去。雙方進退不定，形成了拉鋸戰。

↓馬恩河戰役中的法國軍隊，攝於1918年
法國軍官正在教士兵使用新式榴彈槍。

→馬恩河戰役紀念碑

發生轉變。德軍把從馬恩河畔的多爾芒到蘭斯高地的協約國防線向後逼退。這種形勢對德軍非常不利，皇儲威廉憂慮地去面見他的父親，報告了上述情況。德皇聽到戰況彙報後，告誡兒子要謹慎行事，戰爭局勢很可能導致德軍潰敗。

血流成河

在蘭斯的西面，德軍有六個師的兵力，以強大優勢突破義大利第八師的防線，將義軍逼進到第二道防線，進展得很順利。戰鬥到上午九點三十分，形勢

果然不久便有報告說，德軍在第二道防線受到協約國軍隊的猛烈阻擊，威廉皇儲聽後急忙返回戰場。

此時的馬恩河已被鮮血染紅。德軍總司令魯登道夫把最後的賭注押在蘭斯。但是，即使憑藉強大的人海戰術，德軍也僅向前推進了三英里，協約國的砲兵則以逸待勞，頻頻砲擊河對面的德軍後備部隊。德軍前後挨打，死傷無數，攻擊力明顯削弱。

魯登道夫心急如焚，無奈只好下令讓皇儲的第六集團軍補充戰力，他想把這支後備力量也盡快投入前線。但皇儲見大勢已去，停止了強渡馬恩河的計畫，還停止對蘭斯東西方的進攻。魯登道夫見無援軍，只得依靠馬恩河和蘭斯之間的兩個軍，打算翌日再發動進攻。

【人文歷史百科】

第二次馬恩河戰役

俄國退出戰爭後，德國得到片刻喘息之機。1918年，德國集中兵力於西線，突破蘇瓦松和蘭斯間的法軍防線，逼近馬恩河。企圖在美軍主力到達法國之前，迫使英、法屈服。

為實現統一指揮，法國將軍福煦被任命為協約國最高軍事統帥。7月15日，德軍以三個集團軍的兵力在馬恩河突出地區對英法聯軍發動進攻。7月18日，英法聯軍向德軍發起反攻。在主要突擊方向上和德軍十八個師展開激戰，將德軍打退到埃納河和韋勒河一線。8月5日會戰結束，巴黎的威脅消除了。戰役中德軍損失十二萬人，聯軍損失近六萬人，至此德國在大戰中的敗局已定。

↓ **馬恩河戰役中的美國軍隊，攝於1918年**
使用新式機關槍的美國陸軍，在戰役中重創德軍。

黎明潰敗

此時，協約國部隊已在蘭斯附近的森林中集結待命，準備隨時向德軍發起反攻。明顯處於劣勢的德軍，不僅數量上少於對方，且士氣低沉，後備軍大多是從東線緊急召集來的，疲憊不堪。

第二天天剛破曉，協約國坦克就轟鳴著發起進攻。協約國的主動出擊，讓德軍自亂陣腳，在強大的攻勢面前節節敗退。協約國摩洛哥的軍隊像一把鋒利的尖刀，刺向德軍心臟，第一道防線上的一萬五千名德軍被協約國俘獲。

第二道防線的德軍還沒弄明白整個戰爭的形勢，美軍上尉即已發起了更加猛烈的進攻。到處都是美軍密密麻麻的坦克群和海軍陸戰隊，緊隨其後的美、法部隊如潮水般湧來。面對這種局勢，德軍失去了抵抗的勇氣，紛紛棄械投降，而少數頑抗者也很快被消滅了。

垂死掙扎

德軍地面部隊難以招架，遂出動成批的飛機，對協約國部隊進行瘋狂俯衝掃射。重創對手之後，沮喪的德軍似乎看到了一絲希望。爲了奪回制空權，減少地面傷亡，協約

↑ **戰場上的外籍軍隊**
法國軍官正在教塞內加爾的黑人士兵使用手榴彈。

→ 美國發行的馬恩河戰役紀念郵票

【人文歷史百科】

巴黎凱旋門

巴黎凱旋門高約五十公尺，寬約四十五公尺，厚約二十二公尺，由三個拱形組成，形成了四通八達的四扇門。它復古的全石質建築體上布滿精美的雕刻。凱旋門中心拱頂內裝飾著一百一十一塊宣揚拿破崙赫赫戰功之上百場戰役的浮雕，它們與拱門四腳上美輪美奐的巨型浮雕相映成趣，使人感覺它不僅是座古老的建築，更是件精美動人的藝術品。

國戰機也升空與敵機展開激戰，滾滾的硝煙再度瀰漫蘭斯上空。蘭斯瞬間成爲第一次世界大戰的核心戰場。

上午十點五十四分，皇儲威廉和魯登道夫已清楚地意識到戰局的嚴峻，用上了全部後備力量，占領蘭斯並攻占巴黎的計畫落空。爲挽回殘局，魯登道夫命令德國殘餘部隊從兩邊包抄襲擊美軍。德軍嚎叫著向美軍撲來，情況十分危急。突然，從樹林中衝出一隊騎兵，他們個個身披紅色戰衣，頭戴高高的鋼盔，手握長刀，迎著德軍的砲火，吶喊著衝了過來。

美軍看到援軍來到，士氣大振，跟在騎兵後面一齊衝向德軍。騎兵像一股旋風，奮勇向前的氣勢把德國士兵嚇得紛紛後退。

徹底失敗

勝利女神明顯向協約國招手，但仍有一股德軍盤踞在半山腰的山洞裡頑抗。他們用架在洞口的機關槍，瘋狂地向美國步兵和外籍軍團掃射，片刻之間，協約國士兵的屍體堆滿山坡，草地被鮮血染紅了。最後，協約國士兵向洞內投擲了手榴彈。「轟、轟」幾聲巨響後，德軍停火了，大批美軍步兵和外籍軍團的步兵蜂擁而至，洞中一千二百名德軍只好乖乖地舉手投降。

經過一番激戰，協約國部隊最後占領這座險要的峽谷。全然喪失戰鬥信心的德軍，倉皇向後敗退。蘭斯保衛戰，協約國付出了沉重的代價，傷亡達五千餘人，但這場戰役成爲協約國轉守爲攻的轉捩點，也是結束第一次世界大戰的關鍵戰役。

↑ **凱旋門的閱兵隊伍，攝於1918年**

上圖為1918年11月一次大戰結束後，法軍在凱旋門前舉行的閱兵儀式。

020.巴黎和會

這不是一場和平，而是二十年的休戰。——法國元帥福煦

慘重代價

一次世界大戰中戰敗的德國於1918年11月11日淩晨五時，在巴黎東北貢比涅森林的雷通車站簽署停戰條約，當時聯軍總司令法國元帥福煦代表戰勝國一方簽字。1919年1月18日，巴黎和會在凡爾賽宮隆重召開。英、法、美、日、義五國，在準備會議時擅自制定和會的議事規則：規定英、法、美、日、義五大國爲有「普遍利益的交戰國」，可參加和會的所有會議。比利時、中國、塞爾維亞等國爲有「個別利益的交戰國」，只能出席與其本國有關的會議。此外還限定了各國出席會議的代表名額，五大國各五名，比利時、塞爾維亞、巴西各三名，中國、波蘭等國各二名，共計七十名。

↑凡爾賽宮
位於巴黎西南郊的凡爾賽，為法國王宮。路易十四時開始建宮，1661年動工，1685年大規模興造宮殿和園林，1689年落成。由著名建築師勒．沃．哈爾都安和勒．諾特爾設計建造。

戰勝國開出極爲苛刻的條件：德國陸軍限於十萬人，須廢除普遍徵兵制，服役期限士兵須十二年、軍官二十五年方能退役，海軍不得超過一萬五千人，艦隊只有戰艦和輕型巡洋艦各六艘，驅逐艦及魚雷艇各十二艘，禁止建造潛艇，還禁止擁有軍用飛機、陸海軍航空設備、坦克、重砲、化學及有毒武器……

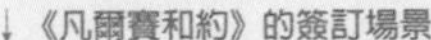

↓《凡爾賽和約》的簽訂場景
1919年6月28日，在巴黎近郊凡爾賽宮鏡廳舉行《協約和參戰各國對德和約》簽字儀式。德國外長穆勒等代表德國簽字。

爲人詬病的交易

戰勝國皆有權利要求

戰敗國的賠付，但怎樣分配這筆戰爭財呢？英國首相勞合·喬治和法國總理克里蒙梭在會議上吵得不可開交，兩國的損失都極爲慘重，因此想分得更多的利益。這時候，美國總統威爾遜出來調停道：「我們不要一分錢，你們兩國就各退一步。不如這樣吧，百分之五十六歸法國，百分之二十八歸英國，這樣總行了吧？」

「這倒可以，但法、德邊界必須以萊因河爲界，除亞爾薩斯——洛林外，德國的薩爾區也得劃歸法國！」克里蒙梭大聲嚷著。薩爾是重要的工業區，擁有它，就意味著擁有歐洲最重要的軍事工業區。各國經過多次脣槍舌戰，最後確定：英國分得一千萬人口的領土，法國分得七百五十萬人口的地區。同時，日本也分到了德國在太平洋上的屬地。美國看似未分得一分一毫，但要求它的商品與資本自由進入這些地區，實行機會均霑，門戶開放，任何人的好處美國都要享受。

除了對德國原有殖民地進行瓜分外，巴黎和會還密謀了如何用軍事、經濟等手段扼殺共產國際的擴張。

正義的呼聲

巴黎和會的最後一天，按會議日程全體戰勝國代表要在和約上簽字，但中國代表卻拒絕簽字。

原來，《巴黎和約》中有條款規定：戰前德國侵占中國山東膠州灣的領土，以及那裡的鐵路、礦產、海底電纜等統統轉讓給日本。第一次世界大戰中，中國爲協約國的一員，支援了大量的糧食，還派出十七萬名勞工。作爲戰勝國，理應索回德國強占山東半島的主權，但主宰和會的英、美、法卻私自將它讓予日本。這爲人詬病的交易，於是引爆了轟轟烈烈的「五四」運動。

↑四強領袖在巴黎和會上合影
巴黎和會「四人會議」，（從右至左）由美國總統威爾遜、法國總理克里蒙梭、英國首相勞合·喬治和義大利首相奧蘭多組成。

受國內群眾高昂愛國情緒的影響下，中國代表團向和會提出了兩項提案：取消帝國主義在中國享有的特權；取消日本強迫中國承認的《二十一條》，收回山東的所有權益。但提議遭到否決。聽到這個消息後，巴黎的華工和中國留學生舉行了聲勢浩大的抗議活動。最後，中國代表團聲明：「如果山東問題不解決，我們絕不在和約上簽字！」

巴黎和會，並未能解決帝國主義列強之間的問題，與其說是和會，不如說是一場戰勝大國之間的分贓會。

021.土耳其之父

凱末爾堅決地說：「結束戰爭並不是我們的最終目的，這不過是我們的開端。現在，我們才真正開始了行動！」

贏取民族獨立

第一次世界大戰結束後，土耳其因追隨德國，領土遭到戰勝國英、法、義和希臘等國的瓜分，面臨著亡國危機。爲實現民族獨立，土耳其人民展開大規模的抵抗運動。

當時執政的蘇丹政府，無意反抗列強的侵略。已授予將軍職銜的穆斯塔法·凱末爾決定辭去軍職，投身民族獨立運動。凱末爾的這一行爲，贏得了人民的擁戴，他很快就被推爲民族主義組織的領袖。

1920年4月，凱末爾黨人在安卡拉召開大國民議會，成立臨時政府。臨時政府在批判蘇丹政府賣國行爲的同時，宣布組織自己的正規軍以對抗帝國主義者的侵略。凱末爾黨人成立的政府，受到蘇維埃俄國的支持援助。

凱末爾臨時政府的成立，讓分得土耳其領土的列強十分惱火。1921年8月，希臘的十萬大軍在英國支持下，向凱末爾臨時政府發動猛烈進攻。當時，凱末爾黨人剛剛建立國民軍，在數量和武器裝備上都遠遠落後於希臘聯軍。但國民軍鬥志昂揚，在十多天的時間裡擊退了敵軍上百次進攻。甚至連一些婦女也勇敢拿起槍支奔赴前線，和男性士兵們一起作戰。

↓前進土耳其的希臘聯軍
土耳其在第一次世界大戰中失敗，使希臘有機會從它手中奪取土。在勞埃德——喬治及其盟友的鼓勵下，希臘軍攻入土耳其，聲稱對小亞細亞愛琴海沿岸的領土擁有主權。

爲什麼不摔倒我

←總司令凱末爾，攝於1921年
凱末爾曾連續四次當選總統。1934年，土耳其大國民議會為表彰他對土耳其人的功績，授予他「阿塔圖爾克」為姓，意為土耳其之父。

凱末爾率領國民軍經過一個月的苦戰，抵擋住希臘聯軍的進攻，進入反攻階段。在反擊中，國民軍異常勇猛，他們不僅把希臘聯軍趕出愛琴海，甚至還俘虜了希臘聯軍的總司令。在對希臘聯軍取勝後，國民軍轉向蘇丹政府。他們迅速將軍隊開進伊斯坦堡。土耳其蘇丹穆罕默德六世見大勢不妙，慌忙帶領妻兒搭上英國戰艦逃跑。

土耳其人隨即慶祝起這得來不易的勝利，在伊斯坦堡的大廣場上舉行慶祝晚會。深夜時分，晚會的最後一個節目——土耳其民族傳統的摔跤比賽登場了。這時，凱末爾突然向軍中的一位摔跤大王挑戰，比賽開始，摔跤大王猛一使勁，凱末爾就被抱了起來，人們一陣驚呼，就在凱末爾將要被摔倒時，摔跤大王輕輕把他放到地上。

「爲什麼不摔倒我？」凱末爾站穩後笑著問。

「您是我們國家的英雄，七個國家的敵人都沒有打倒您，我怎麼有能力把您摔倒呢？」摔跤大王的回答馬上博得了全場喝采。

1922年10月，大國民議會在安卡拉再次召開。凱末爾宣布廢黜公開投敵的蘇丹，並宣告土耳其共和國成立，首都定於安卡拉。在這次大會中，凱末爾被推選爲共和國第一任總統。此後，他連任三屆總統。

【人文歷史百科】重視教育的凱末爾

凱末爾建立土耳其共和國後，十分重視教育工作，總是抓住一切場合進行宣傳。當時土耳其使用阿拉伯文字，不但難以理解和讀寫，且不適合記錄土耳其語，因而造成很多文盲。在這種情況下，凱末爾召集許多學者和教師，一起研製出一套文字改革方案。為了推廣新的文字方案，他還專門召開會議宣傳新文字，鼓勵土耳其人積極學習，把新文字視為愛國的民族義務。

↓查看敵情的凱末爾
凱末爾在戰爭中身先士卒，他曾從馬背上摔下來跌斷肋骨，但仍帶傷指揮作戰。

022.尼加拉瓜人的將軍

一個民族要贏得自己的主權，僅僅靠言辭是不行的，必須拿起武器來捍衛它。——桑地諾

滄桑的歷史

尼加拉瓜西臨太平洋，東瀕加勒比海，是中美洲面積最大的國家；1502年哥倫布曾航行至此，1524年淪爲西班牙殖民地。1821年，尼加拉瓜宣布獨立，從此擺脫了西班牙的殖民統治，此後又建立了共和國。

中美洲地區一直是美國垂涎的對象，尼加拉瓜更早被美國視爲囊中之物。1909年，美國策動一場政變，把尼加拉瓜總統趕下臺，同時以保護僑民爲由，派出海軍陸戰隊進駐。1926年初，由於尼加拉瓜當局不再唯命是從，美國又策動另一場政變，組建親美的傀儡政權。同年年底，美國再派出由兩千人組成的海軍陸戰隊進駐尼加拉瓜，協助傀儡政權鎭壓不斷掀起的人民起義。

國家遭到美國帝國主義的侵略，讓身在國外的桑地諾憂心忡忡。桑地諾出身低微，二十多歲去國外打工謀生。美國對各小國的欺詐，令桑地諾十分憎恨。他身處墨西哥時，便參加了墨西哥的反美抗爭。此刻自己的祖國正遭受美國帝國主義的蹂躪，使他決定回國參加抗爭。

發動起義

1926年，桑地諾從墨西哥返回尼加拉瓜。他首先來到北部的聖阿爾比諾金礦，深入工人生活去瞭解他們的情況。桑地諾對工人的同情和關心，使他在工人中樹立威信，他趁機鼓動金礦工人起義，組織大家反抗美國帝國主義的侵略行爲。他以堅定口吻說：「一個民族要贏得自己的主權，僅僅靠言辭是不行的，必須拿起武器來捍衛它。」

←入侵尼加拉瓜的美國海軍

1926年10月22日，美國海軍陸戰隊在尼加拉瓜西北部港市科林托登陸，在尼加拉瓜進駐了六年之久。

很快的，他就建立一支由二十九名礦工組成的小游擊隊，並策劃起義。

起義當天，工人們紛紛舉起自製的紅、黑兩色旗，莊嚴宣誓「為祖國的自由而戰！」他們先是用炸藥炸毀礦場，隨後又用自製手榴彈和一些簡陋的武器裝備，對美軍駐兵和獨裁政府的員警發動襲擊。

金礦工人的起義驚動當局，大批美軍和政府軍聞訊趕來，但他們撲了個空，桑地諾已帶領二十九名夥伴撤往山區。這支游擊隊成為後來尼加拉瓜保衛民族主權軍的核心。

【人文歷史百科】

索摩查家族

索摩查家族是對尼加拉瓜實行四十餘年獨裁統治的家族。索摩查．加西亞是第一個獨裁統治者，1934年他任國民警衛隊司令後，指使國民警衛隊暗殺桑地諾，1937年初攫取了總統職位。1947年暫時退居幕後但仍掌握軍權，1951年再次出任總統，直到1956年9月被刺身亡。隨後，其長子在1957年當選總統，次子於1967年和1974年兩度當選總統。1979年7月17日次子被桑地諾民族解放陣線所推翻，流亡巴拉圭，翌年9月被刺殺。

桑地諾建立隊伍之初，就樹立下一個目標：將外國侵略者趕出去，爭取民族獨立。但他們力量畢竟有限，必須號召更多人加入抗爭隊伍。於是他們又提出「沒收外國資本家的土地，分給尼加拉瓜人」的口號。

↑**桑地諾的婚禮**
1927年5月18日，桑地諾舉行婚禮，這是戰爭年代裡難得的喜事。

↓桑地諾（中）和他的參謀們

各界民眾聽到消息後紛紛響應，八百人的騎兵隊伍迅速組建起來。此後，這支保衛民族主權軍的隊伍不斷壯大，他們以拉斯賽戈維亞斯山區的大森林爲根據地，經常對美國侵略軍發動突擊。

英勇抗鬥

桑地諾雖然招集大批人馬進行抗爭，但落後的武器裝備讓他十分擔心。不過，看到游擊隊員們的機智表現，他才明白自己的擔心是多餘的。游擊隊員隱藏在莽莽的大森林中，利用熟悉地形的優勢包圍敵軍，阻止其攻勢。

雖然美軍在武器裝備和數量上遠超過保衛民族主權軍，還動用了近七十架飛機進行轟炸（當時全世界僅有約六百架飛機），但仍然沒有帶來大的成效。

在尼加拉瓜保衛民族主權軍中，還有一支特別的游擊小隊，他們都是由十三歲到十六歲的孩子組成的，稱爲「天使合唱團」。他們經常深入敵人內部刺探軍情，同時積極展開各種抗爭，有時甚至襲擊美軍駐地。這些花樣百出的打法讓美軍惶恐不安，少年兵團也因而在尼加拉瓜威名遠揚。

1931年，保衛民族主權軍已控制全國八個省的農村地區，一些城市也逐漸被他們攻占。桑地諾的出色領導，使人們尊稱他爲「自由人的將軍」。尼加拉瓜人抗擊侵略者的英勇

←保衛民族主權軍
1927年5月，尼加拉瓜的親美傀儡政府和美國簽訂了解除所有立憲武裝的投降協定之後，桑地諾便祕密地把自己的軍隊撤回拉斯塞哥維亞斯山區。5月12日，他發表了《致尼加拉瓜各地方政府宣言》：「我們甘願做一個愛國者在戰鬥中死去，也不能像奴隸那樣苟活著。」並號召用革命武裝把美國侵略者驅逐出尼加拉瓜。

↑桑地諾（右）與索摩查
這是1933年2月3日桑地諾與索摩查的合影。1934年2月，索摩查和美國駐尼國大使列恩策劃殺害桑地諾。

帶給周邊國家巨大的鼓舞，一些志士紛紛投入尼加拉瓜的抗戰，甚至直接參加桑地諾的部隊。同時，還有很多人組織成立了「不許干涉尼加拉瓜委員會」，他們號召人們進行募捐，支援尼加拉瓜人的抗爭。在美國國內，很多工人也自行組織遊行、示威和罷工，表達他們對侵略尼加拉瓜的強烈不滿。

面對這種情況，美國執政者陷入內外交困的境地。1933年，美軍被迫撤出尼加拉瓜。游擊隊戰士們在苦戰了七年之後，終於贏得反侵略抗爭的勝果。他們放下武器，開始疏通河渠，建立新的家園。

英雄被謀殺

尼加拉瓜人終於把美國帝國主義驅除，他們歡呼著，認為自己將迎接幸福的生活。然而實際上，美軍並不甘心撤離，傀儡政府的親美人士首先要除掉的就是桑地諾。

1934年2月，桑地諾受邀至總統府談判。尼加拉瓜國民警衛隊司令索摩查．加西亞在總統府舉行盛大的宴會，熱情招待桑地諾。他恭敬地舉杯向桑地諾敬酒。酒宴結束後，索摩查．加西亞又恭敬地將桑地諾送到門外，目送桑地諾慢慢遠去。就在桑地諾返家途中，衝出的國民警衛隊不由分說就將他逮捕。然後他們把桑地諾押往首都東郊，未經過任何詢問，就處決了桑地諾。聽到桑地諾身亡的消息，索摩查．加西亞露出得意的笑容，正是他和美國駐尼加拉瓜大使阿爾杜爾．波里斯．列恩策劃殺害桑地諾。1937年，索摩查．加西亞成為尼加拉瓜的總統，這個國家再次被美國所掌控。

【人文歷史百科】

桑地諾民族解放陣線

桑地諾去世後，尼加拉瓜建立的民族解放運動組織，成立於1961年7月23日，最初稱「民族解放陣線」或「桑地諾運動」。該組織以尼加拉瓜民族英雄桑地諾命名，以示繼承民族獨立抗爭的傳統。組織成立後，立即投入反對索摩查獨裁政權的游擊戰。1979年7月，桑地諾民族解放陣線領導的人民武裝推翻了索摩查．德瓦伊萊的獨裁統治，建立了以陣線為主的民族復興政府。

023.衣索比亞的獨立

「法西斯正侵犯我們的家園，壓榨我們的人民，我們應該怎麼辦？」
「誓死抗敵，寧死不屈！」十萬多人同時發出震天的怒吼。

非洲的黃金寶地

←親臨戰場的衣索比亞皇帝塞拉西
1935年10月，義大利入侵衣索比亞，海爾·塞拉西一世領導抗戰。1936年5月被迫流亡國外。1941年初，率領愛國武裝力量和英軍一道打回衣索比亞，在國民和游擊隊的支持下，擊敗義大利占領軍。

1935年10月，義大利發動蓄謀已久的戰爭，準備吞併衣索比亞。衣索比亞位於非洲東北部、紅海西南岸。雖然它幅員遼闊，但地處沙漠地帶，因而經濟十分落後。不過，這裡的地下資源卻極爲豐富。在一望無際的沙漠下面，埋藏著大量的黃金、白金，以及許多其他金屬。這些隱藏的財富看似給衣索比亞帶來了希望，但還沒有挖掘前就給它的子民帶來災難。由於是紅海的進出口，衣索比亞具有極其重要的戰略地位，成爲兵家必爭之地。

從軍事到經濟，衣索比亞根本無法和義大利相比。對於幾乎處於原始社會狀態的衣索比亞來說，和義大利對戰，根本是以卵擊石。我們難以想像，當義大利駕著飛機、開著坦克、攜帶著各式槍砲開戰時，那些拿著長矛、弓箭、棍棒等原始武器的衣索比亞人如何抵擋？更何況，衣索比亞還沒有統一的軍隊，只有屬於塞拉西皇帝的衛隊，以及各封建領主統領的私人軍隊。

↓義大利軍隊在衣索比亞的一處防禦工事
1935年年底，墨索里尼的部隊估計達六十五萬，讓墨索里尼對併吞衣索匹亞深具信心。

「誓死抗敵，寧死不屈！」

1935年10月17日，衣索比亞首都阿迪斯阿貝巴舉行威嚴的閱兵儀式。年輕的皇帝塞拉西走上檢閱臺，高聲詢問他的臣民：「法西斯正侵犯我們的家園，壓榨我們的人民，我們應該怎麼辦？」

「誓死抗敵，寧死不屈！」十多萬人同時發出震天的怒吼。

面對義大利的瘋狂進攻，衣索比亞人民憑著堅強的意志奮勇抵抗，以血肉之軀對抗義軍的長槍大砲。衣索比亞誓死保衛國家的決心，讓墨索里尼迅速結束戰鬥的計畫落空。戰爭進行到11月8日，義軍仍未取得突破性進展。11月19日至21日，塞拉西皇帝多次到前線慰問

士兵，大大提振了前線的軍隊士氣。在抵擋住義軍的進攻後，他們開始用上繳來的槍砲進行反擊，很快就收復大片的失地，義大利軍隊遭受沉重的打擊。

由於衣索比亞處於沙漠地區，水源十分重要。在高溫的烘烤之下，義軍支撐不住，發瘋般地尋找水源。但是，水源大多已被衣索比亞人塡死了。即使有一兩口水井沒來得及塡死，義軍嚐完一口也不敢再喝了，因爲裡面被撒上了鹽！沙漠炎日的烘烤，飢渴的逼迫，義軍的戰鬥意志逐漸消沉，戰鬥力也大不如前。

墨索里尼對戰局的發展十分不滿，他撤掉駐非洲的義軍總司令，然後派出一批「黑衫軍」進入衣索比亞。「黑衫軍」都是一些狂熱的法西斯分子，也是墨索里尼藉以打開衣索比亞局勢的法寶。果然，這些「黑衫軍」一到戰場上，就開始不分目標狂轟濫炸，甚至國際紅十字會的救護隊員也有五十多人死於砲火之下，次年2月，「黑衫軍」又使用毒氣，致使大批無辜的平民慘死。

【人文歷史百科】

第一次抗義戰爭

因條約糾紛，1894年7月，義大利對衣索比亞不宣而戰。1895年，衣索比亞皇帝孟尼利克二世號召人民奮起保衛祖國。兩個月後，孟尼利克二世麾下已形成一支配備十萬支來福槍、四百門加農砲的軍隊。1896年3月1日，孟尼利克二世親自率軍在衣索比亞北部的阿杜瓦戰勝義軍。義大利政府被迫於10月26日與衣索比亞簽訂《阿迪斯阿貝巴和約》，放棄把衣索比亞作為它的保護國的要求，承認其為主權獨立國家，並賠款一千萬里拉。

英勇抗爭

義軍的猛進，壓迫著衣索比亞不斷後撤防線。1936年5月5日，衣索比亞首都阿迪斯阿貝巴遭義軍攻占，塞拉西皇帝被迫逃往英國。5月9日，墨索里尼在羅馬宣布，衣索比亞政權由義大利接管，義大利國王兼任衣索比亞皇帝。從此，衣索比亞成爲義大利的領土。

但是，衣索比亞人民並沒有屈服，國家的淪亡激起更多人的憤怒，人們紛紛拿起武器，加入游擊隊進行頑強的抗爭，他們發誓：「打倒最後一個敵人，流盡最後一滴血！」

游擊隊的抗爭方式十分巧妙，對游擊隊來說，義軍兵營就是他們的「後勤部隊」。有這樣一個有趣的故事：某天深夜，義軍兵營的士兵正在熟睡，突然被一陣刺痛驚醒。睜眼一看，滿帳篷都是「嗡嗡」叫的蜜蜂。義軍被嚇壞了，從床上跳起來就往外跑。等他們一個個紅頭漲臉地回來時，竟發現所有的武器都不見蹤跡了。原來，這又是游擊隊來「借」武器。

衣索比亞人英勇對抗義大利軍隊，終於在1941年把義軍趕走，恢復祖國的獨立。

024.巴基斯坦國父

「人民非常需要你，所以你必須回去。只有你才能讓穆斯林聯盟獲得新生！」

律師生涯

1876年12月25日，穆罕默德．阿里．真納在喀拉蚩市一戶商人家庭出生。真納小時候結識了一位在喀拉蚩當經紀人的英國人，他們幾乎成爲忘年之交。真納中學畢業後，這個英國人幫助他進入倫敦林肯律師學院攻讀法律。天賦很高的真納，不到兩年的時間裡就完成全部課程。1896年，二十歲的真納即取得高級律師資格。

真納取得律師資格後，收拾行李返回故鄉，然後到孟買創辦一家律師事務所。真納充分發揮他非凡的辯才，而淵博的學識也讓他在犀利的話語中含有不可辯駁的力量。當時，只要他決定接下案子辯護，就很少有人能辯得過他。有些時候，法官還要接受他尖銳的反駁。

【人文歷史百科】

印巴戰爭

1947年10月，印度與巴基斯坦由於喀什米爾的歸屬問題發生武裝衝突，戰火延續十五個月。1949年初，印、巴雙方接受聯合國決議宣布停火，並於同年7月劃定停火線。

1965年4月，印、巴之間因庫奇蘭恩地區的邊界糾紛發生衝突。9月，印度向巴基斯坦發動大規模進攻，導致第二次印巴戰爭。戰爭進行十七天後，雙方宣布停火。

1971年11月，印度在巴基斯坦內部矛盾激化的情況下，出兵東巴基斯坦。12月，戰爭進一步擴展到西巴基斯坦。12月17日，印、巴雙方全線停火。

↑年輕時的穆罕默德．阿里．真納

在一次開庭中，法官輕蔑地對他說：「真納先生，請你說話大聲點，我們總不能伸長耳朵去聽吧？」真納立刻回答：「我是一名律師，不是演員！」過了一會兒，那位法官又用同樣的語氣提出了相同的問題，真納立即回敬道：「法官先生，請把您面前那堆擋住您視線的書挪開，這樣就會聽到了。」

投身政治

1906年，真納結束律師生涯，加入印度國民大會黨，從此開啓政治生涯。

三年後，他取得孟買伊斯蘭教徒的信任，當選爲印度立法議會議員。1913年，他加入全印度穆斯林聯盟（簡稱「穆盟」），並於1924年成功當選爲「穆盟」主席。但是，領導「穆盟」並不是件簡單的事。當時，印度還處於英國的殖民統治之下，宗教情況相當複雜，東孟加拉的居民以信仰伊斯蘭教爲主，西孟加拉則以信仰印度教的居多。

兩支宗教產生很大的摩擦，結下不少恩怨，經常發生大規模的宗教紛爭。眞納在當選「穆盟」領導人之前，就堅決反對英國殖民統治，但要想實現印度獨立，伊斯蘭教必須和印度教聯合起來。在第一次世界大戰期間，眞納十分眞誠地向伊斯蘭教徒發出呼籲：「我們應該拋開彼此的歧見，組成聯合陣線！」在當上穆盟的主席後，眞納再次呼籲：「英國統治印度就是因爲印度教徒與伊斯蘭教徒不能團結起來，只有印度教徒與伊斯蘭教徒團結在一起，印度才有可能獨立！」

然而，眞納的呼籲沒有得到任何回應，兩支宗教之間的矛盾仍更加劇。眞納感到非常失望，他再次來到倫敦，重拾律師生涯。後來「穆盟」派人前往倫敦，竭力勸說眞納返回印度：「人民非常需要你，所以你必須回去。只有你才能讓穆斯林聯盟獲得新生！」眞納並未完全拋棄「穆盟」，他開始在印度和倫敦之間穿梭。之後，眞納被推舉爲「穆盟」的終身主席。

印巴分治

1935年，英王批准印度政府法，印度有十一個省享有自治權。聽到消息後眞納異常興奮，立刻返回印度繼續領導「穆盟」。但是，在國內大選中獲得多數票的國大黨，拒絕和「穆盟」合作，他們堅持由一黨組織內閣。

眞納感到非常失望，於是他決定建立獨立的伊斯蘭國家。1940年3月，眞納主持的「穆盟」年會通過《巴基斯坦決議》，要求建立獨立的伊斯蘭國家，將伊斯蘭教徒聚居的省分脫離印度。這個決議很快得到大部分伊斯蘭教徒的擁護，眞納理所當然地成爲他們的領袖。

但反對眞納的組織也展開各種破壞活動，並多次以死亡威脅眞納。眞納的信念絲毫沒有動搖，他一直堅持爭取建立巴基斯坦。1942年2月，英國政府宣布印度完全自治。此後不久，新任印度總督蒙巴頓又宣布了《印度獨立法》，實行印、巴分治。國大黨與「穆盟」爭執多年的問題，終於得到了解決。1942年8月14日，眞納在他出生的地方——喀拉蚩宣誓就任巴基斯坦首任總督。

↑**眞納墓**
眞納墓位於喀拉蚩市中心，建於1970年。墓頂冠以巨大的半圓形曲面，四周是白色的圍牆，四方形的臺基由大理石砌成。

025.「聖雄」甘地

過去三十年來的嚮導和哲學家，印度自由的燈塔。——印度人民讚譽甘地

回國奮爭

←年輕的甘地

這是甘地任律師時的相片，1888年甘地留學英國學習法律，1891年取得律師資格回國。從1893年開始，在南非從事律師工作，處理印度商行訴訟，並領導十餘萬南非印度人反對種族歧視。1894年組織南非印度僑民第一個政治團體——納塔爾印度人大會，並撰寫《向南非英國人呼籲》和《印度人選舉權》兩書，向殖民當局陳述印度人的苦難，為印度「苦力」和僑民爭取生存權利。

1869年10月2日，甘地在印度出生，由於其父曾任土邦大臣，使他能夠到英國接受高等教育。在英國，甘地接觸很多自由和平等的思想，而這時的印度還在英國的殖民統治之下，印度社會中存在著的不平等，深深地刺傷他的心。因此，他決心改變這種屈辱的狀況。大學畢業後，他前往南非擔任律師，憑藉著超人的膽識和堅強的意志，很快就贏得大家的信任和支持，並順利地成爲印度僑民反對種族歧視運動的領袖。從南非回到印度之後，他便順理成章地成爲印度民族獨立運動的領袖。

甘地是位極爲虔誠的佛教徒，而佛教與印度教一樣，在印度的影響十分深遠。這兩種宗教有一個共同之處，就是反對暴力，主張用和平方式解決爭端。受佛教思想的影響，甘地創造出一種爭取民族獨立的獨特方式，人們稱之爲「不合作運動」。「不合作運動」的主要內容包括兩部分：「非暴力抵抗」和對英國殖民者「不合作」的態度。即印度人民不接受英國授予的公職和爵位；不參加殖民政府組織的任何集會；不進入英國統治者的公立學校，不接受英國教育，自設私立學校；不購買英國貨物和英式服裝，自己紡紗織布；不買英國公債，不去英國銀行存款等等。甘地宣稱，抗爭的目的是達到自治，「如有可能就實行帝國內部的自治，如有必要就實行脫離帝國的自治」。

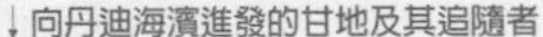
↓向丹迪海濱進發的甘地及其追隨者

甘地率領信徒向丹迪海濱進發，沿途號召人民破壞英國殖民政府的《食鹽專賣法》。隊伍所到之處，村民如潮水般加入。

海邊煮鹽

1930年，爲爭取印度獨立，甘地決定以破壞《食鹽專賣法》作爲運動的開端。當時，英國殖民當局壟斷食鹽生產，激起當地人民的強烈不滿。年屆六十的甘地便號召印度人民用海水煮鹽，來抵制當局的食鹽專營。

3月12日，甘地率領七十九名信徒，從阿默達巴德出發前往西海岸，徒步四百多公里，沿途成群農民隨行，經過二十四天的長途跋涉，等他到達海邊時，隊伍的人數已達千餘人。甘地先在海邊進行祈禱，然後親自動手煮鹽，持續三週，史稱「食鹽進軍」。當局聞訊後大肆鎮壓，5月4日甘地被捕。

←甘地從海邊抓起一把鹽，攝於1930年4月6日黎明

「破壞食鹽專營法運動」席捲了全印度，各地人民紛紛以海水製鹽。食鹽這種違禁品也在各村莊和城鎮公開販售，使英國殖民政府和資本家蒙受巨大打擊。

甘地被捕的消息迅速傳遍全印度，引起印度國民的極大憤慨，有數萬名自願者要求與甘地一同坐牢。爲此，殖民當局逮捕六萬多人，但是這一行爲又激怒了更多人。各地很快爆發了武裝起義，有一些地方甚至宣布獨立，並自組政權。英國殖民政府對革命形勢的擴大極爲震驚，立刻改變策略，1931年1月，殖民當局釋放甘地，同時撤銷對國大黨的取締禁令。隨後，他們與甘地達成一項協定，即《甘地——艾爾文協定》：甘地停止不合作運動，當局則釋放政治犯，並允許沿海居民自己煮鹽。

「自由的建築師」

殖民當局雖然妥協，但這僅是滿足印度人民的部分要求，依然沒能使印度獲得獨立。協定簽訂後，革命抗爭的精神便不復存在，人心逐漸渙散，堅持抗爭的少數人也遭到了不同程度的鎮壓。

甘地不願看到無止盡的暴力和流血事件，所以仍然堅持「非暴力」的抗爭形式，但協議的結果和他努力爭取的印度獨立相差太遠。於是，他又積極地發動幾次「個人不合作運動」，繼續爲實現獨立而奮鬥。

甘地在爲祖國爭取獨立積極奮鬥的同時，也爲消除種姓制度及消弭印度教和伊斯蘭教間的紛爭而奔走。他周遊全國，到處演講，還常常爲此絕食祈禱。因而，人們經常可以看到甘地冒著生命危險，周旋在兩個教派的爭端之中。

1947年6月，印度半島終於出現兩個獨立的主權國家，以印度教爲主的印度和伊斯蘭教爲主的巴基斯坦。但不幸的是，在1948年1月30日，七十九歲的甘地在德里作晚禱時，遭到印度教一名極右派分子開槍暗殺身亡。

←甘地的葬禮

一位美國記者寫道：「數以萬計的哀悼者赤足走在街上，掀起陣陣煙塵，使晴朗的天空為之變色。這煙塵凝集在從波拉宮到聖河岸邊八英里大街上空，經久不散。」

026.歐洲的良心——羅曼．羅蘭

羅曼．羅蘭是法國十九世紀末、二十世紀初現實主義文學的傑出代表。他堅忍不拔的英雄主義精神和人道主義思想，成為世人的精神源泉。

敏感的少年

羅曼．羅蘭出生於法國克拉姆西古鎮的律師家庭，當時普、奧之間正進行著大規模的戰爭，社會動盪不安。雖然身處亂世，但幼年的羅曼．羅蘭受外界影響不大，生活得很幸福；身體瘦弱的他，心靈異常敏感，對外界事物有著獨特的理解。在母親的影響下，小羅蘭對音樂產生濃厚的興趣，莫札特、貝多芬等人的古典音樂令他痴迷，莎士比亞的劇本更使他著魔。這一切，都對他的成長留下深刻影響。在上大學時，羅曼．羅蘭曾與俄國批判現實主義文學大師托爾斯泰通過信，托氏的「不以暴力抗惡」、「道德上的自我修養」、「博愛」等思想對他產生深遠的影響。

↑青年時的羅曼．羅蘭

1889年，羅曼．羅蘭大學畢業後，以公費生身分前往羅馬研讀歷史。1892年他學成回國後，先後在巴黎幾所中學和巴黎大學教授音樂史課程。這期間他受法國社會主義的薰陶，對當時社會的醜惡深惡痛絕。

走上創作之路

1895年，羅蘭獲得博士學位。這時，整個西歐社會瀰漫著頹廢的文藝思潮，羅蘭自悟有責任走上創作之路以扭轉這種現象。在創作之初，他側重於歷史劇，寫下大量的論文，希望建立一種為廣大群眾提供精神食糧的「人民戲劇」，但卻受到不少瘋狂指責，這使他清醒地意識到：社會的利己主義已到了相當嚴重的程度。

二十世紀初，他的創作進入到一個讓世人「呼吸英雄氣息」的新階段，幾年中他就連續寫了《貝多芬傳》、《米開朗基羅傳》和《托爾斯泰傳》等幾部名人傳記作品，還發表以貝多芬為原型的首部長篇小說——《約翰．克里斯朵夫》，這部被高爾基稱為「長篇敘事詩」的作品，在1913年獲得法蘭西學院文學獎。

【人文歷史百科】

不一樣的羅曼．羅蘭

羅曼．羅蘭的個性深具矛盾，他從父親那裡吸收自由、挑剔的高盧人精神，又從母親那裡繼承超強的藝術感受力，所以他經常被人們描繪成一個宗教社會主義者，一位反神權的神祕主義者，一位革命的理想主義者，一名非教條主義的基督徒。羅蘭愛法國，但他拒絕承認一個國家能夠成為理性和必要的統一體；由於他對藝術多愁善感的態度，以及他寫作中缺乏對古典形式的掌握，法國也從未真心接納這位諾貝爾獎桂冠得主。

《約翰・克里斯朵夫》以主人公約翰・克里斯朵夫的生平爲主軸，描述這位音樂天才成長、奮鬥以及最終失敗的人生悲劇。出身貧苦的克里斯朵夫，憑著天賦非凡的音樂才能，再經過自己多年的刻苦學習後，終於成爲一名卓越的作曲家。但由於一直醉心於推動音樂的革新，故受到國內保守勢力的非議和迫害，無奈之下，他來到當時歐洲文藝的中心──法國。可是，對藝術的理解與追求，在法國也同樣無法獲得發展。爲了捍衛眞正的藝術，他與保守勢力抗爭。由於他採取個人的抗爭方式，故而只得到少數人的支持，未成就什麼結果，他晚年時僅能在孤獨和寧靜中度過。

←羅曼・羅蘭的送葬隊伍，攝於1945年
1945年1月2日，羅曼・羅蘭的葬禮在他的故鄉克拉姆西鎮舉行。

羅曼・羅蘭透過這部巨著控訴德國、法國、瑞士、義大利等國對藝術的摧殘，以表達他對這一現象的憎恨。

反戰鬥士

第一次世界大戰爆發時，羅曼・羅蘭正在瑞士，戰爭的殘酷令他感到莫大的痛苦，所以他發表《致霍普曼的公開信》，公開譴責這位德國作家爲帝國主義戰爭所作的宣傳和吹捧。隨後又寫一系列反戰文章，揭露戰爭的罪惡，這些文章彙編成著名的文集《超脫於混戰之上》。1915年，因爲「他文學作品中的高尚理想和在描繪各種不同類型人物所具有的同情和對眞理的熱愛」，羅蘭獲得諾貝爾文學獎。

經過二十多年的探索，羅曼・羅蘭於1931年鄭重發表〈與過去告別〉一文，批判自己過去所走過的歧路，並積極投身於反帝國主義侵略、保衛和平的活動中，還擔任了國際反法西斯委員會主席，積極聲援西班牙的反獨裁抗爭。

1944年12月30日，曾爲祖國和世人的美好未來而不斷奮鬥的文學家和社會運動者──羅曼・羅蘭，離開了人世，享年七十八歲。

←羅曼・羅蘭
羅曼・羅蘭一生貫徹人道主義思想。早期他主張全人類抽象的「愛」，以「英雄精神」對抗社會淪喪、文化墮落。俄國十月革命的勝利和1920年代的社會激烈衝突，使他的思想產生劇變，作品中出現了「新人道主義精神」。

027.佛洛伊德和精神分析學

佛洛伊德是一位偉大的開創者，與達爾文、尼采這些十九世紀重要的思想家並駕齊驅。

學海泛舟

佛洛伊德是奧地利人，1856年2月出生在弗賴貝格市，四歲時隨全家遷居維也納，此後他的一生幾乎都在那裡度過。幼年時父親教他讀書識字，佛洛伊德後以優異的成績考入中學。在校期間，佛洛伊德是公認出類拔萃的好學生，他對各類知識都有濃厚的興趣。1873年，佛洛伊德進入維也納大學醫學院，廣泛的興趣促使他如飢似渴地聽取每一堂課。他的勤奮令生理學教授布呂克非常欣賞，於是讓他到自己的實驗室做助手。在布呂克的指導下，佛洛伊德開始接受科學研究的啓蒙教育。畢業後，他開始進行皮膚科、眼科以及神經精神科等學科的臨床實踐。

1881年，佛洛伊德來到當時歐洲權威的神經病理學研究中心，拜沙比特里爾醫院院長沙考特教授的門下，主要從事歇斯底里病的研究。歇斯底里病是常見的神經官能症，女性發病比例較高，多由神經因素導致大腦功能失調而發病。沙考特教授確定這種病爲一種神經系統疾病，不少病人在他的電療、浴療、推拿和催眠等治療方法下恢復健康。佛洛伊德受他的催眠療法深深吸引，進而確定了自己的主攻方向——神經病治療。

獨樹一幟

佛洛伊德正式行醫後就始終堅持對歇斯底里病的研究與治療。多年下來，他累積了豐富的臨床經驗，三十九歲時，佛洛伊德與人合作出版了《論歇斯底里現象的心理機制》。他在著作中著重描述發生這種疾病的原因——「潛意識」的存在。佛洛伊德認爲人在產生意識的

↓**佛洛伊德像，攝於1921年**
佛洛伊德一生中對心理學的最重大貢獻，是對人類無意識過程的揭示，提出了人格結構理論、人類的性本能理論以及心理防禦機制理論。

【人文歷史百科】

榮格

佛洛伊德的精神分析理論在1900年以後趨於成熟。他從各地吸收了一批信徒，其中最受器重者是奧地利的阿德勒和瑞士的榮格，構成佛洛伊德的精神分析學派。

榮格1875年7月26日生於圖爾高州，1961年6月6日逝於蘇黎世。榮格參與佛洛伊德的精神分析運動，受到佛氏的重視，被考慮作為其繼承人。1911年，他們共同創立一個國際精神分析學會，榮格獲選為第一任主席。但後來出於學說上的分歧，榮格遂離開了佛洛伊德。

過程中，有一種無法探測的心智過程，那就是「潛意識」。「潛意識」處在人們的心靈深處，在它受到誘導和啓發後，才會轉化成爲人的「意識」。「潛意識」成爲佛洛伊德研究精神分析學的理論雛形，後來，他沿著這條線索繼續前進並逐漸發展完善。

但佛洛伊德對歇斯底里的成果並沒有獲得醫學界的認可，有人說他的觀點是異端邪說，但佛洛伊德毫不動搖研究的信心，反更積極地投入探究人類精神活動奧祕的探索中。1895年，凝結著他多年研究心血的《歇斯底里研究》出版了。在著作中，他指出了對抗「本能」的方法，並提出「抑制」學說。他認爲有兩條路可以走進人類的心理世界：一是進行自我分析，二是對夢進行解析。

而專門探討夢的專著又在1897年7月出版。這部《夢的解析》的出版，代表著精神分析學的正式誕生。

馳名世界

二十世紀後，佛洛伊德以及他的學說已馳名國外。1909年，美國克拉克大學舉行二十周年校慶，校長斯坦利．荷爾親自邀請佛洛伊德參加，並授予他名譽博士學位。在這次應邀赴會的過程中，佛洛伊德在該校分五次進行了題名爲《精神分析的起源和發展》的演講，演講全文後來被譯成多種文字，在世界各國廣泛流傳。

佛洛伊德的著作有廣大的讀者，認同他觀點的精神分析學會紛紛在歐洲大城市中成立。荷蘭精神病學家和神經學家協會以及英國心理學會，都邀請他做名譽會員。1919至1939年間，他的名聲達到了最高峰，無人不曉佛洛伊德和他的學說。但由於1923年發現罹患口腔癌，從1932年起他先後動過三十多次手術；再加上1938年納粹德國入侵奧地利，身爲猶太人的佛洛伊德晚年的境況更加悲慘，以八十二歲高齡隨家人一路艱辛地逃到倫敦，不久就在1939年9月21日逝世。

028.「和平鴿之父」畢卡索

畢卡索是一座火山……不管畫的是女人的面容，還是小丑的角色，都會迸發出青春的火焰。
——法國總統喬治·龐畢度

稚童學畫

聞名世界的大畫家畢卡索，1881年10月25日出生在西班牙美麗的城市馬拉加。他的母親瑪麗亞曾回憶說，畢卡索學會發的第一個音節是「匹茲」，就是鉛筆的縮音，注定了他一生將和繪畫結緣。畢卡索的父親是一位繪畫教師，受父親的影響，畢卡索自小便熱愛畫畫。上學後，他對其他課程沒興趣，唯獨對繪畫情有獨鍾，他所有的作業簿上充斥著各種人物的畫像。而他又特別喜愛畫鴿子，為此常把鴿子帶進教室裡頭。

↑畢卡索十二歲時的素描作品

十四歲時，父親把他送入頗有名氣的巴塞隆納美術學校。所有希望入學的孩子都要接受考試，考題是畫一名披著被單的模特兒和一尊站立的裸體人像素描，要求一個月內完成。而畢卡索只用一天時間就完成了。老師們對他的藝術天分驚異不已，因此特批畢卡索直接進入高級班學習。

嶄露頭角

十五歲時，畢卡索創作出《科學與仁慈》這幅作品。在畫中，他描繪一位身患重病、臥床不起的母親，正在接受醫生的診脈，她用憂傷的眼神望著修女懷抱中的孩子。畢卡索的作品往往展現出深厚的人道主義精神，其更深刻的意涵在於表達：唯有科學和宗教才能把人類從病痛和困境中解脫出來。

1897年，《科學與仁慈》入選西班牙全國美術展，獲得了金獎。後來，畢卡索隻身前往首都馬德里，以優異的成績獲得聖斐爾南多皇家美術學院的入學資格。但學校死氣沉沉的教學方式令畢卡索厭倦，他常常翹課，獨自一人到戶外去寫生。資助他上學的叔叔得知後，氣憤地斷絕他的經濟來源。偏巧此時畢卡索又得了一場大病，只好無奈地回到鄉間父母身邊療養。在療養的期間，畢卡索結識許多農民，他們悲慘的生活境況令畢卡索十分同情。根據這一生活現象，他創作出《亞拉岡人的風俗》，這幅作品在馬德里和馬拉加的畫展上都獲得金獎。

身體復元後，畢卡索來到了巴黎。

【人文歷史百科】

輝煌之至的畢卡索

畢卡索的一生輝煌之至，他是有史以來第一位親眼看到自己的作品被收藏進羅浮宮的畫家。在1999年底法國一家報紙進行的民意調查中，他以40%的高票當選為二十世紀最偉大的十位畫家之首。

當有人問起他創作的祕訣時，畢卡索說：「我的每一幅畫中都裝有我的血，這就是敝人畫的意涵。」

↓畢卡索像，攝於1964年6月21日

→青年時期的畢卡索

在鄉間與農民的親身接觸，使他深入下層民眾的生活，同情他們不幸遭遇的同時，用自己的畫筆諷刺社會的醜陋。這個時期，畢卡索的繪畫風格可說是憂傷的藍色調。作品中描繪無數張冷淡的表情和乾枯的面容，這些孤獨者身體僵直，弱不禁風，顯然是遭到社會拋棄的形象。因此他繪畫生涯的這一時期被稱爲「藍色時期」，代表作有《人性》、《喝苦酒者》、《兩姐妹》等。

經過長年飄泊，1904年畢卡索終於巴黎定居，因爲和美麗姑娘奧莉維葉在一起，畢卡索的生活中充滿甜蜜和歡樂，也使他的畫由抑鬱、冰冷的藍色調驟變爲溫暖而柔和的粉紅色，充滿幸福和青春的活力。因此，這個創作時期被稱爲「玫瑰色時期」，代表作有《演員》等。

藝術巨人

畢卡索對非洲藝術雕塑所具有的鮮明立體感極感興趣，故而萌生將之融入到繪畫藝術創作中的想法。由此，他開始了新的追求和探索。畫是平面的，局限於對物體進行正面、側面、頂面和底面的描繪，爲充分顯示內在的、人眼看不到的結構，畢卡索把物體的原有形象解體，重新根據意境進行主觀組合拼裝。後人把他的這種藝術嘗試稱爲「立體主義創作」。

畢卡索1907年完成的《亞維農少女》，是他立體主義創作的代表作。整幅作品歷時四個月，共畫下十七張草圖，完全顛覆傳統繪畫的技巧。作品中描繪五個裸體少女，身軀上無所裝飾，皆呈粉紅色。左側三位少女的身體呈菱形，眼睛則呈橄欖形，仿若戴上面具。其中一個人的手反轉到身體的右側方向拉著赭紅色的畫布。這五位裸體少女依次排開，從左下方到右上方呈一對角線，在藍色背景襯托下顯得格外突出。這樣一幅畫作問世

↓《科學與仁慈》，現藏於巴塞隆納畢卡索博物館

這幅畫是畢卡索十三歲時創作的，在構圖方面遵循了官方學派的規則，從畫面右下角延伸到左上角作一條對角線，保持了線兩邊畫面布局的平衡。寫實的技法也符合當時巴塞隆納主流社會的需求。此畫充分表露了少年畢卡索的藝術才華。

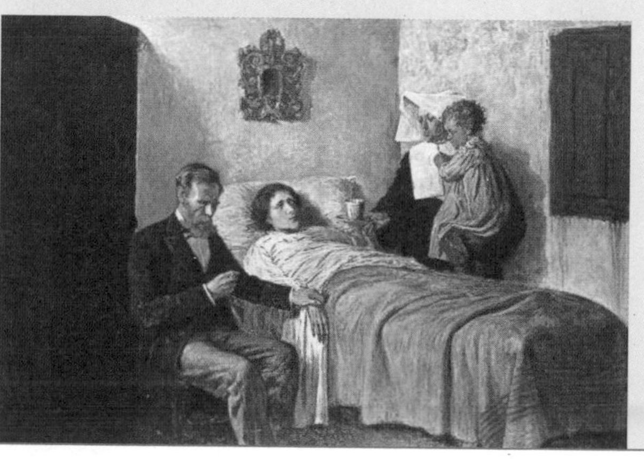

↑《亞維農少女》
這幅畫被認為是立體主義的開端，大膽地拋棄了西方傳統繪畫的造型法則，畫中不見任何情節，沒有具體的背景描寫，在同一畫面上（主要在右邊兩位婦女的造型上）表現正面、側面和斜切面，追求一種結構的美。

後，立即在巴黎畫壇引起大震撼，褒貶不一。持否定態度的人說畢卡索是瘋子，分明是對繪畫藝術的褻瀆；肯定的人認爲這是一種全新的表現手法。這幅畫在問世整整三十年後才正式展出，爲畢卡索贏得了卓鉅的聲譽。

和平使者

畢卡索活躍的那段時期，正是他的祖國西班牙的多難歲月，人民生活在水深火熱之中。1936年11月，佛朗哥在德、義兩國的支持下進攻首都馬德里，

→畢卡索油畫作品《抱和平鴿的孩子》

【人文歷史百科】

立體主義

在西方現代藝術中，立體主義是一個具有重大影響的運動和畫派。其藝術追求與塞尚的藝術觀有著直接的關聯。立體派畫家受到塞尚「用圓柱體、球體和圓錐體來體現自然」的理念啓發，試圖在畫中創造結構美。他們努力地消減其作品中描述性和表現性的成分，力求組織起一種幾何化傾向的畫面結構。畢卡索的《亞維農的少女》即是這類作品。

揭開了西班牙內戰的序幕。

聽到祖國慘遭蹂躪的消息後，畢卡索憤怒不已，五十六歲的他緊握畫筆，滿懷悲憤地創作了巨幅壁畫《格爾尼卡》。《格爾尼卡》採用白、黑、灰作爲基調，蘊含著一股悲壯的氣氛。畫面上人物眾多，呈現出掙扎、控訴的狀態，作品中有四位婦女，她們尖叫著、哀號著，或從燃起火的樓房奔跑而下，或抱著死去的嬰孩對天而哭，或絕望地伸展著手；在畫面的左上方有一頭冷漠無情的牛頂立著犄角，一匹奔跑的馬被長矛刺穿了背；這些皆具有深刻的象徵意味：公牛是殘暴和黑暗的象徵，而馬則代表了無辜百姓。整幅作品體現了畢卡索對罪惡戰爭給人民帶來苦難的無情撻伐。

1944年9月，畢卡索加入法國共產黨，積極投入反法西斯抗爭。同年，畢卡索將一幅石版畫捐贈給保衛世界和平大會。畫面上是一位美麗的少女頭像，在少女頭像的旁邊有一隻鴿子振翅欲飛，表達人們對和平的追求和渴望。後來，那自由飛翔的白鴿就成了和平的象徵，人們都稱它爲「和平鴿」，而畢卡索則被尊稱爲「和平鴿之父」。

智利著名詩人聶魯達，曾寫詩讚譽道：「畢卡索的和平鴿展開翅膀，飛翔在世界的每一個角落，沒有任何力量，可以阻礙牠的翱翔。」

1971年，九十高齡的畢卡索在法國羅浮宮舉辦畫展，法國總統喬治·龐畢度親自前來剪綵，並熱情洋溢地說：「畢卡索是一座火山……不管畫的是女人的面容，還是小丑的角色，都會迸發出青春的火焰。」1973年4月7日，因患嚴重流行感冒，畢卡索死在自己的畫室中，享年九十二歲。生前，他曾經說過：「回到鬥牛場吧！那裡可以死得其所。」終於，他如願以償壯烈地死在了自己的「鬥牛場」——畫室中。

→《格爾尼卡》壁畫，現藏於西班牙馬德里的普拉多美術館別館蘇菲亞王妃中心

029.「硬漢」海明威

海明威一生經歷坎坷，曾成功地描繪在戰爭中迷失方向的美國年輕人，因此，他所代表的文學流派被稱為「迷惘的一代」。

→一次世界大戰中的海明威，攝於1918年
對於自己在一次大戰中僅當過醫療救助員，而二次大戰開始後又因為年齡過大無法參與戰鬥這一點，海明威感到非常慚愧。

迷惘的一代

1899年7月21日，海明威出生在美國芝加哥郊外橡樹園鎮。少年的海明威對父親打獵、釣魚等愛好不感興趣，卻對於母親的文學愛好特別鍾情。中學畢業後，海明威到美國堪薩斯州的《星報》，當了六個月的實習記者。第一次世界大戰爆發後，他毅然加入美國紅十字會戰場服務隊，前往義大利戰場。由於表現英勇，戰後海明威獲義大利政府授予十字軍功獎章、銀獎章和勇敢獎章，還被晉升爲中尉。但戰爭在他身上所留下的二百三十七處傷痕，成了他惡魔般的記憶。

身體康復後，海明威以加拿大多倫多《星報》記者的身分常駐巴黎。此時，他對創作產生濃厚的興趣，在當記者的同時，努力寫著小說。十年當中，他出版了很多作品，其中最著名的就是長篇小說《旭日又升》。

小說描述了第一次世界大戰後，流落在法國的一群美國年輕人，因爲戰爭結束而迷失了前進的方向，感到空虛、苦惱和憂鬱；雖然想重新振作起來，但精神上陷入了迷茫的狀態。美國作家斯坦因把小說中的人物稱爲「迷惘的一代」，因而海明威及其所代表的文學流派也被稱爲「迷惘的一代」。

再次奔赴戰場

1929年，海明威長篇小說《戰地春夢》問世，這是「迷惘的一代」文學的最高成就。小說描寫的是戰爭背景下的一個愛情故事：一個叫亨利的美國青年自願前往義大利戰場。負傷後，他受到英籍女護士凱薩琳的照顧，深深地愛上了她。在一次撤退中，亨利遭誤認是德國間諜，險遭槍斃。情急之下他跳河逃生，想就此脫離戰爭。爲躲避憲兵的追捕，亨利和凱薩琳來到瑞士，度過了一段非常幸福的生活。可是不久後，凱薩琳卻因難產而死亡，嬰兒也未能存活。亨利從此變成了一個孤獨人……

1928年，海明威離開巴黎，在美國佛羅里達州和古巴度過一段寧靜的田園生活。他常以狩獵、捕魚、看鬥牛比賽作爲消遣。第二次世界大戰爆發後，海明威無心再過這種寧靜的生活，又再奔赴戰場，擔任一名隨軍記者。

太平洋戰爭爆發後，海明威把自己的遊艇改裝成巡艇，對德國潛艇的行動進行偵查，提供敵軍的情報。1944年，

→1953年《老人與海》獲得普利茲文學獎，
1954年又獲得諾貝爾文學獎。

海明威前往歐洲採訪，因飛機失事而受重傷，痊癒後又奔赴到敵後進行採訪。

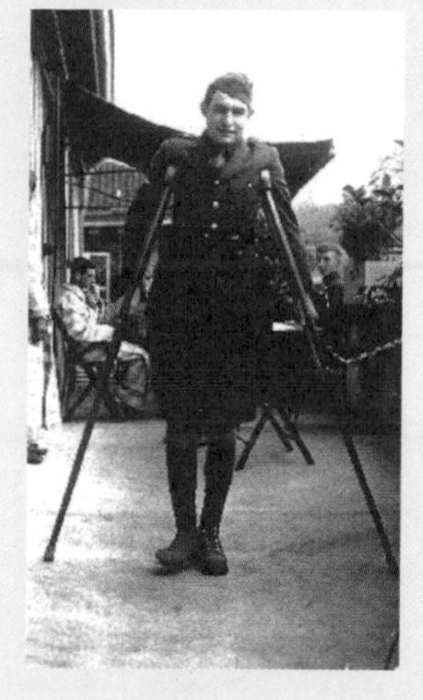

←一次世界大戰中受傷的海明威，攝於1918年

1918年夏天，十九歲的海明威在義大利南部的醫院接受治療，他身上中了兩百三十多塊彈片，先後動過十三次手術。為表彰他的勇敢，義大利政府頒發給他十字軍勳章。

「硬漢」老人

1952年，海明威完成了著名小說《老人與海》。小說描述老漁夫桑提亞哥在海上連續工作八十四天都沒有捕到魚的故事。起初，一個叫曼諾林的男孩曾和他一起出海，但因連續四十天都毫無收穫，孩子的父母就讓他到別的船上去了，他們認爲孩子跟著老頭不會有好運氣。第八十五天，桑提亞哥一清早就出海了，把船划到很遠的地方。這一次，他釣到了一條大馬林魚，經過兩天的努力，他征服了這條魚。但受傷的大馬林魚在海上留下的腥味，引來了無數的鯊魚。老人又與鯊魚展開生死搏鬥，等他回到海港時，大馬林魚只剩下一副龐大的骨架。孩子前來探望老頭兒，發現大馬林魚的龐大骨架，他感覺到桑提亞哥並沒有失敗，是條眞正的「硬漢」。

↑寫作中的海明威，攝於1953年

「一個人無法被打敗，你可以消滅他，但絕不能打敗他。」這是支撐著桑提亞哥生活的信念，也是文章所要闡明的思想。海明威借助桑提亞哥的形象，讚頌人類在困難面前所顯示出之堅不可摧的精神力量。在人生的角逐中，他或許已經失敗，但在命運面前，他依然是精神上的強者，是條「硬漢」。

1954年，海明威憑藉此書獲得諾貝爾文學獎。但之後因身體患有多種疾病，精神也長期處在抑鬱狀態，沒能再創作出影響深遠的作品。1961年7月2日，「硬漢」海明威用獵槍結束了自己的生命……

【人文歷史百科】

「迷惘的一代」

海明威是1920年代初，跟一批青年作家一起登上文壇的。他們不僅年齡相仿，而且經歷相似，思想相近，在創作中表現出許多共同點，逐漸形成了一個新的文學流派。但這個流派不僅沒有統一的組織和共同的綱領，沒有發表過宣言，甚至初期連個名稱也沒有。1926年，海明威出版了第一部長篇小說《旭日又升》。他引用美國老一輩女作家革特露德．斯坦因的一句話作為小說的題詞：「你們都是迷惘的一代。」從此，這個流派便正式被稱作「迷惘的一代」。

030.「火箭發明家」戈達德

難道你們不知道戈達德嗎？我們是利用他的原理來研究和製造火箭的，他就是我們導老師。——德國人

果園構想

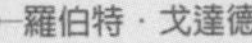

←羅伯特．戈達德

戈達德是美國最早的火箭發動機發明家，被公認為現代火箭技術之父。一生取得了火箭技術和航空方面的兩百餘項專利。

在美國麻塞諸塞州的一個果園裡，一個小男孩正在替櫻桃樹修剪枯枝。他奮力地爬上一棵高大的櫻桃樹，眺望著遠方的田野。突然，一個奇異的想法在他的頭腦中閃現：人類要是能夠飛到星星上去，該有多好啊……我要製造出能飛到星星上去的機器，想到這，小男孩急忙從櫻桃樹上溜了下來，而在他的腦海中，已有一種機器正在飛快地旋轉，然後急速上升，衝向太空，奔向那閃閃的星星……這個小孩就是羅伯特．戈達德，美國偉大的物理學家、火箭技術的先驅者。

從那以後，懷著對太空的憧憬，他開始深入研究數學，並爲此進行了大量的實驗。稍長之後，又攻讀物理學家牛頓的著作。後來，戈達德進入伍斯特工學院，在大學中繼續探索他兒時在果園裡的夢想。

付諸實踐

1911年，二十九歲的戈達德在克拉克大學取得物理學博士學位，並在這裡展開他的火箭研製工作。起初，他主要探討火箭在高空大氣中的各種反應，預測達到月球的可能性。1919年，他發表研究成果〈達到超高空的方法〉一文，但未引起人們的注意。

累積了充足的理論後，戈達德決定親自實踐操作。他想透過成功的試驗，告訴人們他理論的正確和可行性。1922年起，戈達德使用汽油和液氧作爲燃料來著手進行火箭的引擎試驗。1926年冬，在麻塞諸塞州的田野上，戈達德親手發射了自己製作的第一枚火箭。這枚火箭只有約一．二公尺高，直徑約爲十五公分，但在裝有的汽油和液氧混合燃料耗盡後，仍繼續向上爬升高度達六十公尺，時速在一百公里

↓戈達德在克拉克大學

1911年，二十九歲的戈達德獲得物理學博士學位後，在克拉克大學擔任起物理學教授。

→美國為紀念戈達德發行的郵票

【人文歷史百科】

現代火箭之父

「戈達德」提出人類可製造登月火箭時，在美洲大陸被傳為笑柄，他的家人為躲避鄰人的譏笑而深居簡出，但他在1926年點燃人類歷史上第一支液體驅動火箭。馮·布勞恩曾這樣評價過：「在火箭發展史上，戈達德是無所匹敵的……當戈達德完成他那些最偉大工作的時候，我們這些在火箭和空間事業上的後來者，才僅僅開始蹣跚學步。」

左右，這實驗堅定戈達德繼續探索的信心。

衝向天空

1929年7月，戈達德在家鄉又施放一枚火箭。點火後，火箭飛得比以往還高，他在火箭上裝載氣壓錶、溫度計和拍攝這些裝置的小型照相機。但是在試驗成功後，警員告誡他以後不准在麻塞諸塞州做這樣的試驗。無奈，戈達德只好到新墨西哥州的一塊荒地上繼續進行新的試驗。但是一個人的力量畢竟有限，後來，有位好心而熱愛科學的慈善家捐贈給他一筆錢，才使他的試驗得以繼續進行。

之後，戈達德又製作一個設備更新、更大的火箭。不僅具有單獨的燃燒室，還採用汽油和超高壓的液氧作爲燃料，使燃燒室的牆壁具備冷卻功能。隨著研究的進一步深入，戈達德又發明能夠控制火箭飛行方向的轉向裝置和讓火箭沿著正確方向飛行的陀螺儀。

1930到1935年間，戈達德又進行數次試驗，發射的火箭速度提高到超音速水準，飛行高度也躍升到兩千五百公尺。但遺憾的是，當時的美國政府對戈達德的實驗，並未給予任何關注和支持。

在美國不受重視的戈達德，卻擁有眾多的德國崇拜者，他們利用戈達德的原理研製成V2火箭，在第二次世界大戰中發揮莫大的影響。

第二次世界大戰結束後，美國科學家向德國人請教火箭的製造技術，德國科學家被問得莫名其妙，詫異地說：「難道你們不知道戈達德嗎？我們就是利用他的原理來研究和製造火箭的。」

驚詫的美國科學家這才想到去尋找戈達德，但爲時已晚，戈達德已於1945年8月10日離開人世。

↓戈達德和他的液體燃料火箭，攝於1926年3月16日
戈達德在麻塞諸塞州的奧本、冰雪覆蓋的草原上，發射了人類歷史上第一枚液體火箭。火箭長約三．四公尺，發射時重量為四．六公斤，空重為二．六公斤。飛行延續了約二．五秒，最大高度為十二．五公尺，飛行距離為五十六公尺。

031.貝爾德發明電視

1925年10月2日，貝爾德成功地將他的木偶頭像顯示在接收機上，這成為了今天電視機的原型。

尷尬的實驗

1925年的一天，在倫敦最大的一家百貨商店裡，興致勃勃而來的人們沮喪地議論著：「眞是吹牛，就這樣的影子也算是圖像？」「這一定是百貨商店老闆的鬼主意。」「能不能把圖像再調得清楚一些？是否可以在上面展示一隻動物，讓我們看看呢？」

貝爾德十分尷尬地說：「對不起，現在的我只能做到這種程度。」

原來這個不到二十歲的毛頭小夥子貝爾德，正在展示他發明的電視機！

貝爾德出生在蘇格蘭海倫斯堡的一個牧師家庭，從小就愛好發明。爲了發明電視機，他在英格蘭西南部的哈斯丁斯建造了一個極爲簡陋的實驗室：用一個盥洗盆作框架，然後和一個破茶葉箱連起來，再把撿來的電動機安裝上去。這些廢棄物，就是他發明電視機的整個實驗裝備。

按照電視機的原理，貝爾德把需要發送的場景分成若干個小點，區分明暗的差別，再以電信號的形式把它們傳送出去，最後在另一端接收並顯示出來。就這樣，他年復一年地在簡陋的實驗室反覆試驗著。1924年春天，他終於成功地發射了一朵十字花。雖然發射距離僅有短短三公尺，而且圖像只是一個模糊的輪廓，還閃爍不定，但卻令貝爾德興奮不已。爲找出圖像不清晰的原因，他把幾百個乾電池分別連接起來，一不小心左手碰到一根裸露的連接線，高達兩千伏特的電壓把他擊昏了過去。

第二天，倫敦《每日快報》用大字標題報導貝爾德遭電擊的消息。貝爾德緊抓住這個契機，大肆宣傳來籌集實驗資金。一家無線電老闆表示願意贊助，但要獲取發明成功後收入的一半。儘管條件苛刻，貝爾德還是同意了。此後，實驗裝置從哈斯丁斯運到倫敦。不久經費即用罄，而試驗卻沒有太大突破。

正在貝爾德焦慮時，一家百貨店的老闆又願意提供二十五英鎊的贊助，並免費送給他一切實驗材料，條件是必須在他的商店裡操作表演。令貝爾德沮喪的是，現場表演又失敗。貝爾德再次進入艱難時期，甚至沒錢吃飯、付房租。爲支持他繼續試驗下去，他的

↑ **年輕時的貝爾德，攝於1930年**
機械式掃描電視發明者，被英國人尊稱為「電視機之父」。

兩個堂兄弟爲他湊足五百英鎊。這使貝爾德如重獲新生一般，立刻投入到試驗中。

絕不停息

1925年10月2日清晨，接收機上清晰地顯示出木偶頭像「比爾」的臉部特徵。「成功了，成功了，我終於成功了！」貝爾德大喊著衝下樓去，遇到一個小夥子立刻把他拉上樓，按在「比爾」的位置上。幾秒鐘後，小夥子也同樣吃驚地大喊起來：「不可思議，簡直不可思議！」原來他發現自己的臉竟然出現在貝爾德的「魔鏡」裡。貝爾德的發明旋風式地引起英國上下震驚，發現商機的人們，紛至沓來要求資助。

有了資金後，貝爾德更新設備，進行更深入的試驗。1928年，他成功地把倫敦傳播室的人像傳送到位於紐約的接收機上。不久，又把倫敦一位女孩的圖像送到她正在遠洋航行的未婚夫手中。貝爾德成功了，他的名字馬上傳遍了全世界。

【人文歷史百科】

電視機的發展史

十九世紀末，少數先驅者開始研究設計傳送圖像的技術。1904年，發明了電傳照片的電視技術，每傳一張照片需要十分鐘。1924年，英國和德國科學家幾乎同時運用機械掃描方式成功地傳出靜止圖像。1923年，俄裔美國科學家茲沃里金首次採用全面性的「電子電視」發收系統，成為現代電視技術的先驅。1925年，英國科學家成功研製電視機。1928年，美國紐約三十一家廣播電臺進行了世界上第一次電視廣播試驗。1933年茲沃里金完成使電視攝像與顯像完全電子化的過程，至此，現代電視系統基本成形。

1936年秋，英國廣播公司正式從倫敦播送電視節目，這使人們的生活發生了天翻地覆的變化。貝爾德並未滿足於眼前的成果，而是想著發明彩色電視，讓色彩繽紛的世界呈現在螢幕上。

1941年12月，貝爾德第一次成功地傳送了完美的彩色圖像，他所發明的彩色電視機也成功了，但實驗室卻毀在希特勒的炸彈下。貝爾德沒有心灰意冷，又重新開始他的試驗。轉瞬到了1946年6月，英國廣播公司成功地播送了彩色電視節目，而貝爾德卻因過度勞累病倒，匆匆地離開了人世，享年僅五十八歲。這位「電視機之父」，始終無緣看到彩色電視節目。

貝爾德發明的第一架電視機與他多年相伴的木偶「比爾」，如今都保存在英國南肯辛頓科學博物館中，供人參觀。

←**貝爾德和他的試驗裝備**

貝爾德在1925年10月 2日清晨進行的試驗，雖談不上完美，卻是一次成功的試驗。它為貝爾德贏得了富有的贊助商。

032.弗萊明發現青黴素

1929年6月，弗萊明發現青黴素。此後，青黴素投入到臨床治療中，發揮出神奇的功效，拯救無數病人脫離生命的危險。

↑諾貝爾獎牌上的弗萊明頭像

奇怪的現象

弗萊明是英國倫敦聖瑪麗醫院的一名細菌學家，在他的實驗室裡，許多玻璃培養器皿整齊地排列在架子上，標籤上分別寫著：葡萄球菌、炭疽菌、鏈狀球菌、大腸桿菌等字樣。這些都是毒性很強的細菌，弗萊明收集它們，是爲了尋找制服它們的方法，進而將之培養成無毒細菌。在這些細菌中，有一種細菌特別奇怪，在顯微鏡下呈現出葡萄球狀，生存範圍非常廣，危害也特別大。

生活中，生物傷口感染後化膿，就是這種細菌在「作怪」。弗萊明想找到殺死它的方法，雖然做了各種試驗，但始終沒有成功。

這天，弗萊明來到實驗室的架子前，想看看培養皿中的細菌有無新的變化。當他走到靠近窗戶的那只培養皿前時，忽然發現標籤上寫有「葡萄球菌」器皿中的培養基發黴了，從中長出了一團青色的黴花。

助手發現後，急忙說：「這可能遭到了雜菌的汙染，別用了，我把它倒掉。」弗萊明制止了助手的行爲，認眞地觀察了一會，驚奇地發現：青色黴菌的周圍竟然出現一小圈空白區域，在那裡，葡萄球菌完全消失了。這是怎麼回事呢？

←在實驗室工作的弗萊明，攝於1928年

青黴素的發現，使弗萊明在全世界贏得了二十五個名譽學位、十五個城市的榮譽市民稱號。

弗萊明把它拿到顯微鏡下，仔細觀察發現，青黴菌附近的葡萄球菌已經全部死去。他立即決定，把青黴菌放進培養基中進行培養。

發現青黴素

幾天後，培養基中的青黴菌開始大量繁殖。接著，弗萊明將一些葡萄球菌放在青黴菌的培養皿中進行試驗。奇蹟再度出現，只有幾個小時的工夫，毒性甚強的葡萄球菌居然全部死亡了。這使弗萊明興奮異常。接著，他又分別把白喉菌、肺炎菌、鏈狀球菌、炭疽菌放了進去。結果一樣，這些細菌也都很快死亡。

爲了進一步驗證青黴菌對葡萄球菌的殺滅力，弗萊明把青黴菌培養液逐步加水稀釋，一倍、兩倍……直至八百倍，結果它對葡萄球菌和肺炎菌的殺滅力依然存在。

但是，這種青黴菌液體是否會對動

→ 為紀念弗萊明發行的郵票

→錢恩（1906～1979）
德國生物學家，主要負責青黴菌的培養和青黴素的分離、提純和強化，使青黴素抗菌力提高了幾千倍。

←弗洛里（1898～1968）
澳洲裔英國病理學家，其突出貢獻是對青黴素所做的化學、藥理、毒理等方面的系統研究。

物構成危害呢？弗萊明小心地把它注射到兔子的血管裡，結果發現兔子活動正常，證明青黴菌液體不具有毒性。

1929年6月，弗萊明發表他的論文，把青黴菌分泌的殺菌物質稱為「青黴素」。當時，曾有人建議他為青黴素的製造申請專利權，但弗萊明拒絕著說：「那樣的話我自己富有了，但無形中危害了無數人的生命，我怎能忍心呢？」

驗證藥效

雖然結論已經得到驗證，但令人遺憾的是，無法提取足夠的數量供給治療使用。弗萊明被迫暫時停止對青黴素的培養，中止這項研究。但他的偉大發現卻替後來的科學家們闢出一條大道。

1940年，在牛津大學主持病理研究的澳洲病理學家弗洛里，對青黴素產生濃厚的興趣。他邀請一些生物學家、生物化學家和病理學家組成一個聯合實驗組，其中，德國生物化學家錢恩是他最得力的助手。

在弗洛里的領導下，聯合實驗組展開緊張的研製工作，每天都要配製幾十噸培養液，然後分別灌進培養器皿中，讓它們在裡面接種青黴菌菌種，等到充分繁殖後再裝進大罐裡，送往錢恩的實驗室中進行提煉。但一大罐的培養液裡只能提煉出針尖般大小的青黴素。經過幾個月的艱苦努力，錢恩終於提取出了一小匙青黴素。

為了驗證藥物的效果，錢恩把它溶解在水中，用來殺滅葡萄球菌，結果非常成功。即使稀釋到二百萬倍，同樣具有殺滅眞菌的能力。接著聯合實驗組改用五十隻小白鼠試驗，給每隻小白鼠注射同樣劑量、足以致死的鏈狀球菌，然後再為其中的二十五隻注射青黴素，其餘的二十五隻沒有注射。結果，沒有注射的全部死亡，注射的僅有一隻死亡。這個成功實驗促使他們更加投入到提取工作實驗中。終於，他們所累積的青黴素成功地救活了一個病人，進一步驗證了該藥物的驚人效能。

1945年，弗萊明、弗洛里和錢恩因為在青黴素研究的傑出貢獻，共同獲得該年度的諾貝爾生理及醫學獎。

【人文歷史百科】

青黴素的大規模生產

青黴素的藥效獲驗證後，因當時的倫敦正遭受納粹德國戰機的轟炸，因此無法進行大規模生產。1941年6月，弗洛里帶著青黴素樣品來到美國，與美國科學家共同努力，終於成功地研製出24°C的溫度下用玉米汁作為培養基的生產設備。這種設備提煉出的青黴素純度高、產量大，此後，青黴素很快就投入醫療臨床上，並得到廣泛應用。

033.班廷發現胰島素

「喬，說不定我很快就可以治好你的病！」——班廷

優秀的醫生

1891年11月14日，班廷出生在加拿大的阿里斯頓。母親生班廷時留下了病根，一直臥床不起，這對小班廷的影響很大。他暗下決心，長大後一定要做一名醫生，把媽媽的病治好。十八歲，班廷以優異的成績考進多倫多醫學院，爲實現兒時的夢想邁出了第一步。班廷刻苦學習，成績一直名列前茅。他憧憬著成爲醫生，遺憾的是，母親沒有等到那一天就去世了。班廷大學畢業的時候，第一次世界大戰還在酣戰中，前線傷員很多，急需醫生，於是班廷立即應徵入伍。作爲一名優秀的外科醫生，他在戰場上挽救了無數士兵的生命。

戰爭結束後，班廷回到祖國加拿大，在多倫多兒童醫院當醫生，後轉往安大略州的倫敦城小鎮行醫，由於和平年代外科手術少，他的收入難以糊口，便又在安大略醫院找了份臨時工作，作實驗示範教員。

靈光一閃

班廷的實驗示範課深入又有趣，一絲不苟。1920年10月30日晚上，按照慣例，他要準備隔日的胰臟功能示範實驗。胰臟在消化方面的作用極大，它的分泌液能消化人體內的醣，分解脂肪和蛋白質，如果沒有胰臟，人就會得糖尿病而死。班廷想：「能不能爲歐美眾多的糖尿病患者做點事情呢？如果將胰臟的導管紮住，時間一長，胰臟就會退化，這樣一來，就可以使胰島細胞不受消化液的影響，提取出健康的胰島細胞……」

想到這，班廷興奮不已。爲了驗證自己的想法，他找到當時著名的胰臟病理專家麥克洛德教授，請求幫助。麥克洛德教授替他提供十條狗，並讓二十一歲的醫科學生查理斯．貝斯特做他的助手。貝斯特非常熟練地測定了狗的體液和血液

←身著軍裝的班廷
班廷在一次世界大戰戰場上的英勇表現，獲得了英國政府授予的十字勳章。

→為紀念班廷發行的郵票

中確切的含醣量等。班廷的手術更是無可挑剔，兩人都對實驗的成功信心十足，接著便分別給十隻狗做手術。

不久，班廷就在狗已萎縮的胰臟中提取出感興趣的東西──胰島細胞中的物質，並用它成功救活了一條狗！他們發現，胰島提取物可以維持患糖尿病狗兒的生命。爲了得到更多這種物質而又不殺死狗，班廷和貝斯特從屠宰場中帶回九隻牛的胰臟，成功提取出胰島素。後來，兩人爲了科學，勇敢地在自己身上做人體實驗，終以證明它對人體是無害的。

↑班廷（右）和助手貝斯，攝於1921年8月
在多倫多醫學大樓頂樓，班廷和貝斯正準備對一隻狗做胰島素試驗。

終獲成功

1921年秋，班廷的老同學喬患了嚴重的糖尿病。班廷望著痛苦的喬說：「喬，說不定我很快就可以治好你的病！」1922年2月的一天，病入膏肓的喬來到班廷的實驗室，貝斯特爲喬注射了一針胰島素……，喬的精神好了起來，當天晚上，喬享用了幾年來第一頓正常的晚餐。喬以爲自己眞的痊癒了，但第二天又恢復到原有症狀。班廷和貝斯特繼續爲喬注射，很快就用盡了所有的胰島素……

麥克洛德教授意識到這項研究成果的重要性，馬上帶領自己的助手群，加入班廷和貝斯特的工作。不久，班廷在全美醫學大會上宣讀胰島素論文。胰島素可治癒糖尿病的消息不脛而走，糖尿病患者們紛紛上門求治，但班廷他們提取的胰島素實在有限……

麥克洛德教授在美國醫師協會的會議上，宣布找到了醫治糖尿病的方法。世界上許多醫學實驗室都在進行提取胰島素的實驗，不久，一批批毒性更小、藥性更強的胰島素被提取出來，供應給糖尿病患者。加拿大政府撥出鉅款資助班廷進行研究，許多有愛心的資助者也紛紛捐款。很快的，班廷在加拿大的多倫多創立糖尿病研究院，糖尿病研究進入到科學而有序的階段。

034.十月革命的前奏：星期日慘案

1905年1月3日，內外交困的沙俄有一萬多工人罷工。緊接著，罷工的人數猛增到十五萬多人。

工人罷工

二十世紀初俄國曾爆發一場經濟危機，日俄戰爭的慘敗使經濟雪上加霜，工人拚命地勞動，仍無法維持正常的生活，受資本家剝削卻與日俱增。1905年初，聖彼得堡郊區的普梯洛夫工廠開除了四名工人，成爲引發工人罷工的導火線。1月3日，普梯洛夫工廠有一萬多人罷工，隨後，布爾什維克黨聖彼得堡委員會召開會議，號召全市工人罷工以支持普梯洛夫工會。人們積聚在心中的怒火被引爆，僅僅過了幾天，罷工人數就增加到十五萬多人。這場大罷工帶來的影響是：首都停水停電，機器停止運轉，生產陷入停頓……

沙皇政府頓時陷入恐慌，罷工風潮讓他們坐立不安，他們立即召開特別會議，商討對策。這些官員們爭得面紅耳赤時，憲兵司令祖巴托夫卻顯得悠閒自在，他清了清嗓子說：「大家不要驚慌，沙皇陛下已經想好了對策，你們就等著好消息吧，只是現在還不到時候呢！」

祖巴托夫壓低聲音爲他們講述著沙皇對策，有人得意，有人吃驚……

血腥屠殺

在工人罷工期間，一位叫格奧爾基·加邦的牧師鼓動人們向沙皇政府請願：「你們長期下去也不是辦法，不如讓沙皇傾聽一下你們的聲音，相信沙皇會給各位一個滿意答覆。」

「是啊，我們應該把要求告訴沙皇，如果他能理解，官員們是不敢違抗他命令的。」有工人應和道。

↑ **血腥鎮壓**

武裝軍警向手無寸鐵的工人們開槍射擊。

1958年《生活雜誌》封面的油畫作品《星期日慘案》

聖彼得堡的涅夫斯基大街
星期日慘案之後，儘管政治上的不安仍在延燒，但在1917年之前，聖彼得堡仍是個平靜之地。圖為1906年繁忙的涅夫斯基大街。

「如果大家一起前去請願，相信沙皇會被大家的眞情所感動的！」加邦繼續鼓動工人。

於是，越來越多的人決定向沙皇請願，他們紛紛在請願書上簽字，以表達自己的誠意。布爾什維克黨聽到工人準備向沙皇請願，十分震驚，立即印發傳單欲阻止人們上街請願，但一切已太晚。

1月9日早晨，十萬多名工人前去請願，他們舉著教堂的十字架、聖像，還有沙皇的肖像，唱著禱歌，浩浩蕩蕩地從郊區向冬宮出發。這支隊伍裡有工人的父母妻兒，爲了請願，幾乎都是全家出動。

當遊行隊伍走到拉爾夫大門時，悲劇上演了！一群荷槍實彈的騎兵飛奔而至，向手無寸鐵的遊行隊伍瘋狂射擊，馬蹄聲還未遠去，就有一百人倒在血泊之中。接著，四萬多軍警從埋伏的地方衝出，展開更加瘋狂的射擊，有兩個團的騎兵來回奔跑，專門射殺那些慌不擇路的工人，人們的哀號聲淹沒了子彈響聲和馬啼聲……三千名工人的生命消逝了。

星期日慘案發生後，人們失去對沙皇的最後一絲信任，全國各大城市相繼掀起罷工浪潮。在布爾什維克黨的號召下，二百多個城市的工人們迅速成立工人代表蘇維埃，手工業者和農民也加入反抗沙皇的隊伍中，俄國1905年革命爆發了。10月，全俄爆發政治總罷工，武裝起義也相繼爆發，沙俄政府在祖巴托夫的命令下展開鎮壓，革命最後失敗了，但此時的沙皇制度已成風中殘燭。這件事成爲俄國歷史的重要轉捩點，成爲1917年俄國大革命的近因。

【人文歷史百科】

俄國1905年革命

星期日慘案引發工人大罷工，沙皇被迫於10月30日（俄曆10月17日）頒布詔書允諾人民有言論、集會、出版、結社等自由。以列寧為首的布爾什維克黨認為沙皇政府的憲政改革並無誠意，號召人民推翻沙皇專制制度。十二月武裝起義是1905年革命發展的最高峰，但隨後革命運動逐漸走向低潮。1907年沙皇政府發動六三政變，撕毀《十月十七日宣言》，革命遂告失敗。

035.十月革命爆發

1917年10月20日，列寧從芬蘭回到聖彼得堡。不久便召集了二十多萬人拿起武器，加入革命隊伍……

祕密回國

1917年3月12日（俄曆2月27日），俄國工人和革命士兵武裝起義，革命在全國迅速展開，駐守聖彼得堡的士兵拒向工人開槍，紛紛轉投革命陣營。3月15日，末代沙皇尼古拉二世被迫退位，統治俄國長達三百多年的羅曼諾夫王朝徹底覆滅。革命成功以後，由中產階級所組成的臨時政府取得政權，他們對外繼續參與一次世界大戰，對內維護社會秩序，並欲解散工人武裝以對抗蘇維埃組織。

↑末代沙皇尼古拉二世像

列寧當時正流亡芬蘭，蘇維埃組織的岌岌可危，使他決定不顧生命安危，潛返回國進行大革命。

10月20日（俄曆10月7日），列寧返回聖彼得堡。他趕到斯莫爾尼宮，與等候在那兒的布爾什維克黨中央委員會成員，討論該如何推翻臨時政府，以建立蘇維埃政權。在列寧的主導下，布爾什維克黨計劃了一次撼動全俄的武裝起義行動。

↑列寧和起義軍

消息走露

列寧武裝起義消息不幸走漏，臨時政府得知後，隨即下令逮捕列寧並加強警戒、增調部隊，以應付突發事件。布爾什維克黨於是決定提前起義，他們透過《工人之路報》發布訊息，迅速傳遍了整個聖彼得堡。人們紛紛高呼：「把政權交給蘇維埃！」

革命隊伍迅速擴充到二十多萬人，除各行業的工人外，還有原來的政府官兵，銀行、火車站、郵電局、電話局等很快就被群眾占領，臨時政府陷入四面楚歌的境地。

11月7日（俄曆10月25日），革命軍在布爾什維克黨的領導下，已控制了全國大部分地區；唯剩聖彼得堡市中心涅瓦河畔的冬宮，臨時政府在兩千多名士兵守衛下死守。冬宮本易守難攻，守衛士兵在克倫斯基的指揮下，用大量木頭堵住所有出入口，並架上機槍和各種小型火砲作爲防衛，等待外地援軍的到來。而克倫斯基本人卻以迎接援軍爲藉口，坐上美國大使館的汽車逃跑了。

臨時政府並不知克倫斯基逃跑，以

→ 停泊在涅瓦河上的「阿芙樂爾號」巡洋艦

↑ 聖彼得堡大遊行，攝於1917年11月7日
聖彼得堡的武裝爆發後，蘇維埃大會通過了《告工人、士兵和農民書》，宣布臨時政府已遭推翻，政權轉歸蘇維埃所有。

為他是去搬救兵，所以未對革命軍所發出的最後通牒有所回應，他們相信冬宮不會被攻陷。而列寧這邊則指示革命軍指揮官安東諾夫：今晚必須占領冬宮！

占領冬宮

夜幕很快降臨了，在冬宮附近的涅瓦河上，「阿芙樂爾號」巡洋艦正靜靜地停泊在那裡。遠處忽然出現了一隻小船，正向「阿芙樂爾號」靠近。經過嚴密的盤問，小船上的年輕人見到了艦長別雷舍夫，小心翼翼地掏出一封信，說：「這是革命軍傳達給你的最新指示！」別雷舍夫讀過信後，向大家宣布：「同志們，準備好武器，今晚我們要向冬宮開砲！」

九時四十分一到，別雷舍夫果斷地發出命令：「準備！開砲！」隨著「轟」的一聲巨響，冬宮立即燃起了大火。圍在冬宮外面的革命士兵也跟著開火，強大的火力令冬宮守衛慌了手腳。安東諾夫親自率領起義部隊向冬宮衝去，防守兵見大勢已去，一個個放下武器投降。

【人文歷史百科】

阿芙樂爾號

「阿芙樂爾巡洋艦」造於1900年，1916年因作戰受損被送到造船廠修理。1917年十月革命成功時，「阿芙樂爾號」上的電臺播送列寧起草的《告俄國公民書》，宣布蘇維埃已掌握政權。從1948年11月開始，「阿芙樂爾號」作為十月革命紀念，長期停泊在涅瓦河上。直至1957年，艦上建立了蘇聯海軍中央博物館分館。

革命軍衝進了宮殿，臨時政府官員憑藉迷宮式的建築，躲藏起來。但在一個冬宮僕役的帶領下，安東諾夫成功逮捕了臨時政府的副總理和諸位部長。

攻占冬宮的消息很快便傳開來，列寧知此消息後，立刻起草了《和平法令》和《土地法令》，並在隔日召開的蘇維埃代表大會上獲得通過，同時宣布蘇維埃政府成立，他當選為人民委員會主席。世界上第一個社會主義政權於焉誕生。

↑ 油畫《攻占冬宮》
攻占冬宮是十月革命的高潮，這幅油畫反映了革命軍衝向冬宮時的戰鬥場面。

036.蘇聯新經濟政策

十月革命後，蘇維埃俄國建立了第一個社會主義國家。當時，歐美各國對蘇俄實行經濟封鎖。新政權面臨的最大任務就是治療戰爭創傷……

神祕來客

1921年6月，一個神祕的青年出現在克里姆林宮前。這個年輕人隨即被請入克里姆林宮列寧的辦公室。列寧起身和他握手，很客氣的樣子。這個年輕人究竟是何許身分呢？原來，他是美國商人阿曼德．哈默。

↑1920年代經濟蕭條時期的蘇維埃廣場

列寧臉上露出了憂鬱的表情，他順手拿起了桌子上的《美國科學人》雜誌，一邊翻動，一邊稱讚說：「看，這是多麼偉大的建築，這是多麼美妙的設計。哦，這種機械可真不錯，它可以省去很多勞力！這才是文明進步的標誌。」

列寧在辦公室裡用英語和哈默交談，詢問他此行的感受：「蘇俄此行，給你留下了什麼印象？」

哈默謹慎地回答道：「我在飢荒地區和烏拉爾地區行走了一個月，人們的生活情況比我想像中的要好。」

沒等哈默回話，列寧放下書認真地看著他說：「我們需要貴國商界人士把技術和資本投入到俄國來。雖然俄國暫時還很落後，但我們有豐富的資源，只要加以開發，便能產生大量財富。貴國可在這裡找到所需的原料，並開拓此地的市場，銷售貴國的工業產品，而我們需要的是技術，還有你們的技術人才。」

←**阿曼德．哈默像**
1921年，二十三歲的哈默踏上從紐約到莫斯科的漫長旅途，他目睹了因歐洲的經濟封鎖陷入艱難的蘇聯，發揮自己與生俱來的商業天賦，將穀物從美國運到蘇聯，交換蘇聯的礦物、皮毛、寶石等。

【人文歷史百科】

俄羅斯的心臟

克里姆林宮是俄羅斯的心臟。把克里姆林宮作為心臟是很貼切的，因為這裡過去是統治俄國的多代帝王之皇宮，十月革命後是蘇聯最高權力機關和政府的所在地，今天又是俄羅斯的總統府。「克里姆林」一詞在俄語是「內城」的意思，即城中之城。克里姆林位於莫斯科河北岸的一個小山丘上。它出現在十一世紀，從最初僅占地一公頃的木頭小城堡，逐步發展到後來的大建築群。

經濟恢復

哈默認眞地傾聽著，他十分贊同列寧的說法，因爲他對蘇俄的現狀相當清楚。十月革命勝利以後，蘇維埃俄國在世界上建立了第一個社會主義國家，但新政權也面臨著巨大的壓力。一方面是外部勢力，西方國家對共產政權的對抗；另一方面是內部勢力，在國家未穩之時，國內反動勢力方興未艾。雖然蘇維埃政府在1920年解決了這些問題，但戰爭留下的創傷，仍是對新政權的嚴格考驗。

列寧接著說：「農村地區的飢荒正逐漸演化成巨大的災難，俄國工業已經衰敗不堪，成百上千個工廠處於半癱瘓狀態，老舊不堪的設備根本無法運轉，交通運輸也幾乎處於停頓狀態。經過努力，我們通過了新經濟政策，實行糧食稅代替徵收，緩解了農民的生活困境。但爲發展經濟，我們準備將一些企業租給外國投資者，這些將會爲你們提供良好的發展機會。」

哈默聽著，表現出愈加濃厚的興趣。此後，哈默成爲第一位在蘇俄經營租賃企業的美國人。同時，他還勸說汽車大王亨利．福特前往俄國投資設廠。期間，大批外國公司蜂擁而至，這些外商獲得一定利潤的同時，還帶動蘇俄的經濟增長，使蘇俄衝破了西方國家的經濟封鎖。

在新經濟政策的帶動下，俄國經濟逐漸擺脫困境，迅速恢復起來，在世界格局中站穩腳步，並於1922年宣布成立蘇維埃社會主義共和國聯盟（簡稱蘇聯）。

↓**亨利．福特像**
美國資本家，福特汽車公司創始人。他成立了世界上最早的汽車製造企業。由於其對美國經濟和產業界的傑出貢獻，福特被美國人奉為英雄，享譽甚隆。

037.史達林上臺

1929年，作為列寧的接班人，史達林開始絕對的獨裁統治。他排除異己，在國內展開了一場「自上而下的革命」……

列寧離去

十月革命前後的列寧，由於長期超負荷的工作，身體健康每況愈下，經常出現頭疼、失眠等症狀。1922年5月，在醫生的堅持下，列寧來到莫斯科郊外的哥爾克村進行療養。11月20日，列寧參加了莫斯科蘇維埃會議，發表最後一次公開演說。十幾天後，病情加重，右半身徹底癱瘓。

↑在哥爾克村進行療養的列寧，攝於1922年

1923年春，列寧幾乎喪失說話的能力。1924年1月21日傍晚，這位巨人永遠閉上了眼睛。

列寧逝世後，一場爭奪領導權的激烈抗爭隨即展開，最後由史達林獲得勝利。在隨後幾年中，他採用各種手段將競爭者排擠出去。例如他最強大的競爭對手列夫·托洛斯基，就被他無情地開除黨籍並驅逐出境，最後在1940年流亡墨西哥時遭到暗殺。

↑年輕時的史達林

極權統治

史達林出生於1879年的喬治亞，1901年便投身職業革命生涯，曾先後七次被捕，六次流放。1917年10月，他協助列寧組織和領導十月革命，並在鞏固蘇維埃政權的對抗中立下卓越功勳。

1929年，史達林曾強調指出：「我們比世界上先進國家整整落後五十至一百年，但我們要在十年內趕上去。我們要麼做到，要麼被別人粉碎。」爲此他在全國展開了一場「自上而下的革命」，在農村建立「集體農莊」。當時，反對者被關進勞動營，甚至遭到槍斃。異常殘酷的集體化運動，使二百萬到三百萬人死於非命。更可悲的是，集體農莊在開始實施階段不但沒有生產出足夠的糧食，反而造成約一千萬人因飢餓而死亡。

這時的蘇聯強調重工業，優先實行

↓集體農莊1930年的宣傳畫《集體農莊在工作》

→史達林雕像

國家工業化，因此，許多工業城市從烏克蘭到西伯利亞不斷湧現，發展的基礎就是「五年計畫」，在這個計畫中，由國家規定生產的物品、時間、地點、廠家、質量和價格，工人必須絕對服從安排和調配；為完成計畫，他們必須在惡劣的勞動條件和艱苦的生活中工作。

1928至1940年期間，蘇聯國內工業生產確實取得長足的成效，生產總額呈倍數增長，國力僅次於美國。但成績並不能阻止人們對史達林獨裁統治的批評和極端政策的不滿。為防止反對派對自己極左政策的指責，史達林開始了持續三至四年之久的「大清洗」運動。在這次運動中，黨、政、軍隊中他所認為的「異己分子」一一遭到剷除，其中不乏許多列寧的戰友。史達林用祕密警察謀殺了大批老革命人士，另一些人在遭受酷刑後被迫在審判中承認「錯誤」，有的被判極刑，有的被放逐到西伯利亞強制勞動。

俄國詩人索爾仁尼琴曾深刻地描述集中營裡的情況，據概略統計，約有一千兩百萬人死在集中營。蘇聯在短短的二十年內，因史達林的獨裁統治而成為了一個「極權」國家，只要執政者做出決定，人們沒有任何討價還價的餘地，必須絕對服從。

【人文歷史百科】

大清洗運動

「大清洗」運動是以基洛夫遇害案為導因，以莫斯科第一、二次審判做動員，在1937年 2月至 3月聯共中央全會上直接發動的。它的鬥爭目標是包括所有前反對派成員及其同情者，黨政幹部和經濟管理人員，內務部和軍隊幹部，直至社會各階層的一次大清洗、大鎮壓。在史達林的集中領導下，持續了三至四年之久，設定出一系列政治目標，含括了一系列打擊對象，在運動中後期又有某些失控的大規模政治運動。

↓托洛斯基像

俄國革命理論家，因反對史達林政權和強調世界革命而被驅逐。

038.納粹上臺的開始

「這是共產黨反對新政府的罪證！我們絕不能坐以待斃，絕不能放過他們！我們要毫不留情地抓住他們，然後統統殺掉！」——戈林

風雲突起

1933年2月27日晚，坐落在德國首都柏林共和廣場旁邊的國會大廈突然冒出滾滾濃煙，整座大廈頓時被大火吞沒。迅速趕到現場的國會議長戈林，望著衝天的火光，揮動著雙拳狂叫著：「共產黨，是他們幹的！這是共產黨反對新政府的罪證！我們絕不能坐以待斃，絕不能放過他們！我們要毫不留情地抓住他們，然後統統殺掉！」

←燃燒中的國會大廈
國會大廈的大火燃燒了將近一個小時，大廈內部焚毀殆盡。消防隊員在大廈屋頂燒塌之前撲滅了大火，搶救了珍藏無數寶貴文獻的圖書館和閱覽室。

隨後趕到的總理希特勒和宣傳部長戈培爾也異口同聲地附和著戈林。不久，德國政府就發出通告，宣稱共產黨人放火燒了國會大廈，並說納粹衝鋒隊已在現場抓到一個名叫盧勃的荷蘭「共產黨員」，就是他縱火燒國會大廈。第二天，希特勒的黨徒們按照早已擬定好的名單展開大搜捕。希特勒還頒布了緊急法令，解散除法西斯黨外的一切政治組織，工會和結社、集會活動也受到全面取締。

被稱爲「蓋世太保」的祕密警察受上級指使肆意抓人。德國共產黨領袖恩斯特、臺爾曼和一萬八千多名共產黨員被捕入獄。當時，正在德國的共產國際西歐局領導人保加利亞共產黨主席席格．季米特洛夫也被他們抓了起來。

揭穿陰謀

1933年9月，萊比錫法庭公開審理「國會縱火案」。開庭前一天，由眾多社會人士組成的「國際調查委員會」，以大量的人證、物證證明，此案並非共產黨所爲。來自保加利亞、德國、法國的二十五名律師爲季米特洛夫辯護的權力也被法庭剝奪，憤怒的季米特洛夫決定替自己辯護。季米特洛夫出庭那天，面對著庭上的法官和聽眾堅定地說：「不錯，我是一個布爾什維克……但我不是一個陰謀家，更不是發動政變的組織者、縱火者。因爲國會著火那天，我本人根本不在柏林。」

庭長慌忙打斷季米特洛夫的演講，詢問「縱火犯」盧勃：「你們是怎樣密謀這件事的？」季米特洛夫怒視著盧勃說：「請當眾說明，你何時見過我？又

是什麼時候認識了我？」「我並不認識你，也沒見過你。」盧勃叫季米特洛夫的氣勢凌人所震懾，如實地回答。

季米特洛夫接著大聲斥責道：「問題已經很清楚了。這場審判，盧勃不過是個被操縱的傀儡，他被送上了法庭，而幕後的操縱者卻逃之夭夭。……」

←法庭上的季米特洛夫
季米特洛夫在法庭上慷慨激昂地反駁各項指控。

眞相大白

庭長見季米特洛夫把審判的話題引到追查幕後主使者上，緊張得立即打斷話題。看到庭長那副驚恐的面容，季米特洛夫又輕蔑地提出了一個讓他恐懼的問題：「縱火者不是從通往國會的通道進去的嗎？」

聽到這質問，庭長慌忙說：「不許討論這個問題！」接著便急忙宣布休庭。後來的幾次庭審也以失敗告終。惱羞成怒的納粹頭子戈林親自出庭「作證」。聽了戈林半個鐘頭的證言後，季米特洛夫反問戈林：「起火之前，那個荷蘭人正在警察宿舍裡過夜，他是如何潛入國會的？這應當先從警察中尋找縱火犯。」一句話問得戈林啞口無言。

庭審期間，各國共產黨和其他反法西斯組織爲抗議此案審判，舉行了浩大的聲援活動。迫於各方的壓力，萊比錫法庭只得將季米特洛夫等四人無罪釋放，而盧勃則被判處死刑。

後來，「國會縱火案」眞相大白。原來是納粹黨的柏林衝鋒隊隊長事先帶領一批隊員，從通向國會大廈的一條地下暖氣管通道鑽進國會大廈，在裡頭灑上汽油和易燃化學品，點火後順原路返回；接著引誘有放火癖好的荷蘭人盧勃，逼迫他進入大廈二度放火。利用「國會縱火案」降低共產黨的聲勢後，希特勒納粹黨達成控制全國的目的。1933年，受命爲總理的希特勒公開備戰，歐洲頓時籠罩在大戰前緊張和不安的氛圍中。

【人文歷史百科】

德國國會大廈

德國國會大廈位於柏林市中心，建於1884年，融合古典式、哥德式、文藝復興式和巴洛克式的多種建築風格，是德國統一的象徵，見證德國從近代走向現代的百年歷程。希特勒於1933年製造國會縱火案，以壓制包括共產黨在內的反對黨。

↑在法庭上接受審訊的荷蘭人盧勃

039.希特勒傳奇

1923年11月8日，希特勒企圖在一間酒館中發動政變奪取政權，但慘遭失敗。經濟危機爆發後，希特勒成功地擔任了德國新總理，開始實現他第三帝國的夢想。

逐步發跡

1889年，阿道夫·希特勒出生在奧地利的布勞瑙鎮。中學時他曾經幻想著要成為一名出色的畫家，但太差的成績讓他沒畢業就退學了。十八歲時，他報考維也納美術學院，又因成績差而落榜。後來父母雙亡，使希特勒的生活逐漸變得困頓，最後淪入流浪生活。為了糊口，希特勒做過各種雜活，還曾靠他那繪畫天賦所繪製出的拙劣風景畫片來維持生計。第一次世界大戰爆發後，熱中於政治的他，以為找到可一展抱負的機會，因此主動加入了巴伐利亞步兵團。在西線四年的戰鬥中，他表現優秀，由傳令兵升為下士班長。一次大戰結束後，他成為慕尼黑陸軍政治部的一名探員。

1919年9月，希特勒在僅有二十五人的「德國工人黨」集會上發表演講，強烈主張建立一個強大而統一、貫徹民族主義的德國。他尖銳而激烈的發言立刻引起了「德國工人黨」的注意，他們邀請希特勒加入，不久，希特勒即當選為該黨委員會的第七名委員。

Deutsche Arbeiter-Partei (D. A. P.)
Ortsgruppe München
Abteilung:
Mitgliedskarte
für Herrn Adolf Hitler
München, den 1. Jan. 1920.
Nr. 555
Für den Arbeitsausschuß:
Diese Karte gilt als Ausweis bei geschlossenen Versammlungen

↑希特勒的「國家社會主義德國工人黨」黨員證

建立納粹組織

希特勒主張建立一個以工人群眾為基礎、具有強烈民族主義的政黨，與「德國工人黨」的政見不謀而合。這使希特勒在這個不足百人的小黨裡鋒芒畢露，他以擅於煽動的演說功力，贏得了黨員的支持，很快就掌握領導權，並逐漸擴大組織及其影響力。1920年2月，他宣布了《二十五點綱領》，提出要實現所謂的「社會主義」，工人應該分享企業利潤，還提出取消地租等口號。為了進一步樹立個人權威，希特勒把「德國工人黨」改名為「國家社會主義德國工人黨」（德文縮寫音譯為「納粹」，Nazi）。1921年7月，希特勒當上納粹黨的領袖。之後，他組建了一支由退伍軍人身穿褐色襯衫的「衝鋒隊」。衝鋒隊員臂帶「C」標誌，實際上是希特勒所培養、專門對付政敵的打手。此時，希特勒志得意滿，密謀發動奪權政變。

1923年11月8日，希特勒率領著一群納粹衝鋒隊員包圍了慕尼黑一家名叫格勃勞凱勒的啤酒館。酒館中的三千多人邊喝啤酒，邊傾聽著巴伐利亞的官員卡爾講述著施政綱領。希特勒跳上卡爾的講臺，大聲喊道：「全國革命開始了！我們已經推翻了政府，臨時政府已經成立！我們的軍隊正開進市內！」

↑滿載著納粹衝鋒隊員的卡車
當納粹衝鋒隊員準備從狹窄的街道到慕尼黑寬敞的歌劇院廣場集合時，遇到了警察的阻攔。經過短暫的對射後，十六名納粹分子和三名警察被擊斃，希特勒則成功逃走。

政變失敗

希特勒計劃利用武力先奪取巴伐利亞邦政權，再進軍柏林推翻中央政府。

希特勒對卡爾等巴伐利亞高級官員採取軟硬兼施的方法，逼迫他們合作，但官員們誓死不從。希特勒請出了極富名望的魯登道夫將軍到啤酒館去勸說這些官員，出人意料的是他們這回竟同意了。這使希特勒欣喜若狂，他率領眾人衝上講臺，高喊著效忠新政府，底下群眾也興奮地跟著高叫起來。

官員們則趁亂逃走，並在事後收回前言。希特勒惱羞成怒，氣勢洶洶地率領三千多名衝鋒隊員衝向市政府，早已做好準備的市政府派軍隊反制，當場就有許多名納粹黨徒遭擊斃。希特勒本人迅速登上一輛汽車，逃往到鄉下去。

沒過幾天，希特勒與其政變同夥們相繼被捕，希特勒被判處五年徒刑。這次啤酒館政變雖然慘遭失敗，但希特勒卻成為了全國家喻戶曉的焦點人物，他所宣揚的革命思想也因此逐漸傳播開來。

↑「國家社會主義德國工人黨」在啤酒館的一次例會，攝於1923年

動盪的社會

在獄中希特勒口述了《我的奮鬥》，他在書中大肆鼓吹民族優劣論，宣稱日耳曼人才是主宰世界命運的優等民族，有權統治其他「低等」種族，而猶太人則是最劣等的民族。書中希特勒還宣稱應對外擴張，擴大德國的生存空間，主張用「領袖原則」代替民主政治……

1929年爆發的經濟大恐慌席捲整個西方世界，到1932年時，兩個月時間裡德國就爆發九百次罷工。中產階級意識到由議會產生的政府軟弱無能，根本不能解決內外交困的問題，必須建立對內可鎮壓革命、對外可擴張殖民市場的強人政權。爲此，他們想到曾經奪取政權而鋃鐺入獄的希特勒。而此時的希特勒已出獄，他吸取了啤酒館魯莽政變失敗的教訓，決定透過憲法途徑取得政權。爲此他周遊全國進行演說，慰問那些身處貧困的人們，並許下許多改變他們生活景況的美好承諾。同時他還極力宣揚民族仇恨，並嚴斥是共和國政府的無能帶給了人們苦難……

國家的困境和人民的貧苦現狀，驅使大批勞工、農民和學生受希特勒的煽動，紛紛加入納粹組織。

【人文歷史百科】

《我的奮鬥》

這是希特勒撰寫的政治宣言，被納粹分子譽為德意志第三帝國國家社會主義的「聖經」。全書共分《復仇》和《國家社會主義運動》兩部分。第一部表達了希特勒的種族主義思想。他把雅利安人說成是「優秀的民族」，而把猶太人稱為「寄生蟲」。宣稱德國人需要從東方的斯拉夫人和可恨的俄國尋求生存空間，並號召向法國復仇。第二部分概述希特勒的政治綱領，號召德國青年加入國家社會主義德國工人黨（即納粹黨）。

↑**惡性通貨膨脹下德國人民的經濟生活**
在1920年代初期，德國出現了惡性通貨膨脹，人們必須拖著整袋的紙幣去購買麵包和其他必需品。1929至1933年的世界經濟危機使德國經濟迅速下滑，到1932年8月，德國失業人數高達六百萬。

↑**蘭茲貝格監獄中的希特勒**

【人文歷史百科】

納粹標誌

「卐」是上古時代許多部落的一種符咒，在古代印度、波斯、希臘、埃及、特洛伊等國的歷史上均有出現，後來被古代的某些宗教所沿用。最初人們把它看成是太陽或火的象徵，之後普遍作為吉祥標誌。

希特勒在《我的奮鬥》一書中說：「『卐』字象徵爭取雅利安人勝利戰鬥的使命。」另一種說法認為，「卐」是根據「國家社會黨」（納粹黨）設計的，因為「國家」、「社會」在德語中字頭都是「s」，兩個字頭交錯重疊在一起，就形成這個形狀。

←《我的奮鬥》封面

希特勒在監獄中的九個月，口授完成了《我的奮鬥》一書。這本書開始並沒有引起多少注意，但在希特勒上臺之時，已經非常流行。據資料顯示，到德國戰敗的1945年，此書發行量高達一千萬冊。

登上政治舞臺

從1929年到1930年，僅一年多的時間，納粹黨員就從十七萬人猛增到三十八萬人。在1932年的選舉中，希特勒的納粹黨勝選，獲得了議會中二百三十個席位，成爲德國第一大黨。而納粹黨的衝鋒隊員已發展到十多萬人，比國防軍還多。

爲掌控國內的形勢和自身利益的需要，德國統治階級巨頭集團向總統興登堡上書，要求任命希特勒爲總理。

1933年1月，總統興登堡任命希特勒爲總理。至此，希特勒走上了夢寐以求的權力巔峰，開始著手塑造心中的第三帝國。希特勒發誓：一定要建立一個「永不衰落」的曠世新帝國。

↑希特勒與德國總統興登堡

040.義大利成為法西斯國家

1924年4月6日，墨索里尼的法西斯黨在議會選舉中，透過暴力小組的活動迅速獲得百分之六十五的選票，得到了議會中三百七十五個席位。

混亂的政局

二十世紀初的義大利政局極不穩定，議會政府腐敗無能，尤其是第一次世界大戰後，國內經濟混亂，數百萬復員軍人找不到工作，

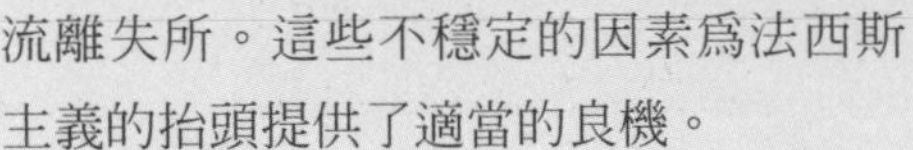

流離失所。這些不穩定的因素為法西斯主義的抬頭提供了適當的良機。

在1919年11月的選舉中，社會黨獲勝，成為議會中第一大黨。議會開始時，社會黨人卻拒絕向國王致意，而是高呼「社會主義萬歲！」

到了1920年9月，形勢更趨混亂，北部的工人們接管工廠，當時的掌權者喬凡尼．焦利蒂則一再拒絕工人們的合理要求。面對工人們的靜坐罷工示威，焦利蒂沒有採取任何強硬政策，因為他怕士兵會同情工人而加入抗爭。所以最後

←墨索里尼九歲時的照片（前排中間畫圈者）
墨索里尼小時候就十分霸道，和別的孩子玩耍時總是充當指揮者的角色。有誰不服從他的命令，輕者一頓臭罵，重者一通惡打。

答應增加工資，同意勞工參與管理，條件是他們必須撤出工廠。要求得到滿足的工人們爾後開始撤離工廠。

但是，法西斯暴力小組卻不滿這種結果，他們繼續進攻工會辦公室和社會黨總部，襲擊工人居住區，驅逐身為社會黨人的市長和其他官員，還搗毀反對派的報社等，製造社會不安，這一系列暴力活動皆是墨索里尼在幕後所主使。

組織新政黨

墨索里尼1883年出生在義大利一個破產農民家庭。受父親社會主義觀點的影響，長大後的墨索里尼不願在課堂教書，卻熱中於革命活動，並於1900年參加義大利社會黨。1911年，由於對的黎波里戰爭發表大量富煽動性的演說，而逐步引起人們的注意；第二年，他就成為了官方社會黨報《前進報》的編輯。

第一次世界大戰爆發時，墨索里尼還是一位和平主義的革命者。1914年9月，在得知法國政府為使義大利成為盟國而提供了一筆資金後，墨索里尼震撼

【人文歷史百科】

的黎波里

利比亞首都，的黎波里區首府。阿拉伯語稱西方的黎波里，以區別於黎巴嫩的城市的黎波里。它自古即是重要的商業中心和戰略要地，現在是全國政治、經濟和交通中心。西元前七世紀由腓尼基人創建，始稱「馬卡爾．奧耶特」，羅馬人占領時稱「奧耶」。以後又先後被汪達爾人、拜占庭人、阿拉伯人、西班牙人、土耳其人所占領。1911至1943年間被義大利侵占，此後至1951年利比亞獨立前由英國占領。

→郵票上的焦利蒂像

不已，他的思想產生巨大的轉變。他透過自己創辦的《義大利人民報》，主張與英、法一起作戰，罵反戰的社會黨人是「賣國賊」，並於10月在米蘭親自領導成立了義大利第一個法西斯組織——國際行動革命法西斯。1915年，墨索里尼應徵參戰開赴前線；1917年因踩爆地雷身負重傷後奉命退伍，此後，他逐漸遭到冷落。1919年他建立了準軍事組織「戰鬥的法西斯」。1921年又以中產階級右翼分子和反動軍人為核心，成立「義大利國家法西斯黨」。

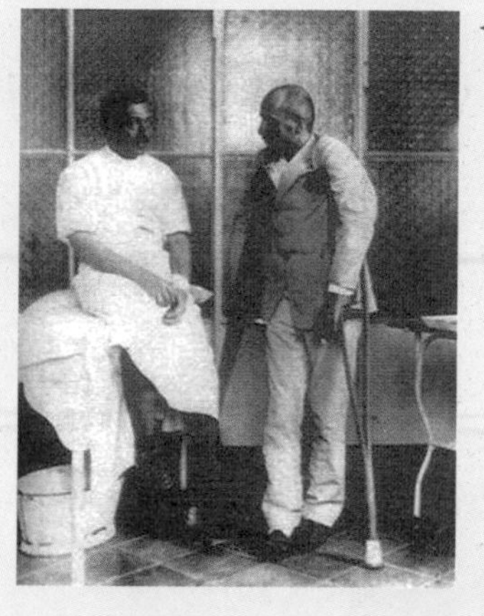

←住院養傷的墨索里尼
棄筆從戎的墨索里尼，在一次地雷爆炸中身負重傷，先後動了二十七次手術。

「法西斯」在古羅馬時代，指的是由一束棍棒中間綁著一柄刀鋒突出的斧頭組成的統一和權力的象徵，卻被墨索里尼借用為反對政治混亂和社會衝突的口號。起初，墨索里尼僅得到少部分失意學生和復員軍人的支持。但在他的一再宣傳鼓動下，一些人開始認同他的主張，使法西斯黨在1921年5月15日的選舉中獲得了二十二席，雖距離當權者的位置還很遠，但墨索里尼似乎已看到了成功的曙光。

政治暴發戶

與社會黨的一百二十席相比，墨索里尼所掌握的二十二席似乎顯得少得可憐，但短短幾年間它就發展為一個有著二十五萬黨員的全國性組織，令人刮目相看。大地主和大資本家被工人奪取工廠、農民奪得土地弄得十分恐慌，都希望借助墨索里尼的法西斯暴力小組之力量，將可怕的社會革命鎮壓下去。

有了這些人的支持，墨索里尼氣燄更盛。1922年秋，他鄭重聲明尊重君主政體和教會的利益，於是又贏得了國王和教會的支持，為他登上權力巔峰掃清阻力。後來他以合乎憲法的方式當上首相，但卻並不願意尊重憲法程序。1922年10月，見時機成熟，他率領黨員進軍羅馬，在一次會議中赤裸裸地警告議會：「我可以讓這個骯髒、陰暗的會議

↓墨索里尼的國家法西斯黨的一次聚會
1919年3月，墨索里尼發起一場「法西斯主義運動」，建立了「戰鬥法西斯」組織。1921年11月，法西斯主義運動第三次全國代表大會在羅馬召開，墨索里尼將法西斯主義運動改名為「國家法西斯黨」。

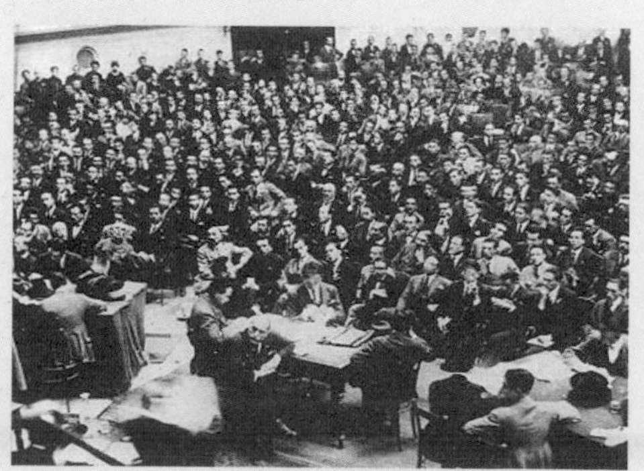

大廳，成爲暴力小組的宿營地……」

爲恢復國家秩序，議會和國王授予墨索里尼享有獨裁的權力，並可行使到1923年12月31日。在這期間，他還不敢太張狂，尚能允許新聞界、工會和議會各黨派享有一定程度的自由。但與此同時，他卻逐步任命一些贊成法西斯的人擔任省長和法官，並組建了一支法西斯民兵隊，逐漸實現對國家機器的掌控，達到法西斯獨裁專政的目的。

←馬泰奧蒂
義大利社會黨總書記馬泰奧蒂，因掌握了墨索里尼貪汙的證據，而被祕密綁架並殺害。

陰謀得逞

在1924年4月6日的全國大選中，法西斯黨透過暴力小組的活動，贏得百分之六十五的選票，取得議會中三百七十五個席位。兩個月後，墨索里尼爲排除異己，派人暗殺曾寫書揭露法西斯黨徒暴行的著名社會黨議員賈科莫．馬泰奧蒂。

這件事情發生後，許多正直的非法西斯議員紛紛退出議會，強烈要求查明馬泰奧蒂事件眞相，否則絕不返回議會。這給剛上臺的墨索里尼一個下馬威，但他卻得到了國王的支持，反對派們的抗爭失敗，反使墨索里尼的政治地位得到鞏固。1926年秋，勢力鞏固的他宣布取消缺席議員的席位，廢除多黨制，強化新聞檢查制度，建立祕密警察組織。至此，議會已形同虛設，法西斯黨成了義大利唯一合法的政黨，義大利實際上已等同一黨專制的獨裁國家。

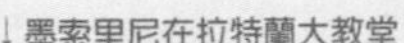
↓墨索里尼在拉特蘭大教堂
1870年義大利王國政府軍占領羅馬，消滅了教皇國。教廷與義大利長期處於敵對狀態。墨索里尼奪取政權後，為謀求與羅馬教廷的和解，於1929年2月11日與教皇庇護十一世簽訂《拉特蘭條約》。教廷承認義大利國家及其首都羅馬的地位，義大利承認教皇的權威和教廷對梵蒂岡的主權，教皇擁有世俗統治權、外交權、與外國自由來往權。

→《時代雜誌》封面上的墨索里尼像

←墨索里尼在威尼托宮殿發表演說
1936年5月5日，義大利軍隊進入衣索比亞首都阿迪斯阿貝巴。墨索里尼在羅馬接到電報後，出現在威尼托宮殿陽臺上發表演說。為了聆聽墨索里尼的演說，三百萬群衆湧向義大利所有的廣場（廣場上安裝了與威尼托宮殿連接的收音機和擴音器）。

墨索里尼的法西斯政權爲了謀取工人和農民們的信任，實行所謂的組合國制度，就是說它的議員非爲選區代表，而是行業和職業的代表。這樣一來似乎消弭了勞資雙方的衝突。然而實際上，只有資方可享有自治，工人和農民的地位不但未獲任何改善，反而在無形中被剝奪了許多權利。

對外侵略

墨索里尼建立獨裁統治後，致力於各項經濟建設，尤其是精心設計市政工程來爲人們提供就業機會，使大眾對法西斯黨留下了良好印象。比如修復許多古老的紀念碑，許多城市出現了高大的新建築物、勞工住宅和運動場，一些沼澤地被抽乾擴充耕地，火車也「準時運行」，新公路或高速公路大量出現等。

在贏取國內人民信任後，爲贏得所謂的生存空間，實現變地中海爲義大利內湖的設想，墨索里尼法西斯政權積極對外侵略，高喊「重現羅馬帝國的輝煌」口號。1923年，墨索里尼以駐希臘的義大利官員被暗殺爲藉口，迅速出兵占領希臘的科孝島。

到了1930年代，墨索里尼具備更大的行動自由，於1935年尋釁入侵了衣索比亞，1936年出兵干涉西班牙內戰，1937年11月又與納粹德國結合爲「羅馬——柏林」軸心。兩個法西斯分子攜起手來，一場牽連世界、血雨腥風的戰爭，已難避免。

↓義大利法西斯童子軍
墨索里尼為擴軍備戰，大力進行軍國主義教育。圖為正在學習使用步槍的法西斯童子軍。

【人文歷史百科】

法西斯主義

「法西斯」一詞源於拉丁文fasces，意指「權柄」，原指古代羅馬時期執政官的權力標誌，形狀為用紅帶捆綁的一束棒，中間插一把斧頭，象徵暴力和權威。法西斯主義是指壟斷中產階級，公開實行獨裁恐怖統治的政治體制。

法西斯主義鼓吹反動的民族主義、種族主義、軍國主義和國家主義，強調領袖的絕對權威。它對內實行專制的獨裁恐怖統治，對外則推行侵略和戰爭政策。

041.羅斯福新政

1933年3月4日，羅斯福就任美國總統，開始實施一系列的經濟改革，公衆輿論評價說猶如「黑沉沉的天空出現的一道閃電」。

黑色星期四

1929年10月24日，美國史上稱之爲「黑色星期四」。因爲在此之前的美國是一片歌舞昇平的歡樂氣氛。股市的利多，曾讓財政部長信誓旦旦地向公眾保證：「繁榮的景象將仍會持續下去。」然而就是這一天，股票一夜之間由巔峰跌進了低谷，下跌的速度連股票行情的自動顯示器都跟不上，緊接股市大崩盤而來的是持續四年的經濟大蕭條。美國驟然陷入到經濟危機的泥沼，大量的貨物堆積在庫房中、大批的失業工人充斥大街小巷、商店關門歇業，到處都是一副淒涼的景象。全國有八萬六千多家企業破產，五千五百家銀行相繼倒閉，號稱「金融帝國」的美國幾乎達到窒息的狀態。

↓股票市場崩潰後的華爾街

1929年10月24日，美國股票市場崩盤後，成千上萬的美國人失去了他們終生的積蓄。穿行於華爾街的人們像一群熱鍋上的螞蟻。光是當天，就有十一位金融家自殺。

「百日新政」

在危機當頭的緊急時刻，佛蘭克林・羅斯福（小羅斯福）1933年3月4日當選爲美國第三十二屆總統。爲扭轉國家所面臨的嚴重難關，上臺之後，他進行了大刀闊斧的改革，實施一系列旨在克服經濟危機的政策措施，主要可概括爲復興、救濟、改革六個字，在美國史上稱爲「羅斯福新政」。新政的切入點從混亂的金融市場開始。

1933年3月9日到6月16日，在這近百日的時間內，羅斯福連續制訂了十五項重要法規，而關於金融部分就占了三分之一。如3月9日，在羅斯福的要求下，國會通過了《緊急銀行法》，要求有償付能力的銀行盡快復業。到15日就有一萬四千七百七十一家銀行領到重新營業的執照，改變了他剛就任時沒有一家銀行營業，連在首都都無法兌現支票的窘況，對穩定人心起了非常大的作用。在整頓金融界的同時，他還特別地

→ 以1929年股票市場崩盤為主題的郵票

←羅斯福像

羅斯福是美國史上唯一蟬聯四屆的總統。他使美國成為二次大戰後世界第一超級大國。

加強了美國的對外經濟地位。3月10日，他宣布停止黃金出口；4月5日，禁止私人儲存黃金和黃金證券，美鈔停止兌換黃金；6月5日，廢除以黃金償付公私債務；1934年1月10日，發行以國家有價證券爲擔保的三十億美元紙幣；把美元貶値近百分之四十一，加強美國商品對外的競爭力。這些措施的實施，很快使美國混亂的經濟得到了有效控制，並開始好轉。

此外，在「百日新政」裡，他還竭力促成議會通過了《農業調整法》和《全國工業復興法》。要求資本家們遵守「公平競爭」的原則，制訂出企業的生產規模、價格和銷售範圍，對資本家進行了一定程度的約束；還要求對勞工的最低工資和最高工時做出限制保障。這些措施有利於國家經濟的恢復，同時也緩解了緊張對立的勞資關係。

↑ 紐約街頭排著長隊的失業者

在一天中有六千個人希望得到工作，然而只有一百三十五人被聘用。

在獲得大企業的勉強支援後，羅斯福又竭力爭取到中小企業主的支持，提供大量的就業機會。同時還扶持中小企業的發展，這爲美國社會的穩定和經濟的進一步復甦，發揮了莫大的推動作用。

有利的救濟工作

爲救助廣大貧困失業人口，1933年5月，羅斯福敦促國會通過《聯邦緊急救濟法》，並迅速成立「聯邦緊急救濟署」，及時地把各種救濟物資送到各州。第二年，又將單純的救濟改爲「以工代賑」，爲失業者提供從事公共事業的機會。

在羅斯福剛執政時，全國有一千七百多萬名失業者，爲解決龐大失業大軍

【人文歷史百科】

羅斯福總統

羅斯福1882年1月30日生於紐約，1945年4月12日卒於喬治亞。他在1900年進入哈佛大學，獲得文學學士學位。1905年進入哥倫比亞大學法學院學習，1907年考取律師。1932年，羅斯福競選總統勝利，但此時美國陷入空前的經濟危機中。1941年12月7日，日本偷襲珍珠港後，他宣布參戰，美軍的援助使二次世界大戰戰局產生大轉變。第二次世界大戰後期，羅斯福積極籌建聯合國。他是美國歷史上唯一蟬聯四屆的總統。

的生計，羅斯福促請國會通過「民間資源保護隊計畫」。這個計畫解決了失業隊伍中所占比例較高、年齡在十八到二十五歲之健壯青年的就業問題，他們從事起植樹護林、防治水患、道路建築等工作。

同時，推行全國廣設工賑機關，興建十八萬個小型工程項目，其中有校舍、橋樑、下水道系統以及郵局和行政機關等公共建築物的建設工程等，這樣又吸納了四百萬人工作。

↑紐約舉行的盛大遊行

1933年9月，在紐約舉行了一次盛大的遊行，慶賀國家復興執行機構的工作成就。國家復興執行機構訂立了工商業實施法則，禁止童工，限制工作時間，規定最低工資，給予雇工集體協商的權利。

據統計，到二次大戰前夕，羅斯福主持支出的各種工程費用和直接救濟費用累計達一百八十億美元，修築了近一千座飛機場、一萬兩千多個運動場和八百多座校舍與醫院等公共設施。這些大量的基礎建設在為勞工創造就業機會的同時，還使許多藝術家找到了展示自己才華的天堂，這是迄今為止，美國政府執行的最宏大和最成功的救濟計畫。

二次新政

從1935年開始是羅斯福第二次「新政」階段。在「百日新政」所取得輝煌成果的基礎上，又通過社會保險法案、全國勞工關係法案等一系列法規，以立法的形式鞏固新政成果。羅斯福還制定了《社會安全法》，讓年滿六十五歲的勞動者退休，並根據不同的工資水平，每月發放十到八十五美元的養老金。這一舉措在維護社會穩定的同時，也使社會福利得到了提升。

正如羅斯福對失業保險所解釋的：「它不僅可以避免個人在被解雇時單方面的依靠救濟，而且透過維持購買力，將緩解經濟困難所帶來的衝擊。」保險金的一半，由在職工人和雇主各交付相當於工人工資百分之一的保險費，另一半則由政府支付。《社會安全法》符合廣大勞工的意願，因而它一頒布便得到了絕大多數人民的歡迎和讚許。

1937年5月24日，羅斯福在向國會提交關於最低工資、最高工時的立法諮文

【人文歷史百科】

經濟危機

經濟危機是資本主義經濟發展過程中週期性的生產過剩危機。自1825年英國第一次爆發經濟危機以來，在整個十九世紀，大約每隔十年就會爆發一次經濟危機；進入二十世紀以後，經濟危機縮短到大約每隔七至八年爆發一次；第二次世界大戰以後，一些主要資本主義國家經濟危機的週期時間已縮短到大約每隔五年左右爆發一次。

→郵票上的羅斯福

中說：「我們應該銘記，我們的目標是改善那些營養不良且生活欠佳者的生活水平。我們知道工人大部分無就業時，超時工作和低水平的工資不可能提高國民收入。」經過羅斯福的多次提請，國會終於在1938年6月14日通過這個《公平勞動標準法》(又稱《工資工時法》)。

↑羅斯福在民間資源保護隊營地，攝於1933年8月12日
以失業青年為主力的民間資源保護隊，既解決了美國經濟大恐慌時期最緊迫的失業問題，也使自然資源的保護工作得到了落實。

到1939年時，羅斯福新政的範圍幾乎涵蓋美國社會經濟生活的各層面，大多數措施爲幫助美國擺脫危機、最大限度地減輕危機帶來的負面影響。這些應付危機措施的及時頒布和貫徹執行，避免美國經濟大崩潰的危險，也使美國很快從危機困境中脫困。

美國的迅猛崛起

由於羅斯福新政的施行，從1935年起，美國的經濟指標開始穩步回升。到1939年之時，國民生產總值由1933年的七百四十二億美元增加到了兩千零四十九億美元，失業人數也從一千七百萬下降到八百萬，避免了在危機中可能出現的激烈動盪和衝突。而參加二次世界大戰更創造了有利的社會環境和經濟條件，也爲美國在戰後的社會經濟發展鎖定了方向。

羅斯福新政，是在克服經濟危機的基礎上，加強國家資本主義。因此他對資本主義社會固有的經濟危機採取了嘗試性的試驗療法，並非盡善盡美，比如大量失業人口仍居高不下。但新政對美國迅速擺脫危機的束縛、解決廣大勞工的困苦，還是發揮了極大的作用。

←修建中的道格拉斯水壩，攝於 1942 年 6 月
羅斯福「新政」實施初期，美國政府設立了田納西流域管理局，撥款興修大規模的水利工程，目的是控制田納西河、密西西比河及其支流的洪水氾濫。

042.西班牙內戰

1936至1939年的西班牙內戰，是一場捍衛共和制度和民族獨立的革命戰爭，它是即將到來的第二次世界大戰的試驗場。

武裝叛亂

1936年2月，由西班牙共產黨、共和黨、社會黨和勞動者總同盟等左翼力量組成的人民陣線，在國會選舉中獲勝，組成了聯合政府。以長槍黨爲首的西班牙右翼民族主義派勢力深爲恐慌，尋求並獲得德、義的支持後，準備發動一場顚覆共和國的武裝叛亂。

1936年7月18日，佛朗哥、莫拉等將領在摩洛哥和加那利群島的西班牙殖民地率先起事，揭開武裝叛亂的序幕，一路蔓延到本土。大約十二萬陸軍和大批空軍部隊以及摩洛哥人組成的「外籍軍團」參加了叛亂。政府的猶豫不決使得叛軍迅速占領下西屬摩洛哥、加那利群島、巴利阿里群島，以及西班牙本土北部和西南各省。7月30日，叛軍的「國防執政委員會」在布爾戈斯成立，企圖南北夾擊馬德里，迅速奪取全國政權。

叛亂發生後，在人民陣線的號召下，西班牙各階層人士紛紛拿起武器，準備用生命保衛共和國。兩天內，就有三十萬人參加「人民警衛隊」。很快地，馬德里、巴塞隆納、瓦倫西亞、卡塔黑納、馬拉加、畢爾包等大城市的叛亂就被平息。叛軍退到南方的安達魯西亞和北方的加利西亞、那瓦勒、舊卡斯提爾等經濟較落後的幾個省分，所有的工業

↑ **西班牙政府軍，攝於1936年 8月 2日**
滿載政府軍的卡車，正準備出發抵抗馬德里附近城鎮的反叛軍。

和政治中心、主要港口、交通幹線和重要農業區仍牢牢地控制在共和軍手裡。

德義干涉

叛軍處境十分不利，大有轉瞬即亡之勢，不甘失敗的叛軍將領向德、義求助，在以佛朗哥爲首的叛軍將領的請求下，德、義兩國很快就出兵進行干涉。他們的目的是趁機推翻西班牙共和國，控制直布羅陀海峽，切斷英、法與亞非殖民地的聯繫，將西班牙作爲他們牽制英、法的戰略基地。

1936年7月底，德、義派遣飛機協助佛朗哥，向西班牙本土輸送援軍，同時還將大批坦克、飛機等運往西班牙。在很短的時間內，德、義就向西班牙調去了五萬餘人，至1939年時累計有二十餘萬人參戰。德、義的武裝干涉引來國際上反法西斯陣營對共和國軍隊的支持，使西班牙內戰逐步演變爲國際性戰爭。

此時的英、法等國對西班牙內戰採

【人文歷史百科】

佛朗哥

佛朗哥是長槍黨首領，軍事獨裁者。1892年12月4日生於埃爾費羅爾軍官家庭，1975年11月20日卒於馬德里。1936年7月18日發動反對人民陣線政府的武裝叛亂，同年10月1日擔任陸、海、空三軍大元帥。經過近三年內戰，佛朗哥軍隊占領馬德里，推翻共和政府，建立獨裁統治。佛朗哥自任國家元首，取消其他一切政黨，法西斯政黨長槍黨為唯一合法政黨。第二次世界大戰期間，他派遣藍色師團配合德國進攻蘇聯；1947年宣布西班牙為君主國，由此成為終身攝政王。

↑西班牙內戰期間的格爾尼卡

格爾尼卡是西班牙的一個古老城市，在內戰期間遭到德軍的猛烈轟炸。

取「不干涉」政策，並簽署了《不干涉協定》；美國也宣布將1935年的「中立法」延長時效，並禁止向交戰雙方國家輸出武器和軍用物資。各國人士則募集了大量的糧食、藥品、捐款和武器，並組成「國際縱隊」，與共和派並肩作戰。

馬德里保衛戰

1936年8月，叛軍從葡萄牙邊境向馬德里發起進攻，並先後攻占巴達霍斯、卡塞雷斯、塔拉韋拉、托萊多等城鎮；9月又攻占北部的伊倫和聖塞瓦斯蒂安，切斷共和國與法國的聯繫。11月6日，叛軍抵達馬德里近郊。共和國政府被迫遷往瓦倫西亞，組建三十萬人的正規軍，與國際縱隊一起展開馬德里保衛戰。

1936年11月至1937年3月，馬德里共和軍奮力擊退了叛軍的多次進攻。爲了牽制共和軍的兵力，叛軍又在南部科爾多瓦、格拉那達、直布羅陀一線發動進

攻，並占領了蒙托羅、馬拉加等地，迅速轉入戰略防禦。

西班牙內戰中的國際縱隊戰士↓

1937年6月，叛軍改變策略把進攻重點轉向北部，欲一舉攻占比斯開灣沿岸的重要工業區。叛軍集中了十五萬兵力，向守衛鋼鐵重鎮畢爾包的六萬共和軍發起猛攻，在6月20日，憑藉優勢兵力將畢爾包攻下。雖然共和軍在中部戰線馬德里西北的布魯內特和東部戰線薩拉戈薩以東發動了兩次進攻，但都沒能制止敵軍北進。北方工業區的淪陷，使共和國遭受沉重的打擊。10月28日，共和國政府被迫從瓦倫西亞遷到巴塞隆納。

戰爭形勢惡化

1937年12月5日，共和軍在東部戰線對叛軍的主要根據地特魯埃爾發起猛攻，計劃一舉拿下該城，以解馬德里之圍。但孤立無援的共和軍苦戰兩個月後，因寡不敵眾而損失慘重，沒能實現預期計畫。

1938年2月15日，共和軍放棄了特魯埃爾，叛軍趁機轉攻東部戰線。3月，佛朗哥把五個軍的兵力和全部的飛機、坦克集中到厄波羅河河谷，在德、義干涉軍的配合下，迅速向亞拉岡進攻，共和軍根本無法抵擋。4月15日，叛軍先後占領萊里達、特侖普和比納羅斯等地，一下把共和軍控制區一分為二，切斷兩邊的聯繫。

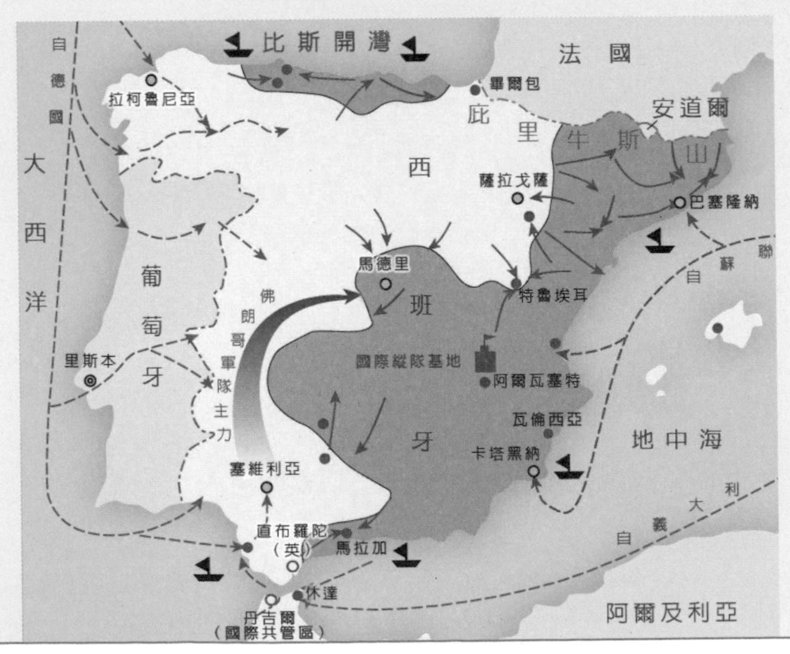

↑西班牙內戰形勢圖

接著，叛軍又兵分兩路出擊，分別對南部的瓦倫西亞和北部的巴塞隆納發起進攻。

為減輕瓦倫西亞的壓力。7月至11月，共和軍在厄波羅河地區投入了十多萬兵力，發動內戰以來規模最大的進攻戰役。三個多月的苦戰，共殲敵八萬餘人，但因後援補給不及而被迫轉入防禦。12月23日，叛軍和干涉軍共四十萬人，在北方發起加泰隆尼亞戰役。共和軍已無力抵抗，只能節節撤退。1939年1月26日，加泰隆尼亞首府巴塞隆納失陷。2月8日，共和軍控制的最後據點菲格拉斯失陷，二十五萬共和軍越過法國邊境後被迫解除武裝。次日，叛軍和干涉軍追抵法、西邊境，他們將西班牙共和國與其他國家的陸上聯繫全部切斷。2月11日，叛軍占領加泰隆尼亞全境。

←向人群致敬的佛朗哥

佛朗哥推翻共和政府後，建立獨裁統治；取消其他一切政黨，法西斯政黨長槍黨為唯一合法政黨。他還逮捕、槍殺共產黨人，致使大批西班牙人流亡到歐洲及拉丁美洲各國。

獨裁政府上臺

加泰隆尼亞陷落後，2月27日，英、法政府宣布承認佛朗哥政權，共和國內部也跟著鬆動。3月5日至6日，共和軍中部戰線司令卡薩多上校在馬德里發動軍事政變，宣布接管政權，隨後在3月28日迎接佛朗哥軍隊開進馬德里和瓦倫西亞，西班牙內戰宣告結束。

西班牙內戰，是西班牙共和政府和民族主義派陣營間的革命戰爭。它是第二次世界大戰爆發前，歐洲大陸發生的一場大規模的區域戰爭。由於德、義的武裝干涉和英、法的「不干涉」政策驅使下，最後造成親德、義政權的叛軍將領佛朗哥建立獨裁政權。戰爭的結局，對西班牙和整個歐洲局勢都產生了深遠影響。

↓內戰結束前的難民

在西班牙內戰結束前，大批群眾逃離西班牙躲避戰亂。圖中的難民正穿越庇里牛斯山，準備進入法國。

043.德國吞併奧地利

1938年2月13日，希特勒召見舒施尼格怒斥道：「必須在三天內履行這些要求，不然我就要下令向奧地利進軍！」

欲壑難填

1935年10月，義大利法西斯政權在英、法的縱容下，發動侵略衣索比亞的戰爭。1936年3月，德軍開進到萊因河非軍事區，公然違反了《凡爾賽條約》和《洛迦諾公約》，但並未受到英、法等國的干涉。

↑奧地利總理舒施尼格像

1936年7月11日，奧地利總理舒施尼格與德國駐奧公使馮．巴本會談後簽訂了一項祕密協定和一份公報。公報中指出：雙方互不干涉內政，奧地利承認自己是大日耳曼族國家。但奧地利必須根據祕密協定的要求，配合德國政府的外交政策，並對奧地利納粹黨政治犯進行大赦。德國透過此一協定，大抵控制奧地利的內政和外交。

1937年，希特勒見時機已成熟，便在11月5日舉行祕密會議。希特勒在會上強調，解決生存空間將是德國前途的關鍵因素。因此，首先應該向歐洲發展，而奪取奧地利將是德國的第一個目標。如果成功，那麼德國的實力會大大增強，進而對法國安全構成極大的威脅。而此時的法國政局極不穩定，無力對德國的囂張氣焰採取強硬態度，只能睜一隻眼、閉一隻眼地採取綏靖政策。

與法國一海之隔的英國，更不想和德國的關係弄僵，於是跟進採取了綏靖政策。

弱肉強食的談判

1938年2月12日，奧地利總理舒施尼

【人文歷史百科】

世界音樂之都維也納

「音樂是維也納的靈魂，沒有音樂也就沒有維也納。」從地圖上看，奧地利的地形就如一把小提琴，而其首都就是維也納。維也納有數百年的音樂歷史，被譽為世界音樂之都。貝多芬、莫札特、海頓、舒伯特、布拉姆斯以及史特勞斯家族都先後在此居住和創作音樂。已有兩百多年歷史的維也納歌劇院，曾首演過莫札特和貝多芬的作品，十九世紀歐洲所有著名歌劇均在此上演過。

↑米克拉斯像

米克拉斯是奧地利第一共和國總統，為基督教社會黨黨員。

↓賽斯．英夸特像

→《時代雜誌》封面上的舒施尼格像

格與希特勒舉行會談。希特勒粗暴地譴責和威脅舒施尼格，隨後，德國外交部長里賓特洛甫將已擬妥的德奧議定書草案交給舒施尼格，強調這是要求，無討論空間。

隔日希特勒再次召見舒施尼格，又對他進行了長達幾個小時的指責和辱罵。與希特勒相反的是，德國將領以及一些納粹高層對舒施尼格表現出柔和的態度。在輪番的軟硬兼施下，舒施尼格被迫同意接受各種要求，將囚禁的奧地利納粹分子赦免，並任命納粹分子擔任各種職務，包括內政部長的要職。

舒施尼格回國後，立即謁見米克拉斯總統，之後便在電臺發表講話，強調維護奧地利獨立的堅定決心。隨後，他果斷地宣布禁止懸掛納粹黨黨旗，禁止穿納粹黨黨員的褐衫，禁止納粹分子舉行遊行示威等，公開與希特勒唱反調。

瘋狂的武力威逼

看到舒施尼格回國後的作爲，希特勒暴跳如雷，他命令德軍在德、奧邊界舉行大規模的軍事演習。在希特勒的武力威脅下，米克拉斯不得不宣布大赦納粹罪犯，並任命賽斯．英夸特爲內政部長。在英法援助無望、國家生死攸關的情況下，舒施尼格決定舉行一次公民投票，讓全體國民來決定國家前途。3月9日，他剛宣布將在四天後舉行公民投票，就激怒了希特勒。3月11日，希特勒下達第一道指令，命令德國陸、空軍準備在公民投票前夕入侵奧地利。同日，戈林在電話中指示英夸特和德國駐奧大使，要他們逼迫舒施尼格立即辭職，由英夸特組閣。

面對兩份最後通牒，舒施尼格被迫取消公民投票，按總統之意把總理的位子讓給了英夸特。英夸特一直和柏林保持著聯繫，按德國政府授意行事，他上臺後立即發布一項聲明，請求德國政府盡快派軍隊來奧地利維持秩序。3月12日凌晨，德軍提前兩小時越過邊界。3月13日，希特勒和英夸特簽署了《奧地利和德國統一法》，同時宣布奧地利與德國合併。就這樣，不費一槍一彈的納粹德國，輕鬆地占領了奧地利。

↓希特勒率軍通過維也納布魯克劇場

德國正式吞併奧地利後，七百多萬奧地利人在希特勒統治下，為納粹德國發動大戰增加了兵源。

044.慕尼黑陰謀

「元首既然決定動武，那我們還有沒有談判的必要呢？」——張伯倫

危機四伏

←慕尼黑會議與會領袖合影
前排左起：英國首相張伯倫、法國總理達拉第、德國希特勒、義大利墨索里尼和其外長齊亞諾。

隨著順利地吞併奧地利，希特勒又把目標對準捷克，捷克地處歐洲中心，戰略位置非常重要。德國若占領捷克，即可將其作爲有力的跳板，向東進攻蘇聯，向西對英、法造成威脅。捷克是個較強大的國家，擁有一支富有戰鬥力的現代化軍隊和興盛的工業。但是，蘇臺德邊沿地區三百萬日耳曼少數民族的存在，使捷克易受納粹的宣傳影響。希特勒正是利用這種條件，指揮納粹黨不斷製造事端，要求實現「自治」；其本意正是要使其脫離捷克，歸附德國。

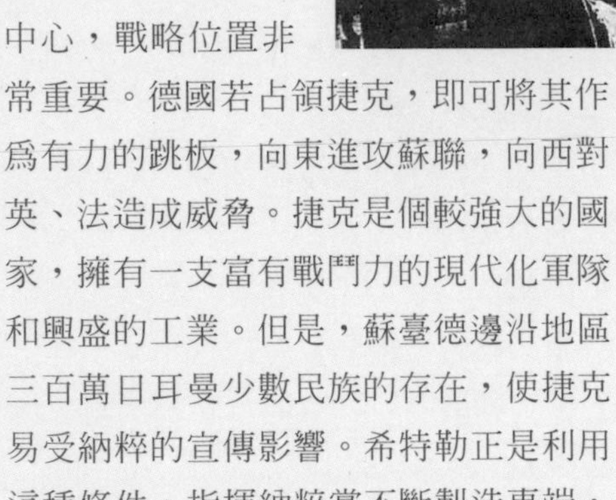

1938年9月12日，希特勒發表一次煽動性的演說，他猛烈地抨擊貝奈斯總統對蘇臺德區日耳曼人的「迫害」，並警告說，「如果這些受折磨的人得不到權利和幫助，他們將從我們這裡得到。」同時大規模地調集軍隊，部署在捷克邊境，並擬訂一條「綠色計畫」，預定在10月1日加以進占。

捷克政府也開始在邊境加強戰力，兩軍對峙的局面頓時成形，戰爭似乎一觸即發。英、法等國領袖在這種危急時刻，顯得顧慮重重。英國首相張伯倫爲此徹夜不眠，因爲在第一次世界大戰結束後，捷克在英、法的保護下恢復主權，且與英、法簽訂互助同盟條約；一旦希特勒入侵，將導致法國及英國捲入戰事。

祕密談判

考慮到世局的牽動效應，張伯倫接受法國總理達拉第的意見，向希特勒建議舉行一次私人會談。這場高峰會議於9月15日在貝希特斯加登舉行。

見到張伯倫後，希特勒不加掩飾地提出在民族自決原則的基礎上占領蘇臺德區的要求，並表示爲了達到其目的，他寧願「冒世界大戰的危險」。

而事實上，當時德軍的實力非常有

> 【人文歷史百科】
>
> **綏靖政策**
>
> 綏靖政策是對侵略者姑息、退讓，犧牲別國利益以求暫時和平的妥協政策。《慕尼黑協定》是綏靖政策登峰造極的表現，這項協定粗暴地踐踏國際法和國際關係的基本準則，同時鼓勵和助長法西斯政權發動侵略戰爭的野心。1938年10月至11月，德軍占領蘇臺德區。1939年3月，德國吞併捷克全境，同年9月閃擊波蘭。綏靖政策可說是加速了第二次世界大戰的爆發。

→捷克斯洛伐克獨立二十周年紀念郵票

限，他們攻打捷克的只有十二個師，而捷克卻擁有裝備精良的三十五個師；如果戰爭發生後，英、法站在對方陣營，那麼希特勒的整個計畫將成爲泡影。

←張伯倫和希特勒在慕尼黑會議期間的合影

但張伯倫深怕惹火燒身，在關於蘇臺德區的討論上，張伯倫回答道：「蘇臺德區的日耳曼人無論是在德國內外，原則上對我來說沒有多少關係。」這等於暗示同意將蘇臺德區割讓給德國。

張伯倫回國後，首先說服他的內閣，然後說服法國接受了希特勒的條件。9月18日，達拉第趕到倫敦與張伯倫會合，擬定一項出賣捷克的計畫：「蘇臺德區日耳曼居民占一半以上的領土，無條件地轉讓給德意志帝國。」兩國政府隨後催促捷克政府接受這些條件。9月21日，布拉格終於屈從德國的要求，而英、法則答應保障捷克的新國界。

9月29日，希特勒、墨索里尼、張伯倫和達拉第在慕尼黑舉行會議，唯有捷克缺席。會議決定答應希特勒的所有要求，唯一的更改是做出若干保全面子的規定：德國對蘇臺德區的占領應分階段進行。根據協定，從10月1日起，在十天內，捷克將蘇臺德區及其附屬的一切設備無條件交給德國。正如邱吉爾向眾議院所指出的：「德國獨裁者沒有從飯桌上抓取食物，而願意讓人一道一道菜地侍候他——這就是首相爲捷克所獲得的一切。」

←張伯倫在倫敦機場吹捧《慕尼黑協定》
自慕尼黑返回倫敦的張伯倫，在機場上揮舞著協定得意地宣稱：「就是這份文件，上面有他（指希特勒）的簽名，也有我的簽名。它是我們共同願望的象徵，保證我們兩國人民永遠不會交戰……」

045.「羅馬——柏林」軸心

「你或許是對的，但是，只要有百分之一因貴國警察行動而爆發戰爭的可能性，我就沒有權利把英國牽扯進去……英國現在不處於戰爭狀態。」——英國首相鮑德溫

虛張聲勢

1936年3月7日，希特勒派遣一支三萬五千人的軍隊進入了萊因河地區。根據《凡爾賽和約》規定，在萊因河沿岸地區設立「萊因非武裝區」，德國不得在萊因河兩岸五十公里地帶擁有防禦工事或軍隊。希特勒則認為：法國聯盟體系以法國軍隊易於進入中歐為基礎；如果萊因被德國占領並依此修築防線，法國便不易進入中歐。如此一來，可說切斷了法國與其盟國的聯繫，卻大大增強德國的力量，還解除了萊因河附近的非軍事區域所構成的威脅。如果希特勒的目的得逞，歐洲軍事和外交上的勢力均衡就會被徹底打破。

以旁觀者的角度看，法國應該會立即制止這種事。但不幸的是，法國正準備大選，暫由臨時內閣主持國事，他們無法對這一挑釁做出適當的反應。法國總理薩羅和外交部長弗朗丹原本想調動軍隊來制止希特勒，或發出最後通碟警告他。但當時的軍事顧問為避免各種可能衝突，反對他們這樣做。於是，佛朗丹去找英國首相鮑德溫商量，鮑德溫竟然不願討論德國的挑釁，甚至不願在衝突發生時與法國站到一塊。鮑德溫說：「你或許是對的，但是，只要有百分之一因貴國警察行動而爆發戰爭的可能性，我就沒有權利把英國牽扯進去……英國現在不處於戰爭狀態。」法國政府無法統一內部的意見，而英國又擺明坐視不理，因而便未採取果斷的行動制止。

這樣的姑息政策是可惜的。事實上，希特勒出兵只不過是虛張聲勢，他在出兵前就發出命令：如果法國調兵，將軍隊派過邊界的話，德軍可能一槍不發地主動撤退。希特勒之所以下這種命令，是因為德軍高層在出兵上意見並不統一，只有兩個人主張出兵。因此，這只不過是希特勒的一種試探罷了。

↑ **通過萊因河的德國軍隊，攝於1936年3月7日**
3月7日淩晨，德軍三個營越過萊因河橋迅速進入非軍事區。

軸心的形成

希特勒沒有遇到任何警告或威脅，就輕易地占領萊因，

↓日本東京銀座商業區為慶祝三國結盟懸掛的旗幟

→1937年的墨索里尼

並在那裡構建「齊格菲防線」。希特勒的這一勝利，宣布法國聯盟體系的結束。「齊格菲防線」切斷法國與中、東歐的聯繫，使法國逐漸面臨「孤島」的境地。與此同時，德國開始對東南歐發起經濟戰，這一地區不久便淪爲德軍的經濟附屬地。德國接受了土耳其全部出口物的 51%、保加利亞的 48%、希臘的 36%、南斯拉夫的 24%和匈牙利的 23%。經濟上的緊密聯繫，必然會對政治產生影響，尤其這些國家的一些獨裁政權，在意識形態上較傾向於德國和義大利的獨裁政體，而十分排斥西方的民主政體，這無疑使他們越走越近。

希特勒突然進犯萊因區，吸引國聯的注意力，進而轉移原本對義大利盯防的視線。墨索里尼對希特勒感恩有加，兩人迅速結成了同盟關係。兩位獨裁者的握手對於其他國家來說，是項危險的信號。

1936年7月初，希特勒與奧地利簽訂一份協定，德國在協定中聲明，尊重奧地利的領土完整，不會干涉它的內政，這無疑讓義大利吃了一顆定心丸。奧地利是德國和義大利不和的主要根源，這個問題解決後，柏林和羅馬剩下的就是討論如何進一步合作。

7月18日西班牙內戰爆發，這成了希特勒和墨索里尼體現友好合作的平臺，他們兩人聯合行動，促成西班牙共和國的滅亡。10月24日，「羅馬——柏林」軸心正式形成，義大利和德國就全面合作關係達成一致。之後，日本先後與德國、義大利簽訂《反共產國際協定》，加入軸心組織。

↓齊格菲防線的反坦克障礙物

齊格菲防線全長達六百餘公里，主要的障礙物是多列角錐形鋼筋混凝土樁、防坦克壕及有刺鐵絲網。

【人文歷史百科】

齊格菲防線

齊格菲防線是德國於第二次世界大戰前，在其西部邊境地區構築的築壘配系。德國人通常稱之為西部壁壘，有時也稱為齊格菲陣地，其他國家多稱之為「齊格菲防線」。構築齊格菲防線的目的是為掩護德國西線，並作為向西進攻的屯兵場。1936年德國占領萊因之後開始構建，1939年大抵建成，全長達六百三十公里，縱深三十五至七十五公里。1944年9月，英、美盟軍從西線向德國本土進攻時，德軍依託此一防線，曾阻滯盟軍的行動。直到1945年2月，盟軍重新發動進攻才突破該防線。

046.閃擊波蘭

「巴黎和倫敦以為坐著就能把那筆債躲過去。」——邱吉爾

大戰後的波蘭和德國

1939年9月1日天剛拂曉，德軍出動兩千架飛機連續轟炸波蘭重要軍事目標；地面部隊從西、南、北三個方向發動全面進攻，五十八個師全速推進，兩千五百輛坦克氣勢洶洶，六千門大砲雷聲隆隆。德軍對波蘭發動的突襲，引燃了第二次世界大戰歐洲戰場的戰火。

第一次世界大戰後才復國的波蘭，可以稱得上多災多難，二十世紀以前，它曾三次被俄國和德國瓜分。到1939年時，它特殊的地理位置似乎又爲它帶來了不幸。波蘭西接強大的德國，北部與東普魯士毗鄰，南部與捷克接壤，整個地勢平坦，容易讓德國從西邊衝進來；而它的東邊，又挺立著共產國家蘇聯。波蘭政府二十年來與德國和蘇聯兩面周旋，但在政治上傾向於英、法。在遭受德國蹂躪時，波蘭不敢向虎視眈眈的蘇聯求救，只能祈望英、法派兵援助。

而第一次世界大戰後的德國，變得四分五裂，根據《凡爾賽和約》，它把東部的領土劃給波蘭。其中包括「波蘭走廊」這個狹長的地帶，「波蘭走廊」將原本連成一片的德國領土分成了兩塊，位於「走廊」之東的東普魯士成了遠離德國本土的「孤島」，更激起日耳曼民族主義分子的怨恨。納粹上臺推行種族歧視政策，波蘭首當其衝，它的大部分居民是希特勒稱之爲劣等人的斯拉夫人和猶太人，納粹視其爲眼中釘欲除之而後快，消滅波蘭早已是納粹德國的根本目標。

↑第一次世界大戰後的歐洲地圖

波蘭是當時英、法在歐洲諸盟國中軍事力量最爲強大的一國。德國如果占領波蘭，不僅能獲得大量的軍事

→ 波蘭國徽

←第一次世界大戰後的波蘭走廊
波蘭走廊也叫「但澤走廊」。第一次世界大戰後，根據《凡爾賽條約》，把原屬德國領土東普魯士和西普魯士間、沿維斯瓦河下流西岸，劃出一條寬約八十公里的狹長地帶，作為波蘭出波羅的海的通道。

經濟資源，還能大大提昇戰略地位：既可消除進攻英、法的後顧之憂，又可建立襲擊蘇聯的基地。

白色方案

野心勃勃的希特勒以極快的速度重整軍備，在極短時間內就把德國從《凡爾賽條約》下的受辱者變成歐洲最強的軍事大國，他開始伸手討要那些被瓜分的土地了。

1938年10月，德國正式向波蘭提出歸還領土的要求，要波蘭交出「波蘭走廊」和但澤，並將在「波蘭走廊」建築公路、鐵路的權利也轉讓給德國，但遭到波蘭政府的嚴辭拒絕。

此後，德國多次向波蘭提出歸還領土的要求，都被波蘭政府拒絕了。德國雖然志在必得，但還不致過於著急。1939年3月15日，希特勒兵不血刃地迅速兼併了捷克。3月21日，德國占領立陶宛的默默爾，達成對波蘭的正面包圍。4月3日，希特勒對武裝部隊下達了一份代號爲「白色方案」的絕密命令，將進攻波蘭的日期定在9月1日。希特勒看準英、法兩國不會爲波蘭而加入戰局。

【人文歷史百科】

白色方案摘要

陸軍：陸軍必須做好開戰的各項準備工作，以便以現有的部隊也能發動進攻，而無須等待動員後組建的部隊按計畫開到後再行動。

海軍：在波羅的海軍要封鎖通往波蘭海軍基地（特別是格丁尼亞海軍基地）的海上通道，盡可能以不引人注目的方式實施偵察和警戒，防止蘇俄海軍從芬蘭灣進行干涉。

空軍：空軍必須對波蘭進行突襲，而在西線則可只保留必不可少的兵力。空軍應在極短時間內殲滅波蘭空軍。

莫斯科觀點

1939年7月28日，希特勒接獲重要情報，英、法軍事代表團將往赴莫斯科，與史達林就抗德聯盟問題進行討論。這件事讓希特勒吃驚不小，這三國若眞締結成軍事聯盟，將使德國在東、西兩線之間疲於奔命。

三方都把賭注押到了史達林身上。

史達林此時甚爲得意，他提出要保衛波蘭，爲波蘭政府所拒絕。因爲波蘭若接受莫斯科保護，就要面臨蘇軍壓境的問題，事實上波蘭對蘇聯的戒心並不比對德國的小。波蘭的這一表態，讓史達林下定了決心。

8月23日，納粹德國外交部長里賓特洛甫趕到克里姆林宮會見史達林。當晚，雙方便簽署《德蘇互不侵犯條約》，並達成共同瓜分波蘭的祕密議定書。

↑正在拆除德波邊界欄杆的德軍，攝於1939年9月1日
1939年9月1日，德國出動一百五十萬軍隊、二千五百輛坦克、二千架飛機，對波蘭發動突襲，由此引燃了第二次世界大戰歐洲戰場的戰火。

【人文歷史百科】
閃擊戰
所謂閃擊戰就是集中大量的飛機、坦克和機械化部隊，發動閃電突襲的一種作戰方式。目的是一舉摧垮敵方的抵抗力，在較短的時間內贏得戰爭。
閃擊戰的理論融合諸多軍事理論家的觀點：如採取戰略迂迴和包圍，速決殲敵；集中空軍力量打擊對方的重要政治、經濟和軍事目標；組織幾路強大的快速坦克縱隊，在空防的掩護下，直搗敵軍司令部，使敵陷於癱瘓等等。

行動開始

8月31日晚，一支德國黨衛軍身穿波蘭軍裝，襲擊德國邊境的格萊維茲電臺，並在廣播裡用波蘭語辱罵德國，隨後丟下幾具身穿波蘭軍服的屍體。接著，全德各電臺播送著「德國遭到波蘭突襲」的消息。情勢一發不可收拾。

9月1日淩晨四時許，德軍轟炸機群呼嘯著向波蘭境內飛去。幾分鐘後，波蘭遭受人類史上最大規模的空襲。波蘭的部隊、軍火庫、機場、鐵路、公路和橋樑盡被轟炸，城市和港口也遭重創，首都華沙陷入熊熊大火之中。約莫一小時後，德軍地面部隊從北、西、西南三面全線進攻。陸空的緊密配合，讓世界首次見識到「閃擊戰」的威力。

戰爭發生後不到四十八小時，波蘭空軍就全滅。無數火砲、汽車及其他來不及撤退的重型裝備當即被摧毀，交通樞紐和指揮中心也遭到破壞，部隊陷入一片混亂。

德國襲擊波蘭後，波蘭駐英國大使迅速致電英國政府，報告波蘭

↑與親人告別的波蘭軍人
即將奔赴戰場抗擊侵略者的波蘭軍人，正戀戀不捨地與家人告別。

↑波蘭潰敗
在華沙郊外的一節火車車廂內，波蘭軍官（右）宣布投降，將華沙城防交給德軍。

受到空襲。張伯倫首相渴望在任期內維持和平的夢想應聲破碎，英國議會最後決定對納粹德國開戰。

英王脫掉皇家盛裝，穿上了空軍制服。邱吉爾也加入戰時內閣，軍隊進入緊急備戰狀態，並且迅速將兒童撤離出倫敦。

宣而不戰

9月3日上午九時，英國向德國發出最後通牒，要求德國在上午十一時之前提出停戰保證，否則英國將向德國宣戰。正午時分，法國也向德國發出通牒，期限是下午五時。少了莫斯科的威脅，希特勒早就準備放手一搏。英、法兩國在期限到來之時，相繼宣布對德宣戰，第二次世界大戰全面爆發。

在波蘭本土，德軍正以每天五十至六十公里的速度向波蘭腹地前進。波蘭騎兵勇猛地衝向坦克，用大刀和長矛去砍殺坦克，嘶叫的戰馬似乎也想把坦克踏扁。這是一場實力懸殊的戰爭，波蘭軍隊落後的裝備，根本無法抵禦德軍。波蘭軍隊依然勇猛，但反擊逐漸變成掙扎，而掙扎只是換來大規模的屠殺。

奇怪的是，英、法雖然對德宣戰，在西線陳兵百萬，但就是沒有一兵一卒越出邊境。他們靜坐觀看，似乎在爲某一方助威。邱吉爾事後譏諷道：「巴黎和倫敦以爲坐著就能把那筆債躲過去。」

9月6日，波蘭政府倉皇撤離華沙，9月17日，波蘭全面陷落。9月27日，華沙守軍停止抵抗；隔日，華沙守軍司令向德國第八集團軍司令布拉斯科維茲上將正式簽署投降書。

↓波蘭騎兵部隊
波蘭軍隊裝備落後，思想保守，還停留在騎兵定勝負的時代。在戰爭中波蘭騎兵居然高舉馬刀和長矛向德軍坦克發起猛攻，結果蒙受重大損失。

047.大西洋上的「狼群」

「大西洋戰役是最長久、最殘酷、最浪費的海上戰役……至少有五千四百艘商船遭擊毀，總計超過二千一百萬噸位，更有無數人喪生。」——《大西洋之星》

海戰序幕

1939年9月3日，英國對德國宣戰。當天，德國海軍將領鄧尼茲派出U-30號潛艇出戰，擊沉英國郵輪「雅典娜號」，大西洋海戰由此拉開序幕。

早在1933年，希特勒出任德國總理時，就曾向海軍總司令雷德爾海軍元帥許諾，在未來將優先建造一支強大的海軍力量。雷德爾隨即制定了一個代號爲「Z」的海軍建設計畫，要在八至十年內建立起一支可與英國抗衡的水面艦隊。

但是，潛艇部隊司令官鄧尼茲卻竭力反對這項計畫，他認爲這種計畫所需時日太長，一旦大戰爆發，德軍將耗盡錢財而一無所獲。因此，他建議應以快制強，即造出足夠多的潛艇，出奇制勝。

事實上，希特勒並不像承諾所說的那樣，他更傾向於優先發展陸軍和空軍，以控制整個歐洲大陸，而非單一英國。他在1935年和英國簽訂的《英德海軍協定》中，限定德國海軍的噸位數爲英國的百分之三十五，無疑地把海軍建設歸於次要地位。

面對海軍的不滿，希特勒想出了一個巧妙的解決方法：優先建造戰艦，同時建造潛艇。這雖然平息鄧尼茲和雷德爾兩人的怒火，但仍未把海軍建設放到首要位置。

開戰初期，德國海軍約有兩艘袖珍戰列艦和二十三艘潛艇可到大西洋執行任務。德軍爲增加作戰船隻，不得不把商船改裝成襲擊艦，與英國海軍正面交火。同時，德軍還展開了潛艇戰，實行「打了就跑」的戰術。

「海狼」發威

從擊沉「雅典娜號」郵輪開始到1940年3月1日，德國潛艇共擊沉一百九

→建造中的巨型戰列艦「俾斯麥號」
「俾斯麥號」於1939年在德國漢堡開始建造，1940年裝配完成。船身長約二百五十二公尺，側面裝甲厚約〇．三三公尺，可抵禦魚雷和大口徑砲彈的襲擊。

十九艘船隻。德軍出動的兩艘袖珍戰列艦也擊沉了一些船隻。大西洋上的戰火，迫使英軍迅速建立起護航制度，但每天仍有不少船隻慘遭德國潛艇擊沉，英國人聞之色變，稱這些潛艇爲「海狼」。

德國潛艇起初僅攻擊一些商船，當英國護航艦準備保護那些商船時，這些「海狼」又轉移新目標。1939年9月19日，德國U-29號潛艇在通往不列顛群島的西航道外一舉擊沉了英國航空母艦「勇敢號」；10月14日，德國U-47號潛艇長驅直入英國本土海軍基地斯帕卡灣，擊沉英戰列艦「皇家橡樹號」，艦上近八百名官兵葬身海底，並迫使英國人放棄這一重要海軍基地。「海狼」令英國膽戰心驚，一時之間人人自危，他們不知道這些「海狼」會在什麼時候、什麼地方冒出，無從防範。

1940年6月，法國淪陷，德國擁有更佳的海港和潛艇基地。潛艇戰初期豐碩的戰果，爲潛艇的發展帶來無窮前景。

【人文歷史百科】

「俾斯麥號」戰列艦

「俾斯麥號」戰列艦是德國所建造、二次世界大戰時火力最強的戰列艦。1940年服役，排水五萬二千六百噸，航速可達三十二節，艦上人員一千六百名。艦上武器有八門三十八．一公分火砲，十二門十五公分火砲，十六門十點五公分火砲，十六門三十七公分砲和四架飛機。在二次世界大戰中，德國常用此艦襲擊大西洋交通線，它在1941年5月27日被英國海軍艦隊擊沉。

鄧尼茲很快擁有大批新造的潛艇，於是他發動更令英國人心驚的「狼群戰術」。

狼群戰術

10月17日，由加拿大駛往英國的「SC-7」護航運輸船隊正在行進，渾然不知危險已在海面下跟隨它多時。當天夜晚，六艘德國潛艇在北海結群發動攻擊。至18日夜晚，有十七艘貨船被擊沉。

10月19日夜晚，英國「HX-79」護航運輸隊不幸被德國U-47號潛艇發現，該艇的指揮官普里安有「海上殺手」之稱，他迅速用無線電召來四條「海狼」，經過連續兩天的夜襲，造成十四艘貨船沉入海底。

1940年7月到10月，短短三個月的時間裡，英國有二百零五艘艦船被擊沉，而德國僅損失了

←英國戰列艦「皇家橡樹號」，攝於1937年
「皇家橡樹號」戰列艦遭到U-47號潛艇的第一次偷襲時，以為受到了空襲，基地拉響空襲警報，港灣裡的軍艦採取防空措施，致使「皇家橡樹號」在U-47號潛艇第二次的偷襲中傾覆沉沒。

【人文歷史百科】

大西洋交通線上的戰爭

第一階段，1939年9月至1941年6月，雙方最初在大西洋交通線上作戰的兵力都較少，德軍投入少量潛艇取得了良好效果；第二階段，1941年7月至1943年3月，德國把大型水面軍艦的主力調去對蘇聯作戰，同盟國集中了主力對付德國潛艇；第三階段，1943年4月至1945年5月，德軍在蘇德戰場上屢遭敗仗，諾曼第戰役摧毀了德軍在比斯開灣的重要基地，並空襲各潛艇基地，將潛艇封鎖在基地內，德國潛艇的作戰效果顯著下降，潛艇損失卻急劇上升。

六艘潛艇。英國一時之間不知該用什麼抵擋「狼群」的攻擊。

1941年3月氣溫回升後，德國「狼群」又在大西洋上肆虐。經過一個冬天的喘息和思索，英國的信心稍有回升。

3月7日，「海上殺手」普里安在指揮U-47號潛艇攻擊英「OB-293」護航船隊時，被英國驅逐艦用深水炸彈擊沉。十天後，德U-90號潛艇和U-100號潛艇在攻擊英國「HX-12」護航隊時也被擊沉，兩艘潛艇的艇長一人喪生，一人遭活捉。被英國驅逐艦指揮官麥金泰爾上校俘虜的克萊施麥，是擊沉盟國船隻噸位數最高的艇長。這對鄧尼茲而言是項不幸的消息，對德軍士氣也是個沉重的打擊。

英國人則欣喜不已。他們在熬過1940年的冬天後，發明了聲納、無線電測向儀和更加有效的深水炸彈，足以獵殺「狼群」了！

美軍參戰

1941年春，德國海軍部派出了大批大型水面艦隻參與大西洋戰役。相比潛艇的閃亮成績，德軍水面艦隻似乎軟弱無力，最初的幾艘袖珍戰列艦早就被英國埋進海底。

5月中旬，德國新造出來航速最快的巨型戰列艦「俾斯麥號」駛入大西洋，在5月24日擊沉英國戰列巡洋艦「胡德號」，擊傷「威爾斯親王號」。但是，「俾斯麥號」數日後經受不住輪番的攻擊，最後和二千餘名船員沉入了海底，

→英國戰列巡洋艦「胡德號」
1941年5月24日，「胡德號」被「俾斯麥號」擊中，彈藥庫爆炸，艦體斷裂迅速沉沒，全艦一千四百一十九名官兵中僅有三人獲救。

→燃燒的「俾斯麥號」

←營救「俾斯麥號」落難船員
在「俾斯麥號」沉沒之後，海面上留下成百上千的落難船員。「多賽特郡號」丟下繩索，讓德國船員爬上巡洋艦。但獲救者寥寥無幾。

宣告著雷德爾計劃用大型水面艦隻贏得大西洋海戰的失敗。此後，鄧尼茲指揮的「狼群」成爲德國海軍的主要戰力。

1941年7月美軍接替英軍守衛冰島，一直未與德軍發生正面衝突。但到了12月日本偷襲珍珠港後，德國對美宣戰，鄧尼茲隨即下令開始實行全面無限制潛艇戰。

12月16日，第一批由五艘潛艇組成的「狼群」在U-133號艇長哈爾德根少校的率領下，悄悄駛向美國東海岸。1943年1月13日，與英軍交火並逐漸敗下陣來的「狼群」，在美國東海岸貪婪地進行攻擊。整個一月分，德國潛艇僅在美國海域就擊沉六十二艘商船，能看到的獵物幾乎都被「狼群」擊毀。到4月底時，德國潛艇又擊沉一百二十萬噸位的商船，其中一半以上是油輪。鄧尼茲感嘆道：「這是潛艇戰在經濟上最合算的時期。」

走向末路的「狼群」

進入1943年後，「狼群」逐漸走向末路。盟國海上反潛力量迅速增長，在技術上占有優勢。而美國強大的經濟、軍事潛力也開始發揮作用，大量的護航艦船下水服役，德國潛艇遇到了前所未有的阻力。前兩個月裡，德軍潛艇損失慘重。但「狼群戰術」在三月分又迎來了巔峰，上百艘德國潛艇聚集在北大西洋中部盟國護航兵力薄弱的環節，擊沉了八十二艘商船。其中四十一條「海狼」在圍攻兩支護航運輸隊時，以損失一艘潛艇的代價，換來了二十一艘盟國商船的沉沒。

進入五月分，「狼群」又擊沉三十四艘商船，但四十一艘潛艇全軍覆沒。盟國飛機搭載雷達，讓潛艇完全喪失水面戰鬥能力，在空中偵察力甚強的北大西洋主戰區，「狼群戰術」等同失靈。面對這種情況，鄧尼茲不得不承認：「在大西洋戰役中，我們戰敗了。」

←中彈起火的「俾斯麥號」
在英國戰列巡洋艦「胡德號」和「威爾斯親王號」的密集火力下，「俾斯麥號」戰列艦中彈起火。

「英國人有充分理由為他們完成的事蹟感到自豪！」——德國陸軍上將蒂佩爾斯基

西歐盟軍的潰退

1940年5月10日，德軍出動三千餘架次飛機空襲荷蘭、比利時和法國的七十二座主要機場，並從地面攻擊消滅數百架同盟國飛機。德軍的空降兵在荷、比後方戰略要點著陸，於11日攻占了被譽爲歐洲最堅固的工事——埃本·埃馬爾要塞，協助其主力軍迅速突破列日防線。

5月13日，德軍裝甲部隊突破荷蘭軍隊防線，與空降在荷蘭首都鹿特丹的傘兵會合，於隔日攻占鹿特丹，荷蘭女王倉皇逃往英國。5月15日，荷軍總司令溫克爾曼將軍宣布投降，荷蘭陷落。

5月17日，德軍占領比利時首都布魯塞爾，繼續向西推進。

在進攻荷蘭和比利時的同時，德軍雖遭遇英法聯軍的阻擋，但馬上便將盟軍擊潰。而在5月10日進攻盧森堡時，德軍幾乎剛出動大兵，盧森堡就投降了。德軍部隊翻越阿登山區，向英吉利海峽挺進。從盧森堡西進的德軍，與從荷蘭、比利進西進的德軍形成了鉗形攻勢，德軍平均每天二十至四十公里向西挺進的速度，壓迫著盟軍拚命後撤。

5月21日，德軍主力挺進到英吉利海峽沿岸，三十五萬英法聯軍被擠壓在法國和比利時邊境的敦克爾克地區。處於敦克爾克的英法聯軍，三面受敵，背面臨海。在德軍強大的攻勢面前，如果正面突擊，無異於自尋死路。唯一的辦法，只有從海上撤往英國。

↑敦克爾克海灘上等待撤退的英軍

喘息之機

5月24日，希特勒突然下令裝甲部隊停止追擊。這給英法聯軍一個千載難逢的喘息機會。事實上，希特勒有其顧慮，裝甲部隊是德國陸軍的主幹，是希特勒霸占歐洲的中堅力量。但敦克爾克遍布沼澤的低窪地區，不利於裝甲部隊行動，如果英法聯軍殊死抵抗，裝甲部隊也必將有極大的損失。在希特勒看來，用己方的精銳部隊去圍殲逃軍，極不划算，而此時空軍司令戈林又保證將以空中力量全殲英法聯軍殘部。希特勒與最高統帥部作戰部長約德爾少將商議後，決定將最後重要任務交給戈林的空軍和遠端砲兵。

促使希特勒下達這一命令的，還有另一原因：希特勒正準備與英國媾和。希特勒此次進攻正是要逼迫法國投降，然後藉機與英國就勢力分配上談條件。希特勒相信，憑恃德方的強大武力，英國會馬上與自己和談，如此便能避免兩線作戰，並可盡快對蘇聯發動戰爭。因此，希特勒未盡全力追殺退縮到敦克爾克的英法聯軍，給了英軍撤退留下喘息的機會。

↑被英國海軍徵用的摩托艇
聚集在泰晤士河下游的摩托艇，準備加入跨越海峽的敦克爾克大營救行動中。

發電機行動

英國見敗局已定，決定執行稍早前擬定好的「發電機行動」，多佛港司令拉姆齊海軍上將爲撤退行動總指揮。

5月26日晚十八時五十七分，「發電機行動」正式展開。原先計劃有三個法國港口可以使用，但此時只剩敦克爾克可以利用。當天晚上，在海軍努力下，後勤部隊一千餘人順利離開敦克爾克回到英國。

【人文歷史百科】

「銀色航道」——英吉利海峽

英吉利海峽位於歐洲大陸和大不列顛島之間，西南通大西洋，東北連多佛海峽。兩海峽共同構成長約六百公里的水道，溝通著大西洋與北海間的航運。一年中大約有一百五十多天雨日，三十至五十天霧日。英吉利海峽和多佛海峽是西歐沿岸各國以及全世界經貿和文化交流的重要通道，每天通過海峽的船隻達三百多艘，居世界各海峽之冠，成為最繁忙的海峽，人稱「銀色航道」。

撤退情況很快被德軍掌握，但實際上，撤退是公開的活動。因爲英國海軍部在沿海和泰晤士河沿岸徵用船隻，甚至透過廣播呼籲所有船隻前往敦克爾克，先後有近七百艘英國船隻和一百六十八艘法國、荷蘭、比利時船隻，共八百多艘各種船隻加入救援行列。

5月27日，德國出動空軍投下了一萬五枚高爆炸彈和三萬枚燃燒彈，敦克爾克幾乎被夷爲平地。但德國也付出了沉重的代價，英國當天從本土起飛二百架次的戰鬥機掩護撤退行動，擊落數十架德機。

在撤退的同時，英國海軍還抽調了

一艘巡洋艦、八艘驅逐艦和二十六艘其他艦艇幫助撤退，但由於無法迅速將人員從海灘接到停泊在近海的大型船隻，撤退速度緩慢，全天只撤出了七千多人。

↑剛從敦克爾克返回的士兵
經過敦克爾克大撤退，一群衣衫不整的英法聯軍士兵終於踏上了英國的土地。

砲火下的撤退

更令英法聯軍恐慌的是，希特勒取消裝甲部隊停止前進的命令後，地面上的大舉進攻、空中的連續轟炸，讓盟軍叫苦連天。而在海面上，德軍潛艇、魚雷艇和掃雷艇也開始從占領的荷蘭和比利時的港口出動，企圖借助夜色之掩護攻擊擔負撤退的英國船隻。

5月28日上午，德國空軍再次出動，因大霧瀰漫能見度太低而暫時放棄轟炸。下午時分，德國空軍開始對敦克爾克進行空襲。這回沙灘幫了盟軍不少忙，因爲有些砲彈落進沙灘後，彈片不能有效炸裂，殺傷力大大減弱。至入夜時分止，當天撤離了一萬多人。

↓列隊涉水上船的英國士兵
由於敦克爾克港海灘水淺，許多救援船隻不能靠近岸邊，士兵只能艱難地涉水走向停泊在幾百公尺之外的船隻。

5月29日下午，天氣開始轉晴，這次出動的德機擊沉了三艘驅逐艦和包括五艘大型渡船在內的二十一艘船隻，重創了七艘驅逐艦，迫使拉姆齊將參與撤退的八艘先進驅逐艦調回本土，以確保德軍入侵英國本土時的防禦戰力。

與此同時，德軍在陸地上的進攻更加猛烈，英法聯軍占有區域越來越小。在付出了沉重的代價後，全天共撤走了四萬多人。

5月30日，在德軍的瘋狂進攻下，共撤退五萬多人，其中近一半是法軍。5月31日，借助大霧天氣，又有六萬多人撤回英國。

←英法軍隊撤退後的敦克爾克海灘
敦克爾克海灘上，英法軍隊丟棄的火砲、戰車不計其數。

6月1日，天氣轉晴，德國空軍全力出動，英國空軍也派出了所有能夠參戰的飛機，甚至連偵察機也投入戰爭。但德軍戰鬥機的攔截成功，轟炸機擊沉了三十一艘船隻，其中包括四艘滿載官兵的驅逐艦，另外還重創十一艘船隻，這是英軍損失最慘重的一天！但這天仍有六萬多人撤離敦克爾克。

6月2日，由於德國空軍的強大戰力，英軍停止白天的撤退，僅利用夜間行動；當晚，又有二萬多人撤回英國。德軍方面，則仰賴地面部隊的進擊。

6月3日夜晚，有二萬多人撤回英國，絕大部分是法國軍隊。同時，最後一批英軍也登上驅逐艦撤回英國。

6月4日早晨，二萬多名法軍官兵撤離敦克爾克，滿載法軍的英軍「布卡里號」驅逐艦是最後一艘撤離敦克爾克的船隻。九點四十分，德軍裝甲部隊衝入敦克爾克市區，海灘上負責掩護撤退的四萬法軍來不及撤離，全部被俘。

【人文歷史百科】

敦克爾克大撤退

此次撤退行動中，共有三十三萬八千人撤回英國，其中英軍約二十一萬五千人，法軍約九萬人，比利時軍約三萬三千人。他們丟棄一千二百門大砲、七百五十門高射砲、五百門反坦克砲、六萬三千輛汽車、七萬五千輛摩托車、七百輛坦克、二萬一千挺機槍、六千四百支反坦克槍以及五十萬噸軍需物資。在撤退中，英法聯軍有四萬餘人被俘，還有二萬八千餘人死傷。英國共動員八百六十一艘各型船隻投入撤退，有二百二十六艘英國船和十七艘法國船遭德軍擊沉。這次成功的撤退保存了英軍實力，為爾後對德軍進行反攻留下有利條件。

↓被德軍俘虜的法軍士兵
6月4日德軍占領敦克爾克，在海灘上負責掩護撤退的四萬多法軍，全部被德軍俘獲。

049.不列顛空戰

邱吉爾首相在國會講話中說：「戰爭史上，還從來不曾有如此多的人（英國人民）從如此少的人（飛行員）那裡得到如此大的好處。」

「鷹日」計畫

←英國的雷達系統
在「不列顛空戰」中，英國的雷達系統發揮了大作用，當德機從西歐大陸起飛後，部署在英吉利海峽岸邊的雷達就能在螢光幕上準確地顯示出它們的蹤跡。

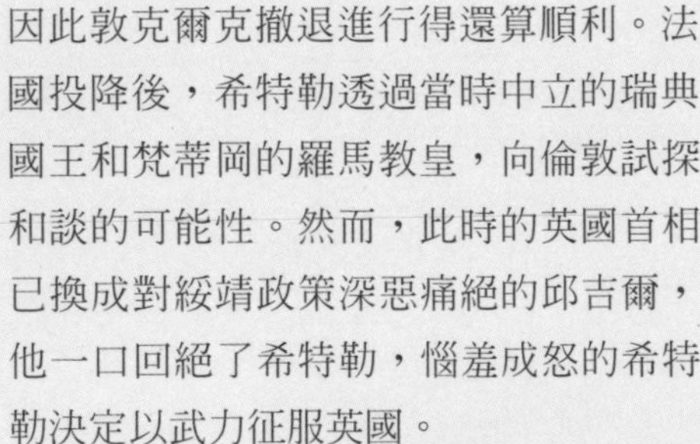

1940年5月至7月這兩個月裡，希特勒並沒有制定進攻英國的具體計畫，因此敦克爾克撤退進行得還算順利。法國投降後，希特勒透過當時中立的瑞典國王和梵蒂岡的羅馬教皇，向倫敦試探和談的可能性。然而，此時的英國首相已換成對綏靖政策深惡痛絕的邱吉爾，他一口回絕了希特勒，惱羞成怒的希特勒決定以武力征服英國。

經過兩個月左右的試探性攻擊後，德國空軍總司令部在8月2日發布了「不列顛戰役」的計畫。空軍總司令戈林誇下海口：英國空軍將在四週之內被逐出不列顛上空。

戈林命令下級指揮官在8月10日開始全面出擊，並將這次進攻計畫稱爲「鷹日」計畫。

由於天候因素，「鷹日」計畫被迫推遲到13日。前夕，爲給次日的空襲掃清障礙，德國空軍對英軍的沿岸雷達站進行了猛烈的轟炸。英國有六個雷達站遭到嚴重破壞，一個雷達站全毀。

實際上，德國人對雷達的知識瞭解有限。如果德國人明白雷達對防空的重要性，或者在發展和運用這種電子裝置上稍有成效，那麼這次空戰德軍就不會打得如此狼狽。

8月13日，天氣依然很差，能見度極低。但希特勒已經等不下去了，戈林決定按計畫執行。德國轟炸機隊準備就緒，準時出發。然而，護航的戰鬥機卻沒有按計畫起飛，只有少數戰鬥機隨行進行保護。

英國軍隊很快從雷達上捕獲到德軍的動靜，第八戰鬥機大隊司令派克將軍立刻命令兩個「噴火」式飛行中隊和兩個「旋風」式飛行中隊起飛阻截。

當德國空軍越過英國海岸線時，處在編隊最後的一架飛機發出警報：「後方發現噴火式飛機。」

德國飛行員立即緊張起來，因爲噴火式飛機要比自己駕駛的靈活許多。德機領隊林斯貝爾格立即命令全隊排成圓形防禦陣式，互相掩護。但噴火式飛機仍捕捉住戰機，準確開火，當場就有兩架德機被擊落。而被英軍旋風式戰機盯住的轟炸機，更是慌不擇路，胡亂扔出炸彈後就倉皇逃跑。

「鷹日」行動結束時，德國空軍總共損失四十七架飛機，另有八十餘架飛機被擊損，而英軍僅僅損失十三架。

兩次喘息的機會

←援救落水飛行員
在「不列顛空戰」中，僅1940年8月，英國戰鬥機飛行員傷亡就達兩百人。部分飛行員並非在戰鬥中犧牲，而是在跳傘後喪命於英吉利海峽的波濤之中。為了盡力拯救飛行員的生命，英國軍民攜手出動大小不等的船隻，在海峽中冒著危險援救落水的飛行員。

8月15日，天空晴朗無雲，德軍等到了一個復仇的絕佳時機。但戈林把各航空隊的指揮官召去開會，他沒有料到這天的天氣是如此晴朗。司令部值班保羅·戴希曼上校承擔了所有的風險，果斷命令飛機升空前往英格蘭。於是，由六百餘架轟炸機和一千二百餘架戰鬥機組成的龐大機群飛向英格蘭。英國透過雷達及早發現德軍的動向，一場激烈的空戰展開了。至23日，德軍已損失了三分之一的戰鬥機，因轟炸目標過於分散，成效不大。

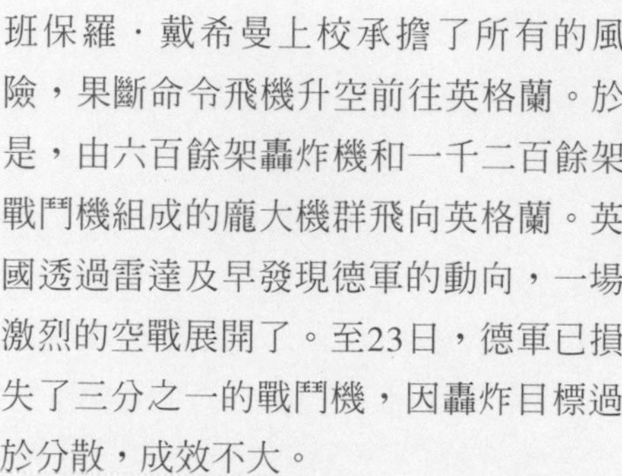

從8月24日開始到9月6日，德軍縮小轟炸目標，平均每天出動飛機一千多架次進行轟炸，破壞英國南部的五座前進機場，並使此區整個通訊與指揮控制系統瀕於癱瘓邊緣。英國的空中力量嚴重削弱，短短十天就有四百四十六架戰鬥機遭破壞，另有一百零三名駕駛員陣亡，一百二十八名重傷，這兩個數字幾乎占了當時駕駛員總數的四分之一。邱吉爾說：「如果敵人再堅持下去，整個戰鬥機指揮部的全部組織就可能垮臺，國家就有淪陷的危險。」

↓對倫敦大空襲的德國轟炸機
1940年9月7日空襲開始，德國轟炸機飛過泰晤士河，對倫敦東區進行轟炸。無情的轟炸持續了整整五十七個夜晚，此後六個月內時斷時續，總計投下超過二萬七千枚炸彈，以及難以計數的燃燒彈。

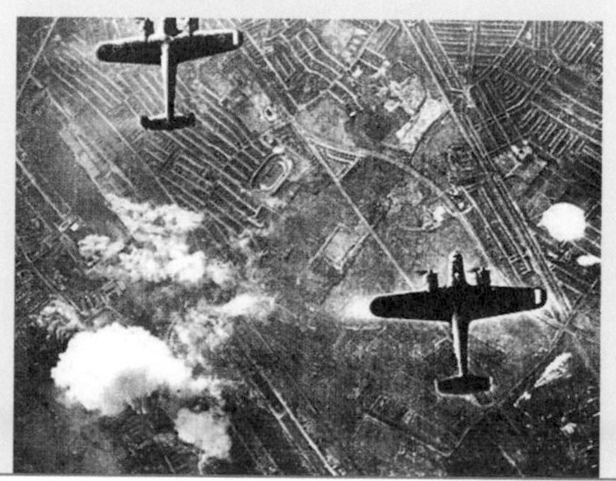

然而，戈林突然停止對英軍空中力量的打擊，轉而空襲倫敦，以報復英國8月25日對柏林的空襲。這給英軍飛行員難得的喘息片刻，使他們有反擊的機會。

9月7日下午七點五十分，六百二十五架轟炸機、六百四十八架戰鬥機和驅逐機組成的機群，從不同航向越過英吉利海峽直撲倫敦。倫敦不久便陷入熊熊大火之中。9月15日，德軍當天損失一百八十五架飛機，此後至10月1日，未再進行正式轟炸。而事實上，英軍在9月15日時已傾盡所有。這又給了英軍一個喘息的機會，使其恢復戰力。

1941年6月，希特勒決定將戰火延燒到蘇聯，並把主力調往東歐戰場。10月12日，希特勒正式承認入侵英國失敗。

050.莫斯科保衛戰

莫斯科保衛戰的勝利，在二十世紀戰爭史上具有重大的政治意義，為戰爭形勢的扭轉奠定了基礎，可說是二十世紀「一個冬天的神話」。

「颱風」行動

1941年9月6日，希特勒發布「颱風」行動計畫，準備將莫斯科正面的蘇軍分爲兩個包圍圈加以殲滅，然後順勢攻占莫斯科。莫斯科是蘇聯首都，也是鐵路交通樞紐，具有極其重要的戰略意義。希特勒認爲，攻占了莫斯科，蘇軍主力就有可能被擊敗，對蘇戰爭的勝利便指日可待。

9月30日，德軍對莫斯科發動「颱風」攻勢，企圖在十天之內攻占它。在這次行動中，德軍集中最精銳的部隊，投入一百八十餘萬兵力、一千七百輛坦克、一千三百九十架飛機、一萬四千多門大砲和迫擊砲。而擔任莫斯科防禦任務的蘇軍共有三個方面軍，最初約八十萬人，配有七百七十輛坦克、九千一百五十門大砲和迫擊砲，以及五百四十五架飛機。希特勒驕傲地宣稱，莫斯科紅場就是爲他檢閱軍隊而設的。

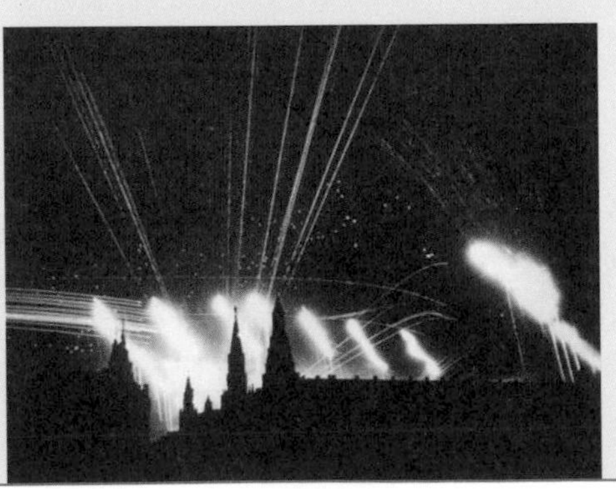

↑轟炸莫斯科
德國飛機空襲莫斯科，將戰爭帶入蘇聯心臟地帶。

10月2日，德軍從中部突破蘇軍防線。10月10日，莫斯科西方面軍和預備隊方面軍由大本營合編爲西方面軍，朱可夫受任命爲司令官，負責莫斯科的防守事務。到10月中旬時，德軍中央集團軍在三個包圍圈中俘虜六十多萬俄國人。在這危急關頭，蘇軍迅速在莫斯科以西約八十公里的莫日艾斯克組織了防線，阻止德軍推進。朱可夫迅速組建四個集團軍防守莫日艾斯克，並在北、西、南通往莫斯科的所有重要地段上，與德軍展開激烈戰鬥。

由於戰爭形勢的嚴峻，蘇聯政府的部分機構和外國使節於10月15日遷往古比雪夫。史達林仍留在莫斯科，親自指揮保衛戰。

10月19日，戰爭的殘酷讓莫斯科人由恐懼轉爲憤怒。在國防委員會號召首都民眾誓死保衛莫斯科的三天之內，全

【人文歷史百科】

古老的莫斯科

莫斯科是俄羅斯最古老的城市之一，最早見於記載是西元1147年，並於1156年建成泥木結構的克里姆林城堡。十六世紀時，莫斯科成為全國最大的城市，並於1589年成為沙俄首都。1712年彼得大帝遷都至聖彼得堡，但莫斯科仍是全國的經濟和文化中心。1812年俄法戰爭期間，莫斯科一半以上的建築被大火燒毀。十月革命後，蘇維埃政府於1918年3月從聖彼得堡遷回。1922年12月，莫斯科正式成為蘇聯首都；1991年蘇聯解體後，成為俄羅斯的首都。

↓在紅場舉行傳統的閱兵式，攝於1941年11月7日
參加完紅場舉行的閱兵式，蘇軍戰士立即開往前線。

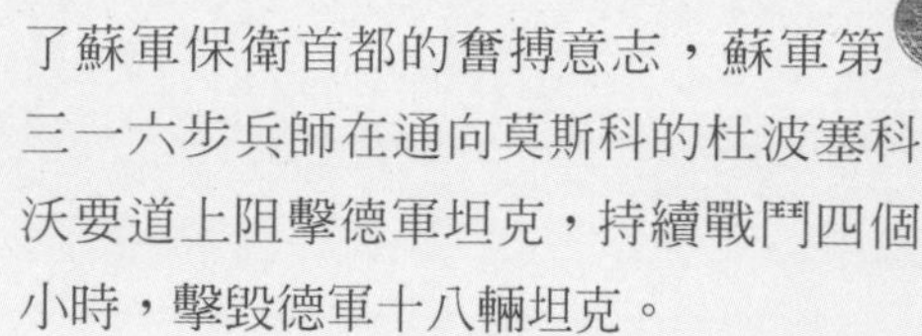

→保衛莫斯科戰役獎章

市就組織二十五個工人營、十二萬人的民兵師和一百六十九個巷戰小組。並有四十五萬人加入修築防禦工事的活動中，其中有四分之三是婦女。

10月間，德軍對莫斯科進行三十一次空襲，共有二千架飛機參加，其中二百七十八架被擊落，只有七十二架闖入莫斯科上空。10月底，在莫斯科人的浴血奮戰下，德軍前進的步伐受阻，希特勒妄圖在10月占領莫斯科的計畫失敗。

11月7日，雖然德軍兵臨城下，史達林仍在莫斯科紅場舉行十月革命慶祝大典和閱兵式，向俄國軍民發表精神演說。

11月15日，德軍在戰爭中殺紅了眼，久攻不下和慘重傷亡讓他們背上沉重的包袱。他們在指揮官的威嚇下亡命出擊，於11月27日占領了離莫斯科僅二十四公里的伊斯特臘，將莫斯科納入大砲的射程之內。

德軍從望遠鏡裡看著克里姆林宮的尖頂，感覺整個蘇聯就要入手。但他們低估了蘇軍保衛首都的奮搏意志，蘇軍第三一六步兵師在通向莫斯科的杜波塞科沃要道上阻擊德軍坦克，持續戰鬥四個小時，擊毀德軍十八輛坦克。

從11月16日到12月5日，德軍有十五萬官兵傷亡、七百七十七輛坦克受毀，卻仍沒能撼動莫斯科。

莫斯科反擊

12月初，德軍的噩夢接踵而來。莫斯科攝氏零下二十到三十度的低溫，讓身穿單衣的德軍受凍難捱；飛機和坦克的馬達也凝固不動，他們不知是否該將之捨棄；他們蜷縮著手，不知道下一刻是否還有扣動扳機的力量。

而早已習慣這種氣候的蘇軍，正換上棉衣、皮靴和護耳帽。除此之外，英、美往這裡運送一百五十萬雙軍靴及一萬零五百噸製靴皮革，隨後又運來七百萬雙軍靴。

12月6日，養足精神的蘇軍從莫斯科南面和北面展開大反攻。在寒冷和砲火的雙重壓迫下，德軍士氣低落，戰鬥力更是大大減弱，死亡的陰影籠罩著整個部隊。到1942年初，德軍在傷亡近十七萬人的情況下，被趕到離莫斯科一百到二百五十公里的地方，宣告希特勒閃擊戰的徹底失敗，這是德軍在第二次世界大戰中的首回大挫敗。

↑反攻的蘇軍戰士
1941年12月初，蘇軍對莫斯科城下的德軍發動了歷史性的反攻。

051.史達林格勒保衛戰

士氣低落不已，突圍的希望也破滅。士兵們越來越疲憊，他們拖著疲憊的身體在史達林格勒的地下室尋找避難所，反抗已毫無意義的抱怨聲越來越多。——德軍司令鮑羅斯

轉戰失策

1941年6月22日，德國撕毀《德蘇互不侵犯條約》，以閃電戰術悍然發動侵蘇戰爭，迅速占領白俄羅斯、烏克蘭等蘇聯大片領土。但是在蘇軍的反擊下，希特勒妄想在三個月內消滅蘇聯的計畫破滅。進攻莫斯科一役慘遭失敗後，希特勒又決心傾全力攻下史達林格勒。

史達林格勒是蘇聯內河航運幹線伏爾加河的重要港口，又是蘇聯南方鐵路交通的樞紐和重要工業城市，因此希特勒志在必得。

↓向史達林格勒挺進的德軍第六集團軍
從1942年7月中旬開始，德軍相繼投入一百五十萬大軍，向史達林格勒展開猛攻。

爲組織這次會戰，希特勒調集四十個師的精銳部隊，每天出動飛機上千架次，投下一百多萬顆炸彈，決心在7月25日之前攻占史達林格勒。但遭遇蘇軍的頑強抵抗，希特勒的計畫又一次破滅了。9月13日，德軍出動十七萬人、五百輛坦克，衝過幾段蘇軍防線後，向市區挺進。頑強的民眾拿起武器對抗，也無法阻擋德軍的鐵蹄。9月14日，德軍市向中心進攻，在守城軍民的殊死反擊下，德軍非但沒能速勝，反而付出了沉重的代價。

人民保衛戰

史達林格勒保衛戰是俄國軍民共同參與的，名副其實的人民保衛戰。戰役中的激烈場景多不勝數，比如火車站的爭奪戰就非常慘烈，一週中曾十三次易手；馬耶夫崗高地也是近衛軍在戰壕裡，用肉搏戰奪回的。

在「巴甫洛夫大樓」保衛戰中，雙方激戰了五十八個晝夜。德軍用火砲、迫擊砲甚至飛機對大樓進行轟炸。大樓被炸得面目全非，但蘇軍堅守著，打退德軍的一次次衝鋒。戰鬥中爲掩護傷員安全撤退，一名護士也拿起衝鋒槍打倒三十多個德軍，儘管身負重傷，仍奮勇

史達林格勒保衛戰中使用火焰噴射器的紅軍

還擊直到支援部隊到來。

戰場上還有七萬多名女性，她們擔任高射砲手、無線電兵和護士，而拖拉機廠的工人們冒著砲火在車間中生產，爲前線提供了一千二百輛坦克和一百五十輛牽引車……在史達林格勒全民皆兵的抗爭下，希特勒付出慘痛的傷亡，速戰速決的計畫再次泡湯。

冬季轉捩點

冬季到了，德國軍隊沒有過冬準備，許多士兵活活凍死，戰鬥力大受削弱。11月19日，蘇軍趁勢發起大反攻。23日，蘇軍把三十三萬德軍團團圍住。德軍司令鮑羅斯如此描述當時的情況：「士氣低落不已，突圍的希望也破滅。士兵們越來越疲憊，他們拖著疲憊的身體在史達林格勒的地下室尋找避難所，反抗已毫無意義的抱怨聲越來越多。」

看到鮑羅斯請求突圍撤退的電報後，希特勒不顧補給不足、在寒風中瑟瑟發抖的德軍之死活，急忙發出「絕不許投降，必須誓死守住陣地，堅持到最後一兵一卒」的急電。沮喪的鮑羅斯在地下室的行軍床上發出最後一份急電：「二十四小時內，部隊將徹底崩潰。」未料，希特勒竟回電升鮑羅斯爲陸軍元帥，其餘的軍官也擢升一級。鮑羅斯明白這是用加官的辦法鼓勵他們「光榮殉職」。

1942年2月2日，激戰六個月的史達林格勒戰役終以蘇軍的全面勝利宣告結束，九萬餘名德軍俘虜中，有鮑羅斯在內的二十四名高級將領。史達林格勒大戰過後，德軍開始逐步敗退。

【人文歷史百科】

史達林格勒

史達林格勒1925年以前稱「察里津」，1925年改名為「史達林格勒」，1961年易名為「伏爾加格勒」。城市沿伏爾加河右岸平坦延伸，全長七十多公里，分七個區，中央區為核心部分，重工業主要分布在北郊和南郊。在蘇聯國內戰爭及第二次世界大戰中這裡都曾重創敵人，故有英雄城市之稱。戰後重建，成為伏爾加河流域的重要港口和鐵路樞紐。

德軍第六集團軍司令鮑羅斯率殘部向蘇軍投降

052.保衛列寧格勒

列寧格勒人民用他們英勇頑強的精神，信守了自己的諾言：「列寧的城市永遠是我們的！」

大敵當前

←被德軍圍困期間的列寧格勒人
在德軍重兵圍困列寧格勒的日子裡，列寧格勒軍民因凍餓以及遭德軍空襲和砲擊致死六十六萬餘人。圖中的列寧格勒人手中拿的，就是他一天的口糧。

列寧格勒有「蘇聯第二首都」之稱，是蘇聯最大的工業中心，共有十條鐵路線通過這裡，在國防上、軍事上具有極爲重要的地位。因此，拿下列寧格勒是希特勒「刻不容緩的任務」。爲此希特勒任命陸軍元帥馮．萊布指揮這場攻堅戰，調集七十萬軍隊，並配備大量的飛機、坦克、火砲，希特勒宣稱：9月1日前就能占領列寧格勒。

希特勒的狂言，激使列寧格勒人民喊出了：「寧死不屈、誓死保衛家園，列寧的城市永遠是我們的！」強烈呼聲。1941年7月攻城戰役開打後，全城居民紛紛行動起來，有的拿起武器奔赴前線作戰，有的修築戰壕街壘，積極投入「列寧城市」的保衛戰中。

在城內人民的殊死抵抗下，德軍付出了沉重的代價，僅九月上半旬，德軍就死傷十七萬人，損失飛機三百餘架、坦克五百餘輛、大砲五百餘門。馮．萊布被戰況折磨得焦頭爛額，只好向希特勒緊急求援。希特勒接到報告後，一邊大罵萊布無能，一邊瘋狂地命令道：「給我把聖彼德堡（列寧格勒原名聖彼德堡）城從地球上抹平！」

爲盡快占領列寧格勒，德軍從海陸空全面封鎖列寧格勒，同時進行晝夜轟炸，迫使城中軍民待在防空洞裡，無法出來進行抵抗。

隨著敵人圍困時間拉長，城中所剩糧食越來越少，人們開始四處尋找食物，凡是能夠用來補充糧食不足的東西都派上了用場，就連從海底沉艦上打撈上來的發芽穀子、軍隊養馬場的飼料燕麥都成爲寶貴的糧食，甚至於榨油廠做燃料的棉籽渣也被當作了食品……

【人文歷史百科】

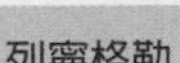

列寧格勒

列寧格勒是俄羅斯第二大城市，位於波羅的海芬蘭灣東岸，跨涅瓦河口。1703年彼得大帝在此建城，為通海門戶。1712年俄國首都從莫斯科遷到此地。十八世紀中葉人口達到十萬，1913年人口達到二百四十萬，超過了當時的莫斯科。1914年改名為彼得格勒。1917年十月革命在此爆發，成為蘇俄首都，1918年首都又遷回莫斯科。1924年改名為列寧格勒。1991年蘇聯解體後，更名為「聖彼得堡」。

↓在列寧格勒保衛戰中發動反擊的蘇軍

→保衛列寧格勒戰役獎章

1943年1月，隨著兩千門火砲和迫擊砲的轟鳴，列寧格勒軍民展開了大反攻。至2月15日，蘇軍已完全突破德軍的防禦，並乘勝追擊；至3月1日時，蘇軍進擊到拉脫維亞邊界，被德軍圍困十七個月之久的列寧格勒終於解圍了。到1944年夏，在波羅的海艦隊、拉多加湖區艦隊和奧涅加湖區艦隊的配合下，蘇軍徹底擊潰了德蘇戰場北翼的德軍。8月10日，列寧格勒保衛戰宣告結束。這次戰役，對德蘇戰場的戰爭進程產生關鍵影響，它牽制德軍的大量部隊，使希特勒無暇他顧，徹底打亂他的侵略計畫。而此戰結束後，蘇軍騰出了大量兵力用於其他戰略方向，這是希特勒始料未及的。

「生命之路」

爲解決日益緊張的糧食危機，突圍敵人的封鎖，列寧格勒人民想盡了各種辦法，終於在冰封的拉多加湖上開出了一條冰上運輸線。這條運輸線連結了拉多加湖的東西兩岸，使列寧格勒取得了外界的支援。因此，列寧格勒人民親切地稱這條冰上運輸線爲「生命之路」。

德軍發現這條「生命之路」後，立刻派飛機對湖面進行輪番轟炸，企圖切斷這條「生命之路」。列寧格勒人民奮勇抗擊，確保「生命之路」的暢通無阻。六十輛卡車晝夜奔馳在「生命之路」上，司機們在攝氏零下三、四十度的嚴寒下，冒著敵方砲火把糧食、藥品和各種急需物品源源不斷地運進城裡，又把城中的老弱婦孺、傷員和重要的文化珍品運出城外。就這樣，「生命之路」使列寧格勒擺脫了飢餓的威脅。

↓繁忙的「生命之路」
為粉碎敵人的封鎖，蘇聯軍民傾盡全力保衛這條「生命之路」，各式交通工具在湖面上往來奔馳，運出傷員，運進糧食。

053.庫爾斯克坦克大會戰

「蘇軍在庫爾斯克會戰的勝利，標誌著德國納粹已處於覆滅的邊緣。」──史達林

「堡壘」計畫

↑抵達戰區的德軍豹式坦克

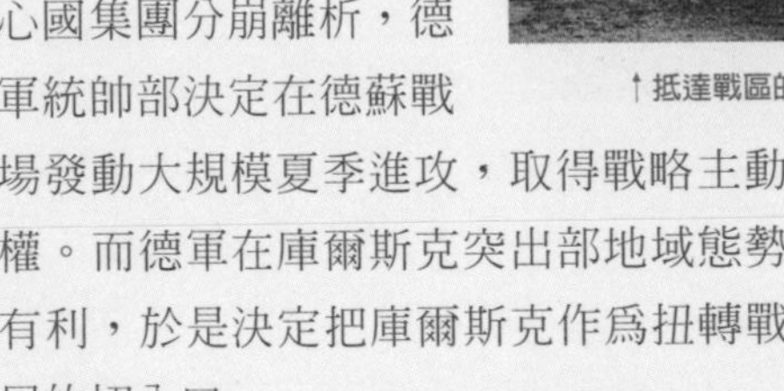

史達林格勒一戰，德軍損失慘重。為改善帝國內政困境並防止軸心國集團分崩離析，德軍統帥部決定在德蘇戰場發動大規模夏季進攻，取得戰略主動權。而德軍在庫爾斯克突出部地域態勢有利，於是決定把庫爾斯克作為扭轉戰局的切入口。

為此，德國最高統帥部擬定代號為「堡壘」的作戰計畫。計劃從南、北兩面向該突出部根部實施向心突擊，圍殲中央方面軍和沃羅涅日方面軍，爾後向西南方面軍後方突擊。

為保證「堡壘」計畫順利進行，希特勒向蘇聯庫爾斯克地區調集五十個師的精銳部隊，包括十七個裝甲師和三個摩托化師，有近一萬門野戰火砲、二千架飛機、二千七百輛坦克，總兵力達九十萬人。德軍裝備了當時最為先進的武器──「虎式」、「豹式」坦克和「斐迪南式」強擊火砲。其中「虎式」坦克裝有八十八公釐的大口徑火砲，火力十分猛烈，同時由於其前裝甲厚達百公釐，具備較強的防護能力。

蘇軍在庫爾斯克突出部地域集結了一百三十萬人的兵力、二萬多門火砲、三千餘架飛機和三千六百輛坦克。北邊是羅科索夫斯基指揮的中央方面軍，南邊是巴什欽指揮的沃羅涅日方面軍，總指揮由朱可夫元帥擔任。

1943年7月初，雙方完成戰略集結，兩百萬大軍對壘，大戰一觸即發。就在這個時候，蘇軍對捕獲的戰俘審訊得知，德軍將在7月5日拂曉發動進攻。於是，朱可夫決定搶先下手。

【人文歷史百科】

戰爭史上最大的坦克戰

庫爾斯克會戰是人類戰爭史上最大的一次坦克戰，希特勒本人在寫給當時德軍將領的一封信中這樣說：「這次對蘇戰爭的成敗，將取決於庫爾斯克會戰的結果。」經過一個多月的血戰，德軍被殲滅五十多萬人，一千五百輛新式坦克被摧毀，三千七百架飛機遭擊落。庫爾斯克大會戰徹底粉碎希特勒再度攻占莫斯科的企圖，迫使德軍從此轉入全面戰略防禦。

坦克大決戰

7月5日淩晨二時二十分，蘇方沃羅涅日方面軍搶先進行大規模砲擊，庫爾斯克會戰開打。面對蘇聯的先聲奪人，德軍決定改突襲為強攻，以坦克為先鋒，大量步兵緊隨其後。

清晨六點左右，德軍各路進攻的坦

↓一輛蘇軍的T-34型坦克被砲火擊中起火燃燒

→指揮庫爾斯克會戰的德軍將領曼斯坦因

克排成楔型，以每平方公里一百輛的密度前衝。與此同時，一百二十架德國轟炸機在戰鬥機的掩護下，對蘇軍陣地展開瘋狂的轟炸。7月5日猛攻了一整天，庫爾斯克弧形地帶的南北兩翼都沒有突破；但南翼的德軍使蘇軍蒙受了巨大損失，它的指揮官是曼斯坦因元帥。

到7月6日傍晚，南北兩面的德軍皆突破蘇軍的第一道防線。但是，在隨後幾天的戰鬥中，儘管發動了多次猛烈的進攻，仍沒能完成對蘇軍的合圍。

7月11日，曼斯坦因投入新的坦克集團共有六百餘輛，矛頭直指庫爾斯克南邊的門戶——奧博揚；如果拿下奧博揚，庫爾斯克就有可能失守。沃羅涅日方面軍洞察出曼斯坦因的意圖，把預備隊中的坦克部隊及近衛坦克第五集團軍緊急調往普羅霍羅夫卡方向，這支坦克大軍約有八百餘輛T-34型和T-70型坦克。

7月12日早晨，曼斯坦因的坦克集團和蘇軍的坦克集團相遇在普羅霍洛夫卡地區。在一片原野上，雙方飛機、火砲和步兵打得難解難分，但一千多輛坦克才是眞正的主角，它們呼嘯著衝向對方。頓時，火砲、穿甲彈在雙方陣地中爆炸，硝煙籠罩了整個大地。

戰爭一開始，蘇軍T-34坦克直直殺向敵陣，然而，它的七十六毫米口徑火砲在遠距離無法擊中德軍坦克，因此，大批蘇軍坦克在接近敵人之前就被德軍「虎式」坦克擊毀。戰爭結束後，戰場上蘇軍坦克的殘骸數以百計。

7月17日至18日，德軍的主力坦克撤出戰場，調往義大利，因爲由蒙哥馬利指揮的英軍和巴頓將軍指揮的美軍已在義大利的西西里島大舉登陸。8月23日，歷時五十餘天的庫爾斯克會戰至此告一段落。

↓遭蘇軍飛機掃射的德軍運輸隊

在庫爾斯克會戰期間，德蘇空戰頻繁。雙方共投入戰機一萬二千餘架，德國空軍在會戰中損失慘重。

054.偷襲珍珠港

「Tiger！Tiger！Tiger！」日機發出信號，珍珠港遭襲。
美國總統羅斯福遂將12月7日這一天定為「國恥日」。

「不要大驚小怪」

日本軍國主義者爲建立所謂的「大東亞共榮圈」，早已盯上資源豐富的太平洋西部國家，而美國則成了他們實現這一夢想的絆腳石。爲了摧毀美國太平洋艦隊的主力，掃清南下的障礙，1941年初，日本海軍聯合艦隊司令長官山本五十六大將開始了一番謀劃……

1941年12月7日凌晨四時，美國太平洋艦隊常駐基地珍珠港正沐浴在晨曦中，海風的輕拂更使港口顯得安詳而寧靜。突然，雷達螢幕上一群飛機正從東北方向一百三十海哩外飛向歐胡島。緊張的值班新兵，急忙拿起電話向陸軍基地報告這突如其來的情況。

「不要大驚小怪，那是我們自己的飛機！」值班軍官接到報告後輕蔑地說，並嘲笑他們太過多事。原來，值班軍官曾接到一項通知說，將有一隊美國空軍的飛機在今天早晨從本土飛來。所以他自信地認爲那是自家人。放下了話筒後，值班軍官就打開收音機欣賞起音樂來，美國軍艦還在準備舉行升旗典禮。他們哪裡知道一場災難就要來臨。

【人文歷史百科】

珍珠港

珍珠港位於夏威夷州歐胡島南岸，東距火奴魯魯約十公里，面積八十九平方公里，是美國太平洋艦隊總部所在地。珍珠港由三個深入陸地的海灣組成，只能通過珍珠灣窄口（水道）與太平洋溝通。港內水深二十公尺，有二十六平方公里的通航水域及數百處錨地，為世界著名天然良港，因水域內曾盛產珍珠而得名。第二次世界大戰後，美國國會撥鉅款改建、擴建，基地設施及裝備更加現代化。

「已看到珍珠港！」

爲了迷惑美國，在偷襲珍珠港之前，日本特意派出談判特使前往華盛頓，標榜要和平解決兩國爭端，並大肆宣揚說「美、日兩國絕無打仗的理由」。而在談判的同時，偷襲珍珠港的日本特遣艦隊已在11月26日悄悄自日本出發。

日軍在海上隱蔽航行十二天後，到達了距歐胡島二百三十英里的海域。這時飛機從航空母艦上起飛，做好攻擊珍珠港的準備。淵田美津中佐率領著四十九架水平轟炸機、四十架魚雷轟炸機、五十一架俯衝轟炸機和四十三架制空戰鬥機來到珍珠港上空（即值班美軍所發現的機群）。但由於雲層太厚，俯瞰下去什麼也看不見。正當淵田美津中佐焦急

↑ **準備起飛的日軍零式二十一型戰鬥機**
圖為日軍偷襲珍珠港時，正準備從「赤誠號」航空母艦起飛的日軍零式二十一型戰鬥機。

→「亞利桑那號」紀念館
為紀念在珍珠港事件中殉難的美國官兵而建造。

←被擊落的日軍飛機機翼殘骸
圖為日軍偷襲珍珠港時，在檀香山海軍醫院附近，被美軍擊落的日軍飛機機翼殘骸。

萬分時，檀香山電臺播放的夏威夷音樂傳入他的耳機裡，接著又播放了檀香山地區的氣象預報：「山上多雲，雲層高三千五百英尺，能見度良好……」這使淵田美津中佐確信下面就是珍珠港了。

「報告，已看到珍珠港！」

收到偵察機報告後，淵田美津中佐立即命令機群穿過雲層，珍珠港中停泊的軍艦和歐胡島機場上的飛機立刻出現在飛行員的視野裡。

「進攻！」淵田美津中佐下達了命令。日本機群像黃蜂一樣俯衝下去，機關砲噴吐出可怕的火舌，炸彈也如雨點般傾瀉而下。

偷襲成功

刺耳的連環爆炸聲響徹珍珠港，美軍士兵被轉眼間變成一片火海的景象嚇呆了。「空襲！這不是演習！」起火的艦艇和死傷的同袍讓美國大兵清醒過來。望著衝天大火和滾滾濃煙，淵田興奮地發出了預定信號：「Tiger！Tiger！Tiger！」這是偷襲成功的信號。收到這個信號，坐鎮在萬里之外日本廣島「長門號」旗艦上的海軍大將山本五十六，滿意地知道任務已達成。

首波攻擊進行了約半個小時後，一百七十一架日機又開始了第二輪攻擊。兩次襲擊前後歷時一小時五十分鐘，美四艘主力艦被炸沉，一艘遭到重創，三艘被炸傷；驅逐艦、巡洋艦等各類輔助艦十餘艘被炸沉、炸傷，一百八十八架飛機被擊毀，機場全部被炸毀，死傷四千五百多名美軍官兵，日本則僅損失二十九架飛機。

日本偷襲珍珠港，宣告太平洋戰爭全面爆發。第二天，美國總統羅斯福要求國會對日宣戰。之後，澳洲、荷蘭等二十多個國家也紛紛對日宣戰。當時的中國（國民黨政府）也在12月9日跟著對日宣戰。緊接著，日本的軸心同盟德、義又對美國宣戰。至此，這場由大西洋擴張到亞洲、太平洋的戰爭，成爲名副其實的世界大戰。

↓被日軍攻擊後燃燒的「亞利桑那號」，攝於1941年12月7日
「亞利桑那號」遭魚雷擊中，引爆艦首的彈藥庫，數分鐘後，戰艦與一千一百七十七名士兵一起沉沒。

055.中途島海戰

美國海軍領袖評價中途島戰役：「這將成為日本海軍三百五十年來的第一次大敗仗。它結束日本的長期攻勢，太平洋海軍力量始趨於平衡。」

計畫敗露

中途島位於太平洋中部，是北美洲和亞洲之間的海、空交通樞紐，它由周長二十四公里的環礁組成，整個陸地面積約爲五．二平方公里。1867年被美國占領後，即建爲美國的重要海軍基地及夏威夷群島的西北屏障。1941年，日本偷襲珍珠港時，美國的航空母艦正巧不在港內，所以海軍主力尚存。爲徹底殲滅美國的航空母艦，日本決心拿下中途島，把它作爲日軍的作戰基地。

進攻中途島的指揮官，是指揮偷襲珍珠港的山本五十六海軍大將。這次他調遣八支特遣隊來完成這一戰役：南雲中將率領第一支，從西北方向主攻中途島；第二支至第七支特遣隊負責掩護、偵察、警戒等任務，協同作戰。山本五十六親自率領著第八特遣隊靜候在中途島西北海面上，負責指揮整個戰役。

【人文歷史百科】

破解密碼

1942年5月中旬，美國密碼專家羅謝福特發現日軍無線電波發射頻繁。透過研究破解的密碼，羅謝福特推測日軍反覆使用的「AF」就是中途島。羅謝福特經尼米茲海軍上將的准許，密令中途島發送一個偽造的情報──報告島上蒸餾廠的倒閉。兩天後，他們截獲到一項新的日軍報告，說AF缺少淡水。羅謝福特由此斷定，「AF」指的就是中途島，日軍將要對中途島採取大規模軍事行動。

山本五十六自信地認爲，這次行動會像偷襲珍珠港那樣圓滿成功，但他作夢也沒想到，他們的密電已被美軍成功破譯。爲了不驚動日軍，美軍將計就計，在中途島附近設下埋伏，等待日軍自投羅網。

↓「企業號」甲板上的第六魚雷攻擊機中隊

美軍精心為山本派來的艦隊設下了陷阱，將三艘航空母艦（「約克城號」、「企業號」和「大黃蜂號」）配置在中途島北方，準備給日軍一個迎頭痛擊。

偷襲失敗

「戰鬥機起飛！」6月4日天剛破曉，隱蔽在預定海域的南雲中將發出了進攻命令。頓時，「赤誠」、「加賀」、「飛龍」和「蒼龍」四艘巨型航空母艦燈火通明，一百零八架飛機在十五分鐘內相繼飛離甲板，嚎叫著撲向中途島。

「準備攻擊！」緊接著，

擴音器又傳來南雲的命令。而此時的中途島美國空軍早已做好備戰，他們嚴陣以待，等候著日軍的到來。

當偵知日機已抵達距中途島三十英里處時，美軍的二十五架「野貓式」戰鬥機迅速升空迎了上去，攔截日本機群，與日本護航的「零式」戰鬥機展開了激戰。日本的轟炸機則趁機撲向中途島，穿過美軍地面砲火形成的猛烈火網，投下一顆顆二百五十公斤重的炸彈；十二架水平轟炸機更把八百公斤重的炸彈，投向機場和跑道。但早有準備的美機，或飛到空中躲避敵機的轟炸，或進行有力的攔截和攻擊，或隱藏到安全地方保存實力，日機僅是把空蕩的機場和跑道轟炸了一番。

聽了負責轟炸指揮官的彙報以及再次轟炸的請求後，南雲命令裝好魚雷準備轟炸美艦的日機，卸下魚雷，裝上炸彈，再次進行轟炸。

海上激戰

剛下完命令，偵察機報告：在東北二百英里處發現十艘美國軍艦。南雲聽後大吃一驚，他非常清楚這麼龐大的艦隊出現，後頭定有一艘航空母艦跟隨。南雲馬上又下令戰鬥機卸下剛裝上的炸彈，重新裝上魚雷，改變起飛方向襲擊美軍艦隊。

偏偏在這混亂的當頭，轟炸中途島的第一批飛機返回了。南雲不得不下令騰出飛行甲板，讓它們降落。然而，就在南雲遲疑而耽擱的這段時間內，戰場形勢發生了決定性的變化！

「美國轟炸機！」瞭望兵的驚叫聲剛落，三架美國「無畏式」轟炸機已閃現在日軍的視野之中，迅速朝南雲的旗艦垂直俯衝下來。被這戰場上的驟變嚇慌了手腳的日軍，馬上用艦上的機關砲向轟炸機掃射，但爲時已晚。一顆顆黑色炸彈雨點般從美機投下，「赤城號」頓時火光衝天，接著就是一連串劇烈的爆炸聲。大火在甲板上迅速蔓延。就連那些剛剛裝上飛機的魚雷也被引爆，機庫早就成了一片火海。南雲萬般無奈地在

↑被美軍擊落的日軍零式戰鬥機殘骸

隨從的保護下，倉皇逃離「赤城號」。

坐在當時世界上最大戰艦「大和號」上的山本五十六得知南雲慘敗後，驚異得不敢相信自己的耳朵。美國軍艦逐漸逼近「赤城號」，山本五十六只得忍痛下令炸沉「赤城號」。

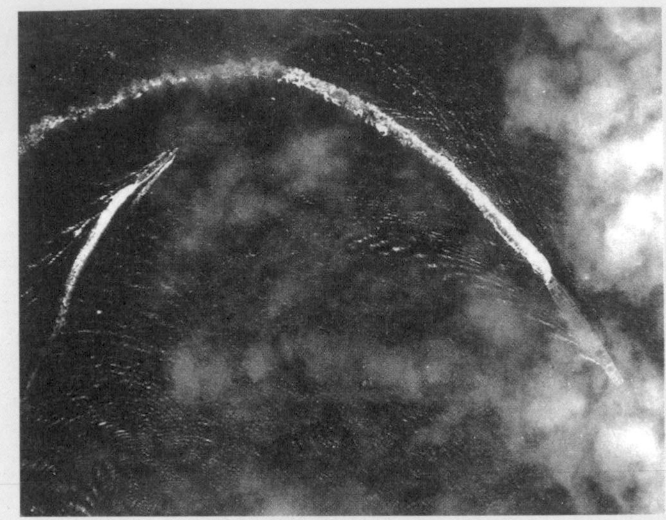

↑躲避轟炸的日軍「赤城號」航空母艦，攝於1942年6月4日
「赤城號」躲避轟炸時採用機動航行的照片，由美軍B-17重型轟炸機在高空所拍攝。

日本艦隊即將慘敗的命運已不可扭轉，像輸光的賭徒一樣，急紅眼的山本五十六欲作垂死掙扎。他命令艦隊向他靠攏，誘使美國艦隊向西移動，以進入日本艦隊的砲火射程內。但美國人一眼就識破山本的詭計。

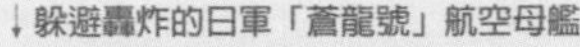

↓躲避轟炸的日軍「蒼龍號」航空母艦
「蒼龍號」躲避轟炸時採用機動航行的照片，由美軍B-17重型轟炸機在高空所拍攝。

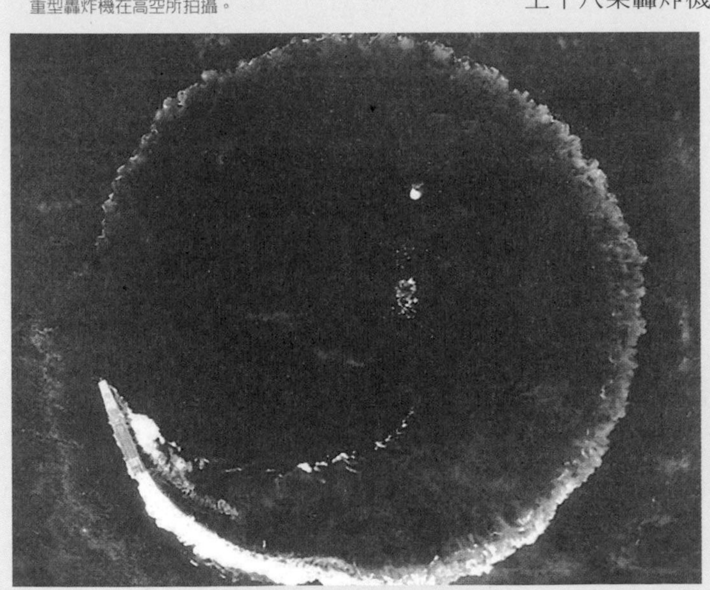

戰火進行至6月4日中午時，日本僅剩下「飛龍號」航空母艦倖免於難。艦上十八架轟炸機在六架零式戰鬥機掩護下，瘋狂轟炸美國航空母艦「約克城號」，「約克城號」在大海上搖晃著，但還沒有沉沒。美國艦隊又集中火力來攻擊「飛龍號」，身受重創而起火的「飛龍號」最後也被己方的魚雷擊沉了。

6月5日凌晨，望著殘兵敗將，山本五十六無奈地發出命

↑ 遭受日機轟炸後的「約克城號」航空母艦
「約克城號」航空母艦，是中途島海戰中美軍損失的唯一一艘航空母艦。

令：「取消中途島的占領行動。」天明時分，美軍飛機又將日軍巡洋艦「三隈號」擊沉海底，而炸成重傷的「最上號」掙扎著逃回到特魯克的基地。下午，日本的I－168號潛艇發現了被驅逐艦「哈曼號」拖著的「約克城號」，馬上發射四條魚雷，將兩艦炸沉。至此，中途島之戰結束。

日本慘敗

中途島戰役中，美軍有一艘航空母艦和一艘驅逐艦被擊沉，損失一百四十七架飛機和三百多名飛行員。日本有四艘航空母艦、一艘巡洋艦和三百二十幾架飛機被擊毀，幾百名飛行員和幾千名艦員殞命。

中途島戰役改變了太平洋地區日美航空母艦實力的對比，美軍取得太平洋上的制海權，日本海軍從此衰敗下去。日軍爲掩飾僅剩一艘重型航空母艦、四艘輕型航空母艦的慘敗窘境，以避免挫傷士氣，竟在6月10日的電臺廣播中播放了響亮的海軍軍曲，自欺欺人地宣稱已晉身太平洋上的最強國。東京還舉行燈籠遊行，歡迎疲憊而歸的海軍敗將們。

日本的外務省大臣重光葵，簡要地披露了這次戰爭的眞實情況。他後來說道：在中途島，「美國人報了珍珠港的一箭之仇。」

↑ 被日軍轟炸後的中途島

056.諾曼第登陸

諾曼第登陸戰役在規模、布局以及執行上，皆是戰爭史上無與倫比的，它將在歷史上以至高的成就記載下來。──史達林

戰前準備

1943年上半年，史達林格勒戰役吃緊，德蘇戰場形勢嚴峻，蘇聯強烈要求英、美在歐洲發動登陸作戰，開闢第二戰場，以減輕蘇聯紅軍的壓力。1943年5月，英、美兩國在華盛頓召開會議，決定於1944年5月在歐陸實施登陸作戰，開闢第二戰場。在偵知西海岸德軍設防情況後，盟軍參謀部最後把登陸地點選在法國西北部的諾曼第。

爲迷惑德軍，他們讓英國電影製片廠的布景道具師們在英國東南沿海一帶布置了大量設計好的「登陸艇」、「彈藥庫」、「兵營」、「飛機」；並讓盟軍諜報人員潛入到各中立國，四處收集法國加來海岸的詳細地圖；又讓英國建築師在沿海較顯眼處建造起「油船碼頭」，並配備發電廠和貯油罐等等；還把一支「一百萬」人的集團軍調往東南沿海。這種種行動都爲了讓德軍深信，盟軍似乎一切都準備就緒，將隨時進攻加來……

德軍果然中計，奉希特勒之命趕來指揮防禦的德軍元帥隆美爾自信滿滿地說：「從戰備情況看來，盟軍必定會在加來海岸登陸！」於是，隆美爾立即下令嚴防加來海岸一帶。幾天之內，這一帶的海底、海灘就被德軍布滿地雷，海岸上也很快構築起堅固而隱蔽的砲臺，又布置許多反坦克陷阱和溝壕堡壘。爲了確保加來海岸的安全，希特勒將最精銳的十五集團軍調去，交給隆美爾指揮。

【人文歷史百科】

諾曼第

法國北部面臨英吉利海峽，九世紀時曾被北歐海盜諾曼人侵占並定居於此，故名諾曼第。諾曼第登陸戰主要集中在陡峭絕壁之間的「奧馬哈」、「猶他」、「朱諾」、「黃金」和「劍」等五個海灘上進行。僅在登陸部隊到達前半小時內，盟軍就出動了飛機一千多架，投彈一千七百多噸，對德軍的海岸防禦工事進行飽和轟炸。

登陸作戰

因天氣因素，盟軍將原定5月的登陸計畫改在1944年6月6日行動。當日淩晨，三千餘架英、美運輸機和滑翔機載著三個傘兵空降師，從英國二十個機場起飛，掩護四千艘艦船和無數的登陸艇，從嚴密僞裝的英國南海岸基地駛出，奔向法國諾曼第海岸，「諾曼第登陸戰」由此展開了！

未有任何察覺的德軍西線司令倫斯特正在睡覺，當聽到來自諾曼第前線的急報說：「一群英美空軍部隊著陸，好像是一

↑布滿戰車障礙物的諾曼第海灘

→紀念諾曼第登陸的郵票

次大規模行動……」時，他睡眼惺忪而又漫不經心地說：「不必驚慌，這是英國佬慣用的手法，他們在虛張聲勢，聲東擊西，誤導我們，他們的登陸地在加來，在諾曼第根本不會有大規模的行動。」黎明時分，英國皇家空軍一千一百三十六架飛機對事先偵知的德軍海岸十個堡壘，投下了五千八百五十三噸炸彈，接著美軍第八航空隊的一千零八十三架轟炸機又投下了一千七百多噸炸彈，德軍海岸的防禦工事頓時成了一片廢墟。

←向內陸行進的美軍士兵
1944年6月7日，美軍第二師部隊在奧馬哈海灘登陸後，向內陸行進。

太陽升起後，盟軍的海軍戰艦又發出猛烈的砲火轟炸沿海德軍陣地，諾曼第海灘立即陷入一片火海，爆炸聲震得山搖地動。轟炸過後，美軍第四師順利登上諾曼第灘頭。英國第二集團軍在蒙哥馬利指揮下也順利登上海岸，後續部隊和裝備源源不斷地輸送到海岸上來。

如夢初醒

正準備謁見希特勒的隆美爾，甫聽到報告後，便急忙乘車返回德軍西線司令部。倫斯特等德軍將領驚恐萬狀地向他彙報戰況後，又萬分焦急地呈報給希特勒，請求急調兩個精銳裝甲師前來支援。希特勒聽後卻不慌不忙地告訴他們，兩師的坦克絕不能輕舉妄動，要看形勢的發展才能決定。

直到下午三點鐘，才有人把西線戰況向希特勒報告：盟軍已有大批部隊在諾曼第登陸，並深入陸地幾公里。

希特勒這才意識到事態的嚴重性，他慌忙命令裝甲師前往諾曼第支援，又歇斯底里地叫道：「在傍晚前必須將登陸敵軍消滅，收復灘頭……」

但是，才清醒的希特勒做什麼都晚了！傍晚時分，登陸的盟軍就在諾曼第建立起了牢固的反擊陣地。到深夜時，又有十個師的部隊成功登陸。到6月12日時，諾曼第的幾個灘頭全被盟軍牢牢占領並連成了一條陣線。

希特勒所吹噓的「大西洋鐵壁」，在短短幾天裡就被盟軍攻破，如同在希特勒的後腰狠狠地插入一刀。此後的納粹德國，陷入到蘇聯和英美盟軍東西夾擊之中，一步步地走向滅亡。

↓氣勢恢宏的諾曼第海灘登陸
諾曼第登陸戰期間，英美盟軍傷亡十二萬二千人，德軍傷亡和被俘十一萬四千人。諾曼第登陸對英美盟軍在西歐展開大規模進攻，發揮了重大作用。

057.奧斯維辛集中營

儘管遺忘和排斥的誘惑是巨大的，但我們絕不能屈服於它。牢記奧斯維辛是我們的道義責任。
——德國總理施洛德

「殺人工廠」

在挑起第二次世界大戰後，納粹德國以閃電般的速度，迅速占領了歐洲大片地區。隨著壓迫與掠奪的加劇，占領區人民對納粹侵略漸升抵抗。爲了鎮壓人民的反抗，德國納粹政府建立了許多集中營，實行慘絕人寰的滅絕計畫，這些集中營又叫「殺人工廠」，專門關押和殺害無辜的戰俘與群眾。

納粹德國建立的最大「殺人工廠」，是波蘭南部的奧斯維辛集中營。奧斯維辛原本是一個寧靜而美麗的鄉村，1939年德國侵占波蘭後，用鐵絲網把這裡圍了起來，並建造了毒氣室、焚屍廠和化學試驗廠。奧斯維辛集中營於1940年6月正式啓用，每天都有從歐洲各地運來的大批戰俘與無辜百姓在這裡被殺害，美麗的奧斯維辛成爲天天冒著黑煙的恐怖人間地獄。

↑ **奧斯維辛集中營的大門口，攝於1945年**
奧斯維辛集中營大門門楣上的德文為「勞動使人自由」。

【人文歷史百科】

奧斯維辛集中營

奧斯維辛集中營在1940年建立，位於波蘭加利西亞奧斯維辛附近，主要關押波蘭和德國的猶太人，是德國最大的集中營。納粹在此建置了大規模的滅絕設施，包括用毒氣殺人的「浴室」，儲放屍體的屍窖以及焚屍爐等，用以消滅猶太人。納粹還挑選犯人進行醫學試驗，如試驗便捷的絕育方法，對孿生子女進行活體解剖等。在該集中營內約有四百萬人慘遭殺戮。

毒氣殺人

送到這裡的人首先被送到消毒站，之後德國納粹剃光每個人的頭髮，用一身破舊囚衣給他們遮羞，還在每人的左臂印上號碼，並用一塊不同顏色的三角布來區分不同的人群：紅色爲政治犯，黃色爲猶太人，黑色爲拒絕勞動的人。那些失去勞動力或堅持拒絕勞動的人，都將被送往毒氣室。

毒氣室被納粹叫做「浴室」，入口處排著「浴室」的牌子；在房子的四周有精心修剪的草地，生長著大片的鮮花，還不時播放美妙的音樂，使它看上去就像美麗的別墅一般。當「犯人」們魚貫進入這裡時，還眞以爲是來洗澡的。走進「淋浴室」後，人們才發覺上當——兩千多人怎能擠在一起淋浴呢？當屋門緊緊地鎖上後，「淋浴室」就成了密封的囚室，擁擠的人們只能靠屋頂的通氣孔來吸吸新鮮空氣，這時納粹人員就會從屋頂砌成蘑菇形的通氣孔裡倒入紫藍色的毒藥，隨後封上通氣孔。一會兒工夫，裡面的人身上開始發青，並逐漸腐爛，數千條人命頃刻間化為烏有。半個小時後，納粹人員用抽氣機把毒氣抽掉，然後打開大門，把兩千多具屍體運往「焚屍爐」，焚燒後所有的骨灰被研磨成粉末，倒入拉索河中。

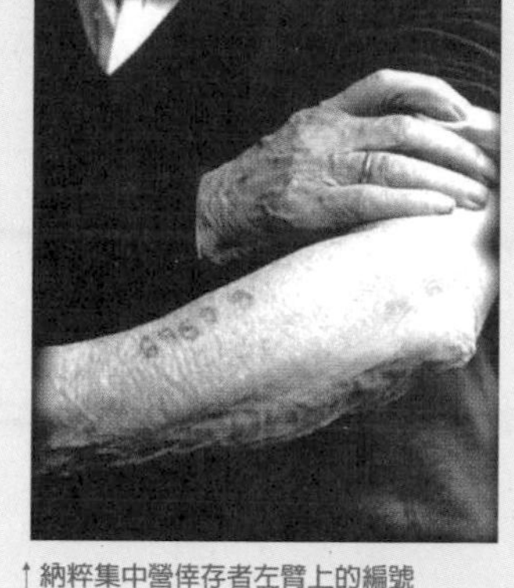

↑納粹集中營倖存者左臂上的編號

集中營中「犯人」們身上所有貴重的物品都被納粹搜走，就連死者的牙齒和頭髮，也被敲掉和剪下作為戰利品。據記載，奧斯維辛集中營的毒氣室一天最多能毒死六千多人。

慘無人道的暴行

在奧斯維辛集中營裡，還專門設立了一家「醫院」。那些身體虛弱或有病的「犯人」來到這裡後被扒光衣服，關到一間專門設計的房子裡，隨後那些醫生們就向他們體內注射一針毒液，幾秒鐘後，被注射者便即死去。醫生就用他們進行細菌武器的研究或其他「科學」試驗。有一位名叫門格勒的納粹醫生，就以專門做雙胞胎的生物學「研究」而聞名。那些進入集中營的雙胞胎，都被送到門格勒這裡接受試驗。假如雙胞胎中有一人因異常病症而死，門格勒馬上會用手槍殘忍地射擊另一位孩子的頭部，然後進行解剖，以觀察雙胞胎的器官上是否具有類似的病症。

被關在集中營裡的人們都被強迫做著各種繁重的勞動，若觸犯了某項規定，就會招來嚴厲的懲罰：被皮鞭或鋼索抽打得皮開肉綻，隨後關入狹小的鐵籠子中，稍有反抗企圖的人，則會在遭受殘酷折磨後處死。

↓奧斯維辛集中營的焚屍爐，攝於1943年
在奧斯維辛集中營裡，焚屍爐上方高高的煙囪，終日不停地向外面排放煙霧，意味著又有許多人被殺害。

058.攻克柏林

「我決心留在柏林，但我將不親自參加戰鬥……我不願意給敵人任何機會來將我碎屍萬段。我已命令將我的屍體火化……」——希特勒

攻克柏林的計畫

1945年2月，美、英、蘇三國舉行的雅爾達會議確定，以易北河爲界，蘇軍攻占易北河以北地區，盟軍攻占易北河其他地區。柏林在易北河以北，這表示進攻柏林的任務將由蘇聯來完成。

剛進入4月，蘇軍已進攻到距柏林僅六十公里的地區，美、英盟軍的先頭部隊也已前進到易北河，距德國首都約一百公里。

攻克柏林意味著反攻之戰取得最後勝利，因此，即使有約在先，英國陸軍元帥蒙哥馬利還是率兵激進，大有一舉攻占柏林的架勢。同時，美軍也跨過萊因河，急速向東挺進。正在英、美兩軍大肆進攻之時，盟軍最高指揮官艾森豪將軍電告莫斯科：盟軍並無與蘇聯爭取柏林之意，只是想切斷德軍南北的聯繫。艾森豪後來說道，他之所以將柏林讓給蘇軍，是因爲他知道柏林一役將使盟軍付出十萬士兵的生命；而蘇軍的損失，的確要比想像中嚴重得多。

史達林發現，德軍在潰敗時更願意向盟軍投降。當時德軍中甚至流傳著這樣一句話：「向東死死地頂住俄國人，

↓希特勒檢閱由少年兵組成的東線部隊
盟軍柏林攻勢開始不久，希特勒在廣播中鼓動十四到十六歲的男孩們「志願」為黨衛軍的榮譽而戰，他呼籲這些孩子保衛柏林。

【人文歷史百科】

柏林戰役的損失

在4月16日至5月7日攻克柏林的過程中，蘇軍共俘虜德軍四十八萬人，繳獲坦克和強擊火砲一千五百餘輛、火砲和迫擊砲八千六百門、飛機四千五百架。同時，蘇軍也損失坦克和自行火砲二千一百多輛、火砲一千二百餘門、飛機五百二十七架，損失比艾森豪將軍估計的多出了整整兩倍。

直到西邊來的英國人踢著我們的屁股。」因此蘇軍每推進一步，就要付出數倍於盟軍的犧牲。而德國在兵力布防上，仍集中對付東戰場。到4月中旬之前，在德蘇戰場作戰的共有二百十四個師，其中包括三十四個裝甲師；而在對付英、美盟軍上，德國只配備了六十個師，包括五個裝甲師，僅約二百輛坦克。爲避免損失逐步擴大，史達林決心提前發起攻克柏林的戰役。

合圍柏林

1945年4月16日，蘇軍在空軍支援下

↑在德國易北河會師的蘇軍士兵和美軍士兵（戴鋼盔者）
1945年4月25日，美軍與蘇軍在托爾高市附近易北河上勝利會師。

轉入進攻。蘇軍步兵和坦克於拂曉前在大探照燈照射下發起攻擊，前兩公里之內未遭遇有力的抵抗；但德軍隨後的拚命頑抗，讓蘇軍的進攻速度急劇下降。

4月17日，朱可夫元帥率領方面軍在塞洛高地附近突破防守，到19日晚間突入奧得河地區第三防禦地帶。而在他右翼的蘇軍，已從北面和西北包圍了柏林。

4月20日下午一點五十分，蘇軍第三集團軍對柏林發射了第一發砲彈，揭開了強取德國首都的歷史性一幕。

4月25日，兩方蘇軍在柏林以西會合，完全圍住了柏林。同日，在托爾高與從西面開到的美軍第一集團軍會合。

4月26日，蘇軍向柏林發起總攻。蘇軍坦克車一輛接一輛地碾過柏林的大街小巷，發出猛烈轟擊。頃刻間，柏林城

↑柏林市郊，準備發射反坦克砲的蘇軍

中二百餘萬幢建築化爲了滿城的瓦礫。

最後時刻的婚禮

↑攻入柏林的蘇軍戰士
在柏林街道上，蘇軍一百五十二公釐口徑M1935型榴彈砲組正準備攻擊德國國會大廈附近的目標。

4月29日，蘇軍與柏林守軍展開國會大廈爭奪戰。就在同一天，希特勒與愛娃的婚禮在克難的地下碉堡中舉行，柏林街上隆隆的砲聲爲這場特殊的婚禮平添幾分肅穆。德國宣傳部的一名高級官員作爲證婚人主持儀式，正式宣布他們成爲夫妻。婚禮結束後，希特勒夫婦與其他人一起舉辦了簡單的茶宴。婚禮顯得有些淒涼，眾人皆明白，婚禮距他們的黃泉路不遠。

得知蘇軍突破柏林防線時，希特勒指揮部內亂成了一團。4月24日，希特勒緊急召見警衛分隊長沙烏布，連自己私人侍從林格都不允許進入。沙烏布從希特勒辦公室走出後，要求林格把兩只箱子澆上汽油燒毀。25日，希特勒把林格叫到屋內，然後宣布了一項決定：如果柏林失守，他和愛娃將自殺。因怕蘇軍得到自己的屍首，希特勒命令林格準備兩箱汽油，將他們的屍首和地下碉堡全部焚毀。

愛娃知道希特勒的打算後，顯得很平靜，她微笑著說願意和他死在一起，但希望能在死前和希特勒舉行一場婚禮，成爲他的太太。於是，兩人在29日舉行了那場簡單而傷感的婚禮。

↑蘇軍將蘇聯紅旗插上德國國會大廈，攝於1945年4月30日

↓戰後的柏林市區成為一片廢墟

→紀念攻克柏林的一組郵票

希特勒的末日

希特勒舉行婚禮的當天，爭奪國會大廈的戰鬥還在進行著。德軍的死守，讓蘇聯步步如履薄冰，當心每扇門窗後面的身影。占領國會甚至全柏林雖只是時間問題，德國最後的掙扎仍令人恐懼。

4月30日，德軍堅守的國會大廈被攻破。同一天，希特勒履行自殺計畫。他讓保鏢把自己鍾愛的狗兒帶進臥室，拿出一顆毒藥讓狗吞食，狗立刻就死去。希特勒對藥效很滿意，他給愛娃一些，自己也留了一些。

下午三點四十五分，希特勒一一探望仍堅守在他身邊的每個人，並與他們告別。他希望屬下能向西突圍，請求德國盟軍的支援。之後，他返回辦公室，提醒貼身隨扈：千萬不要忘記燒掉他的遺體。

希特勒關上了門，愛娃也在裡面。眾人在外面靜候著。直到裡頭傳出一聲槍響，人們立即推開了辦公室的門，只見希特勒歪倒沙發上，子彈從右太陽穴穿入，周圍牆壁和地面上濺滿鮮血。而愛娃傾躺在希特勒身側，已停止呼吸（服毒）。

遵照希特勒的遺囑，大家用毛毯把兩具屍體裹起，澆上汽油焚燒，護衛將兩人的屍骸合葬在附近。

5月2日下午三點，德軍全面停止抵抗，柏林城防司令魏德林將軍率殘軍投降。1945年5月8日，德軍最高統帥部代表凱特爾元帥在卡爾斯霍爾斯特簽署無條件投降書，納粹德國宣告滅亡。

↓查看希特勒的埋葬之處
攻克柏林後的一天，蘇軍在德國大臣官邸一處庭院中，發現汽油桶和混凝土攪拌機，那裡可能就是希特勒的最後埋葬處。

059.布拉格戰役

1945年5月6日至11日，烏克蘭軍為解放布拉格，對捷克境內德軍集團進行合圍攻擊，這是歐洲戰場的最後一次進攻戰役。

布拉格起義

1945年5月1日至5日期間，捷克境內各地爆發起義。5月5日清晨，首都布拉格也爆發了人民起義。納粹在當地的代理人法蘭克，爲了爭取時間，開始和起義者談判。而就在此時，駐守在這裡的德軍司令舍爾納對其部隊下達命令：「用一切手段將布拉格起義鎮壓下去。」德軍從三個方向向布拉格推進，起義者付出了慘痛的代價。因爲在捷克駐紮的德軍集團總兵力仍有九十餘萬人，配有九千七百門火砲和迫擊砲、一千九百輛坦克和強擊火砲、一千餘架飛機等。

←鄧尼茲像
鄧尼茲，德國海軍元帥，納粹德國潛艇部隊奠基人。1945年4月30日被希特勒任命為德國總統兼武裝部隊最高統帥。

粉碎柏林戰略集團後，軸心國家事實上已形同瓦解。但是，希特勒爲了延長納粹的生命，在其政治遺囑中任命以海軍元帥鄧尼茲爲首的德國新政府。舍爾納元帥被推任德國陸軍總司令，當時，他任德國納粹「中央」集團軍群司令，駐在捷克的就是他的部隊。

圍剿德軍

雖然這個新「政府」已成不了大氣候，卻仍竭力阻止西線的軍事行動而繼續堅持東線的戰鬥。這也是鄧尼茲本人5月1日透過佛倫斯堡電臺公開聲明的政策。鄧尼茲宣稱：「元首任命我爲他的繼承人，在德國命運的艱難時刻，由於意識到我所承擔的責任，我接受政府領袖的職務。我最重要的任務是將德國人從布爾什維克的進攻中拯救出來，使其免遭殺害。僅僅爲了這個目的，我們才繼續進行軍事行動。目前，在完成這一使命過程中，經常遇到來自英國人和美國人方面的障礙，我們被迫也要防禦他們……」

捷克的起義者立即向盟軍和蘇軍求援，希望盡快把德軍趕出去。在占領柏林後，蘇軍即把矛頭指向了繼續在捷克境內抵抗的德軍集團，他們立即把軍隊從柏林附近開至德勒斯登西北，派重兵前去圍剿。

科涅夫元帥率領烏克蘭第一方面軍，包圍德軍集團左翼；馬利諾夫斯基元帥率領烏克蘭第二方面軍在布爾諾以西及其以南作戰，從南面包圍德軍集團

→ 解放布拉格戰役獎章

右翼；葉廖緬科大將率領的烏克蘭第四方面軍推至克爾諾夫、什特思貝克、新伊欽、茲林以北一線。此次參加戰役的軍隊有二百餘萬人，其中包括兩個波蘭集團軍、兩個羅馬尼亞集團軍和一個捷克軍團，配有三萬餘門砲和迫擊砲、三千餘架飛機、二千餘輛坦克和自行火砲。

←歡慶勝利的布拉格民衆
1945年5月9日，蘇軍在布拉格與當地民衆一起歡慶戰爭勝利。

肅清歐洲戰場

1945年5月6日，科涅夫率領的烏克蘭第一方面軍右翼趁德軍往某方向退卻時，展開了猛烈追擊。各先鋒部隊也迅速推進，爲軍隊主力開道。5月7日，各方面軍主力開始發動猛攻，並在次日順利占領德勒斯登，解放特普利采、比利納、莫斯科等城市。

5月8日夜間，各方面軍部分先遣部隊衝進布拉格。次日蘇軍主力進入捷克首都，在爆發起義的布拉格各戰鬥隊積極支援下，蘇軍於當天完全解放了捷克首都。

5月10日，蘇軍開始追擊德軍。科涅夫率領的烏克蘭第一方面軍在一天內行進四十公里，俘虜八萬餘名德軍官兵，並在幾個機場繳獲二百七十二架德機。同時，部分蘇軍和前來圍剿的美軍會合，幾乎將捷克境內的德軍集團全部合圍。被圍困的德軍見大勢已去，紛紛放下武器，向盟軍投降。但顧忌蘇軍的邱吉爾，偷偷給蒙哥馬利元帥下達指示：「好好收集德軍武器，並整齊地放在一起，以便在蘇軍的進攻一旦繼續下去，而我們不得不和德軍合作時，能順利地將它們重新分發給德軍士兵。」

5月11日，德軍失去了抵抗的能力，歐洲戰場最後一批德軍被肅清。

←布拉格市區的蘇軍坦克
布拉格戰役是德蘇戰爭中的最後一場戰役。烏克蘭第一、第四、第二方面軍俘虜德軍官兵約八十六萬人，其中包括六十名將軍。

060.神風特攻隊

日本宣布投降當晚，「神風特攻隊之父」大西瀧治郎中將在絕望中切腹自殺，而先後參加特攻的數千名年輕飛行員則成為了日本軍國主義戰爭政策的陪葬品。

組織特攻隊

第二次世界大戰進入1944年後，日本的局勢逐漸惡化。在太平洋戰場上，他們的信心消失殆盡。1942年5月的珊瑚海海戰，是日本海軍自發動戰爭以來遭受的第一次挫折。隨後的中途島海戰、瓜達卡納海戰讓日本節節敗退，海上優勢蕩然無存，號稱「世界第三海軍」的日本聯合艦隊步入窮途末路。然而狂熱的日軍不甘心失敗，他們期望用出奇的攻擊來挽回頹勢。

1944年10月17日，剛剛就任日本第一航空艦隊司令的大西瀧治郎中將匆匆趕到菲律賓，企圖力挽狂瀾。大西瀧治郎在日本海軍航空界素有「瑰寶」之稱，是山本五十六的心腹，也是策劃偷襲珍珠港的核心人物。面對數量有限的飛機和經驗低淺的飛行員，大西瀧治郎心中揣想：「要將我們微薄的力量發揮到極致，唯一的方法就是把『零式』戰鬥機編成敢死突擊隊，每架機上攜帶二百五十公斤炸藥，勇猛地撞擊敵艦，唯有這樣才有可能阻止住美軍的步伐，挽回大日本帝國的頹勢。」

10月19日晚，大西瀧治郎召集第一航空艦隊的精英，成立了殲擊航空母艦的「神風特攻隊」。「神風特攻隊」的攻擊方式，類似於自殺攻擊，也就是與敵人同歸於盡。所謂「特攻」就是指出擊的飛機只攜帶單程燃料，而將空出的載重量全部攜帶炸彈，針對美軍軍艦的要害部位，如煙囪、機艙、彈藥艙等進行撞擊，以達到「一機換一艦」的目的。

「神風」顯神通

1944年10月17日，盟軍聚集十八萬人的部隊，在美軍十六艘航空母艦、六艘戰列艦、七十三艘輕重巡洋艦及驅逐艦的掩護下，迅速登上菲律賓群島南部的萊特島，準備占領菲律賓，以切斷日本本土與南洋海上的聯繫。

10月18日，日軍共出動了四艘航空

↓神風特攻隊衝擊美軍戰列艦

沖繩島戰役中，一架零式戰鬥機不顧美國「密蘇里號」戰列艦的密集砲火，衝向該艦。

母艦、九艘戰列艦、五十餘艘輕重巡洋艦及驅逐艦，準備與美軍決一死戰。

10月25日上午十時五十分，美軍各艦船正在萊特灣海面上遊蕩。突然，美軍護航母艦的士兵透過瞭望哨發現九架日機，它們以超低空飛行躲過了雷達的監視。哨兵立即拉響了警報。五架「零式」日機突然爬升，然後朝著航空母艦編隊方向俯衝下來；其餘四架則對高射砲兵進行掃射，吸引了部分火力。

↑遭到日本自殺飛機撞擊後的「聖洛號」航空母艦
萊特灣海戰中，日本「神風特攻隊」共出動「神風機」五十五架，造成美軍軍艦不少損傷。

俯衝下來的一架「零式」日機射著子彈朝「基昆灣號」護航母艦衝了下來，眼看就要撞上了，艦員們以爲它還會再次爬升。但這架「零式」飛機卻直衝著航空母艦左舷的狹窄通道撞去，隨著一聲巨響，飛機炸成了碎片，「基昆灣號」甲板上的士兵全部被炸得血肉橫飛。

另外兩架飛機嚎叫著衝向了「范肖灣號」，也要同歸於盡。艦艇立即全線開火，將這兩架飛機擊落。最末兩架則瞄準「懷特普萊恩斯號」，雖然最後沒有得逞，但其中一架在落海前竟然轉向了「聖洛號」，令「聖洛號」措手不及，經這架飛機的爆炸性衝擊，「聖洛號」發生了連環爆炸，沉入海底。

大西瀧治郎初戰告捷後，26日、27日又相繼派出二十七架「神風特攻機」前去執行任務。在萊特灣海戰，日軍共出動五十五架「神風機」，擊沉美軍一艘航空母艦、一艘巡洋艦，重創四艘航空母艦、一艘巡洋艦，其他各種小型艦船被擊沉擊傷若干隻。萊特灣之戰是組織型自殺式攻擊的開端，此後「神風特攻隊」愈演愈烈。在隨後的硫磺島戰役中，日軍共出動「神風機」五百六十八架；沖繩海島戰役中，「神風機」共出動二千餘架；到1945年8月15日日本戰敗那天，日軍仍擁有兩千八百餘架「神風機」，而當時其飛機總數也不過六千一百五十架。

【人文歷史百科】

「神風」的典故

神風的典故出自十三世紀末，元朝皇帝忽必烈兩次派遣遠征軍出征日本，都在航行途中遭遇強風而全軍覆沒，素來崇尚神靈的日本國民便把這兩次葬元軍入魚腹、救日本於轉瞬的暴風稱之為「神風」。日本軍國主義局勢日薄西山，於是他們妄想得到天助神佑。首次有組織的自殺性攻擊出現在1944年5月的比阿克島登陸戰中，陸軍第五飛行戰鬥隊隊長高田勝重少佐率四架飛機向駛近的美艦撞去，擊沉美艦。

061.沖繩島血戰

沖繩島是琉球群島最大的島嶼，是日本本土的南部屏障，被譽為日本的「國門」，因此沖繩島登陸戰就被稱作「破門之戰」。

天號作戰與冰山行動

美軍占領菲律賓後，沖繩島在本土防禦中的地位更顯重要。對於日本而言，沖繩島一旦失守，本土的海、空控制權將全數喪失，賴以維持生存的通往東南亞的海上交通線將被徹底切斷，因此對沖繩的防禦極其重視。美軍登陸前，日軍在沖繩島上布置約十萬人，指揮官爲牛島滿中將。

爲確保沖繩島的防禦萬無一失，日軍於1945年3月制定代號爲「天號作戰」的航空兵作戰計畫，集中二千九百九十架作戰飛機，其中自殺飛機一千二百多架，分別部署在臺灣、琉球和九州等地區，準備對靠近沖繩島的美軍艦隊和運輸船隻實施猛烈攻擊。

美軍方面早在1945年1月3日就批准沖繩島作戰計畫，定1945年4月1日登陸。

↓美軍在灘頭開闢的登陸場

美軍在登陸之前，為削弱日軍航空兵的力量，先以航空兵對日本本土、琉球群島等地的空軍基地進行大規模突擊。

【人文歷史百科】

鮮血澆灌的沖繩島

沖繩島戰役是美、日兩軍在太平洋島嶼作戰中，規模最大、時間最長、損失最慘重的一次。在這次戰役中，日軍包括「大和號」戰列艦在內的十六艘水面艦艇和八艘潛艇被擊沉，約四千二百架飛機被擊落擊毀，十萬守軍傷亡九萬餘人，被俘七千餘人，沖繩島的平民有七萬餘人死傷。美軍有三十二艘艦船被擊沉，三百六十八艘被擊傷，損失艦載機七百六十三架，傷亡七萬餘人。這是美軍在太平洋戰爭中傷亡最大的戰役。

此次參戰兵力幾乎囊括了太平洋戰區所屬的全部陸海軍，投入兵力五十四萬八千人、各種艦艇一千五百餘艘、飛機二千餘架，戰役總指揮是美軍第五艦隊司令斯普魯恩斯海軍上將，戰役代號爲「冰山」，意爲如此參戰兵力僅是冰山一角，還有更大規模的部隊將出現。

菊水特攻

4月1日淩晨四時，特納發出命令：「開始登陸！」美軍砲火支援編隊的軍艦隨即開始射擊，掩護登陸部隊搶灘上陸。在空軍和艦砲的完美配合下，第一波登陸部隊於八時許衝上岸。海面上履帶登陸車和登陸艇排著整齊的隊形，一波又一波湧上沖繩島，未遭遇日軍任何抵抗，這讓美軍感到有些意外。

4月4日，美軍占領沖繩島中部地區，將該島攔腰切斷，並轉向北部和南

→紀念沖繩島戰役的郵票

部主陣地發動進攻。至此，登陸美軍原計劃十五天完成的任務，僅四天就順利完成了。

←沉沒中的日本超級戰列艦「大和號」
1945年4月7日，日本戰列艦「大和號」遭到美國艦載機的攻擊，在身中十枚魚雷和五顆炸彈後沉沒。

美軍的登陸計畫十分順利，一連幾天都沒有遭遇日軍頑強的抵抗。原來，這是牛島滿中將的戰術，他先讓美軍大舉登陸，將美軍引誘到得不到海、空軍火力掩護和支援的地方，再一舉將其殲滅。

美軍最先遭遇的攻擊是海面上的浴血拚殺，日軍發動「天號作戰」中蓄謀已久的「菊水特攻」。「菊水」就是水中的菊花，這是日本十四世紀著名武士楠木正成的紋章圖案，楠木在眾寡懸殊的戰鬥中立下「七生報國」的誓言，意思是即使死去七次也要轉生盡忠，他就因在戰鬥中與敵同歸於盡的壯舉爲後世所推崇。日軍的「菊水特攻」借用其意，出動了大約四千架飛機，決心以大批自殺飛機去撞擊美軍軍艦。

從4月6日到6月22日，日軍對美軍艦船發動了十次「菊水特攻」，加上零星出擊的飛機，日軍共出動七千八百五十餘架次，其中自殺機二千餘架次，造成美軍巨大損失，共擊沉美軍軍艦三十二艘，擊傷三百六十餘艘。但對於整個戰局而言，這只是最後的掙扎。

↑沖繩島戰役中的美軍士兵

陸戰告捷

在陸戰方面，美第三陸戰軍向沖繩北部順利推進，至4月21日占領該島北半部和伊江島。第二十四軍向南進攻，遭到日軍頑強抵抗，進展緩慢。5月4日，日軍反擊失利，被迫收縮陣地。

5月8日，納粹德國宣布戰敗投降，沖繩島海面的每一艘美軍軍艦向日軍陣地發射三發砲彈，以示慶祝。

6月18日，指揮地面部隊的巴克納中將親臨前線督戰，日軍一發砲彈飛來，彈片和尖銳的碎石片擊中他的頭部，使他當場身亡。他成爲美軍在整個太平洋戰爭中陣亡的軍銜和職務最高的將領。

6月22日，美軍突破日軍的最後防線，攻到了沖繩島最南端的荒崎，宣布掃清了島上日軍的抵抗。

6月23日淩晨，牛島滿中將脫下軍裝，換上和服後切腹自殺。他的參謀長也追隨他切腹自殺，還有一些軍官集體自殺。至此，日軍有組織的抵抗告以平息。

7月2日，尼米茲正式宣布沖繩島戰役結束。

062.原子彈襲擊廣島

敵人使用了一種從未見過且破壞力極大的炸彈。──日本第二軍總司令部

平靜中的噪音

1945年8月6日清晨的日本廣島顯得有點悶熱，但天空晴朗，和平日一樣迎來寧靜的朝霞。防空警報此時尖厲地響起來，但並沒有引起人們過度的驚慌。因爲近來美國飛機頻繁出現在日本上空，不是偵察就是轟炸，幾乎每天都有成噸的炸彈扔下來，警報聲就像學校鈴聲一樣正常。警報響過，幾架美國飛機在廣島上空盤旋幾圈後離開，並未投擲炸彈。「又是空中偵察機！」有人漫不經心地說道。司空見慣的廣島人在警報聲中忙著自己的事情，整個城市在警報過後立刻恢復常態。

八點剛過，警報又響了起來。市民們仍舊沒有理會，也沒有鑽進防空洞，仍然做著自己手頭的工作。甚至還有一些人仰頭悠閒地看著天上的三架B－29轟炸機。因爲這種飛機已經連續好幾天盤旋在廣島上空，既不掃射，也不轟炸，人們都疑惑它到底是要偵察呢，還是進行飛行訓練？

九點十四分十七秒，一架美機的瞄準儀對準廣島一座大橋，從艙門落下了一顆不尋常的「炸彈」。隨後，飛機進行了一個一百五十五度的轉彎，立刻俯衝下來，飛行高度瞬間內下降三百多公尺。這是爲使飛機盡量遠離爆炸地點。

天空中的巨響

四十五秒鐘後，在離地六百公尺的空中，「炸彈」爆炸了。爆炸所產生的劇烈白光閃現在空中，彷彿天空中又出現了一顆太陽。令人目眩的白光瞬間即逝，隨之而來的大爆炸，讓整個廣島市發生猛烈的顫動。只見一朵巨大的蕈狀雲拔地而起，雲團翻滾著升上天空。地面隨之冒出幾百根火柱，霎時間廣島市淪爲一片焦熱的火海。

爆炸後的情況慘不忍睹，成千上萬的人因爆炸的光波刺激而雙目失明；堅硬的鋼鐵在爆炸所產生的十億度高溫下，瞬間熔化殆盡；受爆炸後衝擊波形成的猛烈狂風的襲擊，建築物

←廣島原子彈爆炸後產生的蕈狀雲

投放到廣島的原子彈，在離地面六百公尺處爆炸。在閃光、聲波和蕈狀煙雲之後，火海和濃煙籠罩了全城。

→日本廣島和平紀念公園的原子彈爆炸受害者紀念塔

全部坍塌。處在爆炸中心的人和物就像原子分離，瞬間分崩離析，在空氣中消失得無影無蹤。距離爆炸中心較遠的地方，到處散落著燒焦屍體的殘骸。在更遠一些的地方，有些人僥倖活著，但也嚴重燒傷，痛苦地呻吟著。強烈射線所散發出來的放射雨，對一些人造成了奇異的傷害，使他們緩慢地走向死亡。

當時的廣島有三十四萬多人口，這一聲爆炸就使八萬八千多人失去生命，還有五萬多人負傷和失蹤。全市近八萬幢建築物，全毀的約有五萬幢。

【人文歷史百科】

投向日本的原子彈

1945年8月6日，代號為「枷鎖」的蒂比茲駕駛著以他母親名字「愛諾拉．蓋伊」命名的轟炸機，載著其他十一名機組成員，在日本廣島上投下代號為「小男孩」的原子彈。8月9日上午十一點零二分，蒂比茲的部下查理斯．斯文尼駕駛著B-29轟炸機前往日本投放代號為「胖子」的原子彈。但由於雲層太厚，斯文尼在天空來回盤旋了四十五分鐘。斯文尼沒有把「胖子」投放在長崎市中心，而是落在偏離中心目標二公里的地方，但仍然給長崎帶來了七萬多人的死亡數目。

第二聲爆炸

8月7日，美國杜魯門總統透過廣播說：「7月26日，爲了拯救日本人民免遭徹底性的毀滅，在波茨坦發出了最後的通牒，但是他們的領袖卻迅速地拒絕最後通牒。如果他們現在對我們的條件還視而不見，那麼更大的毀滅將從天而降……」日本的陸海軍統帥部在收聽到美國廣播之後不久，接到廣島日本第二軍總司令部的報告：「敵人使用了一種從未見過的破壞力極大的炸彈。」有原子能權威人士參加的調查委員會，馬上被日軍參謀本部派往廣島調查。

調查結果很快就出來了，這種新型的炸彈就是原子彈！日本高層對廣島慘狀感到十分恐慌，爲避免動搖人心而引起全國混亂，他們決定立刻封鎖廣島遭原子彈襲擊的消息。即使如此，對是否立即接受波茨坦公報的最後通牒而無條件投降的問題，日本政府內部仍有嚴重分歧。他們寄望蘇聯能出面調停。

8月9日十一點三十分，美國又在日本長崎投下第二顆原子彈，有六萬餘人喪生。8月15日，日本電臺播放天皇裕仁的投降詔書。9月2日，在美國戰列艦「密蘇里號」上，日本政府代表在投降書上簽字。

↑廣島原子彈爆炸中心僅存的幾幢建築物之一

063.公審戰犯

1948年12月23日零時，東條英機及其他六名戰犯被送上絞刑架，結束了他們備受爭議的一生。

難逃公審

↑戈林在紐倫堡國際軍事法庭中受審
1946年10月，戈林被紐倫堡國際軍事法庭判處絞刑。

第二次世界大戰，造成累計約五千餘萬人死亡，死亡者中有一半是無辜的平民。經濟損失更是難以估量，僅交戰國直接戰費投入就達一萬一千一百一十七億美元之多，數不清的人類歷史文化遺產毀於一旦。戰爭中所發生的違反人性的殘酷行爲，更是罄竹難書。

戰爭結束後，共抓獲戰犯二十萬名。美國列出了三百五十名甲級戰犯，在其中又列出二十二名「主犯」，決定在德國紐倫堡和日本東京分別對這些主犯們進行審判。

有十名戰犯在紐倫堡軍事法庭被判處極刑，分別在1946年10月15日或16日晚執行。這些要犯中有希特勒主力助手的空軍司令戈林、外交部長里賓特洛浦、理論家羅森堡、勞工部長羅貝特．李、內務部長希姆萊的助手弗里克和波蘭總督法蘭克等。

納粹戰犯矢口否認有罪，還向柏林盟軍管制委員會上訴，要求免於極刑，無論他們如何向人求情、遊說，依舊逃不過最後審判結果的懲罰，都被處以極刑。

法眼無情

曾經狂妄不可一世的納粹二號人物戈林被捕時，除了妻女外，還帶著四名副官、兩名司機和六名炊事員。他握著鑲二十四隻金鷹的短杖，對美軍第七軍軍長派赤說：「戰爭就像在踢足球，贏了的一方就應該握輸家的手。」彷彿戰爭就像一場簡單輕鬆的遊戲，以至於當派赤叫他交出手中的短杖時，他竟然說：「這是我權威的象徵。」

後來戈林得知被判處極刑而四處申訴無望時，立刻吞服隨身攜帶的兩粒毒藥自殺。

德國外交部長里賓特洛甫，在審訊當中總喜歡說「我患了失憶症」，企圖蒙混過去，但事實證據確鑿。

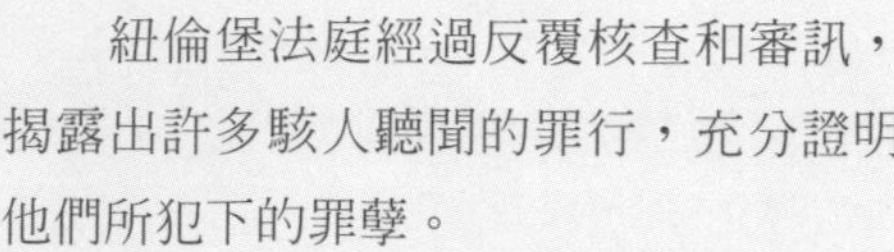

紐倫堡法庭經過反覆核查和審訊，揭露出許多駭人聽聞的罪行，充分證明他們所犯下的罪孽。

1946年10月16日淩晨一點左右，戰犯們被套上絞索站在絞刑架的一塊活動板上。活動板抽開後，他們兩腳懸空被絞索勒死後斷氣。

早晨四點，戰犯們的屍體被置入棺材，送往火葬場。骨灰撒進德國的莎阿河。

【人文歷史百科】

二次大戰的波及

第二次世界大戰的戰火燃及歐、亞、非和大洋洲四大洲及大西洋、太平洋、印度洋、北冰洋四大洋，擴展到四十個國家的國土，有五、六十個國家參戰，作戰面積廣達二千二百萬平方公里。在抗擊軸心國（德、義、日為主）的戰爭中，中國持戰八年，英國六年，蘇聯四年二個月，美國三年九個月。雙方動員軍事力量約九千萬，其中蘇聯二千二百萬，美國一千五百萬，英國一千二百萬，軸心國德、義、日三千萬。

歷史澄清

1946年5月3日，經過長達半年的周密調查後，中、美、英、蘇等十一國代表組成的遠東國際軍事法庭正式開庭，對東條英機爲首的日本戰犯進行審判。

東條英機在1931年「九一八事變」後曾指揮日本關東軍對中國進行大規模侵略；1941年12月，又瘋狂發動太平洋戰爭；1941年10月起，他擔任日本首相兼陸軍大臣，直到1944年7月日本敗局已定後，被迫下臺。

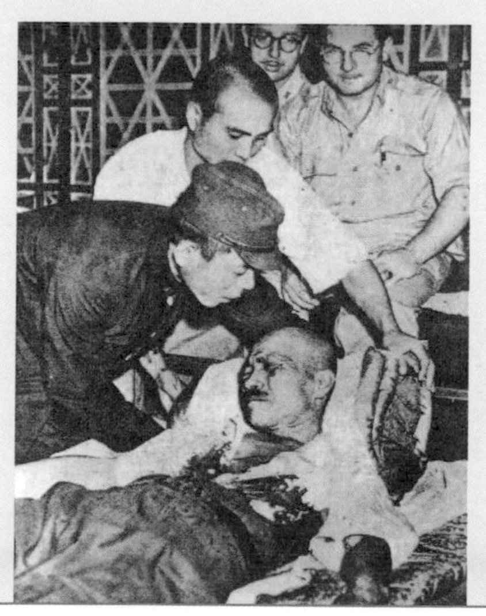

←自殺未遂的東條英機

自知難逃法網的爲逃避審判決定自殺，但自殺的子彈未射中要害，他又被救活了。1946年5月3日十一時，包括東條英機在內的二十八名日本甲級戰犯被押上審判臺。

在近兩年的審訊中，東條英機始終不認罪，還宣稱日本發動對外戰爭是「自衛戰爭」，甚至在臨死前的遺書中，他還冥頑不化地寫道：「對我個人而言，這次死刑是個安慰，但作爲國際性的犯罪，我始終認爲是無罪的……」東條英機至死也不願認罪。

1948年11月4日，遠東國際軍事法庭宣判，日本首要戰犯二十五人有罪，東條英機、板垣征四郎、土肥原賢二、廣田弘毅、木村兵太郎、松井石根、武藤章七人被判處絞刑。

064.聯合國成立

根據舊金山會議決定：1945年10月24日聯合國將宣告成立，總部設在美國東岸的紐約。

醞釀建立聯合國

1937年7月，日本全面侵略中國。1939年9月，德國納粹突襲波蘭，從這一天起，全世界籠罩在戰爭的陰影之下。很快，戰火就蔓延到世界上六十多個國家和地區，把二十多億人捲入到戰爭的巨大災難之中。全世界人們都引頸期盼，渴望著持久的世界和平。1943年10月，中、美、英、蘇四國代表相聚莫斯科，發表《共同安全宣言》，呼籲建立國際安全機構。此後，中、美、英與美、英、蘇先後舉行開羅會議和德黑蘭會議，商討戰勝德、日及戰後重建工作的構想，為大國的合作奠定基礎。在美、英、蘇三國領袖舉行德黑蘭會議期間，美國總統羅斯福和蘇聯領導人史達林會晤後，正式提出成立聯合國的建議。

1944年8月至10月，在美國華盛頓，中、美、英、蘇四國代表共同起草聯合國章程。

【人文歷史百科】

聯合國機構

聯合國主要設有聯合國大會、安全理事會、經濟及社會理事會、託管理事會、國際法院和祕書處六個機構。其中聯合國大會是主要的審議機構，由全體會員國組成，每年召開一次例會；安理會是聯合國維持和平與安全的主要機構，也是唯一有權採取行動的機構；祕書長是聯合國組織的首長，在大會以及聯合國各理事會的一切會議中，以祕書長的資格行使職權，並執行這些機關委託的其他任務。

↓**頓巴敦橡樹園會議，攝於1944年8月21日**

1944年8月21日，中、美、英、蘇在美國華盛頓郊區喬治城的頓巴敦橡樹園大廈舉行會議。會議通過了建立普遍性國際組織的議案，並建議將此組織定名為「聯合國」。

激烈的權力之爭

由於蘇聯是當時唯一的社會主義國家，它意識到戰時雖然是朋友，但戰後必與美、英等成為競爭對手，因此蘇聯堅決提出英、美、中、蘇、法五個常任理事國應當享有否決權，就是說聯合國安全理事會五國中只要有一個國家反對，表決就無效。否則，多數決原則將使蘇聯陷於不利地位。英、美早就意識到這一戰略目的，因此堅決反對「否決權」，強烈主張多數決。

出於同樣的目的，為增加自身的力量，蘇聯又提出兩個加盟

→聯合國國徽

共和國烏克蘭和白俄羅斯直接成爲聯合國成員，這樣蘇聯就相當於擁有三票的表決權，英、美自然更不能接受。雙方爲各自的利益爭執不下，問題久久不能解決。

←聯合國大會第一屆會議開幕式，攝於1946年
1946年1月10日至2月14日，聯合國大會第一屆會議在倫敦召開。聯合國創始會員國全部派代表出席會議，表明聯合國組織系統正式啓動。

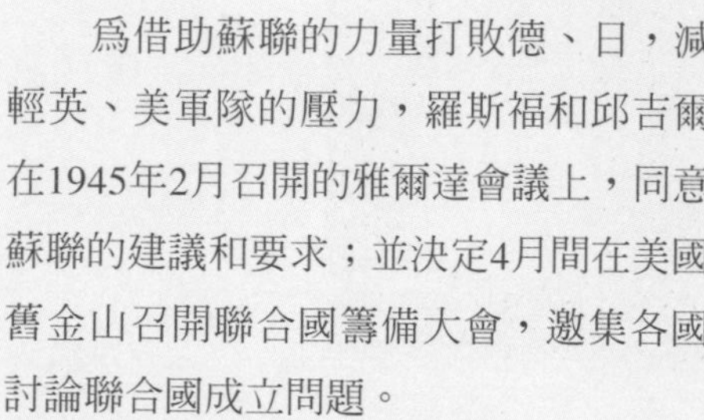

爲借助蘇聯的力量打敗德、日，減輕英、美軍隊的壓力，羅斯福和邱吉爾在1945年2月召開的雅爾達會議上，同意蘇聯的建議和要求；並決定4月間在美國舊金山召開聯合國籌備大會，邀集各國討論聯合國成立問題。

和平的聚會

1945年4月25日，全世界四十六個國家的代表齊聚美國舊金山，共同討論聯合國成立問題。

下午四時，滿載著各國代表的車隊在濛濛的細雨中，駛向了舊金山市歌劇院。美國有一百五十六名代表，中國有七十五名代表，英國有六十五名代表，蘇聯有十五名代表。這四個發起國與其他國家的代表共八百五十人同時進入歌劇院，沸騰的人群向他們拋撒著鮮花，興奮地高呼著「和平！和平！」，聲音久久迴蕩在舊金山上空。

會議前後開了兩個月，會議期間烏克蘭、白俄羅斯、阿根廷和丹麥陸續加入，會員國達到五十個。6月26日，大會一致通過《聯合國憲章》，各國代表分別在憲章上簽字。

↓聯合國憲章簽字儀式，攝於1945年6月26日
1945年4月25日，聯合國制憲會議在美國舊金山隆重召開，參加國達到五十個。經過兩個月的討論和協商，6月25日晚，與會各國一致通過了聯合國憲章及國際法院規約。26日清晨，《聯合國憲章》簽字儀式開始。1945年10月24日正式生效。至此，聯合國正式成立。

065.「沙漠之狐」隆美爾

「真正的軍人，沒有不想得到勳章的。」——隆美爾

平民出身的隆美爾

1891年11月15日，隆美爾在德國布倫茲的海頓海姆出生。雖然父親是一個中學的校長，但在崇尚軍國主義的德國，卻不如一個軍警那麼令人崇拜。隆美爾年幼時身體很虛弱，個頭不高，不喜歡運動，在孩子堆裡經常受欺負，而且學習情況也不突出。

隆美爾十四歲時，他的父親突然發現隆美爾的長處：從軍。在那一年，隆美爾發明一個盒式的滑翔機，這在那個小鎮裡引起的轟動，絕不亞於人們觀看萊特兄弟駕駛飛機衝上天空的場景。雖然隆美爾的身體還不硬朗，看似難以承受得住軍隊的訓練，但這阻擋不了父親送他進部隊的決心。

軍營裡的愛情

1910年，隆美爾來到軍營，首先加入伍爾登堡當地的第一二四步兵團。三個月後，隆美爾升為下士，不久又升為中士。1911年3月，隆美爾進入但澤皇家軍官候補生學校學習。

←年輕的隆美爾
隆美爾青年時期的理想是成為一名工程師或飛艇技師，但軍旅生涯鍛煉出了一個德國「戰神」。

進入但澤學校後，隆美爾軍事知識的擴充速度，遠遠比不上愛情的發展速度。在這裡，他瘋狂迷戀上一個叫露西．莫琳的女孩，隆美爾愛上她後就至死不渝。他無論走到哪裡都會貼身帶著露西的照片；在外打仗時不管多麼辛苦，隆美爾總會永遠不變的稱呼

↑隆美爾（右二）的兄弟姐妹

【人文歷史百科】

輝煌與沒落

隆美爾在北非鑄就了自己的輝煌，但打得太順手了，甚至想占領埃及。他忘了希特勒交代：北非不是德國的主攻方向，隆美爾的職責是幫助義大利穩定北非的局勢，進而利用義大利人牽制住英國人。但後來希特勒不得不把德蘇戰爭中的一些物資裝備挪到北非戰場，這樣既減輕了德蘇戰場對蘇軍的壓力，又把盟軍大隊引到北非。德國多線作戰肯定力不從心，所以隆美爾在北非最後被蒙哥馬利所打敗。

「親愛的露西」，寫信給她，把自己的情況詳細地告訴她；其他軍官的家屬往往會圍在露西面前，打聽一些前線的消息，後來，隆美爾從前線寫給露西的幾十箱信件，成了研究「沙漠之狐」的著名史料。

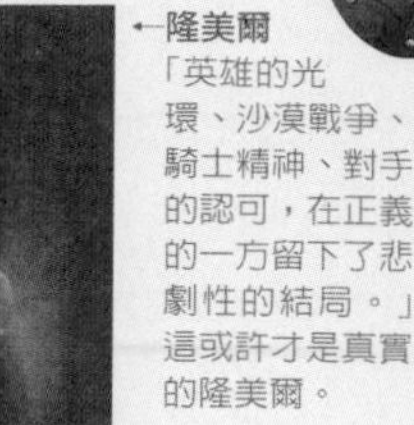

←隆美爾
「英雄的光環、沙漠戰爭、騎士精神、對手的認可，在正義的一方留下了悲劇性的結局。」這或許才是真實的隆美爾。

隆美爾對露西的忠誠，讓他的下屬都佩服得五體投地。隆美爾曾說：「我不給其他女性機會，也不給自己犯錯的機會。」他後來告白說：「露西已經成爲我生命的一部分了，背叛露西就是背叛我自己的生命。」

鬥獸精神

一次世界大戰爆發後，隆美爾在軍營中嶄露頭角，形成外界所謂的「鬥獸精神」。「鬥獸精神」主要有三點構成，即先發制人的思想、強烈的榮譽感和悍勇的作風。

一次世界大戰爆發時，隆美爾隨步兵團待在一個叫瓦倫尼斯的小村子裡，參與軍旅生涯中的初次戰役。當時他率領三名士兵正在巡邏，突然發現前面走來了二十多個法國士兵。跟隨隆美爾的三名巡邏兵一看不敵對方人數，拔腿就想跑。隆美爾低聲呵斥住他們：「你們跑得過二十多人的子彈嗎？」

↑年輕的隆美爾

隆美爾就領著這幾個人突然開槍，有幾個法國士兵立即倒下，但剩下的法國士兵開始向隆美爾這邊掃射。槍聲招來了德軍的一個步兵連，這些法國士兵只得狼狽地逃跑。這是隆美爾先發制人的一個縮影，他獲得軍事生涯中第一枚勳章：鐵十字勳章。

隆美爾有一句口頭禪：「眞正的軍人，沒有不想得到勳章的。」1917年10月，德軍進攻義大利北部的伊松索河防線，隆美爾率領一支先遣隊在夜間插入義大利軍隊防線的後方，並在一個叫庫克山的制高點上升起德國軍旗，義大利軍隊一下就亂了陣腳，與義軍正面作戰的舒爾納中尉趁機占領這條防線最重要的高地。後來德軍把這次戰役的唯一軍章授予舒爾納。隆美爾聽後勃然大怒，他狠狠地

把帽子摔到了地上。隆美爾成名後找到一個負責軍事歷史局的人說：「你們應該對這次戰役做適當修改，要加進四十名義大利軍官和一千五百名士兵是怎樣向隆美爾投降的。」由此可見隆美爾對榮譽的重視。

←一次大戰時的隆美爾
第一次世界大戰中，身為連長的隆美爾曾率領士兵爬過近百公尺長的鐵絲網，一鼓作氣攻下法軍四個地堡。他的進攻速度太快了，以至於後續部隊難以跟上。

1917年10月7日，隆美爾參加隆格諾恩戰役。因爲隆美爾作戰時喜歡往前衝，所以他率領連隊迅速渡過一條河流，但大部隊因爲河流湍急而沒有立即過去。隆美爾就這樣領著二十五個人走到了一萬人的義大利軍隊面前。沒想到，隆美爾竟然選擇了穿插進去，他想透過騷擾使敵人疲憊，但手下的二十五人眨眼間就被消滅了。隆美爾後退時遇到了一個連的先遣隊，於是又掉過頭來進行騷擾，採取敵進我退、敵退我進的方針，有六次差點丟掉性命。爲了牽制住義大利軍隊，他把敵軍駐紮小鎮沿路的房屋給燒了。第二天早晨，他的大部隊上來了，才把義大利軍隊給殲滅。

二次大戰中的隆美爾

第一次世界大戰結束後，由於戰勝國對德國軍事上的限制，隆美爾從1915年開始，擔任了十四年的連長。1929年10月1日，隆美爾被德國陸軍選中到德勒斯登步兵學校當戰術教官。1934年，希特勒視察隆美爾的獵人營，隆美爾全程陪同講解。1936年9月，希特勒因身邊缺少警衛，就把隆美爾調過去。1937年初，隆美爾出版一本主要思想強調「進攻、進攻、再進攻」的《攻擊中的步兵》，引起納粹宣傳部長戈培爾的注意。這本書很快成爲德國當年最暢銷的書籍

↓隆美爾檢閱部隊
二次大戰中德國對法國的戰爭中，隆美爾率部隊一個月內抓獲俘虜九萬七千人，以至於隆美爾常常可以看到自己的一小隊士兵押著上千名俘虜的情形。

↑隆美爾死後希特勒送的花圈
希特勒發給隆美爾夫人的電報說：「妳丈夫的死為妳帶來莫大的損失，請接受我最誠摯的弔唁，隆美爾元帥的英名將永遠和北非英勇的戰役聯繫在一起。」

【人文歷史百科】

隆美爾之死

1944年7月20日，德國反希特勒組織策劃刺殺希特勒，但行動失敗了。這個事件牽連到了隆美爾，因為行動人之一施道芬格曾經遊說隆美爾。隆美爾回了一句模棱兩可的話，「看來由我負責的時候到了。」1944年10月14日，希特勒給隆美爾兩條路：自殺，然後舉行國葬；不然送上人民法庭審判處死。隆美爾最後選擇服毒自殺。1944年10月18日，希特勒下令為隆美爾舉行國葬，全國默哀一天。

之一，連續再版十八次。

希特勒一方面指令將《攻擊中的步兵》作爲全軍的軍事教程，一方面任命隆美爾爲警衛營的營長，晉升爲少將軍銜。這改變了隆美爾的一生，希特勒的擴張理念和隆美爾腦子裡的大日耳曼思想十分吻合，他虔誠地追隨起希特勒。

二次世界大戰爆發後，隆美爾告訴希特勒欲赴前線打仗，並說想當裝甲師的師長。當時德國總共才六個裝甲師，希特勒應允後，讓陸軍總司令勃勞希奇爲隆美爾安排。勃勞希奇一聽立即反對，隆美爾的最高軍階只到營長，且是步兵，根本沒有在裝甲師的經驗。最後勃勞希奇把進攻波蘭時受到重創的第二輕型裝甲師，改編成了第七裝甲師，然後讓隆美爾擔任第七裝甲師的師長。隆美爾僅僅經過三個月的訓練，在1940年5月10日「黃色作戰方案」實施時，他的裝甲師已成爲七個裝甲師中最強的一個，英國人把隆美爾這個師稱爲「魔鬼師」。1941年元旦，隆美爾快速晉升爲中將。同年2月，隆美爾在北非打贏卡札拉會戰，6月21日晉升爲元帥，獲得了「魔鬼之師，沙漠之狐」的稱號。

↓在北非前線的隆美爾
邱吉爾曾咬牙切齒地連聲喊道：「隆美爾！隆美爾！——別的都無關緊要，只要能打敗他就行！」

066.「獵狐高手」蒙哥馬利

「大多數軍事問題只有兩個答案：一個正確，另一個是錯誤的。作為軍人，必須有堅強的性格，才能在複雜的戰爭中，判斷出正確與錯誤。」──蒙哥馬利

與母親的對立

蒙哥馬利出生於1887年11月17日，像普通的孩子一樣，在少年時並沒表現出什麼異於常人的地方。他的父親亨利‧蒙哥馬利是一位虔誠的牧師，在三十四歲時娶了十六歲的妻子。這位年輕的妻子喜於操持家務，總是把家裡整理得井井有條，還有一點潔癖，容不得半點灰塵。而蒙哥馬利小時候特別不安分，總是把一切弄得亂糟糟的，因此總免不了遭受一頓呵斥。

蒙哥馬利的「破壞力」一天比一天大。有一天蒙哥馬利又把媽媽鍾愛的魚缸打破了，這次媽媽怒不可抑地對他斥道：「除了能當砲灰，你還能當什麼？」

這句話深深地刺傷了蒙哥馬利，以至於他在去世之前還與人談起這事。蒙哥馬利在回憶錄裡寫道：「我的童年是不幸的，因爲母親帶給了我深深的傷害，在她的眼裡，我可能就像砲灰一般。我母親說對了一半，因爲我的確開砲了，但沒有變成砲灰。母親吝嗇的關愛，世人對我的嘲笑，鍛鍊出我堅忍不拔的意志，這才成就後來的蒙哥馬利。」

↑四歲的蒙哥馬利

頑劣的「猴子」

1902年，蒙哥馬利進入聖保羅學校。他頑劣的個性仍然沒有改變，喜歡惹是生非，常與人打架，男孩子所有的淘氣事他都做過。因爲他身體較瘦小，所以學生們給他取了個外號「猴子」。

校報上還曾寫著：「請大家不要再招惹這隻猴子，要獵取這個動物是非常危險的，他會瘋狂地、齜牙咧嘴地向你撲來，並且從不猶豫。」同學都戲稱，蒙哥馬利應該是一隻「沒有進化好的猴子」。蒙哥馬利在學校裡的影響可以從學校對他操行的評等上看出，從上學到畢業前半期，蒙哥馬利的操行紀錄上重複著一個字：劣。

蒙哥馬利有一個夢想，就是進入英國著名的軍事學院桑赫斯特皇家學院。但以他的操行評等來看，

→桑赫斯特校徽

【人文歷史百科】

阿拉曼戰役後的蒙哥馬利

阿拉曼戰役是英軍扭轉不利局勢的關鍵戰役。蒙哥馬利於此開啓了軍事生涯的輝煌，他幾乎在一夜之間成為大英帝國的救星。邱吉爾後來在他的回憶錄中寫道：「在阿拉曼戰役以前，我們是戰無不敗，在阿拉曼戰役以後，我們是戰無不勝。」此後，蒙哥馬利又參與指揮英軍幾乎所有的歐洲戰役。德國投降之後，蒙哥馬利被任命為英國駐德國占領軍總司令，此後又擔任過英軍總參謀長，北約盟軍副總司令等職，1958年因年事已高而退休。

↑**1887年的倫敦**
這是倫敦慶祝維多利亞女王即位五十周年的盛況。維多利亞女王是英國歷史上在位時間最長的君王（1837~1901）。女王統治時期，特別是1851年以後，在英國歷史上稱為「維多利亞時代」，是英國和平與繁榮的象徵。

這顯然是不可能的。在聖保羅學校的後半期，蒙哥馬利開始發奮學習，終於在1907年考上桑赫斯特皇家軍事學院。

進入軍事學院後，蒙哥馬利又控制不住自己的頑劣，差一點因違紀而被學校開除。在操行評等上，他比在聖保羅學校有過之而無不及。

1908年，蒙哥馬利因爲成績太差，再加上平民身分，畢業後被分配到印度西北邊境的白沙瓦地區任職少尉。白沙瓦十分偏遠，運輸工具以騾馬爲主。

雖然蒙哥馬利不喜歡學習，不喜歡考試，但對軍旅生涯卻是十分嚮往的，他始終以身爲軍人而感到自豪。

關心士兵

在一次世界大戰中，蒙哥馬利嶄露頭角，他受到官兵的擁護，因爲他非常愛惜自己手下的每一個士兵。蒙哥馬利認爲，戰鬥的勝利取決於士兵的凝聚力，這來自於他們對軍官的信任。如果上級軍官欺騙他們，他們怎麼敢把自己交給這個軍官來指揮？因此蒙哥馬利要求，軍官必須懂得愛

←**桑赫斯特皇家陸軍學院**
桑赫斯特皇家陸軍學院的歷史可追溯到1741年，現在英國陸軍中八成的軍官都是該校畢業生。如英國戰時首相邱吉爾、元帥蒙哥馬利等都是從該學院走出的畢業生。自1947年起，桑赫斯特陸軍學院的校訓改為了「為領導人才服務」。

護自己的士兵，珍視他們的性命，要及時救治傷員。

蒙哥馬利還特別提出了一個要求：派遣女護士到前線醫院。蒙哥馬利認爲，女護士的照料可以減輕傷員的恐懼，讓他們緊張的神經得到緩解。而有一個例子正好印證了這一點。

←一次世界大戰中的女護士
戰爭是殘酷的，女護士奔赴前線更顯示戰爭的殘酷性。

有一名年輕的士兵傷勢很重，在彌留之際他對身邊的護士說：「護士小姐，我請求妳一件事，從小到大，除了母親吻過我以外，還沒有任何女人吻過我，妳可以吻我一下嗎？」女護士含著淚吻他一下，這個年輕的士兵在微笑中離開人世。看到女護士在前線忙碌，那些士兵如此說道：「這裡沒有死亡，只有愛。」

二次大戰成名

1941年2月，希特勒派他手下悍將隆美爾到北非擔任德義聯軍總指揮。「沙漠之狐」一出動，北非局勢立刻丕變，不僅扭轉了不利局勢，還把英軍主力趕到埃及。而隆美爾 6月下旬的攻勢，更令英倫三島震驚：德義聯軍到達了距離亞歷山卓港以西一〇四公里的阿拉曼地區，使英國第八集團軍面臨全面崩潰的境地。

爲了挽救局勢，邱吉爾撤掉第八集團軍司令，然後任命第三十軍軍長戈特擔任第八集團軍的司令。戈特善於沙漠作戰，他常能發揮冷靜頭腦力挽狂瀾。

【人文歷史百科】

悄然離開的蒙哥馬利

1968年的一天，已經八十一歲高齡的蒙哥馬利要求手持國劍，參加英國國會舉行的開幕儀式。英國國劍是英王授予功勳卓著軍官的一種榮譽。當女王發表漫長講話的時候，蒙哥馬利實在挺不住了，身體晃了一下，差點倒下去，他被女王旁邊的一個侍衛官扶到了椅子上。但他仍想站起來保持軍人的尊嚴和風格，只是心有餘而力不足。幾分鐘之後，他一個人悄然地離開上議院，從此之後，就再也沒有公開露面。1976年3月25日，蒙哥馬利在倫敦病逝，享年八十九歲。

←一次大戰中的蒙哥馬利

不幸的是，戈特8月6日接到命令，在次日乘飛機前去北非上任的時候，遭德國戰鬥機擊落而殞命。邱吉爾忍住悲痛，立即命令當時擔任第一集團軍司令的蒙哥馬利接替戈特。

蒙哥馬利早就想和「沙漠之狐」捉對厮殺，對手越強大，他就越興奮。蒙哥馬利戴著那頂雙徽的坦克部隊貝雷帽，去鼓舞第八集團軍的士兵，然後開始對部隊中的軍官進行考核，不合格、不服從指揮的一律撤掉。當時還是中將的蒙哥馬利，甚至連請示都沒有，就把第八集團軍代理司令拉姆斯登中將撤走了，因爲拉姆斯登對全局無法掌握，蒙哥馬利認爲他不能勝任此一職務。隨後他又撤換第七裝甲師師長倫頓少將，因此人竟然否定蒙哥馬利的計畫，這激起蒙哥馬利性格裡專橫和傲慢的一面，他絕不允許任何人挑戰他的權威。

蒙哥馬利強勢的整頓，令當時英國第八集團軍一位中校如此寫道：「一個沒有勇氣把一些準將從集團軍的參謀機構裡解職的將軍，一個沒有勇氣激發軍士強烈獻身精神的將軍，是不能打敗隆美爾甚且取勝的。但蒙哥馬利做到了這一點。」

↑蒙哥馬利部署阿拉曼戰役
阿拉曼一役，讓蒙哥馬利聲名遠揚，但隨後的幾次失利，讓人感覺他是穩紮穩打的類型，在防守上更加擅長。

1942年10月23日，蒙哥馬利與隆美爾對陣阿拉曼。蒙哥馬利根據截獲的德軍情報，完全掌握隆美爾的情況，然後他集中優勢兵力，利用僞裝手段瞞過隆美爾，最後發起突擊，一舉擊潰「沙漠之狐」。從此以後，縱橫北非沙漠的隆美爾一蹶不振。當邱吉爾聽到蒙哥馬利打敗隆美爾的消息時，他顫抖著雙手抓起電話，然後用顫抖的聲音說：「大英帝國的全體臣民感謝你和你英勇的軍隊。」

↑阿拉曼戰役中巡視的蒙哥馬利

067.「血膽將軍」巴頓

「一個職業軍人的適當歸宿，是在最後一戰被最後一顆子彈擊中而乾淨俐落地死去。」——巴頓

美國裝甲部隊的創始人

1885年11月11日，巴頓出生於加州一個高貴家庭。他自幼喜歡馬術，在牧場中度過愉快的童年。十八歲時進入私立維吉尼亞軍事學院，一年後又進入西點軍校，畢業後被調往美國第一集團軍任騎兵少尉。第一次世界大戰爆發後，巴頓於1916年參加美軍對墨西哥的武裝干涉。

↑法國坦克
巴頓組建坦克部隊時，用的就是法國提供的這種坦克。

1916年9月15日，英軍將坦克送上索姆河戰役。坦克的首次使用，帶給敵兵極大的恐慌，他們用刀刺不進去，用槍也射不穿裝甲。坦克在第一次世界大戰中出盡風頭，在提高攻擊力的同時，可有效地減少人員的傷亡。第一次世界大戰結束後，各國紛紛效仿，開始大量製造坦克。

當時巴頓正在美國首位五星上將潘興的手下當副官。巴頓請求上前線打仗，潘興答應了他的請求，給他兩個選擇：一是去當一個步兵營的指揮，二是組建一支坦克部隊。巴頓不願當步兵，但坦克又是新式武器，他拿不定主意，故去請教最信任的岳父，岳父回信說：「我熱愛和平，對戰爭所知甚少。如果讓我建議，我只提醒你：選擇對敵人打擊最大，而己方損失最小的武器。」巴頓聽從了岳父的建議，於1917年11月9日接受任命，組建美軍第一支坦克部隊。

當時美國沒有坦克，只好從法國借來二十輛，而巴頓又是美軍中第一個會開坦克的人。他親自教導這些新兵，因此每天忙得不可開交。由於當時的坦克噪音大，缺乏完善的聯絡方法，巴頓便創立肢體語言聯繫方法：如果後面的人伸

↑索姆河戰役中的坦克
1916年9月15日，英軍在索姆河戰役中使用坦克，這是坦克在戰爭史上首次的登場。

↑簡單的布道
這是在一個農家小院布道時的場景。戰火還沒有停熄，軍人隨時都要備戰，軍中的布道時間若過長，顯然不利於士兵。

【人文歷史百科】

奇特的命令

1944年秋，巴頓的第三集團軍離開解放的巴黎，向萊因河方向推進。但他旗下的裝甲車油料不夠，為提升進攻速度，他等不及後方補給油料，於是下達了一個戰爭史上從未有之的命令：任何士兵如果能偷到油料，不管是美軍的還是德軍的，都放假三天。結果巴頓兩翼第一集團軍和第九集團軍的油料經常被盜，兩個集團軍的長官發現後一狀告到了艾森豪那裡，最後這件事即不了了之。

腳去踢前面人的後背，表示「前進」；如果用手摸摸前面人的腦袋，則表示「停止」。在艱苦的摸索前進中，巴頓用半年時間組建了六個坦克連，成爲美國裝甲部隊的創始人。

巴頓的時間觀念

巴頓的時間觀念很強烈，他曾給士兵規定進餐的時間，如果晚一分鐘，就只能等到下頓飯再吃。但最能突顯他的時間觀念的，還是美軍至今沿用的布道時間。

巴頓是位虔誠的基督教徒，每次吃飯前都會進行禱告。但當時軍中的布道時間太長了，一般需要半個鐘頭，這和巴頓的時間觀念有衝突，他認爲是浪費時間。於是他把軍中的牧師找過來說：「對上帝的崇敬，我不亞於任何人，包括你。但我的官兵不想聽三十分鐘枯燥無味的講述，如果十分鐘之內無法完成布道，我就解除你的職務。」

禮拜天布道時，巴頓戴著鋼盔，領著幾個隨從進來。布道的前八分鐘，巴頓還全神貫注地盯著主看，之後他開始盯住牧師看，兩分鐘之後牧師結束布道。巴頓很滿意，但卻惹得當時的神學院十分惱火。巴頓對神學院說：「如果不願意，就由我們來布道，你們去打仗。」

神學院無可奈何只得妥協，他們告訴學生說，布道超過二十分鐘就不再有靈魂解救。所以美軍現在的牧師布道時間是十分鐘，這是巴頓定下的規矩。

←頭戴鋼盔的巴頓
巴頓曾經規定：凡在戰區，每個士兵都必須戴鋼盔、繫領帶、打綁腿，醫務人員和兵器修理工也不例外。違反此命令者軍官罰五十美元，士兵罰二十五美元。

懼內的巴頓

1918年11月13日，在聖米耶爾戰役中，巴頓因爲急於加入戰鬥，未請示

←巴頓夫婦與孩子們
巴頓曾經說過：「我要的女性，應該像戰士一樣不怕犧牲。」這一標準讓女孩們紛紛懼而遠之，但最後比阿特麗絲還是征服了他。

上級就直接下令麾下的六個坦克連全速出擊，雖然成為一次世界大戰協約國軍隊中，在興登堡防線戰績輝煌的部隊，因為協約國在整個1917年都沒能突破這道防線，但巴頓暴露了美軍坦克部隊的祕密。上司羅肯巴克準將把他臭罵一頓：「你這輕率的行為，表明你不過是隻滿街亂逛發情的公狗，不是軍人，我將把這件事記錄在你的檔案，並考慮把你送回國內。」

巴頓對於羅肯巴克的臭罵倒無所謂，但聽說要送回國內，立刻慌了。不想退出戰場的他立刻向羅肯巴克認錯，請求再給一次機會。羅肯巴克非常欣賞他的勇猛，也決定原諒他了。但巴頓轉身時嘴角上竟然露出一絲得意的微笑，恰好被羅肯巴克給發現。這表明巴頓並非真正意識到自己的錯誤，而是慶幸沒有被送回國內。如果巴頓不接受這次教訓，對他以及部隊都會造成很大的影響。這時羅肯巴克想到了一個人，就是巴頓的妻子。

巴頓的妻子比阿特麗絲非常漂亮，出身於大戶人家，巴頓對她可說是百依百順，妻子的一句話可以讓他忐忑幾天。比阿特麗絲接到羅肯巴克的信之後，立即捎信給自己的丈夫，她說：「我對於你的選擇，百分百的支持，但這種支持並不是容忍你拿性命開玩笑，或許你認為你的生命只屬於你自己，但是對我來講，你的生命可是屬於我和你的孩子。」

妻子情深意長的話讓巴頓感覺到溫暖的同時，也意識到事態的嚴重性。接到妻子信的第二天，巴頓再次推開羅肯巴克將軍的辦公室，一臉嚴肅地承認自

↓進攻興登堡防線
興登堡防線是在一次世界大戰中德軍建立的，一個由混凝土碉堡群並布有層層鐵絲網、配備機槍掩體的戰壕組成的防線。如果這個防線被突破，德國的西大門等同洞開。

【人文歷史百科】

巴頓的墓碑

1945年12月9日中午，巴頓和他的參謀長蓋伊少將坐著一輛小轎車到附近去打獵，當巴頓駛入法蘭克林到曼海姆第三十八號公路的時候，和一輛大卡車撞在一起，巴頓受了重傷。12月21日，巴頓於醫院裡停止呼吸。幾天之後，他安葬於美軍第三集團軍在盧森堡的哈姆公墓，和他的六千名部下埋在一起。巴頓墳墓那個素樸的十字架上面鐫刻著幾行字：

喬治．巴頓，第三集團軍司令，軍號〇二六〇五。

己錯了，也認清到錯誤的嚴重性，保證下次不再犯。這次輪到羅肯巴克將軍微笑了。

←巴頓在柏林
1945年7月21日，艾森豪（左）、巴頓（中）、杜魯門（右）在德國柏林

巴頓的指揮藝術

第二次世界大戰爆發的時候，巴頓的名氣還不是很大。1939年9月，馬歇爾被任命爲陸軍參謀長並晉升爲五星上將，雖然當時美國還沒有捲入戰爭，但馬歇爾意識到加入戰爭是不可避免的。於是他立即制訂軍事發展計畫，加速軍備建設，其中有一項內容就是組建裝甲部隊，這時候馬歇爾想到了巴頓。因爲在一次世界大戰的聖米耶爾戰役中，馬歇爾也在潘興手下的集團機關工作，所以對巴頓急於求戰的心態很瞭解。但他和潘興的觀點不同，他欣賞巴頓的做法，所以當他組建裝甲部隊時，立即想到巴頓。

1940年7月，年屆五十五歲的巴頓被任命爲裝甲旅的旅長。等他當上集團軍司令官後，他的指揮藝術已達爐火純青。

巴頓最突出的一點，就是注重發揮將士的獨創性，他交代任務時不會交代具體方法，他說：「不用告訴他們怎麼做，只須告訴他們做什麼就行了，而告訴他們做什麼這一點，在下達任務時就明確了，要相信他們有驚人的獨創力。」

有一次他下達命令給一個裝甲師師長，他根據當時的具體情況說：「你所要的那個重型坦克我沒有，但你必須完成你的任務。把輕型坦克當作重型坦克用……」說到這裡巴頓突然停住了，他突然意識到自己正在介紹作戰方法，遂立即改口道：「見鬼，該怎麼辦，你比我更清楚，我提拔你當將軍，你就應該做個樣子證明我提拔你沒有錯。」

這就是巴頓，充分發揮將士的能動性，戰場上的變化是複雜的，只有那些親身進入戰鬥的人才可能做出最佳的判斷。所以他的部下在作戰中把自身創造力發揮得淋漓盡致，而巴頓也不貪功，作戰勝利後他總是告訴那些記者：「去採訪我的參謀，採訪我的師長，去採訪我的士兵，這是他們的主意。」

↑高級將領的合影

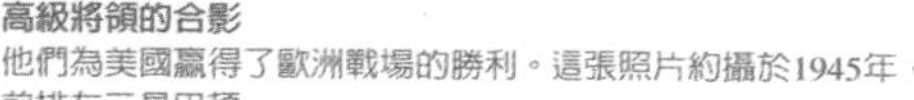
他們為美國贏得了歐洲戰場的勝利。這張照片約攝於1945年，前排左二是巴頓。

068.「五星上將」麥克阿瑟

「我離開了，但是我將回來！」——麥克阿瑟

生命中的三個女人

1880年麥克阿瑟出生於軍人世家，有三個女人貫穿了他生命的起點和終點。麥克阿瑟曾說：「生活缺少了女人就不完整，將軍的生活是孤獨的，因爲將軍的榮譽與淒涼共存。男人如果沒有女人分享生活，那將是一種非常痛苦的事情。」

給予麥克阿瑟最深遠影響的是他的母親，瑪麗．平克尼．哈迪，她是位富家千金，漂亮熱情，身上散發一股高貴的氣質。雖然她對孩子的要求十分嚴格，但教子有方。

麥克阿瑟說：「母親對我最大的影響即是讓我懂得，只要決定開始做某事，就無論如何要成功。」麥克阿瑟曾這樣形容身材高大的母親：像獵鷹般保持驕傲的姿態，從不向困難屈服。

1936年母親去世，麥克阿瑟異常悲痛，他說：「只要和母親在一起說說話，我的心裡就很舒坦。一生中，我第一次感到如此般無助。」從此以後，麥克阿瑟除了隨身帶著父親的相片外，還帶著母親晚年用了十幾年的拐杖和她留給他的一部《聖經》。

↑兒時的麥克阿瑟與父母和哥哥在一起

←麥克阿瑟的誕生地

1880年，麥克阿瑟出生於美國阿肯色州小石城的一座軍營裡，是一位棉花商之女與一個美國陸軍上尉的愛情產物。

1921年9月，幾位美軍軍官開車去看望就任西點軍校校長的麥克阿瑟。跟隨這些軍官的還有一個叫布魯克斯的女人，她的家族非常富有，布魯克斯本人也是個小富婆，據說當時就有一億五千萬美元的財產。布魯克斯曾經歷過一次失敗的婚姻。麥克阿瑟見到她後，他的心一下子就被這個三十一歲的女人俘獲。1922年麥克阿瑟與她結婚時，還特地把時間選在了2月14日，也就是西洋情人節。當時的美國媒體也用大幅標題「戰神和財娘的絕配」來報導這件事情。但婚後的布魯克斯很快厭倦了軍旅生活，她認爲麥克阿瑟應該退出軍界，另闖一番事業，不應該在戎馬生涯中浪費光陰。雖然麥克阿瑟十分寵愛這個妻子，但要他退出軍界是萬萬不能容忍的。1929年6月，麥克阿瑟和她離婚，兩人沒有生下孩子。

1935年10月，麥克阿瑟帶著母親到菲律賓任職，在船上認識費爾克洛斯，

↑重返菲律賓

1944年，麥克阿瑟實現自己的誓言，率領美軍重新在菲律賓登陸。這是他迫不急待地涉水前進時的情景。

兩人一見鍾情。三十五歲的費爾克洛斯立即以身相許，他們在1938年2月生下了麥克阿瑟唯一的兒子，而麥克阿瑟當時已經五十八歲了，兩人白頭偕老。

初嘗敗績

1941年12月爆發太平洋戰爭，當時麥克阿瑟正在菲律賓任美軍總司令。日軍把矛頭指向菲律賓時，麥克阿瑟抵擋不住了。羅斯福總統多次要求麥克阿瑟撤離菲律賓，皆遭到麥克阿瑟的拒絕，他想與菲律賓共存亡，甚至還準備自殺的手槍。

1942年2月8日和2月22日、23日，羅斯福和馬歇爾接連發電報給麥克阿瑟，讓他帶領妻兒撤離菲律賓，並答應麥克阿瑟撤到澳洲之後，會組建新的戰區讓他擔任總指揮，然後伺機反攻。接到一連串的命令後，麥克阿瑟流下男兒淚，他對妻子費爾克洛斯說：「我生在陸軍，長在陸軍，一生習於服從命令，可是這個命令眞教我難以服從啊！」妻子

【人文歷史百科】

麥克阿瑟的父親

麥克阿瑟最崇拜的人是他的父親亞瑟．麥克阿瑟。老麥克阿瑟是蘇格蘭後裔，1863年獲林肯總統親薦去西點軍校讀書。當時美國內戰正如火如荼地進行，老麥克阿瑟便離開學校到部隊當兵去了，老麥克阿瑟最高的軍銜是中將，最高的職務是美軍駐菲律賓首任軍事總督。1912年9月5日，老麥克阿瑟因病去世，麥克阿瑟從那天開始，無論走到哪裡都把父親的照片帶到身邊，半個世紀以來從未分開過。他還把自己唯一的兒子取名為亞瑟──和他父親一樣的名字。

說：「我的將軍，無論到什麼時候，我們都同飲一杯水，三人永不分。」麥克阿瑟最後請求羅斯福總統，允許他在必要的時候撤離。

1942年3月11日深夜，麥克阿瑟攜帶妻兒撤到澳洲，並接管了西南戰區的指揮權。麥克阿瑟走後，在菲律賓巴丹半島作戰的七萬五千名美軍官兵於4月9日向日軍投降，在菲律賓哥黎希律島作戰的一萬五千名美軍在5月6日投降，日軍占領了菲律賓全境。

麥克阿瑟在菲律賓戰役中遭到了從

↓在菲律賓指揮戰鬥的麥克阿瑟

1942年，麥克阿瑟在菲律賓指揮戰鬥，但他沒有想到，這次戰爭讓他遭受了美軍歷史上少有的慘敗。

軍以來的首次敗績，他不禁悲傷地說：「我沒有想到，美軍歷史上最大的一次繳械投降會發生在我的手裡！這是我畢生的奇恥大辱！」

到了澳洲後，麥克阿瑟受到了熱烈的歡迎，作爲一個軍人，在菲律賓頑強抗擊日軍時他表現得十足優秀。但他沒有絲毫的高興，他對新聞記者說：「總統命令我撤出菲律賓，是讓我組織力量對日本人反攻，主要目標是解放菲律賓。現在我離開了，但我將會再回來！」

【人文歷史百科】

回到菲律賓

1944年10月20日，麥克阿瑟指揮二十八萬大軍在萊特島登陸！當時，美軍第一騎兵師占領灘頭陣地後，岸上的戰鬥仍在持續，麥克阿瑟換了一套新衣服就開始登島了。他上岸後，正巧遇上一場暴雨，隨從立即打開傘想給他撐上，他拒絕了。他眼角掛著淚珠，用深沉的語氣說：「兩年前我從這裡出來，我說過我將回來！菲律賓人民，我──美國陸軍五星上將道格拉斯．麥克阿瑟回來了！」

最得意的時刻

1945年8月30日，麥克阿瑟接到命令：杜魯門總統命他以盟軍最高司令的身分接受日本的投降。麥克阿瑟興奮異常，打了四年之久的戰爭終於要結束在他手上了！他立即致電杜魯門：「我對您如此慷慨給予我的信任深表感謝！」

但海軍不表同意，他們認爲在太平洋戰爭期間海軍所做的貢獻最大，投降儀式何以讓一個陸軍將領全權代表？杜魯門總統使用了一項折衷辦法：投降儀式由陸軍軍官主持，但儀式在海軍軍艦上舉行；麥克阿瑟代表盟軍簽字，接受日本投降，海軍將領尼米茲代表美國政府簽字，

↑ **正在簽字的麥克阿瑟**
1945年9月2日，麥克阿瑟以盟軍最高司令的身分接受日本投降，站在他身後的是帕西瓦爾少將和溫賴特將軍。

最後選定在海軍「密蘇里號」戰列艦上舉行受降儀式。

9月1日，麥克阿瑟又對前來會晤的尼米茲提出了一個建議：「我一生中從來沒有在艦上升起自己的將旗，我想在受降的那艘艦上把我的將旗升上。」當時一艘軍艦只有一個旗杆掛將旗，就掛這艘艦的將旗，「密蘇里號」戰列艦上只能掛尼米茲的將旗，但尼米茲最後還是同意了。

當天，麥克阿瑟的陸軍紅色將旗和尼米茲的海軍藍色將旗，並排升到了主桅杆，這是海軍史上第一次。

9月2日，美國「蘭斯多恩號」巡邏艦接到指令，將日本投降代表送上「密蘇里號」戰列艦。日本的外交大臣重光葵帶領日本海軍、陸軍等代表走到二號甲板站定之後，艦上的擴音器裡放起了美國國歌，國歌奏完之後，麥克阿瑟和尼米茲走到桌前，厲聲道：「日本帝國政府和日本皇軍代表前來簽字！」待日本人簽字之後，麥克阿瑟坐下來，一下子掏出了五支鋼筆！

↓初入西點軍校時的麥克阿瑟

→麥克阿瑟和他著名的玉米芯煙斗

他讓英軍司令帕西瓦爾少將和自己的部下溫賴特將軍站在身後，在菲律賓戰役中他們都被日軍俘虜了，麥克阿瑟要讓他們一同分享日軍的投降。麥克阿瑟先簽自己的姓名：用一支筆寫下了「DOUG」，然後把這支筆送給溫賴特；又用一支筆寫下了「LAS」，然後把它送給帕西瓦爾；用第三支筆寫下了「MACARTHUR」，決定把它交給美國國家檔案館收藏；剩下的兩支筆簽署他的官銜，一支筆贈送給他的母校西點軍校，最後一支筆送給他的妻子保存。這就是麥克阿瑟！

重振西點軍校

第一次世界大戰之後，西點軍校的發展陷入了低谷，體罰與保守是西點當時兩大頑疾，甚至有人認爲最好的方法就是解散西點軍校。

爲了重振西點軍校，陸軍部決定讓麥克阿瑟擔任西點軍校的校長。麥克阿瑟十分不情願：「我不是教育家，我是打仗的，況且西點許多教授都教過我，我不能再當校長去。我對他們只能尊重，不能領導他們。」

最後陸軍部以軍銜相要脅，麥克阿瑟才同意。就這樣，年僅三十九歲的麥克阿瑟成爲了西點軍校的校長。西點軍校的校訓是「責任、榮譽、國家」，麥克阿瑟鼓勵學生們說：「今天，在友好的場地上，播撒種子；明天，在戰場上，將收穫勝利的果實。」

上任後的麥克阿瑟整頓紀律，增設課程，推行現代化軍事教育，很快將西點軍校打造成世界一流的軍校，這裡成了麥克阿瑟最重要的精神家園。

1962年5月，已屆八十二歲高齡的麥克阿瑟重病纏身。當他聽說西點軍校要授予他塞耶獎時，他老淚縱橫。他對妻子說：「在美國的將軍中，我獲得的戰功最多，但是我最看重的是這一塊，即使是手腳並用，我也要爬到西點去。」塞耶是西點軍校的創始人，能夠被授予塞耶獎的人，在西點軍校屈指可數。

妻子陪著麥克阿瑟來到西點軍校，在學校頒給他獎章的時候，他發表了一生中最後一次演講。他說：「……我現在老了，耳朵聽不見什麼了，但我仍然渴望聽到軍號那迷人的旋律，聽到從長長隊伍裡傳來的陣陣鼓聲……我最後一次和你們一起接受咱們西點軍校的點名吧！永別了，西點！永別了，我的同學們！」

1964年4月5日，麥克阿瑟因病去世，享年八十四歲。

←麥克阿瑟雕象
這尊雕像豎立在西點軍校，麥克阿瑟1903年以第一名的成績從這裡畢業，後來又以校長的身分把西點軍校帶出低谷。

069.「太平洋戰將」尼米茲

「眼睛要向前看，不要向後看」——尼米茲

洗禮儀式

1885年2月24日，尼米茲出生在美國德州的一個德國移民家庭。他的父親賈斯特．伯納德．尼米茲體質虛弱，患有風濕性心臟病和肺病，在尼米茲還沒出生時就去世了。於是，撫養尼米茲的重擔就落在了母親安娜．亨克和爺爺查理斯．亨利．尼米茲的身上。

尼米茲的爺爺亨利十四歲起就在商船隊裡做工。海上漂泊的歲月給他留下了訴說不盡的話題，於是他下定決心要把孫子培養成和他一樣熱愛大海。

在尼米茲出生時，亨利特意安排在輪船旅館上爲他舉行洗禮。按照慣例，這個嬰兒應在教堂接受基督教路德派洗禮，但他的爺爺執意在輪船旅館舉行。

洗禮現場非常熱鬧，尤其引人注目的是，幾個準備執行任務而中途在此停留的海軍上尉也參加洗禮儀式，他們穿著藍色軍服在燈光的輝映下顯得英氣逼人。

亨利靜心等待牧師舉行完規定的儀式，然後轉身面對舞廳的人們，高舉酒杯，以豪邁聲音喊道：「爲美國海軍未來的將軍——吾孫乾杯！」

→尼米茲和他的祖父
尼米茲自小由祖父和母親照顧，他稱祖父是「一生中最重要的男子漢」。

當時參加活動的人們沒有想到，這位老人一句激昂的祝酒辭在幾十年後竟然化爲了現實。

多年以後，官拜海軍五星上將的尼米茲這樣描述他的爺爺：「我不熟悉我的父親，因爲他在我出生時已經去世，但我有一個極好的白鬍子爺爺……他對我說：『大海像生活一樣，是個嚴格的考官。要想在海上或生活中有所成就，最好的辦法是努力學習，然後盡力去做，不要憂傷，特別是不要爲還無法掌握的事物憂傷。』」

會見東鄉平八郎

由於家境不富裕，尼米茲讀完中學後就到姨母開辦的旅館幫忙。

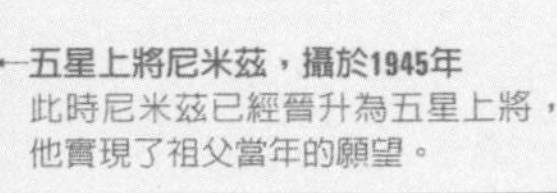

←五星上將尼米茲，攝於1945年
此時尼米茲已經晉升為五星上將，他實現了祖父當年的願望。

【人文歷史百科】

「不，我不想離開海軍！」

尼米茲被公認是海軍的柴油機專家，聖路易斯的薩爾澤兄弟柴油機公司專人遊說尼米茲。當時給尼米茲的月薪為兩百四十美元，外加四十八美元的房租補貼。遊說尼米茲的人說：「兩萬五千美元的年薪，簽訂五年合同，不用繳所得稅。」尼米茲從容不迫地回答說：「不，謝謝你。我不想離開海軍。」那個人繼續說：「錢對我們來說不是問題，『四萬美元的年薪，簽十年的合同』，怎麼樣？」尼米茲停頓片刻，仍然答道：「不，我不想離開海軍！」

←東鄉平八郎
1894至1895年參與甲午戰爭；1895年一度代理聯合艦隊司令長官職務；在1904至1905年的日俄戰爭中，任日本聯合艦隊總司令。

但是，尼米茲求學的渴望並沒有減弱，他決定報考軍校，因爲那裡提供免費教育。1901年9月，遭西點軍校拒絕的尼米茲邁入安納波利斯海軍學院的大門，開啓了他一生漫長的海軍生涯。

進入學校後，尼米茲認爲「有些最有價值的經驗不是從書本中能學到的」，所以他很注重理論與實踐的結合。1905年初，不滿二十歲的尼米茲以非常優異的成績提前畢業，並立即登上美國海軍亞洲艦隊的旗艦「俄亥俄號」戰列艦，進行爲期兩年的海上實習。

1905年底，日本天皇在花園裡舉行宴會以慶祝日俄戰爭中的勝利，並邀請當時停泊在東京灣裡的「俄亥俄號」船員赴宴，「俄亥俄號」派出包括尼米茲在內的六名學員代表。年輕的尼米茲初次見到了威震世界的日本聯合艦隊總司令——東鄉平八郎，並邀請他和同僚們一起飲酒。即將退席的東鄉平八郎愉快地接受了他的邀請，並和這些年輕的小夥子們一一握手，還用流利的英語和他們交談。這次短暫的會面給尼米茲留下深刻的印象，多年後他回憶道：「東鄉平八郎的氣度讓我終生對他保持敬意，他讓我下定決心做一名偉大的軍人。」

橋牌「贏」賢妻

尼米茲常常自豪地說：「我的妻子和我的海軍志業，讓我成爲終生幸福的人。」他與妻子凱薩琳恆久的愛情源於一場橋牌。

1911年11月，尼米茲到麻州的昆西負責監督潛艇的柴油機安裝工作。他在那裡遇到了軍官學校時的朋友，老朋友便帶他結識一下當地的名人佛里曼先生，一位出色的船舶經紀人。

佛里曼極愛玩橋牌，於是他邀請尼米茲和他的朋友一起玩橋牌，另一位則

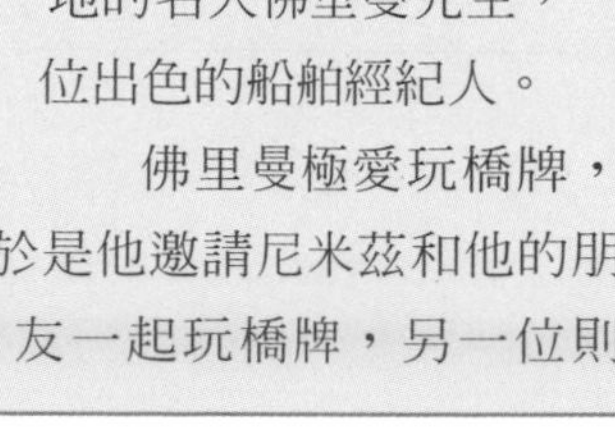

↑尼米茲
與東鄉平八郎會面時隔四十年，尼米茲的功績已不在他之下。

是佛里曼二十多歲的大女兒，長相迷人、性格開朗的伊麗莎白。尼米茲很快就被這位妙齡女郎的氣質吸引了。然而，在尼米茲還沒有展開攻勢前，他又接觸到了佛里曼的小女兒凱薩琳，一位有點害羞、靦腆的十九歲姑娘。

←從海軍學院畢業不久的尼米茲
尼米茲以優異成績提前從海軍學校畢業，立即登上戰艦實習。

尼米茲藉故去佛里曼家打牌的時候，伊麗莎白剛好不在，於是凱薩琳就代替姐姐陪尼米茲打橋牌。凱薩琳安靜地坐在那裡，雖然不苟言笑，但她的內在美還是打動了尼米茲。凱薩琳也對年輕溫和的尼米茲產生好感，在回憶錄中寫道：「當我們一起喝茶的時候，我仔細端詳了尼米茲。他可能是我一生中見到的最美的男子。他的棕色捲髮有點長，一定是在海上待了好幾個星期沒有機會去理，但依然那麼迷人。他眉清目秀，爲人溫文爾雅，眞是令我心動。」從此以後，尼米茲一有空就去佛里曼家打橋牌，但打牌的技法越來越糟，總是攪局，攪局後他就和凱薩琳消失了，他們的戀情還屬於「地下活動」。

1912年夏天，尼米茲和凱薩琳、伊麗莎白去參加一個宴會，此時的伊麗莎白仍習慣嚴格管束她的妹妹，當她的妹妹舉起酒杯時，她大聲呵斥道：「不要喝酒，不許妳喝酒。」歡快的氣氛立刻凝固了。

這時，尼米茲忽然站了起來，看了她姐姐一眼，心平氣和地說：「伊麗莎白，我會照顧妳的妹妹，雖然我並不想讓她多喝酒，但如果她想喝，喝一杯總可以吧！」自此，凱薩琳和尼米茲的關係終於明確，兩人於1913年4月8日在佛里曼家中舉行婚禮。除了佛里曼的家人外，其他來客全都是潛艇上的軍官。

臨危受命

1941年12月7日，日本對美軍在太平洋上的主要基地珍珠港發動突襲。短短的六個月內，日軍就掌握了太平洋和印度洋的制海權。

【人文歷史百科】

如釋重負的尼米茲

1947年12月15日，尼米茲從海軍作戰部長的職位上退休。他在這一天的日記中寫道：「我彷彿如釋重負，凱薩琳和我似乎剛剛開始生活。我們有個兒孫滿堂的美滿家庭，怎能錯過這種完滿而愉快的生活呢？」

1966年2月20日，尼米茲在舊金山附近逝世，享年八十一歲。為了表彰和紀念這位戰功卓著的海軍名將，美國政府把10月5日定為「尼米茲日」，美國海軍的一艘特大型核動力航空母艦，也被命名為「尼米茲號」。

→手持望遠鏡的尼米茲

12月16日，美國總統羅斯福告訴尼米茲：「到珍珠港去收拾敗局，然後留在那裡，直到戰爭勝利。」尼米茲臨危受命，出任美國太平洋艦隊司令，毅然挑起了力挽太平洋狂瀾的重任。

尼米茲到任後，並未加追究珍珠港遭襲是誰的責任，也沒有嚴厲地訓責士兵，他說：「眼睛要往前看，不要向後看。我們要記取教訓，積極準備，打贏以後的每一場戰爭。」

1942年1月，尼米茲向日軍控制的馬紹爾群島發動了一次成功的閃電突襲，美軍士氣大振。4月18日，尼米茲又籌劃了對東京的空襲，重挫日本的氣燄。而美國官兵則士氣旺盛，悲觀情緒煙消雲散。

1942年5月在新幾內亞南面的海面上，尼米茲指揮美軍與日軍進行了「珊瑚海之戰」。這是歷史上航空母艦的首次交鋒。日本雖然取得了戰術上的勝利，但美國由於戰略上掌握了主動優勢，勝利情勢大好。

↑代表美國政府簽字的尼米茲

1945年9月2日，尼米茲代表美國政府接受日本的投降，這是他在簽字時的場景。

1942年6月，尼米茲在中途島海戰中重創日本聯合艦隊，使雙方海軍力量趨於平衡。當年8月至次年2月，又指揮美軍成功地進行了瓜達卡納島爭奪戰，完全掌握東南太平洋戰場的戰略主動權。1944年10月配合西南太平洋美軍奪取菲律賓群島，並經萊特灣海戰，使日本聯合艦隊陷入癱瘓。

1944年12月19日，尼米茲獲晉海軍五星上將軍銜。在次年2月至6月期間，尼米茲率軍連連攻取琉磺、沖繩二島，砸碎了日本本土的最後一道屏障；並派艦艇進入日本海，切斷日本的海上交通，同時對日本實施戰略轟炸。1945年9月2日上午，尼米茲在美國「密蘇里號」戰列艦上代表美國在日本投降書上簽字。

←觀察瓜達卡納島日軍陣地的尼米茲

1942至1943年，尼米茲指揮美軍進行了瓜達卡納島爭奪戰，東南太平洋戰場的戰略主動權已盡在尼米茲掌握之中。

070.「傳奇元帥」朱可夫

「人民是我們的母親，作為軍人，最大的痛苦與失職就是不能保護好人民，使他們受到戰爭的苦難。」
──朱可夫

童年時的房子

朱可夫的回憶錄有過這樣一段話：「我出生的房子坐落在村子中心，房屋破舊，房間的一角已深陷在土裡，牆壁長滿青苔，房頂長著野草，全家就一間房、兩扇窗。」

格奧爾基·康斯坦丁諾維奇·朱可夫於1896年的11月19日，出生在莫斯科西南的斯特列爾科夫卡村。

↑朱可夫元帥

朱可夫的母親烏斯季尼亞·阿爾捷米耶芙娜出身窮苦人家，是一個健壯而能吃苦的婦女。但是當地的土地貧瘠，農民們生計艱難，朱可夫的弟弟未滿周歲就被飢餓奪去了生命。這個勤勞的婦女背負著內心的愧疚，拚命地勞動著，每年的農閒時候她都要到城裡打工，替人背東西，但一天也只能賺一個盧布。

朱可夫後來說：「我母親一天賺一個盧布，實在少得可憐──少得甚至有的討飯都能超過我母親打零工賺的錢。」

因爲家庭裡太窮，八歲時朱可夫就下田工作，做一切力所能及的活，並進入一所教會學校讀書。1906年，朱可夫小學畢業，因成績優異獲得了一張獎狀。全家人都很高興，父親特地爲他做

↓**1896年的莫斯科**
1896年，莫斯科為尼古拉二世舉行加冕典禮，這就是當時行進在莫斯科的加冕隊伍。尼古拉二世是羅曼諾夫王朝的末代沙皇，於1896年5月18日登基，1917年被推翻。

【人文歷史百科】

朱可夫與艾森豪

戰後，朱可夫元帥與美國五星上將艾森豪之間建立很好的個人友誼，艾森豪還向朱可夫頒發美國最高軍事勳章──「總司令級榮譽勳章」，而朱可夫則回頒他「塔西厄一級蘇沃洛夫勳章」。此後，他們倆保持長久的深厚友誼，艾森豪曾這樣評論朱可夫：「有一天，當所有在座的人都去見上帝的時候，蘇聯肯定將設置另一種勳章，那將是『朱可夫勳章』。而這種勳章將為所有欽佩軍人勇敢、遠見、堅韌和決心的人們所珍視。」

←伏爾加河上的縴夫
1870年夏天，列賓去伏爾加河旅行寫生，這條河流促使他完成了不朽的名作《伏爾加河上的縴夫》。伏爾加河孕育了俄羅斯的燦爛文化，被親切地稱為「母親河」。

了雙新皮鞋，母親也爲他做了一件新襯衫，這或許是朱可夫童年最高興的事情了。

但是，小學畢業也意味著朱可夫童年的生活結束了，家裡已經沒有能力繼續供他讀書。

莫斯科謀生

1907年夏天，年僅十一歲的朱可夫離開親人，隻身前往莫斯科謀生。他到一家毛皮加工廠裡當學徒，年幼的朱可夫初入行什麼都不懂，因此常遭工頭、老闆娘的打罵。抱著學技術的心態，朱可夫忍受了一切淩辱。三年之後，他終於學到手藝。

1911年底，十五歲的朱可夫學徒期滿，當上師傅，並受老闆的賞識，月薪達到十個盧布，這樣的月薪在當時的工人階層中已算很高了。老闆也信賴地將很多重大的事情交給他辦。

在當學徒工的期間，朱可夫並沒有忘記學習。他在工作之餘參加了市立中學的課程，取得了優異的成績。而老闆經常派他外出聯繫業務，也讓他豐富了閱歷。有一次到下諾夫哥德羅參加毛皮交易大會，朱可夫見到了俄羅斯的象徵——伏爾加河，這激起了他強烈的愛國激情。朱可夫後來曾說：「我第一次看到了伏爾加河，它的偉大和美麗使我爲之傾倒。……那天清晨，伏爾加河沐浴在初升的陽光裡，像金子一樣閃閃發光。我看著它，久久不願移開留戀的目光。到現在我才懂得，伏爾加河爲什麼被人們盡情謳歌，爲什麼被人們比做自己的母親。」

年輕的朱可夫或許沒有想到，他的名字將來也會像這條河流一樣響亮。

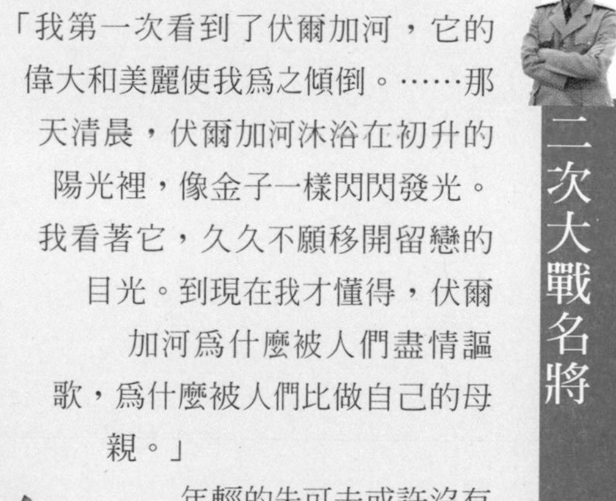

↑莫斯科朱可夫元帥的雕像

初入軍旅

1914年第一次世界大戰爆發。當時朱可夫剛墜入愛河，他愛上了房東的女兒瑪麗亞，兩個人的感情發展到論及婚嫁的程度。就在兩人設想未來時，沙皇政府於1915年7月頒布法令，徵召1896年出生的青年入伍，朱可夫於是從戎而去。

↑1919年的朱可夫

1915年8月7日，朱可夫穿上嶄新的軍裝，開始漫長的軍旅生涯。朱可夫被編入專門爲預備騎兵部隊訓練新兵的預備步兵第一八九營。一個月後，他被分配到烏克蘭境內預備騎兵第五團的騎兵連。1916年8月，朱可夫與十三名同伴被分配到駐紮在德涅斯特河畔前線的騎兵第十師。朱可夫因爲在前線俘獲一名德國軍官而獲得一枚「喬治十字勳章」，之後他因在戰鬥中受重傷又獲得一枚「喬治十字勳章」。

「十月革命」爆發之後，俄國退出第一次世界大戰，朱可夫回到了家鄉，但瑪麗亞已經嫁給別人了，戰爭讓一切美好的東西都化爲了烏有。

1918年8月，朱可夫響應新政權的號召，加入蘇聯紅軍，在莫斯科騎兵第一師第四團服役，這個師的師長就是大名鼎鼎的布瓊尼元帥。

1919年3月1日，朱可夫加入布爾什維克黨。1921年春天，已是第二騎兵連連長的朱可夫，在坦波夫省戰鬥中，率領全連一百多人與二千餘名哥薩克騎兵作戰。雖然兵力相差懸殊，但朱可夫毫不畏懼，堅守七個小時，打退對方六次進攻，守住陣地。這個事情在當時成爲全軍的新聞，朱可夫因此獲得紅旗獎章。另外，也得到了蘇聯元帥圖哈切夫斯基和史達林的注意。

傳奇元帥

1939年春，日軍準備在蒙古國哈勒欣河地區再次發動進攻。已是白俄羅斯軍區副司令的朱可夫，在六月分受史達林之命，派往遠東地區擔任指揮職務。幾天後，朱可夫被委任爲蘇軍駐蒙古第

←布瓊尼元帥
蘇聯最早五元帥之一，騎兵統帥。1903年服役，參加過日俄戰爭和第一次世界大戰。1917年十月革命後，回鄉組建蘇維埃政權和騎兵部隊，1918年編入紅軍，曾三次榮膺蘇聯英雄稱號，獲列寧勳章八枚。

→朱可夫紀念郵票

【人文歷史百科】

戰後朱可夫的生活

二次大戰結束後，朱可夫出任駐德蘇軍總司令和蘇聯占領區最高軍事行政長官。1946年4月，朱可夫出任陸軍總司令。1955年，朱可夫接替布林加寧元帥出任國防部長。1957年6月，朱可夫被擢升為蘇共中央主席團成員，一名職業軍人出身的元帥成為黨的最高政治機構的成員，這在蘇聯共產黨歷史上是唯一的一次。1974年，七十八歲的朱可夫元帥與世長辭，遺體被安葬在莫斯科克里姆林宮牆下。為紀念朱可夫元帥，蘇軍防空軍事學院以他的名字命名。

↑哈勒欣河戰役勝利後的朱可夫和紅軍戰士在一起

一集團軍群司令。8月30日，朱可夫全殲侵入蒙古邊界的日本第六集團軍。此次戰役中，朱可夫的傷亡約一萬人，而日軍的傷亡人數則超過了五萬人。

1940年春，朱可夫返回莫斯科後被蘇聯政府提前授予大將軍銜，史達林隨後親自授予他「蘇聯英雄」稱號，並任命他爲蘇聯最大軍區之一的基輔特別軍區司令。1941年1月31日，朱可夫大將正式出任蘇軍總參謀長；3月時，被任命爲國防部副部長。

1941年9月9日，朱可夫被史達林派赴瀕於失陷的列寧格勒，接替伏洛希洛夫元帥出任列寧格勒方面軍司令。此後，列寧格勒在朱可夫的領導下堅守長達三十七個月的時間，直到反攻殲滅城外的德軍兵團。

↑朱可夫元帥以勝利者的姿態，宣布對德受降儀式開始

一個月後，朱可夫再被調到莫斯科負責指揮保衛莫斯科的戰鬥。在朱可夫的指揮下，希特勒想在10月中旬攻占莫斯科的計畫破滅。

1942年5月，希特勒劍指史達林格勒。8月27日，朱可夫被任命爲最高副統帥，前往史達林格勒指揮作戰。在朱可夫的指揮下，史達林格勒擊潰德軍，取得大戰期間最大一次戰役的勝利。朱可夫在戰役末期的1943年1月18日，晉升爲蘇聯元帥，成爲二次大戰中首位榮膺此譽的野戰指揮官。

而此後的庫爾斯克會戰、柏林戰役等都閃耀著朱可夫的名字。作爲對朱可夫的肯定，在接受德國投降時，史達林對朱可夫說：「朱可夫同志，你已被任命爲駐德蘇軍總司令，並代表蘇聯最高統帥部參加此儀式，接受德國的投降。」

071.「戰爭賭徒」山本五十六

有人說：山本既是一個著名的海軍將領，也是一個精明的賭徒。突襲珍珠港和折兵中途島是在軍事上下的兩個大「賭注」，先贏後輸，最後「家破人亡」。

沒落的士族

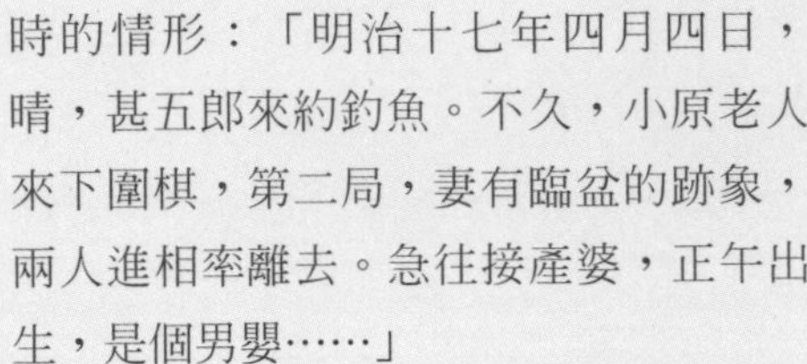

←青年時代的山本五十六
從這張照片不難看出，青年時期的山本五十六沉默寡言，眼光裡充滿了冷酷和野性。

1884年4月4日，在本州北部新潟縣長岡村，五十六歲的高野貞吉第六個兒子出生，他給兒子取名爲「高野五十六」，以紀念自己老來得子。出生於沒落士族的高野貞吉，在日記中寫下這個兒子出生時的情形：「明治十七年四月四日，晴，甚五郎來約釣魚。不久，小原老人來下圍棋，第二局，妻有臨盆的跡象，兩人進相率離去。急往接產婆，正午出生，是個男嬰……」

1916年，高野五十六從海軍大學畢業時，登記爲山本帶刀之養孫，改姓「山本」。

高野家的祖先是儒官，兼槍術教師，雖然身分不高，但因文武雙全，故而受到人們的尊敬，待遇也很高。但1868年日本進行明治維新時，高野家族開始走向沒落。1868年9月，山本五十六的祖父和其祖母參加了反明治維新政府的武裝抗爭，以七十七歲高齡戰死。失寵於政府的高野家族從此沒落下去。

山本五十六的父親高野貞吉，曾參與戊辰戰爭；戰爭結束後返回長岡，起初任公職，後轉任一所小學的校長。戊辰戰爭結束以後，明治政府又進行了一系列的改革。首先就是廢藩置縣和廢除武士的封建特權及其食祿制度，瓦解了舊武士階層，家境本不富裕的高野貞吉，這時生活更加清貧了。

↓地震後的新潟
八十年前，山本五十六在這片土地上出生。八十年後的1964年，新潟附近發生了七．五級地震。大地震造成四千棟房屋完全倒場，死亡二十六人，傷二十七人，損失八億多美元。

沉默寡言的青年

生活的艱難，使山本五十六養成了沉默寡言的性格。山本五十六進入長岡中學後，開始更關心外界事物，由於身體瘦弱，他特別重視健身。每天早晨他都跑步到學校，利用學校的單桿、木馬等體操設施進行鍛煉，他的體操、棒球、劍術在學校頗有名氣。但是，山本五十六的體育愈入佳境，學習成績卻越來越糟。有人戲稱他是：「七歲的秀才，十五歲的蠢才。」

←接受獎章的山本五十六
這是山本五十六身為海軍次官時接受軍人受傷紀念章的情景。山本的英勇好戰及沉默寡言的性格，讓他贏得了別人的尊敬。

在山本五十六上中學期間，日本和周邊國家的武力衝突不斷，軍國主義思潮盛行，日本青年都渴望到在戰場上贏取地位和名譽。而此時的山本五十六已立下目標，要做一名優秀的海軍將領。

1901年，山本五十六考入江田島海軍學院。當有人問他爲何從軍時，他回答說：「武士家的孩子成爲武士，豈不是理所應當？」

↑日俄戰爭期間的日軍將領
第三艦隊司令官片岡七郎海軍中將（左）、聯合艦隊司令官東鄉平八郎海軍大將（中）、第二艦隊司令官上村彦之丞海軍中將（右）。

江田島海軍學院施行著斯巴達式的嚴格訓練，禁止學員喝酒、抽菸、吃糖以及和女性交往。這所學校訓練出不少將領，因而聲名遠播。在山本五十六同年級學生中，後來就有包括他本人在內的四人升任大將、三人升任中將。在這樣一個群體中，山本五十六以其刻苦、嚴肅獲得了良好的聲譽，被人稱爲「頑強的五十六」。山本五十六在海軍學校的三年間，日俄衝突日趨激化，日本全國上下籠罩著戰爭陰雲。

1904年山本五十六畢業後，到海軍「春日號」軍艦任少尉候補生。1905年，山本五十六調往「日進號」軍艦任見習槍砲官，參加了日本海軍名將東鄉平八郎指揮的日俄戰爭。作爲一名少尉候補生，能在被奉爲「聖將」的東鄉平八郎的指揮下參戰，他格外興奮、賣力，並渴望能爲天皇擴展疆土，建功立業。結果，在他軍事生涯的第一仗中，他失去了左手的食指、中指，留下了累累彈痕和終身殘疾。由於他只剩下八根手指，

【人文歷史百科】

山本的葬禮

山本五十六在日本海軍中享有很高的聲譽，是日本海軍航空兵的締造者，他開創海上航空打擊時代，第一次把航空母艦編隊投入實戰，使偷襲珍珠港成為世界海戰史上最成功的戰例之一。但山本座機遭美軍擊落後，他的死訊被封鎖了三十多天，5月21日東京電臺才宣布「山本壯烈犧牲」的消息。日本當局追授山本元帥軍銜，6月5日在東京的日比谷公園為他舉行了百萬人參加的國葬。

同僚們給他起了個「八毛錢」的綽號，但他也因此而嶄露頭角。

←踏上歸途的山本五十六
1935年，在倫敦會議上極其失落的山本五十六終於踏上了歸途。他點燃一支菸，感覺自己的前途像煙霧一樣飄浮不定。

曲折的發展

1911年，山本五十六從海軍砲術學校畢業，成爲優秀的艦砲專家。

1924年9月，山本被調任霞浦海軍航空隊副隊長兼總教官，這是他第一次和飛機接觸。他認爲海軍航空兵很有發展前途，因此提出要大力發展航空軍備。但當時日本海軍奉行的是「大艦巨砲」戰略，因此他的提議不受重視。山本五十六在狠抓航空隊技術訓練的同時，自己也學會了飛機駕駛。

1925年12月，山本五十六出任日本駐美國大使館海軍武官。山本由此加大了對美國的調查力度。在他眼裡，美國是個絕對不能忽視的大國，一旦戰爭發生，美國的後繼力量是相當驚人的。山本利用職務之便，進行大量的調查研究，向國內提供了不少有價值的情報。

1935年，山本五十六代表日本出席倫敦海軍會議，同時晉升爲中將。倫敦海軍會議期間，在美、英、日三國軍艦噸位的比例確定上，日本內部出現了爭論。1921年簽訂的《華盛頓海軍軍備條約》規定：美、英、日三國軍艦噸位的比例爲五：五：三。山本五十六贊成這種條約，他認爲這樣可以牽制造艦能力強於日本三倍的美國，日本同時可以悄悄地發展海軍航空力量；如果廢除條約對建造軍艦不加限制，反會拖垮日本的經濟。但另一部分人竭力反對，他們認爲這是對日本的打壓。而日本政府的意思是廢除條約，孤立無援的山本五十六最後按照政府之意提案，但被英美否決。六個月的會議結束後，沒有取得任何實質成果，他受到了前所未有的冷淡待遇。

←在倫敦宿舍裡的山本五十六
在倫敦海軍會議上，日本最後宣布退出會議，完全不受海軍裁軍條約的限制。但英、美仍堅持簽訂新的限制海軍軍備條約，導致兩國海軍建設的落後，削弱了抵抗軸心國侵略的能力。

【人文歷史百科】

真正的賭徒

西方人認為奇襲珍珠港，只有賭徒才敢冒那麼大的風險。事實上，山本五十六的確對賭博十分著迷。他與同僚賭，與部屬賭，還常跟藝妓賭，走到那裡，賭到那裡，而且賭得認真，賭技超群。山本出使歐洲時，進過好幾個國家的賭場。傳說由於他賭得太精，贏錢太多，有的賭場經理甚至禁止山本入場。山本也曾誇口說，如果讓他在世界上逍遙兩年，贏的錢至少能買幾艘大軍艦。

↑搜索飛機殘骸
山本五十六的座機被擊落後，美軍立即派人在叢林中搜索飛機殘骸。

空中折翼

1935年12月，山本升任海軍航空本部部長。他認爲飛機在未來作戰中攻擊力強大，提出了「以航空母艦爲基地的進攻戰」之構想，但沒有人理會。

1939年8月31日，山本五十六出任海軍聯合艦隊司令長官。1940年以後，他開始加強聯合艦隊，特別是海軍航空兵訓練。1941年1月7日，山本五十六提出組織強大的海軍航空突擊艦隊，突襲珍珠港，一舉摧毀美國艦隊的主力，並於6月遞交偷襲珍珠港的具體方案，但又遭到了海軍軍令部的反對。後來山本五十六以辭職相要脅，迫使軍令部於10月中旬批准了這個方案。

12月7日，山本五十六啓動了攻擊珍珠港的計畫，獲得大勝利，成爲戰爭史上首次成功地大規模使用海軍航空兵發動突襲的範例。日本舉國上下欣喜若狂，把他奉爲新一代的「戰神」。

然而在隨後的中途島戰役中，山本五十六卻遭到慘敗，他的自尊心受到嚴重的打擊，返日後幾天閉門不出。日本對中途島之戰的消息嚴加保密，爲了防止外洩，生還的官兵全部遣往南洋作戰。

戰況的急轉直下，讓山本五十六憂心忡忡，他曾對人說：「戰爭結束後，我不是被送上斷頭臺，就是被送往聖赫勒拿島（軟禁拿破崙的地方）。」然而事情比他想像的還要糟糕。

1943年4月，美軍情報人員破譯了日軍的密碼：山本將於4月18日乘中型轟炸機，由六架零式戰鬥機護航到前方視察，預定在布因島降落。羅斯福總統親自下令：截擊山本，並由尼米茲負責部署。當山本座機飛抵布因島上空快要降落時，十六架從瓜達卡納島飛來的美國軍機突然出現，擊落了山本的座機。第二天，日軍找到了座機殘骸。山本五十六被皮帶縛在座椅上，頭部中彈，仍然挺著胸、握著佩刀，但垂下了頭。

↑山本五十六的骨灰
山本五十六的座機遭擊落，機毀人亡。日軍將他的骨灰運回國內，這對狂熱的日軍造成了一定的打擊。

072.美蘇全球爭霸

第二次世界大戰後，歐洲各國分別尋求起美、蘇的援助。北大西洋公約組織和華沙條約組織先後建立，標誌著以美、蘇為首的兩大軍事集團對峙局面的形成。

新的世界格局

在二次世界大戰剛結束的1947年，邱吉爾針對當時的境況曾十分悲痛地說：「看看現在的歐洲是什麼樣子？它不再是以前工業高速運轉、商業繁榮的場所。現在，它只是一堆瓦礫，一個恐怖的藏屍所，而且是瘟疫和仇恨的發源地。」此話精確地描繪當時整個歐洲大陸所呈現出的衰敗景象。

的確，剛剛經歷了二次世界大戰浩劫的歐洲破爛不堪，城市遭受嚴重摧毀，彈坑累累、土地荒蕪、民窮財盡。而美國和蘇聯的實力卻在不斷膨脹，迅速竄升爲戰後兩個新的超級大國。經濟崩潰、需要大量重建資金的歐洲各國，不得不紛紛向美、蘇尋求援助和支持。在軍事上，西歐向美國靠攏組成了北大西洋公約組織，而東歐則依靠蘇聯組織的華沙條約對抗北約。在經濟上，美國的馬歇爾計畫向西歐提供了大量重建資金，而東歐所依賴的經濟互助委員會，只是承擔名義上輸送蘇聯支援物資的責任。

兩大軍事政治集團對峙局面，形成了二次世界大戰後新的世界格局。

↓出席雅爾達會議的邱吉爾、羅斯福、史達林（從左至右）
雅爾達會議的一系列決定，有利於以同盟國的聯合力量擊敗德、日，但也反映出美、英、蘇三國對戰後世界安排問題上的不同意圖和矛盾，對戰後國際關係的格局有著重大影響。

美蘇的相互猜忌

在整個歐洲被美、蘇兩國劃分勢力範圍的情況下，歐洲列強對自己的殖民地也無力控制了，不管列強們是否同意，殖民地皆在竭力擺脫他們的控制，獨立運動風起雲湧。

作爲兩個地域遼闊的大國，早在1890年代時，美、俄兩國就曾在中國東北發生過利益衝突。1917年俄國十月革命後，兩國的競爭由原來帝國主義國家間的利益衝突上升爲意識形態的對立。就這樣，在1933年之前，美國與蘇聯一直沒有建立外交關係。美國始終牢記著，正是由於1917年蘇維埃政府單方面與德國媾和簽署了停戰協定，才使得西方國家不得不背負單方面對抗德國的壓力。而蘇聯也不會忘記，1918年美國曾經與列強一起派兵支援反布爾什維克的武裝叛亂，干預蘇聯內戰，企圖扼殺新生的蘇維埃政權。

雖然蘇聯在二次世界大戰中曾與英、美等一起對德、日、義作戰，但這不是一種正常的現象，因爲雙方的固有矛盾依然存在。蘇聯在德國大兵壓境的情況下，只好暫時與英、美達成妥協，並一直沒有忘記，羅斯福因共同利益曾經許諾過將會在歐洲開闢第二戰場。但直到1944年6月，英美盟軍才在諾曼第登陸；在這之前的兩年中，蘇聯單獨承受德軍進擊，遭受了慘重的損失。

↑邱吉爾在密蘇里州，攝於1946年3月

1946年3月5日，英國首相邱吉爾在美國密蘇里州的富爾敦市發表「鐵幕」演說。在演說中，邱吉爾主張以英國和美國為基礎建立起一種聯盟，以共同反對蘇聯和受其影響下日益擴張的共產勢力。這道出了美國想說而不便公開說的主張，邱吉爾的鐵幕演說等同揭開了長達四十多年的冷戰序幕。

冷戰開始

1945年5月，二次世界大戰歐洲戰事結束後，美、英、法和蘇聯等國家的軍隊沿著中歐的一條分界線分別駐紮著。隨後舉行的雅爾達會議，又確認任何一方皆不應將對方趕出當前所在地區的原則。因此，蘇聯占據三分之一、美國占據三分之二的狀況得到認可。但美國與蘇聯在意識形態上的歧異，決定著他們對事情的看法截然不同。

冷戰從第二次世界大戰結束時起，直到1990年代初蘇聯解體時爲止。冷戰期間，對立的兩大陣營只是在經濟、文化、社會和政治立場方面產生嚴重對立，韓戰、越戰和阿富汗爭端雖然也是兩大陣營對立、矛盾激化後在某些區域的集中體現，但是兩個超級大國並未直接交火，而是透過資金和武器來幫助各自支援的國家或組織，讓他們作爲雙方的代理人來充當馬前卒。所以說雙方冷戰政策的最基本特徵是遏制對方但不付諸武力，競爭的主要領域就是科學技術，還有間諜戰和政治宣傳戰。

【人文歷史百科】

「冷戰」的來歷

「冷戰」一詞最早是由美國人提出來的。1946年初，美國參議員巴魯克指出：「美國正處在冷戰方酣之中。」這是「冷戰」（Cold War）一詞首次公開出現。1946年2月21日，美國駐蘇代辦喬治·肯南，主張美國應採用軍事包圍、經濟封鎖、政治顛覆、局部武裝干涉和持續政治冷戰的辦法來遏制蘇聯的發展。1947年，李普曼出版《冷戰：美國外交政策的研究》一書，從那以後，「冷戰」作為政治術語遂為各界普遍採用。

073.馬歇爾計畫

馬歇爾計畫是美國對西歐進行的經濟援助，為美國稱霸全球的戰略目標植下根基，也為戰後世界格局的形成奠定基礎。

復興歐洲

經過世界大戰後的西歐經濟體已遭受重創，而1946年底至1947年初的一場罕見的嚴寒，又使西歐的經濟雪上加霜、瀕臨崩潰的邊緣。他們紛紛向美國求援。1947年初，美國國會籌建了一個特別委員會，專門負責研究歐洲的經濟、財政、技術和軍事援助等工作。5月23日，經過周密的討論和研究，國務院政策設計辦公室提出肯南撰寫的報告，分析如何使西歐復興和美國如何援助等問題。

←馬歇爾像
馬歇爾1939年9月任陸軍參謀長，任內積極擴軍備戰，是美國參謀長聯席會議和英美聯合參謀部的主要成員之一。1944年晉升為陸軍五星上將。1947至1949年任國務卿。

1947年6月5日，馬歇爾藉出席哈佛大學的畢業典禮並接受名譽學位的機會，以肯南的報告爲藍本發表演說，提出關於美國如何幫助歐洲復興的建議，即「馬歇爾計畫」。他強調，戰後歐洲面臨非常嚴重的經濟、社會和政治危機，唯一補救辦法就是獲得美國援助。7月12日至15日，討論馬歇爾計畫的經濟會議在巴黎舉行。十六個歐洲國家參加了此次會議。歐洲國家向美國提出了一個互助和自助的計畫，作爲與美國財政援助相對應的方案。

實施馬歇爾計畫

1947年12月19日，杜魯門政府向國會提出「經濟合作法案」，國會通過《1948年對外援助法》，這個法案規定在十五個月內，美國要向歐洲提供六十八億美元的援助，並確保在以後的三年裡每年給予援助款項。自此，「馬歇爾計畫」正式啓動。但援助的條件是，受援國必須從美國購買一定數量的貨物；撤除關稅壁壘並向美國提供本國經濟情況的統計數字，美國還有權對「援助」的使用情況進行監督；受援國還須儲備美國所欠缺的原料等。

戰後初期，隨著「馬歇爾計畫」的逐步實施，東西方意識形態上的裂痕日益變大，雙方經濟和貿易上的矛盾也越來越明顯，兩大陣營的相互敵視進一步加重了。

→為紀念「馬歇爾計畫」五十周年而發行的郵票

冷戰政策

↑馬歇爾計畫開始執行後運往荷蘭鹿特丹的卡車

馬歇爾計畫執行期間，荷蘭政府關於馬歇爾計畫的招貼畫上面寫著：「每天吃的麵包有一半是靠馬歇爾計畫的援助烤出來的」。

作為馬歇爾計畫一部分的冷戰政策，主要指在經濟上對東西方貿易進行限制和封鎖。主要表現在三個方面：

首先是限制出口。計畫中禁止並嚴格限制將商品輸送到共產陣營各國家。為此，美國政府頒布一系列出口限制法令。1950年1月，在美國的主導下，西歐各國建立的「巴黎統籌委員會」主要的任務之一就是控制對蘇禁運物資，並修訂清單。1951年，美國威脅西方國家若是違反規定，美國將會停止對其經濟、軍事或財政上的援助。

其次，是在金融方面進行限制。1939年時美國國會曾通過《詹森債務違約法》，禁止美國公民和公司購買或出售欠債國的有價證券，或向其提供貸款。為使《詹森債務違約法》服務冷戰政策，美國國會通過一項修正案，在繼續維持該法案基本精神的情況下，修正案在金融上限制共產國家的私人信貸。

第三是限制進口。1951年，美國取消除南斯拉夫以外共產國家的最惠國待遇。波蘭、捷克、匈牙利、保加利亞等國的商品在輸往美國後須徵收高額關稅。

馬歇爾計畫實施到1952年6月30日時宣布結束。透過該計畫，西歐工業產量在迅速恢復後大幅提高，農業也比戰前有較大發展。馬歇爾計畫幫助西歐各國從戰爭中迅速恢復過來，但也增加了美國的國力和影響力，為戰後世局的形成奠定基礎。

↑美國總統杜魯門簽署《對外援助法案》，攝於1948年

1948年4月2日，美國國會通過了《對外援助法案》。第二天，經杜魯門簽署，馬歇爾計畫正式執行。

074.韓戰爆發

韓戰是第二次世界大戰後規模最大的區域戰爭之一。這場戰爭起初只是一場內戰，但由於以美、蘇為首之兩大集團的軍事干預，進而演變成一場國際戰爭。

人爲分裂

朝鮮是東北亞的一個半島國家，1910年被日本侵占後，成爲日本侵略中國的跳板。二次世界大戰中，美、英、蘇等國多次討論戰後朝鮮統一與獨立的問題。1945年8月，美國提議以北緯三十八度線爲界，由美、蘇分別於朝鮮南、北部接受日本的投降。

朝鮮半島以北緯三十八度線爲界，被人爲地劃分成兩部，北方成了蘇聯的勢力範圍，而南方則成美國的勢力範圍。後來，聯合國決定在美、蘇實際控制區域內同時舉行選舉，選舉後美、蘇各自將軍隊撤出朝鮮半島，由朝鮮人民自己管理。南朝鮮於1948年5月舉行總統大選，受美國支持的李承晚當選爲總統。此舉使蘇聯拒絕聯合國臨時委員會進入到北部蘇控區，並嚴厲譴責美國違

【人文歷史百科】

朝鮮的歷史

朝鮮是歷史悠久的文明古國，在西元前後形成高句麗、百濟、新羅三個國家。西元七世紀新羅統一朝鮮。十世紀初，高麗王朝取代新羅。十四世紀末李氏王朝取代高麗，改國號為朝鮮。1910年朝鮮淪為日本殖民地，1945年日本投降時，蘇、美兩國以北緯三十八度線為界分別派兵進駐北半部和南半部。1946年2月北半部成立北朝鮮臨時人民委員會。1948年9月，朝鮮人民共和國宣告成立。

↑三十八度線界標

在中國及北韓部隊的進逼下，美軍向北緯三十八度線以南撤退。

反波茨坦會議上由中、美、英、蘇四國共同託管朝鮮，幫助其在五年後實現完全獨立所達成的共識。

針對美國而來，蘇聯在同月扶助朝鮮勞動黨成立朝鮮人民共和國，9月由金日成當選爲內閣首相。之後，美、蘇兩國軍隊先後自朝鮮撤離，留給朝鮮半島的是被人爲劃分成的兩個獨立國。

韓戰的爆發

1950年6月25日拂曉，南北韓軍隊在三十八度線附近交火，韓戰爆發。

6月27日，美國總統杜魯門發表干涉朝鮮和臺灣事務的聲明，派遣海空軍直接參與韓戰，並命第七艦隊協防臺灣，又公開宣示道：「福爾摩莎（臺灣）未來地位的決定，須等待太平洋安全的恢復，對日本的和平解決或須有聯合國的考慮。」

接著，美國敦促聯合國安理會通過了北韓爲侵略一方的決議，在7月3日派軍參戰。7月7日，美國又促使聯合國安理會通過並成立「聯合國軍」司令部的決議，任命麥克阿瑟擔任「聯合國軍」總司令，並召集英國、法國、土耳其、加拿大、澳洲、希臘、菲律賓、荷蘭、紐西蘭、南非、比利時、盧森堡、哥倫比亞、泰國和衣索比亞等十五國，組成「聯合國軍」加入韓戰。

在北韓的反擊下，美軍和南韓軍隊節節敗退，很快就退回到朝鮮東南部的大丘、釜山地區。9月，北韓軍隊占得包括漢城在內的南部九成以上土地。

抗美援朝

9月15日，美軍在仁川登陸，攔腰切斷南進的北韓軍隊，戰火很快就燒到中朝邊界鴨綠江和圖們江畔。面對美國來勢洶洶，10月25日，中國民眾在毛澤東「抗美援朝」的號召下，組成中國人民志

→「聯合國軍」在仁川登陸
仁川守軍有朝鮮人民軍約三千人，海岸抗登陸防禦薄弱。「聯合國軍」的登陸部隊有七萬餘人，各種參戰艦艇二百三十餘艘，以及各型飛機約三百五十餘架，於1950年9月11至28日對朝鮮半島仁川地區登陸。「聯合國軍」以傷亡一萬二千人的代價，取得登陸戰役的成功。

願軍，跨過了鴨綠江，投入抗美援朝的戰爭。

經過了五次戰役的較量後，美軍跟南韓軍因爲兵力嚴重不足，漸居劣勢。而中國與北韓方面也出現頹態，且技術裝備較落後，又無制空、制海權。基於上述各自原因，自1951年6月以來，中國和北韓軍隊便開始轉入陣地防禦作戰，韓戰出現相持不下的局面。

爲此，美國和李承晚提出和中國、北韓方面進行停戰談判。1951年7月10日，停戰談判於開城舉行。北韓代表提出以三十八度線爲軍事分界線，但美方和南韓不表同意。

韓戰結束

1951年7月10日雙方進行停戰談判，卻遲遲無法達成共識。1951年8月至10月下旬，「聯合國軍」再次發起攻勢，戰況依舊陷入泥沼。自1952年春天起，中國人民志願軍以坑道爲據點，積極展開狙擊，欲持久作戰。

1952年10月8日，美、李方面又宣布停戰，談判進入到無限期休會階段。爲了在談判桌上增加些籌碼，南韓方面發動了以上甘嶺地區志願軍陣地爲主要進攻目標的「金化攻勢」。在四十三天的戰役中，中國志願軍在困難的條件下，以坑道作掩護，頑抗南方軍隊。久攻不下且無取勝希望，美國只得在1953年4月26日重啓談判。

北方爲了促進

【人文歷史百科】

李承晚

李承晚是南韓首任總統，生於1875年4月26日，卒於1965年7月19日。早年受傳統教育，後進入教會學校習英語。1896年與人合組獨立俱樂部，1898年被捕。1904年出獄後前往美國，1910年在普林斯頓大學獲得哲學博士學位後歸國，1912年又重返美國。此後三十年為朝鮮獨立奔走，但未能得到國際上的支持。1919年當選為流亡的「韓國臨時政府」總統，任職二十年，後被趕下臺。1948年就任大韓民國總統，1952、1956和1960年連任。

←**上甘嶺戰役中的中國志願軍**
在上甘嶺戰役中，中國志願軍堅守陣地，依託坑道工事頑抗美軍和南韓軍隊的進擊。

↑慶祝勝利，攝於1953年
1953年，中國志願軍與北韓軍指戰員在陣地上共同慶祝停戰協定的簽訂。

停戰談判的腳步，自1953年5月中旬開始，發動了三次進攻，迫使以美軍爲首的「聯合國軍」讓步，退出韓戰。1953年7月27日，朝鮮停戰協定在板門店簽字。至此，韓戰宣告結束。

→簽訂《朝鮮停戰協定》
1953年7月27日，《朝鮮停戰協定》在板門店簽訂。28日，金日成和「聯合國軍」總司令克拉克分別在協定上簽字。28日，中國人民志願軍司令官彭德懷在協定上簽字。29日，交戰雙方交換經雙方司令官簽署的停戰協定。

075.越戰爆發

失去美國軍隊支持的南越政府軍不久就遭北越人民軍和南越解放軍吞滅，越南最後歸於統一。

南北分治

二次世界大戰之前，越南是法國殖民地，戰爭期間受日本人占領。大戰結束前後，胡志明領導的「越盟」在河內建立越南民主共和國；法國則扶持保大皇帝在西貢立國。爲了實現越南的統一和獨立，越共和法國進行了長達九年的法越戰爭。1954年，在中國的軍事援助下，越共在奠邊府戰役中戰勝法軍，迫使法國從越南北部撤出。在1954年召開的日內瓦會議上，經過談判最後確立越南南北暫時以北緯十七度線爲界來分治，北方是以胡志明爲領導的越南人民共和國，南方則由保大皇帝所統治。但到1955年時，吳庭豔在西貢發動政變推翻保大政權，建立越南共和國。

←越南抗戰受降儀式
1945年10月11日，日本受降儀式在河內舉行，美軍中將 Gallgher 也在場，他的左邊就是胡志明，右邊是被廢黜的前越南國王保大。

按照日內瓦會議的規定，越南統一的選舉在1956年7月舉行，但是冷戰的國際氛圍使這場選舉難以推行。美國總統艾森豪認爲東南亞是冷戰中潛在的關鍵戰場，他擔憂這場統一選舉會使共產主義滲透到整個越南，因此極力支持吳庭豔在南越實行獨裁統治阻撓越南的南北統一。

出兵越南

1959年，進行大規模農業改革後的北越，生產得到全面恢復，於是決定採用武力統一越南。北越政府派遣大批軍事人員潛入南越組織武裝暴動，並在1960年成立了由反吳庭豔的各黨派政治力量組成的民族解放陣線，得到中、蘇兩國的支持，向南方發動進攻。

1961年6月，美國總統甘迺迪和蘇聯領導人赫魯雪夫在維也納會面。赫魯雪夫對這位年輕的總統肆意欺淩，他採用

↑殖民地時代的結束
1954年，法國外長孟戴斯宣布法軍撤出越南。

→《時代雜誌》封面上的吳庭豔像

→吳庭豔像

吳庭豔（1901～1963），「越南共和國」第一任總統。1963年11月2日，在美國中央情報局策劃的軍事政變中遭擊斃。

恫嚇的方式企圖迫使甘迺迪在某些關鍵問題上向蘇聯讓步。8月，蘇聯在柏林修建柏林圍牆；9月，蘇聯恢復核子試驗。赫魯雪夫的每一個動作都帶給美國很大的壓力。甘迺迪很快做出決定，要在越南問題上顯示美國的力量和對抗共產主義的決心。他遵循韓戰的模式，只局限於透過代理方使用常規武器作戰的辦法，以減輕兩個超級大國直接核戰的威脅。

但這時的吳庭豔實行獨裁統治，對於民族解放陣線在南方鄉村的壯大，已無力掌控。1961年5月，爲扶持吳庭豔政府，甘迺迪派遣了一支特種部隊進駐南越，開啓美軍戰鬥部隊進入越南的先河，也是越戰開始的標誌。

北越的戰鬥

爲了阻止北越對越共游擊隊的物資和人力援助，南越海軍在美國海軍的協助下對北越沿岸的海軍基地進行了瘋狂的攻擊。1964年8月2日，北越魚雷艇襲擊了協助南越執行任務的美國驅逐艦「馬多克斯號」。美國以此爲由對北越海軍基地進行報復性轟炸。這就是著名的「東京灣事件」。「東京灣事件」是越戰的重大分水嶺。此後，美國在短短數月之內，向越南增兵達二十二萬人。爲對付美軍與南越的進攻，北越武裝也以驚人的速度向南方集結，在兩軍交界處囤積了大批人馬。

北越的淩厲攻勢讓美軍感到難以招架，爲打贏這場戰爭，至1967年底，駐越美軍已增至五十萬人。1968年1月底，北越發動了規模空前的春季攻勢。八萬

【人文歷史百科】

東京灣事件

1968年美參議院外交關係委員會在當時主席傅爾伯萊特主持下，進行「東京灣事件」的調查，結論認為「東京灣事件」不是北越主動的突擊行為，而是美國和南越政府有計劃的行動，誘使北越採取軍事行動，讓美國獲得開戰的藉口。同時，行政部門向國會提出的報告涉及隱瞞、欺騙，使國會依據不實報告而通過東京灣議案，致使美國打了一場慘痛的戰爭，最後被迫離開越南。

↑戰地攝影，攝於1950年

通過一座竹製浮橋的越南人民軍。

【人文歷史百科】

柬埔寨歷史

柬埔寨在西元一世紀建國，歷經扶南、真臘等時期。九至十四世紀是吳哥王朝鼎盛時期，但1863年淪為法國保護國，1940年又被日本占領。1945年日本投降後，法國殖民者捲土重來。1953年11月9日，柬埔寨王國宣布獨立，但法軍仍未撤走，直到1954年7月法國才被迫同意撤軍。1970年3月18日朗諾在美國策動下發動政變，推翻西哈努克親王領導的王國政府。1975年4月17日柬埔寨全國赤化，隔年改國名為柬埔寨人民共和國。

↑胡志明小道上的大象運輸隊

胡志明小道是越戰期間北越溝通南越、柬埔寨和佬沃用來輸送部隊和補給的縱橫交錯的山林小路。

人的北越軍隊和南越的越共游擊隊，對南越幾乎所有的城市發動了進攻，其規模和慘烈程度讓美國人大為震驚，無數的軍事設施和政府建築遭到破壞，美軍溪山基地竟被圍困達七十六天。

春季攻勢雖讓北越損失了五萬多人，但他們已經把美軍拖入了戰爭的泥淖中。眼看陷入越戰泥淖中不能自拔，1968年3月31日，美國總統詹森表示，美軍將逐步撤出越南。

↓一名垂死的南越士兵

美國在越南的盟軍，除去大量的南越士兵外，還有韓國的五萬餘人、澳洲的八千餘人、泰國的七千多人、紐西蘭的五百多人、菲律賓的三百多人。

停戰談判

1969年，尼克森當上美國總統，為能盡早結束越戰，他一方面推行「越戰越南化」政策，加速擴充和武裝南越政府軍；另一方面則繼續與北越在巴黎舉行談判，表示將讓美軍逐步撤出越南。談判的同時，戰爭也在繼續。自1969年3月開始，美軍便祕密轟炸柬埔寨境內的北越軍事基地。1970年3月18日，柬埔寨的朗諾將軍發動政變，推翻西哈努克親王政府，建立了新政權。朗諾新政權是親美政權。在朗諾的默許下，美軍對柬埔寨的北越軍事基地發動了進攻。

1972年3月，在武元甲領導下，北越發動了規模更勝以往的「復活節攻勢」。面對北越強大的攻勢，尼克森總統命令美國先進的B－52轟炸機對北越進行地毯式轟

→美國發行的越戰紀念郵票

↑駛入南越總統府的北越坦克
1975年4月30日，北越軍隊的坦克衝進了南越總統府，西貢易幟後改名為「胡志明市」。

1975年4月29日至30日，美軍組織了有史以來最大規模的直升機撤離行動，剛撤完西貢就被北越解放，南越政權伴隨著美軍的大撤離也徹底覆滅了。

1976年1月2日，越南完成全面統一，改國名爲越南社會主義共和國，改西貢市爲胡志明市。

炸。由於武備上的懸殊，「復活節攻勢」失敗，北越爲此損失了十萬人以上。

復活節攻勢失敗後，北越調整戰術，在中、蘇的支持下重回談判桌。1973年1月27日，參加「關於越南問題的巴黎會議」中的北越、美國、南越西貢政權在巴黎正式簽訂《越南終戰和平協定》。兩個月後，美軍陸續從越南撤走。

↑《越南和平協定》
1973年1月27日在巴黎美琪飯店，美國代表國務卿羅傑斯和越南代表正式簽署了《越南和平協定》。午夜，停火生效，至此，美國歷時最長、引起國內反對聲浪的戰爭宣告結束。

越南統一

美軍雖然撤出了越南，但北越和南越間的戰爭仍方興未艾，1974年，北越在南方進行的游擊戰，把南方的大部分鄉村都控制住了。1975年初，北越從復活節攻勢的損失中恢復，發起更淩厲的攻勢。僅幾個月時間，南越政府軍即瓦解，南方各大城市相繼被北越占領。4月，北越又乘趁勢發動了春祿戰役和胡志明戰役，想在5月1日之前解放南越首都西貢。

↓撤離西貢的美國航空母艦
1975年，最後一批美國人撤離西貢，宣告了一場曠日持久血戰的終結，此前約五十五萬美國官兵遠渡太平洋來到越南，有五萬七千多名美國人、百萬越南人在這場戰禍中喪生。

076.阿波羅登月計畫

「對我個人來說，這只是一小步；但對全人類來說，這是一大步。」──阿姆斯壯

「阿波羅」登月計畫

↑在月球表面的阿波羅十一號太空人

1961年4月12日，蘇聯太空人加加林首次進入太空。美國總統甘迺迪聞知後大爲震驚，忿忿地喊道：「這是繼蘇聯第一顆人造地球衛星上天以後，美國民族的又一次奇恥大辱！」蘇聯人早一步進入太空讓美國人覺得，在科技競賽中美國已經處於下風。

早在1959年美國就提出「奔月」的設想，這就是後來的「阿波羅登月計畫」，但是這項計畫一直沒有實質進展。1961年5月25日，甘迺迪總統召集美國各有關部門研商，提出要在十年內將人類送上月球的設想，並當眾宣布：「美國將是第一個登上月球的國家。」接著，美國太空總署便制訂具體的「阿波羅」登月計畫。

阿波羅是古希臘神話傳說中掌管詩歌和音樂的太陽神，他跟月神是同胞兄妹，曾經用金箭殺死巨蟒，爲母親報仇。

【人文歷史百科】

加加林

加加林（1934～1968年），世界第一位太空人。1955年從蘇聯薩拉托夫工業技術學校畢業後參軍。1960年選為太空人。1961年4月12日，駕駛「東方一號」太空船完成人類的首次太空飛行。太空船從拜科努爾發射場起飛，以一小時四十八分的時間繞地球飛行一圈後安全返回。1961年4月14日被授予蘇聯英雄稱號。1968年3月27日在飛行中失事遇難。為紀念他，蘇聯將他的出生地改名為加加林區。國際航空聯合會設立加加林金獎章。月球背面的一座環形山以他的名字命名。

阿波羅登月船

爲完成這一計畫，美國進行了一系列的試驗。他們製造了能將載人太空船送出月球軌道的大動力火箭。1965年4月，在馮．布朗領導下研製出的「土星五號」火箭，有八十五公尺長，由三級組成，第一級推力可達三千五百噸。研製成「土星五號」是進行「阿波羅計畫」中最關鍵的一環，它代表著在運載火箭技術方面，美國已經超越了蘇聯。

經過美國太空總署的科學家和工程師們反覆的研究和設計，「阿波羅」太空船終於建成。它由指令艙、服務艙和登月艙組成，總高二十五公尺，直徑十公尺，重約四十五噸。指令艙是太空人座艙，也是太空船控制中心，呈圓錐體，錐頂與登月艙有對接裝置相連。艙內備有供兩週生活的必需品和救生設備。服務艙爲圓筒形艙體，艙內用輕金屬結構分成六個隔艙，裡面裝有主發動

→人類首次登月二十周年紀念郵票

機、燃料箱和電器系統等。登月艙由上下兩段組成，上段是登月艙主體，裡面設有太空人座艙、生命維持系統、上升發動機、燃料箱、電源通信系統等；下段有儀器艙、蓄電池組、水和氧氣槽及四條帶有觸地感測器的著陸支架等。

↑阿波羅十一號太空人艾德林邁出登月艙

登月成功

爲了順利完成阿波羅計畫，美國太空總署共動員了二萬多家廠商、一百二十多個高等院校和科研所、四百多萬人參加，耗資二百五十億美元，歷時九年，整個系統所使用的零件就多達三百多萬個。

但整個登月過程並非一帆風順，第一次載人飛行時，航天器突然著火，三名太空人全部遇難。又經過幾次不載人的地球軌道飛行試驗之後，1968年10月11日，阿波羅七號終於成功地載著三名太空人繞地球飛行一百六十三圈。而阿波羅八號的意義更大，它從地球軌道進入了月球軌道，在完成繞月飛行後安全返回了地球。之後的阿波羅九號、阿波羅十號又相繼進入太空。

1969年7月21日四時十七分四十秒，阿波羅十一號終於在月球上的靜海西南部安全降落。太空人阿姆斯壯率先從登月艙中走出，在月球上留下了人類在月球上的第一個腳印，他興奮地說：「對我個人來說，這只是一小步；但對全人類來說，這是一大步。」艾德林緊跟隨其後也踏上月球，他們在月球微弱引力的作用之下一蹦一跳地走動著。他們在月球上待了兩個半小時，然後按計畫駕駛「登月艙」離開月球，與在空中等候的柯林斯駕駛的「哥倫比亞號」會合後返回地球。24日，指令艙重新進入大氣層，不久安全地降落在太平洋上，完成了人類歷史上第一次月球旅行，阿波羅登月計畫成功了。

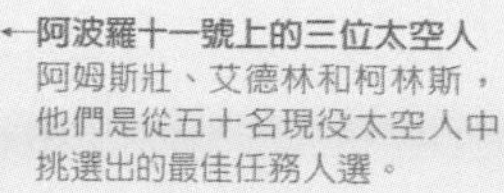

←阿波羅十一號上的三位太空人
阿姆斯壯、艾德林和柯林斯，他們是從五十名現役太空人中挑選出的最佳任務人選。

077.柏林圍牆的建立與倒塌

就是在這條寬闊的馬路兩側，豎立著一片肅穆的木製十字墓碑，彷彿在向人們訴說著當年東西分隔的一段血淚歷史。

建立柏林圍牆

←奔向西德的東德士兵
在鐵絲網築成的柏林圍牆即將封閉的一瞬間，一個參與圍牆行動的東德士兵突然跳越鐵絲網，投奔另一邊的西德。

第二次世界大戰之後，英、美、法和蘇聯各占據原德國的一部分地區。1949年，蘇聯在包括東柏林在內的占領區成立德意志人民共和國，並把首都定在東柏林，美、英、法則把各自占領區連成一體而成立了德意志聯邦共和國，首都定在波昂。

馬歇爾計畫實施後，英、美、法控制下的西柏林發展活絡。起初，柏林市民尚可在各區間自由活動，隨著冷戰的加劇，東西柏林的邊界在1952年關閉，市民的往來受到嚴格限制。但不斷有東德人跨越邊界湧入西柏林，僅1949年到1961年，就有大約二百五十萬東德人逃到西柏林。爲此，在蘇聯策劃下，東德政府在1961年5月做出祕密決定，修建柏林圍牆以遏制外逃浪潮。

建設柏林圍牆爲當時的最高機密，如果西方事先得知，東德就無法成事。因此，1961年6月15日，當時的東德領導人烏普里希曾對西方記者說：「西方有傳聞說，我們要在東西柏林之間建造一堵高牆，據我所知，政府從沒有過這樣的打算。」烏普里希的話達到了蒙蔽國際視聽的效果。

1961年8月13日凌晨，與西柏林相接壤的東柏林街道上所有燈光突然間熄滅了，無數輛軍車按序駛出，車上的大燈把東西柏林的邊界線照得通亮，兩萬多東德士兵驟然湧出，排滿東西柏林之間的邊界上，他們手裡拿著鐵絲網、水泥板和鐵鍬。六個小時後，一道由鐵網和水泥板構築成的臨時屏障綿延在四十三公里的邊界上。8月18日，柏林圍牆的建設全面展開。

高牆難成障礙

最後完成的柏林圍牆全長一百七十多公里，由水泥澆築而成，牆頂鋪設水泥管。柏林圍牆共有前後兩道，其間留

【人文歷史百科】

甘迺迪的計謀

隨著逃入西德的東德人數量的急劇增加，西德政府叫苦連天。美國政府也開始擔心，再如此下去將打破東西方的平衡，甘迺迪總統還擔心蘇聯領導人赫魯雪夫會惱羞成怒，與西方開戰，世界會面臨爆發核戰的危險。於是甘迺迪授意潛伏在東德的所有特工，讓他們散布言論：如果東德公民繼續逃下去，將關係到東德的生死存亡。東德政府領袖果然中計，立即修建柏林圍牆。

←倒塌前夕的一段柏林圍牆
1989年，柏林圍牆倒塌前夕雖然已經有些缺口，但東德士兵仍堅守著崗位。圖為西德一位抱著孩子的母親與之交談。

有一百公尺寬的無人區巡邏通道，通道內設有防汽車壕、反坦克路障、電網、地雷、自動射擊裝置等，還設有瞭望塔一百九十座，地堡一百三十七座。通道內有警衛人員二十四小時值班，對強行闖關者可當場擊斃。

但是，柏林圍牆難以擋住那些堅決去西德的人們：有人以十四輛載重卡車同時撞倒牆體得以逃脫；有三十六名學生用半年時間挖地道一百四十五公尺逃到西方；更精采的是，有一家人製造熱氣球，乘著夜色飛到西柏林。在柏林圍牆修建後的二十八年裡，先後有十八多萬人逃跑成功，但也有數不清的人在逃跑時被擊斃。

德國統一

作為東、西方政治以及冷戰兩大陣營角力的象徵，柏林圍牆的建成使得「鐵幕」一詞變得具象，冷戰也由此升級。到1980年代時冷戰漸入尾聲，東西方關係逐漸緩和起來，當時的西德總理勃蘭特實行新政策，促使兩德之間由對峙走向對話。1987年6月12日，美國總統雷根在勃蘭登堡門發表講話，建議當時的蘇聯領導人戈巴契夫拆掉這座柏林圍牆。

1989年11月9日，東德政府決定放鬆對東德人民的旅遊限制。當天夜晚，共有十萬人次湧入西柏林。11日和12日兩天，共有一百多萬東德公民進入西德及西柏林。但人們這時在心中還有一個疑問：蘇聯會對此作何反應？這時，蘇聯總統戈巴契夫放出消息：「蘇聯此次不會干預柏林圍牆的開放。」

西德科爾政府立刻決定以柏林圍牆開放的大好時機，促成兩德迅速整合。1990年7月1日，兩德建立貨幣、經濟和社會聯盟，實現貨幣統一。8月底又完成政治聯盟。10月3日晚，兩德正式合併。

↑西柏林民眾遠遠地向他們在東柏林的親人招手

078.古巴導彈危機

倘若甘迺迪總統願意公開宣布美國不入侵古巴，那麼蘇聯將會在聯合國的監督下將導彈撤出。
——赫魯雪夫

發現導彈

←甘迺迪簽署文件
1962年10月23日，甘迺迪簽署函令，對古巴進行海上封鎖。

1959年初，卡斯楚領導古巴革命成功。1961年，美國與古巴斷交，蘇聯趁機向古巴提供經濟、軍事援助，藉以打入西半球美國的勢力範圍。美國深感不安，於同年4月17日派兵入侵古巴，但在蘇聯的幫助下，古巴回擋了美國的武力干涉。這一勝利使古巴革命政權得到進一步鞏固，維持主權獨立，也挫滅了美國的國際聲勢。如此一來，當時的蘇聯領導人赫魯雪夫便認爲，甘迺迪只有在蘇聯的壓力下才會低頭，更堅定了在古巴部署導彈的決心。1961年7月，蘇聯和古巴兩國達成部署導彈的祕密協定。1962年1月，蘇聯將第一批導彈祕密運抵古巴，10月中旬完成對導彈的部署。

1962年8月底，美國一架U-2高空偵察機在古巴上空發現近程導彈發射場。這使甘迺迪確信蘇聯已在古巴部署核子彈頭，9月4日，美國政府向蘇聯發出警告。但蘇聯予以否認。10月14日，U-2飛機再一次拍攝到蘇聯正在修建的中程與中遠端導彈發射場的照片，有力地回擊蘇聯的否認。

戰雲陡起

1962年10月22日晚，甘迺迪向全國正式通報蘇聯在古巴設置中程導彈的消息，並宣布對古巴實行名爲「隔離」的海上封鎖，以阻斷蘇聯運往古巴的武器運輸線。根據他的命令，一百八十多艘美國軍艦在加勒比海進行日夜巡邏，對古巴實行嚴密的海上封鎖。美國設在古巴的關塔那摩海軍基地更是戒備森嚴，如臨大敵。美國在世界各處的海、陸、空三軍部隊都進入最高戒備狀態，情勢十分緊張。

甘迺迪和美國等待著蘇聯的反應。1962年10月26日，赫魯雪夫寫了一封信給甘迺迪，信中提出：「倘若甘迺迪總統願意公開宣布美國不入侵古巴，那麼

↑古巴導彈危機期間，運輸導彈的蘇聯船隻

蘇聯將會在聯合國的監督下將導彈撤出。」這使危機彷彿出現一絲緩解的希望。但僅隔一天，赫魯雪夫就在第二封信中表現出強硬的語氣，要求美國必須先撤除在土耳其的導彈，蘇聯方能從古巴撤走導彈。而就在這時，一架美國U-2偵察機在古巴遭擊落，機毀人亡，這一事件把整個危機推向頂點。美國軍方強硬地要求在28日的早晨摧毀古巴的導彈基地。甘迺迪經過深思熟慮後，一方面表示同意赫魯雪夫兩封信的要求，同時又威脅道：赫魯雪夫必須在二十四小時內給予回答，否則後果將無法控制。

↑美國代表史蒂文生在聯合國會議上說明古巴導彈危機情況
在古巴導彈危機中，美、蘇把世界推到核戰邊緣，最後又不得不妥協，開創了美、蘇關係既對抗又對話，既競爭又妥協的新階段。

危機化解

赫魯雪夫最後決定拆除導彈，核戰危機立刻解除。在蘇聯做出讓步的情況下，甘迺迪非常謹慎地指令，不允許任何政府官員發表譏嘲對方「投降」等刺激性的言論，同時他還高度評價赫魯雪夫做出「有政治家氣度的決定」。至此，導彈危機和平解決，避免核戰的危險，也使美、蘇雙方在核子對抗問題上更加小心。如果沒有這場核子危機的和平解決，核子戰爭的危險將會更大。

另一方面的積極結果就是，美國公開承諾不入侵古巴，這實際上等於默認了古巴共產政權。

對美國而言，導彈危機的和平解決減輕了來自蘇聯的核子威脅，使其在爭霸中處於有利地位；美國顯示的強大力量，鞏固了自己在各盟國之間的威信和地位，同時也限制蘇聯對美洲的進一步滲透，維護美國在美洲的特殊利益。對蘇聯而言，這一事件加強蘇聯跟古巴的關係，美國撤除部署在土耳其的導彈之後，也減輕對蘇聯的直接核子威脅。

【人文歷史百科】
危機後的新局面
古巴導彈危機加上此前發生的柏林危機，戲劇性地成美蘇冷戰以致整個國際關係舒緩的轉捩點。此後，在兩國最高領導人之間建立熱線聯繫，結束美蘇冷戰中最危險的時期。在以後的競爭中，兩國都謹慎地避開直接對抗，特別是避免用核子武器對抗，並謀求妥協和合作以維持核子壟斷，約束無核國家，這次危機也在一定程度上促成1963年的部分核子禁試條約。

079.蘇聯入侵阿富汗

蘇聯入侵阿富汗戰爭中，蘇軍使用大量先進武器，採取多種靈活戰術，但因為進行的是非正義戰爭，受到國際社會的強烈反對，最後只好由阿富汗撤軍。

進駐阿富汗

1970年代的蘇聯推行勃列日涅夫的全球戰略，與美國爭奪世界霸權。爲實現南下印度洋、控制中亞樞紐地區的戰略企圖，1973年阿富汗共和國成立以後，蘇聯便在政治、經濟、文化和軍事等方面進行滲透。蘇聯支持並扶植激進的阿富汗人民民主黨發動政變，奪取政權，但卻遭到了阿富汗境內保守穆斯林部族的強烈反對。

1979年9月，阿富汗民主黨內發生火拚，總理阿明暗殺黨內總書記塔拉基，自任革命委員會主席兼總理。阿明試圖擺脫蘇聯控制，揚言要跟美國實現關係正常化。蘇聯擔心失去對阿富汗的控制，影響其戰略布局，便在同年12月轉而支持另一名左翼分子巴布拉克．卡爾邁勒透過政變上臺。卡爾邁勒企圖推行俄國化政策時，遭到更爲激烈的武裝反對，不得不請求蘇聯給予援助。

↑在喀布爾的蘇軍士兵
1979年12月24日至26日，蘇軍出動大型運輸機二百八十架次，向喀布爾國際機場和巴格蘭空軍基地空運五千多名官兵和大批武器裝備。27日晚七時許，蘇軍進駐喀布爾。

1979年8月至10月，蘇聯派遣陸軍總司令帕夫洛夫斯基等人到阿富汗進行實地勘察，以援助爲名派兵進駐，控制馬札里沙里夫、巴格蘭、赫拉特等戰略要地；又以檢查武器的名義封存阿國政府軍的輕武器，拆除重裝備。之後，蘇軍便在蘇阿邊境的鐵爾梅茲建立前方指揮部。1979年12月中旬，蘇軍開始集結；27日便大舉入侵阿富汗，迅速占領北部地方。

【人文歷史百科】

阿富汗的戰略地位

阿富汗具有重要的戰略地位，在古代，伊朗人、希臘人、印度人、阿拉伯人和蒙古人等先後在阿富汗進行過統治。1747年阿富汗人建立獨立國家，在十九世紀時成為英國和沙俄兩大帝國的角逐場所。1838至1842年英國發動第一次侵阿戰爭失敗後，又於1878至1880年發動第二次侵阿戰爭，控制阿富汗對外關係。1919年阿富汗宣布獨立，英國於同年5月又發動了第三次侵阿戰爭。1987年11月，改國名為阿富汗共和國。

游擊隊反抗蘇軍

1979年12月28日起，蘇軍分東、西兩路對阿富汗發動鉗形攻勢，並在1980年1月2日會師坎達哈。一禮拜的時間，

↓游擊隊在俘獲的蘇軍戰車上歡呼，攝於1980年4月

→阿富汗戰爭中的蘇聯英雄獎章

蘇軍就控制了阿富汗的主要城市。在完全占領阿富汗後，蘇聯將進攻的矛頭指向以反政府武裝爲主的抵抗力量。1980年2月、4月和6月，蘇軍對反政府游擊隊展開了三次大規模的全面「掃蕩」。游擊隊利用熟悉地形等有利條件，廣泛地開展山地游擊戰，使蘇軍摩托化部隊的優勢變成劣勢，「掃蕩」失敗。

爲此，蘇軍便改爲集中優勢兵力對游擊隊主要根據地進行重點「清剿」，但又遭到游擊隊的頑強抵抗，最後以失敗告終。經過幾年戰鬥，游擊隊逐步發展壯大，武器裝備也得到改善，戰鬥力更是明顯提高。在國際社會壓力下，蘇聯不得不在聯合國的主持下舉行日內瓦間接會談，至1985年底先後舉行了六輪，但都未能在實質問題上達成協定。

蘇聯撤軍

深陷阿富汗戰爭泥淖中的蘇聯承受著來自各方的巨大壓力。1985年，戈巴契夫擔任蘇共總書記後，決定讓蘇聯從阿富汗脫身。爲此，蘇聯積極推動阿富汗問題的政治解決，將「清剿」任務逐漸移交給阿富汗政府軍，蘇軍則只擔負防守城市和交通線的任務。

爲了將蘇軍趕出國土，阿富汗游擊隊對城市和交通線頻繁發動進攻，先後對喀布爾、昆都士、坎達哈、賈拉拉巴德、赫拉特等諸多重要城市發起連續攻擊。尤其是對喀布爾的進攻，歷時數月，給蘇軍和阿富汗政府軍造成嚴重的威脅。最後形成由蘇軍控制主要城市與交通線，游擊隊控制廣大農村的狀態，雙方陷入僵持。

蘇聯境內反戰的呼聲越來越高漲，在這種情況下，蘇聯政府接受1988年4月14日達成的日內瓦協定，決定分兩階段從阿富汗撤軍。1989年2月15日，蘇軍的最後一名士兵登上返蘇的飛機，至此，蘇聯入侵阿富汗的戰爭宣告結束。

↓從薩蘭公路上撤離的蘇軍
蘇聯接受1988年達成的日內瓦協定後，於同年5月15日至1989年2月15日，分兩階段撤軍十一萬五千人。

080.星球大戰計畫

「……讓我和你們一起展望有希望的未來，我們要從事一項採取防禦性措施來對付可畏的蘇聯導彈的威脅……」——美國總統雷根

戰略圖謀

二十世紀六〇年代末、七〇年代初，美蘇戰略核力量在數量上已旗鼓相當，但在導彈命中的精確度和多彈頭技術方面，美國則領先於蘇聯。爲此，蘇聯先後研製五種威力巨大的洲際導彈，在多彈頭技術和命中精確度方面已與美國十分接近。面對蘇聯的奮起直追，美國感到自己的戰略核力量優勢地位不保。爲確保自身核武力的絕對優勢，美國覺得有必要建立一整套有效的反導彈系統，以維護美國本土的安全。同時，美國也想憑藉自身強大的經濟實力，透過一場前所未有的太空競賽，將蘇聯的經濟拖垮。

1983年3月，美國總統雷根在一次談話中宣布，美國特別制訂《總統戰略防禦倡議》，最主要的內容就是建立多層綜合防禦系統，對核子大戰中發射過來的彈道進行攔截並給予擊毀，保護美國及其盟國的生命和財產安全。這一計畫設想的核子大戰主要是在外太空進行，所以又被人們稱爲「星球大戰計畫」。

雷根還展示了一些衛星圖片和圖表，用以宣稱蘇聯的戰略核子威懾力量已大幅超越美國，美國應進一步發展和加強戰略攻擊性武器，同時加強對太空時代之超級武器的研製和部署，進而建立有效的戰略防禦體系，以便能有效地對攻擊的導彈進行攔截。

該計畫的基本設想是在蘇聯核子導彈對美國領土進行攻擊前，直接由衛星發射出鐳射、微波、粒子光束等，在太空中即將蘇聯導彈摧毀。據當時的白宮官員說，這全部計畫將耗資八千億到一兆美元。

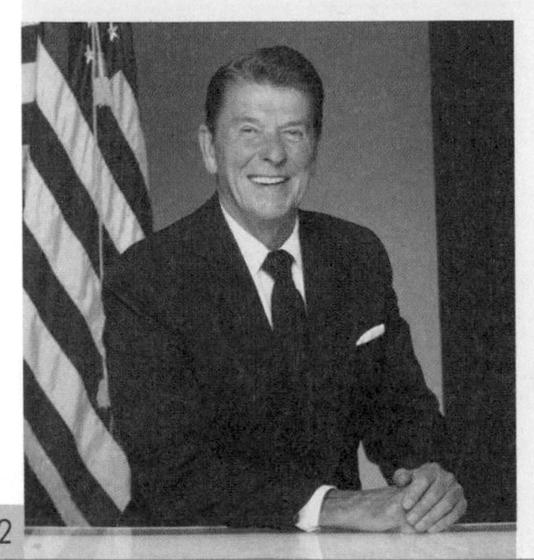

←雷根像
雷根，美國第四十位總統（1981～1989）。1962年加入共和黨，1966年當選為加州州長。1980年在十名候選人的角逐中贏得共和黨的提名，同年11月當選為總統。

計畫實施與撤銷

1985年1月3日，美國正式公布這項計畫。據透露，擬建的戰略防禦系統不單僅使用到常規彈頭，還將使用鐳射、粒子束、電磁軌砲和截擊彈等高科技武器。這項計畫出籠後，美國國會即先後

↓美國導彈攔截示意圖

→《時代雜誌》封面上的雷根像

撥出數百億美元，用於各種高科技武器研製，還動用了一萬多名科學家參與這項計畫的研究、設計和武器製造工作。

但是，「星球大戰計畫」發表後，美國國內和國際上反彈十分強烈。四十多名科學家聯名發表了一份長達一百多頁的聲明，指出該計畫將冒政治上的極大風險，包括前總統卡特、麥克納馬拉、萬斯等軍政要人也發表聲明反對這個可能引起新一輪軍備競賽的「星球大戰計畫」，美國前國防部長布朗提交了一份長達二十六頁的研究報告，批評該計畫；而前國務卿季辛格、布勒津斯基、國防部長溫伯格等人則大表支持。

【人文歷史百科】

各國對「星球大戰計畫」的反應

對於美國的「星球大戰」計畫，西歐並不相信美國對盟國的承諾。

法國總統密特朗在1984年底發表電視講話，宣布法國完全不同意太空軍事化的「星球大戰」計畫。

前聯邦德國支持法國的「尤里卡」計畫，並決定不以政府名義參加美國的「星球大戰」計畫。

1984年12月英國首相柴契爾夫人訪美時，曾表示支援「星球大戰」計畫，但僅限於支持研究而不包括部署。

西歐其他國家態度都不積極，挪威、丹麥、芬蘭和奧地利皆宣布不參加「星球大戰」計畫，荷蘭、比利時態度較為曖昧。

日本對美國「星球大戰」計畫最感興趣，最先作出積極反應，而且表示為戰略防禦計畫提供技術支援。

國際上以蘇聯反彈最爲強烈。5月5日，蘇聯國防部長索科洛夫在《紅星報》上稱：「如果美國打算讓太空軍事化，並因此打破目前存在的均衡，蘇聯除採取反制措施外，沒有別的選擇。」

後來，蘇聯新任領導人戈巴契夫也寫信給美國的科學家，強調：「當今世界沒有人不爲美國的戰略防禦計畫擔憂。」並警告說：「特別是美國千萬別踏出這致命的一步，否則將會導致核子戰爭的升級和更加瘋狂的軍備競賽。」

「星球大戰計畫」在實際發展中，遇到了各種難以在短期內解決的問題，而龐大耗資對美國經濟的壓力、冷戰結束和蘇聯的解體，使「星球大戰」計畫難以繼續進行下去。1993年5月3日，美國國防部長亞斯平宣布結束推行「星球大戰」計畫，放棄在太空部署反導武器。

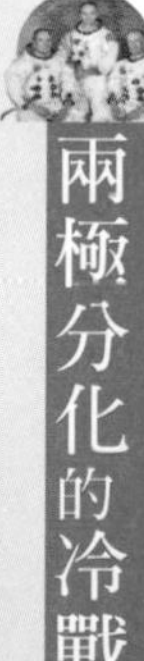

↓**雷根發表「戰略防禦倡議」的演說，攝於1983年3月23日晚**

美國一位政府高級官員說，雷根的這一提議並不是在恐嚇蘇聯，也沒有違反十多年前簽署的反彈道導彈條約，該條約並無阻擋防禦系統的形成和發展。此計畫的推出宣布了新一輪軍備競賽的開始。

081.蘇聯解體

蘇聯的解體，宣告了美國獨強時代的來臨。

歷史重播

1991年12月25日晚七時左右，往年這是一個美妙的耶誕節，人們應該在暖暖的爐火旁品嘗著歡聲笑語。但今天莫斯科市民卻冒著凜冽的寒風趕到隆冬中的紅場，隨之而來的還有大批的外地人。戈巴契夫即將要發表辭職演說——這是莫斯科電視臺在前一天預報的。這意味著，克里姆林宮上空飄揚多年的旗幟將要更換。人們希望自己能見證這一歷史時刻。

有些人圍在一起，用收音機收聽戈巴契夫的演講，那麼認真、投入；有些人面紅耳赤地爭論著，寒冷的空氣在他們的爭吵中逐漸升溫；有些人舉著蘇聯國旗，高聲地喊著「蘇聯萬歲」；有些人肅穆地站在那裡，凝望著暮色中飄動的蘇維埃社會主義共和國聯盟國旗……

七時二十五分，躁動的人群安靜下來了，戈巴契夫的演說已結束。透過暮色望去，一個人影出現在蘇聯總統府的屋頂上。人們寂靜無聲，全屏住呼吸靜靜地看著那個模糊的身影。

七時三十二分，陪伴了人們幾十年的鐮刀錘子旗徐徐下降，有的人呆呆地看著，有的人露出了笑容，有的人充滿了祈盼，有的人發出了啜泣聲……

七時四十五分，一面三色的俄羅斯

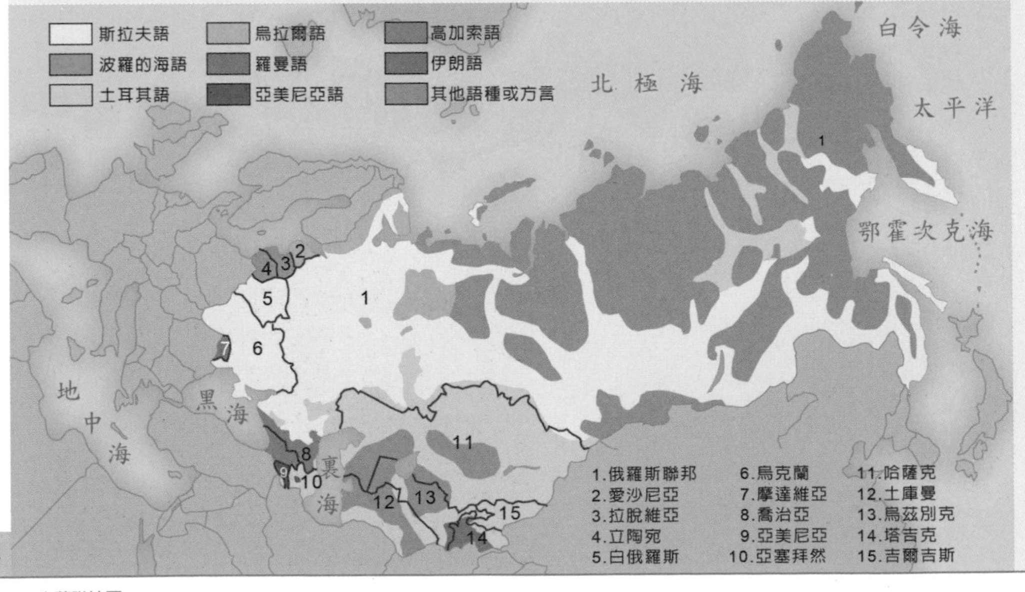

↑蘇聯地圖

聯邦國旗緩緩升起，克里姆林宮有了新的旗幟。這幅場景讓人們意識到：蘇聯從世界地圖上消失了。

←戈巴契夫像
戈巴契夫1952年加入蘇聯共產黨。1989年5月任蘇聯最高蘇維埃主席。1990年3月15日任蘇聯總統。

走向解體

1985年，戈巴契夫當上蘇聯領導人。讓人意想不到的是，他隨即推行了一條悖離馬克思主義的政治路線。1990年蘇共二月全會以後，受西方國家的影響，他提倡實行「人道的民主社會主義」，鼓吹「民主化、公開性、多元化」，並主張多黨制，放棄一黨專政。他這種不計後果的做法，使整個國家陷入了恐慌之中，人民不知將何去何從，蘇聯猶如一條飄搖不定的巨輪……在政治危機之後，經濟危機隨之而來。

1990年3月11日，立陶宛宣布獨立，不再依託蘇聯；拉脫維亞和愛沙尼亞隨後也宣布獨立，脫離蘇聯；緊接著，摩達維亞和亞美尼亞宣布脫離蘇聯……10月底，喬治亞共產黨在競選中失敗，反對派「自由喬治亞圓桌會議」發表獨立宣言，希望國際社會給予支持；而另一些加盟共和國如俄羅斯聯邦、白俄羅斯、烏克蘭等，雖然沒有宣布獨立，但卻發表「主權宣言」，聲稱本共和國的法律「至高無上」，並頒布與聯盟憲法相悖的法律，公然對抗蘇聯總統的命令，實際上與蘇聯已是貌合神離。

【人文歷史百科】

蘇聯國家緊急狀態委員會

「蘇聯國家緊急狀態委員會」由蘇聯代總統亞納耶夫、蘇聯總理帕夫洛夫、蘇聯國防會議第一副主席巴克拉諾夫、蘇聯國防部長亞佐夫、蘇聯內務部長普戈、蘇聯國家安全委員會主席克留奇科夫等八人組成。22日上午，俄羅斯聯邦總統葉爾欽宣布，亞納耶夫、亞佐夫、克留奇科夫、季賈科夫已被拘留；帕夫洛夫因病住院，已被就地監護；普戈已自殺身亡；其他兩名成員由於是人民代表，暫時尚未被拘留。

八一九事件

爲了保住逐步走向解體的蘇聯，1991年5月，戈巴契夫和十五個加盟共和國領導人達成協定，同意組成「新蘇聯」。1991年8月14日，蘇聯公布了新聯盟條約文本，蘇維埃社會主義共和國聯盟將改名爲「蘇維埃主權共和國聯盟」，簡稱仍爲蘇聯。新聯盟條約的簽署工作預定在8月20日開始。

就在新聯盟條約簽署前一天，即8月19日的清晨六點鐘，蘇聯副總統亞納耶夫突然發布命令，鑑於蘇聯總統戈巴契夫健康狀況已不能履行總統職務，根據蘇聯憲法，由他即日起代行總統職務。

亞納耶夫同時宣布，成立由八人組成的蘇聯「國家緊急狀態委員會」，在蘇聯部分地區實施爲期六個月的緊急狀態。在此期間，國家全部權力移交給蘇聯國家緊急狀態委員會行使。

蘇聯國家緊急狀態委員會發表《告蘇聯人民書》說，戈巴契夫倡導的改革政策已「走入死胡同」，「蘇聯國家和人民的命運處在極其危險的嚴峻時刻」，呼籲蘇聯公民支持該委員會使國家擺脫危機的努力。而此時正在黑海海濱克里米亞半島休養的戈巴契夫，則被軟禁在別墅裡，和莫斯科的聯繫完全中斷。

↑在坦克上發表演說的葉爾欽
葉爾欽站在俄羅斯議會大廈外的一輛坦克頂上演說，號召人民反抗緊急狀態委員會。這一場面經由電視現場向國內外直播，產生非常強烈的效果。議會大廈前聚集了大批莫斯科市民和來自外地的葉爾欽支持者，人數達十萬之衆。

↓在辭職書上簽字的戈巴契夫
戈巴契夫在辭職書上簽字後發表了十二分鐘電視講話：「我曾經堅定地贊成維持聯盟制，保持國家完整。最近發生的事件卻朝另一個方向發展，國家分裂解體已成為現實，我不能同意發生這一情況……」

蘇聯解體

八一九事件發生後，莫斯科市進入緊急狀態，坦克和軍隊開始出現在莫斯科街頭。莫斯科市民的表現出奇平靜，人們照常上班工作，似乎已默認了這種改變。但時任俄羅斯聯邦總統的葉爾欽立即跳到議會大廈前的坦克上發表演講，指責緊急狀態委員會要恢復蘇聯的鐵幕統治，並號召群眾進行大罷工。

緊急狀態委員會對反對言論的傳播未加管制，議會大廈頓成葉爾欽的表演舞臺。20日晚，議會大廈前聚集了數萬名示威群眾，甚至有人構築了堡壘，要誓死保衛議會。

【人文歷史百科】

俄羅斯總統葉爾欽

葉爾欽1931年2月1日出生於俄羅斯聯邦斯維爾德洛夫斯克州布特卡村，1961年加入蘇聯共產黨，1985年任蘇共中央建築部部長，莫斯科市委第一書記，1989年成為最高蘇維埃主席團成員。1990年葉爾欽在蘇共二十八屆大會上提出的激進改革計畫遭否定後，宣布退出蘇共。1991年6月12日和1996年7月3日，連續當選為俄羅斯聯邦總統。1991年蘇聯八一九事件中，葉爾欽發表一系列禁止蘇聯共產黨活動的命令，並於1991年12月8日宣布蘇聯不復存在。

↑在克里姆林宮附近坦克上玩耍的孩子，攝於1991年8月19日
坦克和軍隊開始出現在莫斯科街頭，並未發生流血事件。多數人接近坦克是出於好奇。

21日下午，蘇聯國防部命令軍隊撤回駐地，國家緊急狀態委員會領導人放棄了行動。

21日晚八點，戈巴契夫發表聲明，強調他已完全控制局勢，並恢復曾一度中斷的聯繫，稱將於近日內重新行使他的總統職權。

然而剛到24日，戈巴契夫就宣布辭去總書記職務，並建議蘇共中央「自行解散」。8月29日，蘇聯最高蘇維埃通過決議：暫停蘇共在蘇聯全境內活動。

隨後，宣布獨立的浪潮開始興起。截至9月底，宣布獨立的加盟共和國已達到十二個。1991年12月1日，第二大加盟共和國烏克蘭宣布獨立；1991年12月8日，俄羅斯、白俄羅斯、烏克蘭宣布成立獨立國家國協，同時宣稱蘇維埃社會主義共和國聯盟「已不存在」。1991年12月21日，俄羅斯等十一個獨立國領導人在哈薩克首都阿拉木圖舉行領袖會議，正式宣告建立獨立國家國協。

1991年12月25日，在克里姆林宮上空飄揚七十餘年之久的蘇聯國旗緩緩降下，世界上第一個社會主義國家從此在地圖上消失。

↓蘇聯國旗與俄羅斯國旗
蘇聯國旗從克里姆林宮悄然降下，俄羅斯國旗緩緩升起，標誌著一個舊時代的結束和新時代的開始。

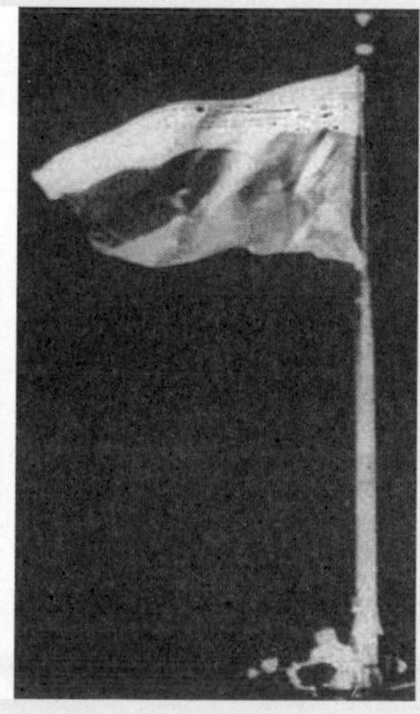

082.伊拉克入侵科威特

1990年8月2日，伊拉克總統海珊悍然下令進軍科威特，不到十個小時的時間，伊拉克軍隊就占領了科威特全境。

入侵科威特

1990年7月末，伊拉克宣布停止與科威特的談判。隨後將大批伊軍進駐伊、科邊界，虎視眈眈，大戰一觸即發。

爲混淆視聽，海珊召見了美國駐伊大使，表示對科威特的強烈不滿，同時表示不會入侵科威特。大使表示美國對伊、科關係，以及雙方在邊界上的武裝力量頻繁活動十分關注。大使的表態，令伊拉克高層人士和海珊本人誤解了美國人的回應，以爲美國還會像兩伊戰爭中支持援助他們那樣，默認了他們即將對科威特動武的暗示。於是1990年8月2日，海珊悍然下令出兵科威特。

科威特時間1990年8月2日淩晨一點，伊拉克共和國衛隊的三個師在空軍、海軍、兩棲作戰部隊和特種部隊的密切配合下迅速越過伊、科邊界，向科威特發動突襲。由一個機械化步兵師和一個裝甲師組成的主攻部隊，三百五十多輛坦克在前面引導，首先攻占了古賈赫臘山口，然後迅速折向東面進攻科威特城。另一個擔任助攻部隊的裝甲師在主攻部隊的西側向南進攻，與主攻部隊於賈赫臘山口會合後繼續南下，在沙烏地阿拉伯與科威特邊界主要通道上建立阻擊陣地，防止科威特軍隊逃往沙烏地阿拉伯。

五點三十分，主攻部隊與特種部隊在科威特市會合，在進行十四個小時的城市戰鬥後，伊軍占領了科威特首都科威特城。後續部隊也陸續不斷地趕到，與先頭部隊一起迅速向未占領的科威特其他地區展開進攻。到8月3日中午，伊軍即占領了科威特全境。8月8日，海珊宣布科威特是伊拉克的「第十九個省」。

在不到一週的時間裡，因爲對伊軍的突襲毫無準備，再加上本身就勢單力孤，不到兩萬人的科軍，在進行微弱的抵抗後，不是投降就是潰逃，五千多人逃到沙烏地阿拉伯。科威特國王埃米賈比·薩巴赫也倉皇帶著部分王室成員，

↑被擊落的伊拉克直升機

伊拉克入侵初期，人們在觀看一架被科威特抵抗者擊落的伊拉克直升機殘骸。

↑科威特難民
科威特被伊拉克侵占後，在科威特工作的數以千計外來勞工成為了難民。他們在伊拉克和阿曼之間的沙漠裡過著艱難的生活。

乘飛機逃到沙烏地阿拉伯。

伊科矛盾

伊拉克與科威特的矛盾由來已久，早在第一次世界大戰之前，科威特即隸屬於鄂圖曼土耳其帝國中的伊拉克。第一次世界大戰後，科威特成爲獨立王國，但伊拉克一直不承認它的獨立，在1961年企圖以武力吞併。當時英國竭力阻止伊拉克的行動，並派兵進駐科威特，阻止伊拉克的入侵，同時與其他阿拉伯國家一同譴責伊拉克的舉動。在英國和阿拉伯世界的一片聲討下，伊拉克被迫在1963年承認科威特的獨立地位。然而雙方因邊界劃分問題爭吵不休，武裝衝突一直沒有停息過。

1980年，伊拉克與伊朗爆發戰爭；至1988年8月20日，在國際社會的調停下才停火，結束兩伊戰爭。八年戰爭使伊拉克負債累累，其中欠科威特的就達一百四十億美元之多。

爲了緩解陷於困境的國內經濟狀況，恢復元氣，並逐漸建成波灣地區的強國，伊拉克要求科威特減免它所欠的債務，還指控科威特超產石油，偷探伊、科邊界地區的石油，導致伊拉克石油產量降低，收入銳減。伊拉克故而要求科威特道歉並賠償其損失，同時提出重新劃分邊界、租用科威特的布比延島和沃爾拜島九十九年等要求。

科威特立即回絕伊拉克的各種要求，使伊、科之間的衝突加劇。雙方間各持己見，互不相讓，談判毫無進展。於是，伊拉克決定侵占科威特，把它變成自己的「糧倉」。

國際反應

伊拉克入侵科威特數小時後，在科威特和美國的要求下，聯合國安理會隨

【人文歷史百科】

科威特的石油

科威特是石油輸出國組織的重要成員，石油和天然氣儲量豐富，現已探明的石油儲量為九百六十八億桶，約占全球原油總儲量的百分之十，居世界第四位。天然氣儲量約為一萬五千億立方公尺，約占世界儲量的百分之一。石油是科威特財政收入的主要來源和國民經濟的支柱，其產值占國內生產總值的百分之四十，占出口總額的百分之九十五。科威特的主要油田大布林乾油田，位於科威特東南部，是世界最大的砂岩油田，也是僅次於加瓦爾油田的世界第二大油田。

即召開緊急會議，通過六六〇號決議，要求伊拉克必須無條件從科威特撤軍，恢復科威特的獨立和主權，並自行裁軍，否則將會招致武力干涉。

8月3日，阿拉伯聯盟發表決議，在強烈譴責伊拉克的侵略行為，要求其立即無條件撤兵的同時，也呼籲由阿拉伯內部解決這場衝突，拒絕外部干涉。

美國總統布希在伊軍入侵科威特的當天就發表講話，譴責伊拉克的行動是「赤裸裸的侵略」，並宣布凍結伊拉克和科威特在美國的所有資產，還命兩艘航空母艦駛往波灣待命。

當時的蘇聯一改與美國對立的常態，在8月3日與美國達成共識後共同發表《聯合聲明》，要求伊拉克「無條件從科威特撤軍」，「恢復科威特的主權、合法政權和完整領土」，並在同一天停止了對伊拉克的軍事援助和武器供應。

【人文歷史百科】

伊拉克的歷史

伊拉克歷史悠久，境內幼發拉底河和底格里斯河一帶是人類古代文明發祥地之一。西元前1850年左右，此地建立了古巴比倫王國，西元前八世紀建立亞述帝國，西元前七世紀建立新巴比倫王國。西元前538年，新巴比倫王國被波斯人所滅。七世紀伊拉克被阿拉伯人占領，1639年伊拉克淪為鄂圖曼帝國屬地。1917至1918年伊拉克被英軍占領，1920年淪為英國託管地區，翌年在英國保護下成立伊拉克王國，1958年7月14日成立伊拉克共和國。

世界上絕大多數國家和國際組織都普遍強烈譴責伊拉克的侵略行徑，要求恢復科威特的主權；並為化解這場危機，提供許多解決方案。

大戰在即

面對聯合國的決議和國際社會的一片譴責聲浪，海珊置若罔聞，還公開宣稱：「聖戰」已經開始，絕不會屈服於美國。

從8月2日至11月29日，聯合國安理會先後通過了十二項譴責和制裁伊拉克的決議，伊拉克處在極端孤立的境地。其中的第六七八號決議更明確規定伊拉克撤軍的最後期限為1991年1月15日，否則將

↓聯合國會議，攝於1990年8月2日
聯合國安理會召開緊急會議，譴責伊拉克的侵略行徑，並要求伊拉克立即無條件撤軍。

因此，在伊拉克入侵科威特的當天，美國「獨立號」航空母艦就奉命駛進波灣。8月6日，美國總統布希下令啓動「沙漠盾牌行動」，向波灣地區部署軍隊。又以執行聯合國安理會對伊的各種制裁決議爲由，建立了多國聯合軍，英、法等三十八國在它的召集下，共派出二十多萬的戰鬥部隊，參與對伊的軍事行動，日本等十多個國家也捐助五百四十多億美元作爲軍事行動的經費。

在聯合國授權下，以美國爲首的聯合部隊攔攻伊拉克的宣傳一浪高過一浪，戰雲已籠罩在伊拉克上空，大戰一觸即發。

↑對伊拉克進行海上封鎖的美國戰艦
1990年8月7日，美國一艘戰艦在阿拉伯灣南部水域巡邏，開始對伊拉克進行海上封鎖，以阻止其石油出口和食品進口。

決議授權聯合國會員國採取「一切必要手段」來執行聯合國通過的各項決議。這爲美國出兵波灣，用武力解決這場危機提供了背書。

美國之所以積極出兵攻打伊拉克，乃是因爲美國及西方工業大國的石油皆來自波灣地區，若讓伊拉克吞併科威特進而占領沙烏地阿拉伯，它就控制全世界一半以上的石油資源，海珊便可以此來與西方國家做條件交換。爲了控制波灣地區的石油資源，美國決定教訓一下這個不知趣的地頭蛇——海珊政權。

↓科威特受難者紀念館
科威特反抗者在這裡被抓獲並遭殺害，建築物依然保持著被毀壞時的原狀。

083.波灣戰爭爆發

波灣戰爭不僅是冷戰時期向後冷戰時期過渡的轉捩點，也是機械化戰爭時代向資訊化戰爭時代過渡的重大轉折。

波灣陰雲

1990年8月2日，伊拉克以突襲的方式，出動十萬大軍侵占了科威特。數小時後，科威特與美國強烈要求聯合國安理會召開會議，並通過了第六六〇號決議，譴責伊拉克對科威特的入侵，要求伊拉克撤出科威特。海珊政權對聯合國的決議，以及國際社會的一片譴責毫不在意，態度強硬地叫囂要進行「聖戰」，公然與美國對抗。

美方以聯合國所做出的針對伊拉克的十幾項決議爲依據，聯合盟國迅速組成了以其爲首的二十多萬人多國部隊，集結在波灣地區。五日後的8月7日，美軍隨即奉命進駐到沙烏地阿拉伯。美國總統布希宣布，旨在防止伊拉克入侵沙烏地阿拉伯——代號爲「沙漠盾牌」的軍事行動，即將開始。

但是伊拉克仍無動於衷。11月29日，聯合國安理會第六七八號決議發出動武的外交辭令：「以一切必要手段執行第六六〇號決議」，並設定伊拉克撤出科威特的最後通牒期限爲1991年1月15日。1991年1月12日，美國國會授權軍隊將伊拉克軍隊趕出科威特，接著其

↓聯合國安理會會議上的伊拉克代表（前）
1990年11月30日，聯合國安理會通過六七八號決議，規定1991年1月15日為伊從科撤軍的最後期限，否則將採取一切必要措施解放科威特。

【人文歷史百科】

衝擊傳統戰爭觀念

波灣戰爭改變了傳統的作戰樣式，對第二次世界大戰以來形成的傳統戰爭觀念產生了強烈的震撼。此表現在以下三個方面：（一）空中力量發揮了決定性作用。波灣戰爭開創了以空中戰力為主贏得戰爭的先例，表明戰略空襲和反空襲是未來戰爭的主要模式。（二）電子戰成為未來戰爭的核心，對戰爭進程和結果產生重要影響，因此電磁優勢將成為現代戰場雙方激烈爭奪的制高點。（三）高科技武器大大提昇了作戰能力，使作戰行動向高速、全天候、全時域發展。

→美國發行的波灣戰爭郵票

↑被多國部隊轟炸後的高速公路
1991年2月25日晚間和26日白天，多國部隊的戰機轟炸了加赫拉高速公路，大批伊拉克士兵死亡。

他盟國也跟進授權本國軍隊對伊動武。

在「最後期限」到來之前，國際社會爲化解危機、避免戰爭做了極大的努力，許多國家的領導人從中調停，設計出許多種和解方案。各國特使更是頻繁出入伊拉克，連聯合國祕書長都親自到巴格達勸解，但都沒能改變海珊的立場。伊拉克不但沒有絲毫從科威特撤軍的意思，還將科威特的醫用品和食物儲藏劫掠一空，關押起大批的反抗者，並將大批西方國家的採訪記者作爲俘虜強行關押。如此一來，軍事攻擊勢不可免，戰爭陰雲正籠罩在伊拉克的上空。

空襲伊拉克

1991年1月16日，在聯合國安理會第六七八號決議所設下的最後通牒期限過後，以美軍爲首的多國部隊發動了「沙漠風暴行動」，對伊拉克展開猛烈的空襲。17日凌晨，停泊在波灣地區的美國軍艦發射了百枚「戰斧」式巡弋飛彈，襲擊伊拉克的防空陣地、雷達基地，在之後持續三十八天的猛烈空襲中，每日攻擊達上千次之多，主要使用的是制導炸彈、集束炸彈和巡弋飛彈，憑藉強大的海空優勢將伊拉克軍隊壓得喘不過氣來。

在摧毀了伊拉克的空軍和防空設施後，多國部隊又派出隱形戰機，迅速擊毀伊拉克的地對空導彈和其他的防空武器，讓多國部隊的戰機在伊拉克暢通無阻，如入無人之境。接著多國部隊又摧

↓多國地面部隊向前線推進，攝於1991年2月22日
1991年2月23日晚，美國總統布希宣布，以美國為首的多國部隊向伊拉克軍隊的地面進攻開始。多國部隊兵分四路，其中三路在沙烏地阿拉伯和科威特邊界地區展開，第四路越過伊、沙邊界，向伊拉克境內推進。

↓ **混亂的城市，攝於 1991年 3月 1日**
科威特城外公路上布滿被多國部隊摧毀的伊拉克軍車和坦克。

毀了伊拉克的指揮和通訊設施，使伊拉克的二十九個師頓時失去了統一指揮，完全喪失作戰能力。然後，多國部隊又打擊伊拉克的軍事目標，以及伊境內的發電廠、港口、煉油廠、鐵路、橋樑等。很快，電廠幾乎全部被毀，大壩和大量的泵水站以及汙水處理站等也被炸毀，其他設施都受到不同程度的損壞。伊拉克早無還手之力，它向以色列發射的八顆飛毛腿飛彈，乃是希望將以色列牽入到這場戰爭中來，進而迫使其他阿拉伯國家退出以美國為首的多國部隊。只是導彈大多被美國成功攔截，以色列也在美國的授意下沒有還擊，更未加入多國部隊，伊拉克的戰略企圖落空了。

戰爭結束

1991年1月31日，在強大空軍掩護下，美軍海軍陸戰隊和沙烏地阿拉伯軍隊把29日剛被伊拉克軍隊占領的卡夫吉市奪回來，趕走伊拉克軍隊。

在遭受強力空中打擊、損失慘重的情況下，1991年2月22日，伊拉克才同意由蘇聯提出的，要求伊軍在三週內退回戰前界限並完全停火的協議。但美國拒絕了這項建議，限令伊拉克須在二十四小時內撤兵，並明示退回去的伊拉克軍隊將不在攻擊範圍內。這對分化瓦解伊軍起了作用。緊接著，24日，美軍又開始「沙漠軍刀行動」，用推土機填平伊拉克的戰壕，有不少伊軍被活埋而死。隨後一支海軍陸戰隊進入到伊拉克境內，將逃跑的上千名伊軍俘虜。26日，伊軍開始撤出科威特，卻在撤出時點燃了科威特的油田，整個油田頓時濃煙滾滾，火光一片。27日，多國部隊解放科威特。28日八時，美國總統布希宣布多國部隊停止對伊戰爭，波灣戰爭落幕。

戰後新秩序

在波灣戰爭中，以美國為首的三十九國組成多國部隊，使用了最先進的武

↑ **理智的選擇，攝於1991年 2月 25日**
手持白旗通過科威特城外高速公路的一隊伊拉克士兵。

器，對入侵科威特的伊軍以及伊拉克的軍事目標猛烈攻擊。這場戰爭是冷戰結束後規模最大、參戰國最多、現代化程度最高的一場區域戰爭。

←財富沒有了
觀看燃燒油田的科威特石油工人家庭。

據戰後統計，在四十四天的戰爭裡，伊軍的四十二個師中，有四十一個被圍殲或遭受重創而失去戰鬥力，被摧毀和繳獲的坦克三千七百輛、裝甲車一千八百輛，被擊沉和重創的艦艇五十七艘，被俘十七萬五千人，死傷十萬到十五萬人。而多國部隊總共傷亡和失蹤六百多人，被俘十一人，損失戰機四十九架，損傷艦艇二艘。

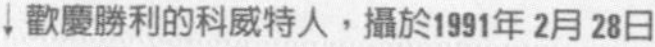
↓歡慶勝利的科威特人，攝於1991年 2月 28日
1991年2月27日，伊拉克表示無條件接受安理會自伊入侵科威特以來通過的所有十二項決議並從科國撤軍後，多國部隊和伊拉克軍隊在28日先後宣布停火，持續四十四天的波灣戰爭劃下句點。

波灣戰爭後，美國在國際上的地位達到最高點，更增強了它干預國際事務的野心，獨霸世界的霸權主義心態更加膨脹。

另外，波灣戰爭也加速了蘇聯的解體和兩極政治格局的終結，世界政局向多極化發展的趨勢明顯增強。蘇聯在波灣危機和整個戰爭中充分表現出了它名存實亡的狀態，戰爭結束後的當年年底即告解體，爲兩極世界政治格局畫上了句號。雖然以後美國成爲冷戰後唯一的超級大國，然而基本力量的平衡並沒有被打破，世界政局向多極化發展的趨勢不可阻擋。

【人文歷史百科】

美兩軍艦險被炸沉

1991年2月18日，美國海軍攻擊艦「特里波利號」正在波斯灣巡弋。

一枚伊軍施放的錨雷（雷索已被割斷）躲過瞭望人員的視線，隨著一聲巨響，「特里波利號」被炸開一個大裂口。數小時後，約十六公里之外，美海軍另一艘剛服役不久的宙斯盾巡洋艦「普林斯頓號」也觸雷。事後的調查報告讓人瞠目結舌──重創「特里波利號」的是俄產老式錨雷，裝藥只有三百磅，造價約為七千五百美元，卻使美國受到的損失達二億八千萬美元以上。

084.科索沃戰爭

科索沃戰爭是二十世紀末繼波灣戰爭之後又發生的一場大規模區域戰爭。它是一場典型的高科技「非接觸戰爭」。

戰爭前夕

1999年3月22日，美國巴爾幹半島問題特使霍爾布魯克赴南斯拉夫進行最後的努力，但無功而返，他隨後返回布魯塞爾的北約總部。

↑**一個坦誠的面孔** 北約祕書長索拉納的無奈。

3月23日晚間十一點，北約祕書長索拉納宣稱：「由於所有以談判和政治方式解決科索沃危機的努力皆告失敗，除了採取軍事措施外已別無選擇，北約決定對南聯盟進行大規模空襲。」同時，索拉納還說：「這次軍事行動是爲支援政治目標」，南聯盟（即南斯拉夫聯盟）可以隨時接受北約的要求。他指示北約盟軍最高指揮官克拉克將軍，展開先期軍事干預行動，空襲南斯拉夫的軍事目標。但是他並未說明進行空襲的具體時間和目標。

在科索沃和平談判的最後努力失敗後，南斯拉夫總理布拉托維奇在電視上宣布，由於北大西洋公約組織的「侵略威脅」，有可能立即爆發戰爭，政府宣告全國進入緊急狀態。

科索沃危機

北約與南斯拉夫的衝突源於科索沃危機，而科索沃危機則源於南斯拉夫聯邦的解體。東歐劇變發生後，1945年成立的南斯拉夫聯邦於1991年迅速解體，分裂爲五個獨立國家：斯洛維尼亞、克羅埃西亞、波西尼亞——赫塞哥維納、馬其頓、塞爾維亞和黑山組成的「南斯拉夫聯盟共和國」。

在南聯邦解體過程中，由於領土、財產和利益分割上的矛盾以及原本存在的民族糾紛和宗教衝突，在波黑境內發生嚴重的內戰，波及其周邊的塞爾維亞

↓**科索沃難民**

1998年2月28日，阿爾巴尼亞族武裝分子和塞爾維亞族警察發生流血衝突。從此，阿、塞兩族的武裝衝突不斷。至同年8月，科索沃已湧現二十餘萬難民。

和克羅埃西亞。在長達三年半以上的內戰中，死亡人數超過二十五萬。1995年11月21日，各方在美國的干預下簽署和平協定。然而，南聯邦解體帶來的動盪很快轉化成民族衝突，在南聯盟境內興起。科索沃危機頓時成爲世人關注的焦點。

←米洛塞維奇像
南聯盟總統米洛塞維奇在東歐劇變、蘇聯解體、南聯邦分裂和內戰中，處變不驚，被譽為政治風浪中的「不死鳥」。

科索沃百分之九十以上是阿爾巴尼亞族，在南斯拉夫聯邦時期，科索沃是塞爾維亞共和國內的自治省，但這個地區要求民族自治。1989年2月，科索沃被取消自治省地位，阿族於是在1992年5月形成與塞族政權並行的另一個政權。1996年，阿族激進分子成立武裝組織「科索沃解放軍」，開始運用暴力手段進行分離活動。

以米洛塞維奇爲首的南聯盟和塞爾維亞當局採取強硬鎮壓措施，在1997年以後不斷發生的武裝衝突事件中，約有三十萬人流離失所。科索沃危機令力圖控制巴爾幹局勢的美國等西方國家感到不安。從1998年底起，以美國爲首的北約開始介入科索沃危機。

1999年2月6日，在美國和北約的壓力下，塞爾維亞和科索沃阿族代表在巴黎附近的朗布依埃舉行和平談判，談判結果爲：科索沃享有自治權，但「科索沃解放軍」須解除武裝，按當地居民人口比例組成新的警力部隊維持治安；南聯盟軍隊撤出科索沃，北約向科索沃派遣多國維和部隊保障協議施行。

但雙方似乎都不願接受這個條件，因爲阿族想取得獨立，且不願解除武裝；南聯盟則不同意科索沃獲得自治共和國的地位，同時也反對北約部隊進駐科索沃。然而，主持談判的美國和北約

↓被殺害的阿爾巴尼亞族人
科索沃是南斯拉夫塞爾維亞共和國的一省，約占塞爾維亞總面積的百分之十二。科索沃問題的歷史淵源可追溯到中世紀。塞族人認為，科索沃是塞爾維亞的發源地，在鄂圖曼帝國征服巴爾幹的過程中，塞爾維亞人被迫向北遷移，阿爾巴尼亞人隨後進入該地區，兩族之間種下不和的種子。科索沃現有人口二百萬，其中百分之九十是阿爾巴尼亞人。

【人文歷史百科】

戰果報告

科索沃戰爭一結束，有關者就發表了戰況報告。北約稱：空襲使南聯盟五千軍人和一千四百名平民陣亡，一萬多南軍人受傷，擊毀南軍九個軍用機場、一百一十架飛機、四分之一數量的作戰坦克、三成的火砲和導彈防禦設施、三分之一的軍營和四分之三軍用儲油設備。另外，北約還摧毀了五十五座橋樑和五分之二的煉油廠。但美國《新聞週刊》發表的一篇文章卻稱：戰爭中北約真正命中的軍事目標只有五十二個，其中坦克十四輛、裝甲運兵車十八輛、各式大砲二十門。

態度強硬，稱這個方案的絕大部分內容不容改變，否則拒絕的一方將受到懲罰。3月18日，阿族代表最後簽署協議，塞爾維亞方面仍然拒絕簽字。在美國特使霍爾布魯克努力無果的情況下，北約祕書長索拉納宣布空襲南聯盟。

←被北約炸死的難民屍體
4月14日下午北約對距阿爾巴尼亞五公里的梅哈村進行了轟炸，造成大量難民傷亡。

空襲開始

1999年3月24日，當地時間晚間八點，科索沃首府普里什蒂納響起劇烈的爆炸聲。北約在布魯塞爾宣布，向南聯盟境內的軍事目標發動空襲。當地時間晚間九點，北約空襲南聯盟首都貝爾格萊德。

空襲開始三小時後，南斯拉夫宣布全國進入戰爭狀態。這是南斯拉夫自第二次世界大戰結束以來，首次宣布全國進入戰爭狀態。

北約的空襲，引起廣泛的迴響。俄羅斯總統葉爾欽發表聲明，宣布中止與北約的合作關係；同時指出，如果北約繼續空襲南聯盟，俄有權作出確保本國及整個歐洲安全的因應措施。

聯合國祕書長安南，對北約在未得安理會授權的情況下對南聯盟實施軍事攻擊，深表遺憾。他還表示，北約對南聯盟的空襲是外交努力最終失敗的「悲劇」，是國際社會最不希望看到的。

與此同時，美國總統柯林頓發明聲明說，「只有空襲才能制止科索沃危機蔓延，如果我們不採取斷然的行動，科索沃的局勢將會繼續惡化」。

英國副首相普萊斯考特說，首輪空襲雖然猛烈，但米洛塞維奇一日不妥協，北約就將繼續對南聯盟發動空襲。

劫後餘生

北約對南聯盟進行兩個多月的空襲，出動了一千多架飛機和四十多艘戰艦，向南聯盟僅十萬平方公里的土地上傾瀉數千枚導彈、兩萬多噸炸彈。

在北約空襲的壓陣下，經過俄羅斯、芬蘭等國的斡旋調停，南聯盟最後

→北約轟炸過後的貝爾格萊德繁華商業區
北約使用精準的導彈和重磅炸彈，狂炸貝爾格萊德市區，使得這座巴爾幹歷史名城瓦礫遍地，瘡痍滿目。

放低姿態。6月2日，南聯盟總統米洛塞維奇接受由俄羅斯特使切爾諾梅爾金、芬蘭總統阿赫蒂薩里、美國副國務卿塔爾博特共同制定的和平協定，該協定在堅持原「朗布依埃方案」基本內容的同時，強調透過聯合國機制解決問題的必要性，科索沃未來自治地位的確切性質將由聯合國安理會決定，難民返回家園的安排也將在聯合國難民事務高級專員的監督下進行。

↑被北約炸毀的南聯盟亞格迪娜的橋樑
北約對南聯盟的轟炸採逐步升級，先打擊軍事設施，進而是橋樑和機場，最後是能源補給即南斯拉夫的煉油廠、輸油管線、油庫、輸變電系統、水電站和熱電廠等。

6月3日，南聯盟塞爾維亞共和國議會通過接受上述協議的決議。6月9日，南聯盟軍隊隨即開始撤離科索沃。6月10日，北約正式宣布暫停對南聯盟的空襲；同一天，聯合國安理會以十四票贊成、一票（中國）棄權通過以政治解決科索沃問題的決議。歷時七十八天的科索沃戰爭至此落幕。

科索沃的戰火雖已熄滅，但這次戰爭的惡果卻難以消失。科索沃根深蒂固的民族矛盾並沒有解決，無辜平民繼續流血，維和部隊依舊常駐於此。更令人不安的是，北約在對南斯拉夫轟炸中使用了大量的貧鈾彈，在七十八天的轟炸中使用的導彈、航空彈彈頭含有所謂貧鈾的鈾芯，共投下二十三噸此類具有潛在性危害的殺傷物。它們爆炸後一部分鈾芯蒸發並隨風飄散，傷害人和動物的肺臟及其他重要器官，這將威脅到五十萬人的健康和生命。

↓F／A－18大黃蜂戰鬥機
「羅斯福號」上的F／A－18大黃蜂戰鬥機，多次向南聯盟民用日標投擲被國際法禁止的集束炸彈，造成了大批的平民傷亡。

【人文歷史百科】

貧鈾彈

貧鈾彈是指以貧鈾為主要原料製成的炸彈、砲彈或槍彈。貧鈾彈在爆炸時產生的高溫可使彈體發生塵化，變成細微顆粒隨空氣流動而四處飄散，或落入地面及河流中，人們欲清除這些放射性物質極為困難。貧鈾的半衰期比鈾更長，長期破壞環境和人類的食物鏈，並導致受汙染地區腫瘤、心血管及神經系統疾病患者增加。它的危害與原子彈爆炸後造成的放射性汙染相比毫不遜色，只不過每發貧鈾彈的汙染區較小而已。

085.震驚世界的九一一事件

恐怖主義攻擊可以動搖我們最大建築物的地基，但無法觸及美國的根基。這些恐怖行動摧毀鋼鐵，但絲毫不能削弱美國鋼鐵般的堅強決心。——美國總統小布希

「九一一」事件爆發

←冒出滾滾濃煙的世貿大樓

九一一事件發生後，美國總統小布希馬上發表聲明稱，這是一起明顯針對美國的恐怖攻擊事件，發誓要追查到底，嚴懲元凶，展開一場打擊恐怖主義的全球戰爭。

2001年9月11日，美國航空公司的四架民航班機幾乎同時遭到恐怖分子的劫持，當地時間早上八點四十六分，一架裝滿燃料的波音七六七飛機，以每小時約五百英里的速度，撞向紐約世貿中心北塔樓的九十四至九十八層之間，當即發生爆炸，油箱裡的燃料從樓體的缺口處傾倒進大樓，大火迅速燃起，使北樓的建築結構遭到嚴重毀壞。九點零二分，又一架波音七六七飛機以每小時約六百英里的速度撞向世貿中心南塔樓的七十八至八十四層間，飛機的殘骸從大樓兩側穿出，在六個街區以外的地方落地，不久，世貿中心南塔樓便爆炸倒塌。與此同時，另一架波音七五七飛機則撞向美國國防部五角大廈的西翼，且立即燃起大火。十點零三分，又一架波音七五七飛機墜毀在賓州的尚克斯維爾南部，機上人員全部喪生，據推測，可能是乘客與劫機者發生衝突而導致飛機提前墜毀。

在這次事件中，有近三千人死亡，六座高層建築全毀，二十三座高層建築遭到破壞。世貿中心南、北塔樓相繼倒塌後，廢墟上的大火足足燃燒三個月。半年後，遺址上的一百五十萬噸瓦礫才完全清理乾淨。這就是「九一一」恐怖攻擊事件。

恐怖的陰雲

九一一事件發生後，舉世震驚。美國政府高度戒備，嚴防類似恐怖攻擊事件再次發生，同時，還多次發布最新的恐怖攻擊警報。英國軍事基地也提高到警戒狀態，命令所有途經倫敦市區的航班全部改爲繞過市區飛行，飛往美加地區的航班一律停飛。北約總部和歐洲議

【人文歷史百科】

賓拉登的組織

1988年，賓拉登在阿富汗建立「基地」組織。在成立之初，其目的就是為了訓練和指揮與入侵阿富汗的蘇聯軍隊戰鬥的阿富汗義勇軍，可是在蘇軍撤退後的1991年前後開始，該組織將目標轉為打倒美國和伊斯蘭世界的「腐敗政權」。「基地」組織對從各國來到阿富汗的成員進行恐怖活動訓練。自1980年代初迄今，在「基地」接受過訓練的人達三萬之衆，他們被稱為「阿富汗的阿拉伯人」。

→九一一事件前的世貿大樓

會還進行緊急疏散，並鄭重聲明宣布啓動1949年《北大西洋公約》中的第五條款，即：如果恐怖攻擊事件是受到某個國家的指示，那麼這將被視爲是該國對美國發動的軍事攻擊，同時也將被視爲是對所有北約成員國的挑戰。這是北約歷史上第一次啓動共同防衛機制。

←遭到撞擊的美國五角大廈一角
恐怖攻擊造成的破壞使五角大廈共約三萬七千平方公尺的辦公區域不得不在拆除後重建。

9月底，美國各地爆發多起炭疽菌感染案件，雖然未發現和九一一事件有關聯，但又在全球引起了極大的恐慌，一時間恐怖攻擊的陰雲籠罩著全世界。

影響深遠

九一一事件是美國建國以來所遭受最嚴重的恐怖攻擊事件，這一事件的發生令原本已下滑的美國經濟再受嚴重打擊，對全球經濟也造成負面影響。此外，另一個重大影響就是導致國際串聯的反恐大行動。美國政府在事件發生後立即公開表示要動武對付此事件的策劃者。9月底，英國首相布萊爾公開表示，沙烏地阿拉伯恐怖頭目奧薩瑪·賓拉登就是這起事件的幕後主使者。賓拉登在蘇聯入侵阿富汗時曾接受美國中央情報局的資助，組織阿富汗義勇軍抵抗蘇軍，後與阿富汗塔利班政權關係密切。美國要求阿富汗塔利班政權交出賓拉登，但塔利班政權以無確鑿證據爲由拒絕合作。

2001年10月7日中午十二點三十分，美英聯軍以反恐爲名發動對阿富汗的軍事攻擊，將塔利班政權的軍事、通訊設施以及恐怖分子訓練營一舉摧毀。11月，在美、英支持下的阿富汗北方聯盟控制首都喀布爾，剷滅塔利班政權。儘管將懸賞提高到五千萬美元，賓拉登仍在巴基斯坦和阿富汗邊境藏匿多年，直到2011年5月1日於巴基斯坦境內被美軍海豹部隊擊斃。

←倒塌的世貿大樓
在「九一一」恐怖攻擊數月後，一場新災難又降臨到紐約人頭上，那就是從世貿大樓廢墟中散發出的有毒氣體。在曼哈頓地區一帶的許多居民或上班族中，很多人都莫明其妙地流鼻血、喉嚨痛，甚至出現支氣管感染及咳嗽不止等症狀。

086.海珊政權垮臺

「解決了阿富汗問題之後，我們必須回到伊拉克問題上，改變這個國家的政權是美國長久以來的政策。」——美國總統小布希

攻打伊拉克

↑父子留影
海珊與兩個兒子烏岱和庫賽。

在經歷了九一一恐怖攻擊的夢魘後，美國開始變得草木皆兵，動輒發表恐怖攻擊預警，弄得人心惶惶。基於此，美國總統小布希公開向恐怖主義宣戰，同時將伊拉克等幾個國家列入所謂「邪惡軸心國」名單。接著，又以海珊政權擁有大規模殺傷性武器、生化武器、踐踏人權、援助恐怖主義與基地組織頭目賓拉登有聯繫等為由，在2003年3月20日，迴避聯合國決議和全球反戰輿論，宣布向伊拉克開戰。

布希發出要海珊本人和他的兒子在四十八小時內離開伊拉克的最後通牒期限過後，軍事行動正式展開。以美軍為首的二十一萬餘人的聯合部隊，透過駐紮在科威特的美軍基地正式對伊拉克發動軍事攻擊，其中美軍約有十二萬人、英軍有四萬五千人、澳洲軍隊二千多人、波蘭軍隊二百多人，還有大約五萬人的伊拉克反叛軍。

戰爭打響後，美國第三步兵師和空中突擊師、空降師的若干部隊從科威特西北方向的沙漠出發直撲巴格達。美國海軍陸戰隊第一遠征部隊和英國遠征軍在伊拉克的東南部地區，發動了鉗形攻勢，以便打開伊拉克的海運通道。兩週後，在伊拉克的北部山區，美軍又投入空降旅和特種部隊，配合當地的庫德反叛武裝，從北面夾擊巴格達，海珊頓成腹背受敵之勢。

而海珊為避免再出現波灣戰爭時被美軍摧毀通訊系統，造成指揮失靈，遂一改由總統統一指揮各地軍隊進行作戰

↓美國總統布希的決心
2003年2月13日，全球六百多個城市同時舉行了一場史無前例的反戰示威活動。2月18日美國總統小布希在白宮對新聞界表示，上週末舉行的有數百萬人參加的全球反戰示威活動，並不會妨礙他對伊拉克採取行動。

【人文歷史百科】

睡夢中的布萊爾

2003年3月20日，美國對巴格達進行首輪空襲。正在睡夢中的英國首相布萊爾被部下叫醒，告知伊拉克戰爭已開打。布萊爾在得知這個消息後，倍感震驚！

美國撇開英國直接開戰，令布萊爾十分失落。更令英國政府汗顏的是，民衆紛紛要求布萊爾和他的大臣對戰爭發表看法。後來，英國國防大臣胡恩對英國議員們如實交代，他是從電視上才得知開戰消息。

↑伊拉克總統海珊出現在巴格達的居民區
2003年4月4日，伊拉克總統海珊出現在巴格達市中心曼蘇爾居民區。這是自伊拉克戰爭爆發以來，海珊第一次出現在巴格達街頭。

的作法，把軍隊的指揮權下放到各個戰區的指揮官手裡，讓他們根據實戰情況靈活指揮。而各戰區的指揮官也如法炮製，逐級地下放指揮權力。於是戰爭開打後，伊拉克各部隊之間各自爲戰，不能有效地協調合作，組織起大規模的反擊戰，導致一觸即潰。僅兩週時間，英軍就控制了伊拉克南部的石油重鎮，也是第二大城的巴士拉；三週後，美軍就幾乎兵不血刃地順利進入巴格達，沿途沒有受到任何頑強的抵抗。

安定人心

美軍占領伊拉克首都巴格達後，海珊已不知去向，當地時間4月10日晚六時，美國總統小布希和英國首相布萊爾向伊拉克民眾發表電視演說，宣布「海珊政權正在垮臺」，並懸賞抓拿海珊政權的高官。

遭受戰火的伊拉克一片狼藉，人心慌慌，爲收攏伊拉克以及阿拉伯世界的民心，美、英展開強大的攻心宣傳。

英國首相布萊爾在解釋發動這場戰爭時聲稱：

↓被美軍的坦克拉倒的海珊銅像
2003年4月9日，位於伊拉克首都巴格達市中心廣場的一座海珊雕像被美英聯軍用坦克拉倒。美軍占領巴格達後，拆除了遍及全市的上千件海珊銅像及壁畫，以抹去這位前統治者的影響。

「本人並不希望發動這場戰爭，但海珊拒絕卸除大規模的殺傷性武器，我們別無選擇，只好如此。現在海珊政權已垮臺，一個嶄新和美好的未來正向伊拉克民眾招手。」

美國總統小布希也宣稱：「海珊政權的殘暴及其擁有大規模殺傷性武器、生化武器和與恐怖組織的聯繫，使它成爲對世界獨一無二的威脅。我們的行動目標明確而有限，那就是結束這個殘暴的政權，恢復伊拉克的統治和秩序，使伊拉克人民能安全度日。之後我們就撤軍，幫助你們所建立的保護所有民眾權利、和平而具有代表性的政府，使伊拉克成爲一個獨立、統一的主權國家。」

←「撲克牌通緝令」上的伊高官
2003年4月，美國國務院發出了撲克牌形式的伊拉克高官「通緝令」。撲克牌共有五十五張，其中五十二人為伊拉克官員名單，另外的三張為伊拉克人姓名等相關問題介紹。這些高官按撲克牌的次序依次列出。

抓獲海珊

2003年5月1日，布希宣布伊拉克戰爭結束後，便展開了對海珊及其政府高官的追捕緝拿行動。

雖然一直未能抓獲海珊，但從伊拉克境內不時出現的號召伊拉克人民武裝反抗入侵者的磁帶錄音中，美國情報部門推定他還活著，且還在伊拉克境內，於是便擴大搜索。2003年7月22日，海珊的兩個兒子烏岱和庫賽被美軍發現後擊斃。12月13日，大約六百名美軍第四步兵師的士兵與特種部隊在海珊的家鄉提克里特，展開突襲搜捕海珊的行動。

行動開始後，士兵們對一戶小農家庭院生疑，決定對它進行搜查。結果在

【人文歷史百科】

最大的謠言

2003年3月21日，美國五角大廈宣布，伊拉克第五十一機械師八千人，已於當天在巴士拉附近向美英部隊投降。22日，美國國防部官員證實了這個消息。同日，美軍稱，繼伊拉克第五十一機械師八千名士兵投降後，伊拉克第十一師上千名士兵當天又在伊拉克南部幼發拉底河附近放棄抵抗，使投降的伊拉克士兵人數達到萬人。但是，3月23日，伊拉克第五十一師師長在半島電視臺亮相，他對記者說，美國和英國說他已投降純屬造謠，他仍領導著士兵繼續抵抗聯軍入侵。

↓海珊被捕，攝於2003年12月
海珊於當地時間13日晚間八點半左右，在其家鄉提克里特一處農舍的地洞裡被捕。

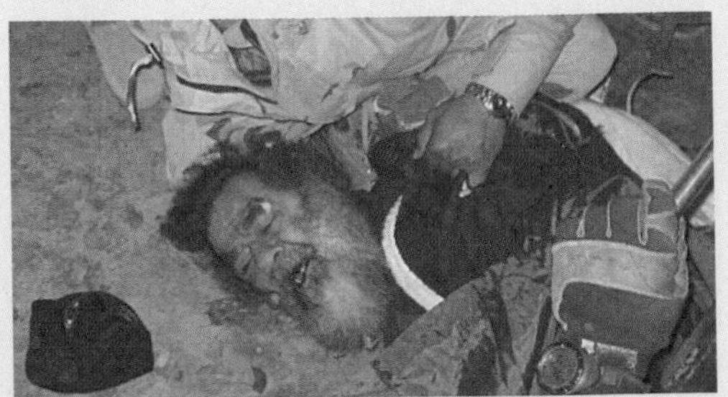

院子中金屬架和小泥棚的掩遮下，士兵們發現了一個用磚頭和垃圾僞裝起來的人工挖的小洞。訓練有素的特種部隊士兵一看就知道，這僞裝的洞口下面肯定是掩體或隧道網。於是他們進入洞內，抓住了躲在洞裡的海珊，隨後海珊被美軍祕密關押。

2004年6月30日，海珊被移交給伊拉克臨時政府司法部門羈押。

2004年初，美國宣布海珊爲戰俘。2005年6月，伊拉克過渡政府總理賈法里的發言人稱，海珊面臨達五百多項的指控，但僅就其中十二項「證據確鑿」者

↑伊拉克城市費盧傑一處被摧毀的房屋
2004年11月19日，美軍大抵停止對費盧傑城內的砲擊，開始逐戶搜查殘餘的反美伊軍。據美軍方面18日夜間公布的消息，在費盧傑之戰中已有五十一名美軍士兵和八名伊軍士兵死亡，另有四百二十五名美軍士兵和四十三名伊軍士兵受傷。

↓美國紐約反戰大遊行
2004年8月29日，在紐約第七大道上，遊行示威者抬著伊戰陣亡美軍士兵靈柩的仿製品，向麥迪遜花園廣場前進。數以萬計的人們冒著酷暑走上紐約曼哈頓街頭，抗議小布希政府發動伊拉克戰爭，要求從伊拉克撤軍。示威遊行的組織者估計，來自全美各地的多達二十五萬民衆參加了當天在此舉行的反戰遊行。

接受審訊。2006年11月5日，海珊被伊拉克法庭判處絞刑，於當年12月伏法。

伊拉克戰爭的影響

伊拉克戰爭是二十一世紀所爆發的第一次國際性戰爭，這次戰爭對未來的國際情勢影響極大。

從整個戰爭過程可以看出，美國的單邊主義更加突出，霸權主義形象更加清晰，它可不受聯合國的授權，不顧國際輿論的譴責而以武力去改變一個國家的政權和領導人。

伊拉克戰爭還使歐洲在政治上分裂。儘管隨著歐元的流通，歐洲經濟一體化的步伐在加快，但是由爆發伊拉克戰爭而顯露出來的法、德等國與英、美、西等國的分歧，可見出政治統一的歐洲在短期內還不可能建成，彌合這一分歧是需要時間的。

087.印度的大國夢

印度是個有著十億多人口、國民平均生產值僅有五百美元左右的發展中國家，但其仍不遺餘力地推行大國化政策。

不斷發展的印度

身為四大文明古國之一的印度，在經歷英國長期的殖民統治後，終於在1947年獲得獨立。

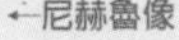
←尼赫魯像
尼赫魯（1889～1964），印度民族主義運動領導人，國大黨領袖，印度獨立後首任總理。

獨立後的首位總理尼赫魯確立了國家長遠的戰略目標：富國強兵、稱雄南亞，挺進印度洋，稱雄世界。他曾明確地指出：「印度要就成為一個有聲有色的大國，要就銷聲匿跡。」在1950年代時，印度是「和平共處五項原則」的倡導國和不結盟運動的創始國之一。歷屆印度政府都貫徹不結盟的原則，發展跟各國間的友好關係，努力爭取在地區和國際事務中發揮重要的影響力。

1980年代後期，隨著冷戰僵局打破，和平與發展成為時代的主流，印度也像別國一樣把發展高科技、提高整體國力作為國家核心戰略，並要在二十一世紀繼續鞏固它在南亞和印度洋的主導地位，進而力爭從地區性大國轉成為世界強國。1990年代，伴隨著經濟全球化、政治多極化的趨勢，印度認為實現其大國夢的大好時機到了；於是接連採取多邊、務實和全方位的外交策略，積極主動地改善和加強與南亞各國及東盟國家的關係。

↓印度第一次地下核子試爆現場
從1998年開始，印度連續進行了多次核子試爆。美國呼籲各國對印度實行制裁。澳洲宣布推遲與印度簽訂防務協定，並終止向印度提供除人道主義之外的援助。

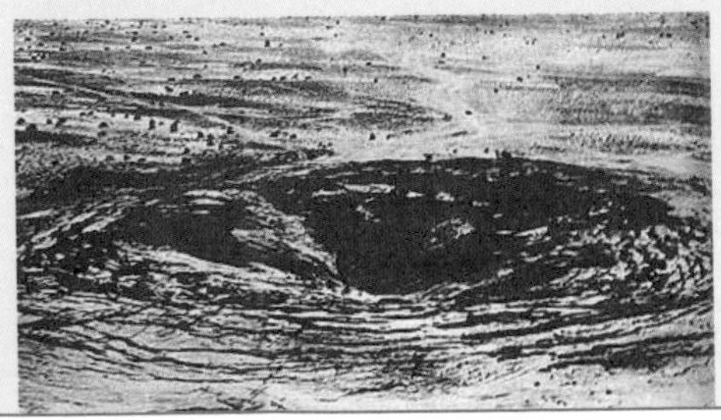

改革成就

1998年5月11日，印度進行三次核子試爆，又進行一次短程導彈的試射。儘管招致國際社會的強烈譴責，卻使印度國內歡欣鼓舞，他們普遍認為：這是印度整體國力增強的具體表現。雖因核子試爆在國際上一度處於孤立的地位，但是1999年，在和鄰國巴基斯坦就喀什米爾問題發生的衝突中，印度表現出來的克制態度又贏得國際社會的認同。印度抓住這個時機，積極地調整和美國等西方國家的關係，成功扭轉外交上的被動局面。

經過近年來的經濟改革，印度整體國力明顯地加強，國民經濟體系也逐步

↑印度閱兵式上展示近程導彈
2005年，印度在首都新德里的國家大道上舉行了盛大的閱兵典禮，圖為印度陸軍在閱兵式上展示的「大地」近程地對地導彈。

完善。「綠色革命」後達成糧食自給自足的同時，還成爲世界第三大糧食出口國；「白色革命」亦使印度成爲世界上最大的牛奶生產國；1998年，印度國內生產總值躍居世界第十一位。在科技上，印度每百萬人口中科技人員達三千多人，僅次於美國和俄羅斯，居世界第三，擠身科技大國。在電腦軟體發展方面，印度已成功研製出了第五代電腦，僅次於美國，居世界第二。在軍事方面，印度一直把擴充軍備當作基本國策之一，印度現有總兵力已由獨立初期的三十萬人，增加到了一百二十萬人。2000年時，印度海軍已發展成爲世界十強之一，空軍實力居世界第四。

積極的外交斡旋

印度一心想實現它的大國夢，但經濟實力的薄弱，決定它不可能在短時間內實現這一夢想。印度目前總人口達十億之強，居世界第二，但三分之一的人口生活貧困。有分析家指出，按印度目前的經濟發展水平，要達到中等發展中國家的水平，至少要二十年的時間。

儘管如此，印度仍沒有放棄大國夢。2000年以來，全球外交舞臺上掀起了一股「印度熱」，一些大國的領導人紛紛造訪這個「東方神祕國家」。2000年3月下旬，柯林頓成爲二十二年來首位造訪印度的美國總統，訪問期間，印、美兩國簽署了《印美關係：二十一世紀展望》的聲明，表示建立起一種「具有政治建設性、經濟成效的常態」新型關係；8月下旬，日本首相森喜朗訪問印度，雙方宣布建立一種全球性夥伴關係；10月初，俄羅斯總統普丁訪問印度，雙方共同簽署了《戰略夥伴宣言》。

爲實現大國夢，印度政府對內進行經濟改革，對外進行開放，努力加速經濟的發展、提升整體國力和國際競爭力，逐步實現它在地區的主導作用乃至在世界政治、經濟舞臺上的重要地位。

↓難得的印巴和解
2004年6月19日，印度和巴基斯坦專家代表在新德里就核子安全問題展開為期兩天的談判，這是印，巴兩國在1998年相繼核子試爆以來，首次就核子武器安全問題舉行談判。在兩國代表會談結束後發表的聯合聲明中稱，除非發生危及國家主權及最高利益的情況，兩國將停止進行新的核子試爆。圖為印度代表團團長夏爾馬（左）與巴基斯坦代表團團長海伊德握手。

088.北約東擴

北約已成美國試圖對歐洲施加影響和控制的媒介。

東擴計畫的提出

↑1949年北約創始成員國會議

北約全名爲「北大西洋公約組織」，是由美國、加拿大、英國、法國、比利時、荷蘭、盧森堡、丹麥、挪威、冰島、葡萄牙和義大利十二國於1949年4月4日，在美國首都華盛頓簽訂《北大西洋公約》後所成立的。其宗旨在於締約國實行集體防禦，任何一個締約國若與他國發生戰爭，締約國皆必須給予包括武力在內的一切援助。北約的最高決策機構是北約理事會，理事會由各成員國的國家元首及政府領袖、外交部長、國防部長組成，常設理事會則由全體成員國大使組成，總部設在布魯塞爾。

1990年代，華沙公約組織解散、東歐劇變，歐洲冷戰的格局發生巨大的變化，1990年7月，北約第十一屆領袖會議在倫敦宣布冷戰結束。1991年12月，北約羅馬領袖會議上又決定和部分中東歐國家成立「北大西洋合作委員會」。自1992年開始，波蘭等東歐國家相繼提出加入北約的申請。同年，北約批准了允許它的軍隊離開成員國領土到其他地方參與維和行動的提議。按照這一原則，當年年底北約就以軍事力量介入了南斯拉夫危機。1994年1月，北約布魯塞爾領袖會議通過了與中東歐國家以及俄羅斯建立「和平夥伴關係」的計畫，12月開始向波黑派出了維和部隊。1996年9月，北約正式公布《東擴計畫研究報告》。1997年5月，旨在加強北約與歐亞大陸非北約成員之間安全關係的「歐洲—大西洋夥伴關係理事會」正式成立，就這樣，北約逐步轉型爲政治軍事型組織。

【人文歷史百科】

北約領袖會議大事記

1957年12月16日，第一次領袖會議在巴黎舉行。會議重申對和平與安全的立場，強調建立核子武庫的必要性，決定把中程導彈交給北約駐歐洲最高司令官支配。

1974年6月26日，第二次領袖會議在布魯塞爾舉行。會上簽署了《大西洋宣言》，重申所有成員國對成立公約所承擔的義務。

1997年7月8日，第十四次領袖會議在馬德里舉行，北約東擴計畫正式啓動。

2005年2月22日，第十八次領袖會議在布魯塞爾舉行，加強盟國在伊拉克和阿富汗問題上的合作是最重要的議題。

持續東擴和新使命

《東擴計畫研究報告》提出來後，1997年7月，馬德里領袖會議首先接納波蘭、捷克和匈牙利加入北約，這三個國家於1999年3月正式成爲北約新成員。2002年11月，北約布拉格領袖會議決定邀請愛沙尼亞、拉脫維亞、立陶宛、斯洛伐克、斯洛維尼亞、羅馬尼亞和保加利亞七個國家加入北約，這是北約成立以來規模最大的一次擴充。到2004年3月29日，隨著向東歐七國打開大門，北約的成員國已達二十六個，還有若干個國家等待著擠進北約組織。

←北約歐洲盟軍最高司令詹姆斯・瓊斯
2003年10月15日，北約在位於荷蘭布林瑟姆的北歐戰區司令部舉行儀式，宣布北約快速反應部隊正式成立，來自北約成員國的代表參加了閱兵典禮。

對北約的東擴計畫，俄羅斯是表示反對的。因爲俄羅斯認爲，北約東擴的主要目的就是對俄羅斯進行封鎖，進而削弱俄羅斯的力量，這對俄羅斯的切身利益和安全是個大威脅。從軍事政治意義上來講，北約東擴把俄羅斯從黑海方向給包圍，面對一個地域、軍事實力、經濟和人力資源大幅增長的北約，俄羅斯將無法應付。美國明確表示，最終會讓阿爾巴尼亞、克羅埃西亞和馬其頓加入其中。而當拉脫維亞等波羅的海國家加入北約後，美國的軍事基地便將直抵俄羅斯北部邊境，到時中東歐地區將不再是美、俄雙方的軍事緩衝地帶，北約的軍事觸角很快將伸向俄羅斯「柔軟的腹部」。

「九一一」事件發生以後，美國駐北約大使曾經說過：「北約需要甦醒過來。它應當前去出問題的地方」。表明今後北約的存在價值將體現在美國的全球軍事戰略之中。因此，2002年，美國提出建立一支擁有二萬一千人的「新北約快速反應部隊」的計畫獲得通過。建立這支部隊表面上是爲建立一支技術先進、行動靈活、部署迅速、協作能力強、後勤供給有保障的「北約快速反應部隊」，實際上乃是建成一支由海、陸、空各兵種所組成，可按照北大西洋理事會之決定，迅速奔赴任何地方並間接維護美國利益的「世界警察」。

↓美國國務卿艾奇遜簽署《北大西洋公約》
1949年4月4日，美、英等十二國外交部長在華盛頓簽署了《北大西洋公約》。8月24日公約生效。之後又有希臘、土耳其、西德、西班牙加入，至1982年共有十六個成員國。

089.歐盟成立

歐盟是今日世界上一體化程度最高的國家集團，是今日世界經濟和政治舞臺上的一支重要力量。

歐盟的成立與擴大

1946年9月，英國首相邱吉爾即提出過建立「歐洲合眾國的構想」。1950年5月9日，法國外交部長羅伯特·舒曼代表法國政府提出建立歐洲煤鋼聯營的倡議後，很快得到了西德、義大利、荷蘭、比利時和盧森堡六國的回應，並於1951年4月18日在巴黎簽訂建立「歐洲煤鋼組織條約」。1957年3月，六國又在羅馬簽訂建立「歐洲經濟組織條約」和「歐洲原子能組織條約」。1965年4月8日，六國簽訂的《布魯塞爾條約》，決定將三個共同體的機構合併，統稱爲年4月18日在巴黎簽訂建立「歐洲共同體」。1967年7月1日，《布魯塞爾條約》生效，「歐洲共同體」正式成立。

1973年後，英國、丹麥、愛爾蘭、希臘、西班牙和葡萄牙也先後加入歐洲共同體，使其成員國擴大到十二個。歐洲共同體成員國之間建立起關稅同盟，統一外貿政策和農業政策，創立歐洲貨幣體系，進而建立起統一預算和政治合作制度。就這樣，「歐洲共同體」逐漸發展成爲歐洲國家經濟、政治利益的代言人。1991年12月11日，「歐洲共同體」馬斯垂克領袖會議通過以建立歐洲經濟貨幣聯盟和歐洲政治聯盟爲目標的《歐洲聯盟條約》，其宗旨是「透過建立無內部邊界的空間，加強經濟、社會的協調發展和建立最終實行統一貨幣的經濟貨幣聯盟，促進成員國經濟和社會的均衡發展」，「透過實行共同外交和安全政策，在國際舞臺上弘揚聯盟的個性」。隨著該條約於1993年11月1日的正式生效，「歐盟」誕生了，代表著歐洲共同體已從單純的經濟實體過渡到經濟政治實體。

【人文歷史百科】

歐盟的主要機構

歐盟的主要機構有：（一）理事會：包括歐洲聯盟理事會和歐洲理事會。歐洲聯盟理事會是歐洲共同體的決策機構。歐洲理事會即歐洲共同體成員國領袖會議，為歐洲共同體内部建設和對外關係制定大政方針。（二）委員會：代表歐洲共同體進行對外聯繫和貿易等方面的談判。（三）歐洲議會：歐洲共同體監督、諮詢機構。（四）歐洲法院：負責審理和裁決在執行歐洲共同體條約和有關規定中發生的各種爭執。（五）審計院：確保對歐洲共同體財政進行正常管理。

↓《歐洲煤鋼組織條約》簽署儀式
1951年4月18日，法國、西德、義大利、荷蘭、比利時和盧森堡在巴黎簽訂了《歐洲煤鋼組織條約》。

→歐盟旗幟

↑希臘總理簽署加入歐洲共同體的議定書
1979年5月28日，希臘加入歐洲共同體的議定書在雅典簽署，1979年6月28日，希臘議會批准了該議定書，該議定書於1981年1月1日正式生效。

歐盟成立後，經濟得到快速發展，1995年至2000年間，經濟增長達百分之三，國民平均生產值也迅速提升。2002年11月18日，歐盟又決定邀請賽普勒斯、匈牙利、捷克、愛沙尼亞、拉脫維亞、立陶宛、馬爾他、波蘭、斯洛伐克和斯洛維尼亞十個中東歐國家入盟。2004年5月1日，這十個國家正式成爲歐盟的成員國。這是歐盟歷史上規模最大的一次擴充。此後，歐盟成員國增加到二十五個，總面積、人口、國內生產總值都有了大幅提昇，特別是經濟總量已跟美國不相上下。

歐洲人的歐洲

作爲今日世界上一體化程度最高的國家集團，歐盟組織機構健全，有自己的盟旗、盟徽、盟歌和慶典日，還有統一的貨幣——歐元，以及歐盟憲法，使「歐洲人的歐洲」意識更加突顯。

歐盟還有自己的武裝力量，一支由五千人組成的聯合警察部隊，可隨時參與處理發生在歐洲的危機和衝突。

在外交上，歐盟與世界上大多數國家和地區建立外交關係，一百六十多個國家向歐盟派駐外交使團，歐盟也在一百二十多個國家和國際組織派駐代表，用以加強雙邊關係，宣傳歐盟主旨，提升歐盟的國際形象。

但是歐盟的政治一體化進程非一蹴可就，首先不可能在短時間使所有歐洲國家都加入歐盟，需由政治、經濟等各方面的因素所制約。其次，身爲冷戰結束後世界唯一超級大國，美國難以坐視來自歐洲國家集團力量的挑戰。

2003年7月，歐盟制憲籌備委員會全體會議就歐盟的盟旗、盟歌、銘言與慶典日等問題達成一致：歐盟的盟旗爲現行的藍底和十二顆黃星圖案，盟歌爲貝多芬第九號交響曲中的《歡樂頌》，銘言爲「多元一體」，定5月9日爲「歐洲日」。歐洲人爲「建立一個統一的歐洲，增強人們對歐洲聯盟和歐洲同一性的印象」，付諸的活動會越來越多。

↓《尼斯條約》簽字儀式
2001年2月26日，歐盟十五國外長26日晚在法國城市尼斯舉行的簽字儀式上，分別代表各自國家在《尼斯條約》文本上簽字。《尼斯條約》草案確定了歐盟擴大到二十七個成員國後各成員國在歐洲議會中占有的席位數，規定了歐盟接納新成員國後的正常運轉機制。

090.世界反恐運動

冷戰結束後，傳統意義上的軍事對峙在很長時間內不會有顯著的變化，但是隨著國際恐怖主義活動的猖獗，反恐怖之爭卻成為二十一世紀世界安全的頭等大事。

血跡斑斑的恐怖罪行

←日本奧姆真理教施放毒氣的地鐵站現場
東京地鐵沙林毒氣事件發生後，日本警方對「奧姆真理教」老巢進行了全面搜查，發現該教儲存的劇毒物質足可殺死四百二十萬人。1995年10月30日，東京地方法院下令解散「奧姆真理教」。

1995年3月20日，日本東京的早晨，正是人們乘坐地鐵上班的高峰時間，幾名日本「奧姆眞理教」的成員擁擠在人群中，趁人們不注意時，施放名爲「沙林」的毒氣。這是一種比空氣重的毒氣，對人的肺、眼睛和中樞神經系統會產生長期的危害，是納粹德國研製的。當時東京地鐵系統中的日比谷線、丸內線、千代田線上有五輛列車、十六個車站的乘客受到傷害，共造成五千多人中毒，七十人昏迷不醒，十二人死亡。

2001年9月11日早晨，在美國的紐約，人們像往常一樣走進了自己的辦公場所——世界貿易中心。八點四十五分，一架波音七六七飛機突然撞向世貿中心的北塔樓，頓時火球噴射，黑煙瀰漫。正值上班高峰時間的人們被嚇得目瞪口呆、不知所措。在人們還沒有回過神來的時候，不多久，又一架飛機穿過雲霄，在人們的注視下迅速撞向南塔樓。它從一側撞入，從另一側鑽出，再次引起大爆炸。約莫一個小時後，兩座塔樓先後倒塌，造成近三千人死亡。九點三十五分時，另一架飛機還撞向美國五角大廈，造成樓體一角毀壞倒塌。還有一架飛機墜毀在賓州。原來這是由恐怖分子精心策劃的恐怖攻擊，他們劫持了四架民航客機，用來作爲自殺攻擊。

2004年3月11日，當地時間早晨的七點四十五分，也是上班的高峰時刻，人們像往常一樣焦急地等待著火車。這時一列短途旅客列車駛入馬德里的阿托查火車站，人們正要上車，突然兩聲巨響在擁擠的人們頭上響起，頓時一輛列車被炸成兩截。幾乎與此同時，蒂奧雷蒙多和聖歐享尼亞兩個車站也相繼發生爆炸。爆炸現場到處躺滿遇難者的屍體，列車車廂被炸得面目全非。車站內乍時一片混亂，人們四處逃奔，擁擠不堪，甚至於發生了嚴重的踩踏事件。據事後調查，恐怖分子在列車車廂內及鐵軌上共安置了十三包黃色炸藥，其中有十包以遙控引爆，每次爆炸最長間隔不超過三分鐘。據統計，此次恐怖攻擊共造成一百九十人死亡，一千八百多人受傷。

此外，恐怖分子還製造俄羅斯境內

別斯蘭劫持人質事件、兩次峇里島爆炸事件、倫敦地鐵爆炸事件、莫斯科地鐵爆炸事件等多起恐怖事件，造成許多無辜生命喪失。

「恐怖主義」的由來

「我們要對所有陰謀分子採取恐怖的革命手段！」這是十八世紀法國大革命時期，執政的雅各賓派針對反對革命和共和制政權的封建貴族，策劃大量暗殺行動而喊出的呼聲。貴族們將此稱爲「恐怖主義」。

而現代恐怖主義是從1960年代末始蔓延開來，據不完全統計，在1968至1980年間，全世界共發生六千多起恐怖事件，造成近四千人無辜喪命，所以國際上把1968年作爲現代恐怖主義的起點。現代恐怖主義不同於以往那種單個殺手、刺客的個人恐怖行爲，而是包裝「政治目的」、具有跨國組織性，以游擊方式採多種手段的暴力活動。恐怖分子發動恐怖活動的手段極爲殘暴，以不確定對象爲目標下手；他們的恐怖活動遍布世界，打破國家、地區的界限；恐怖攻擊的方式也變得越來越隱蔽，且採用先進的高科技手段，甚至瞄向了生化武器和核子武器。

現代恐怖主義的盛行與國際政治、經濟和文化的發展等有著十分複雜的關係。因南北差距、民族矛盾、宗教歧異、貧富不均等許多問題未能妥善解決，這些原本可透過對話、經濟合作等方式來加以解決的衝突問題，在懷有不同政治目的的各種勢

【人文歷史百科】

世界主要的恐怖組織

基地組織：賓拉登創立，活動範圍在阿富汗及中東。

自由亞齊運動：總部在瑞典，領導人為哈山．迪羅，活動範圍在印尼。

哈瑪斯運動：也稱伊斯蘭抵抗運動，屬巴勒斯坦的恐怖組織。

真主黨：黎巴嫩的親伊朗派恐怖組織。

阿布．薩耶夫組織：菲律賓新興的恐怖組織，活動範圍在菲律賓。

東突厥斯坦伊斯蘭運動：主要領導人是普拉昌達，其總部在阿富汗，在中國新疆、巴基斯坦西北部和巴、阿邊境地區活動。

奧姆真理教：主要活動範圍在日本。

埃塔：西班牙恐怖組織，活動範圍在西班牙、法國南部。

↓**西班牙馬德里火車爆炸案現場**

馬德里火車連環爆炸案發生後，西班牙四千萬人口中有四分之一走上全國各大小城市的街頭，強烈抗議在馬德里發生的慘事。參與爆炸案的十六名恐怖分子中，七人集體自殺，五人在逃，其餘四人被捕。

力介入後，變得更加激化，於是孕育出名目繁多的恐怖組織。

↑美軍三角洲突擊隊
美國陸軍的「三角洲」部隊成立於1978年，依照德國邊防警察第九大隊的模式建立，總部設在北卡羅萊納州的布雷格堡監獄，全部隊員的軍銜都在中士以上，在不少動盪地區工作的美國外交官一般都由這支部隊暗中保護。

反恐武裝

「九一一」事件後人們清醒地認識到，恐怖活動已是二十一世紀帶給人們最大威脅的惡勢力。因此，世界上絕大多數國家都採取了絕不向恐怖分子妥協的嚴厲打擊政策，力圖消滅恐怖組織，保護國民生命、財產的安全。

爲此，建立一支專業化的、具有極強戰鬥力的反恐怖特種部隊是十分必要的反恐措施，可對恐怖組織發揮有效的震懾作用。世界上主要的反恐武裝有：

德國的邊防警察第九大隊，隊員都是特別淘選出來且訓練有素，配有最精良的武器和各種先進設備。

英國的反恐部隊是「特別空勤團」，有九百人，隊員是從空降傘兵中精選的，經過長達三年的嚴格訓練。法國的反恐怖部隊稱爲「國家憲兵干涉組」，只有五十名成員，反應能力極強。

美國的反恐部隊規模最爲龐大，由四支部隊組成，其中最著名也最精銳的是陸軍的「三角洲」部隊，被譽爲「美國武裝部隊的精英」。

荷蘭有兩支反恐特種部隊，一個是海軍陸戰隊中的「反恐支隊」，一個是皇家陸軍的「騎警隊」。義大利的反恐特種部隊叫「憲兵突擊隊」，因在戰鬥中常戴著頭套，

↓訓練有素的德國邊防警察第九大隊
德國邊防警察第九大隊建立於1972年，主要由六個中隊和一個直升機聯隊組成，其中三個特種作戰部隊是整個反恐武裝的主力。德國政府替這支反恐特種部隊配備了最精良的武器裝備並保證足夠的財政資源，其通信設備和機動車輛都是德國最先進的。

↑聯合國安理會反恐會議
2003年1月21日，聯合國安理會十五個成員國的外交部長和代表齊聚在紐約聯合國總部，協商國際反恐工作。會議最後通過了一項宣言，呼籲所有成員國採取緊急行動，防止一切支持恐怖主義的行為。

所以又叫「皮頭套突擊隊」。

這些反恐武裝力量帶給恐怖分子極大的震懾。

國際反恐合作

由於恐怖活動日趨國際化，光有特設的反恐特種部隊還不夠，必須加強國際間的協調合作，共同抗敵。因此在1996年2月21日，十九個國家的代表在菲律賓召開首次國際反恐會議，3月13日又有二十九國領袖參加在埃及舉行的國際反恐大會，共商國際合作反恐問題。

【人文歷史百科】

雅各賓派

雅各賓派是法國大革命時期，參加雅各賓俱樂部的激進派政治團體，在法國大革命中出現的衆多革命團體中，雅各賓俱樂部是唯一的全國性組織，擁有數千地方組織。雅各賓俱樂部正式名稱為憲法之友社，前身是三級會議期間的不列塔尼俱樂部，1789年10月遷到巴黎後在雅各賓修道院集會。雅各賓派政府實行恐怖統治，組織愛國力量，嚴厲打擊國內外反革命勢力，限制投機活動，規定物價最高限額，以贏得革命的勝利。

各國普遍認爲應從三個方面入手對付恐怖主義：一是切斷恐怖組織的經費來源；二是對恐怖主義、恐怖組織以及恐怖活動的概念去理解，進行溝通和統一，在律法方面進行協調和確認；第三要加強在情報和安全行動方面的合作。

同時各國也認識到，國際合作打擊恐怖主義，只有在聯合國的領導下才能完成，因爲只有聯合國才能擔負起在國際間就反恐問題達成共識，以及建立廣泛的國際反恐聯盟等艱鉅的任務。爲此，聯合國安理會專門成立反恐怖主義委員會，用以指導、監督各國對安理會有關反恐問題決議的執行情況。

↓頭戴防毒面具的法國「國家憲兵干涉組」反恐隊員
法國「國家憲兵干涉組」自創建以來共執行各種反恐怖任務三百多次，營救人質五百餘名。

091.甘迺迪遇刺

「不要問你的國家為你做了什麼，要問你為你的國家做了什麼。」——甘迺迪

體弱多病的甘迺迪

←歡樂時光，攝於1928年
甘迺迪（右二）兄妹八人合影，當時的甘迺迪十一歲。

約翰．甘迺迪於1917年出生在麻塞諸塞州。他年幼時體弱多病，兩歲出現紅色皮疹。被送到醫院時，那裡已住滿了像他一樣染上猩紅熱的孩子。後來兩個月裡，甘迺迪被隔離在醫院的病房裡，病情時好時壞，家裡人都覺得他的小命可能保不住。

甘迺迪的父親約瑟夫．甘迺迪將工作時間減半，每天早上還到教堂祈禱。他後來寫信給兒子的醫生說：「在那些最黑暗的日子裡，除了他的康復，其他任何事都不再重要。」

猩紅熱過後，甘迺迪在十一歲以前還得過腮腺炎、麻疹、百日咳、水痘和支氣管炎。十一歲時，他的體重還不到四十公斤。之後，背痛成爲最困擾他的疾病。

中學期間，甘迺迪進入康乃狄克州一間寄宿學校，在這裡求學生活了幾年。1935年，他前往英國倫敦政治經濟學院學習，後來又轉學到普林斯頓大學。1936年秋，他進入哈佛大學。因在哈佛的第一年表現出色，甘迺迪贏得學校提供的歐洲遊獎勵。1937年夏天，他和同學列姆．比林斯開始「天眞之旅」。造訪德國後，甘迺迪對於希特勒和第三帝國缺乏信任。他覺得納粹的傲慢讓人很不舒服。離開慕尼黑時，甘迺迪在日記中寫道：「與旅館主人談話，得知他是個希特勒迷。毫無疑問地，獨裁者在

↓魚雷快艇上的甘迺迪，攝於1943年
1943年8月1日夜裡，甘迺迪等人駕駛魚雷快艇在所羅門群島海域巡邏，遭一艘日本驅逐艦擊沉，甘迺迪和其他十名水兵被所羅門群島居民救起。

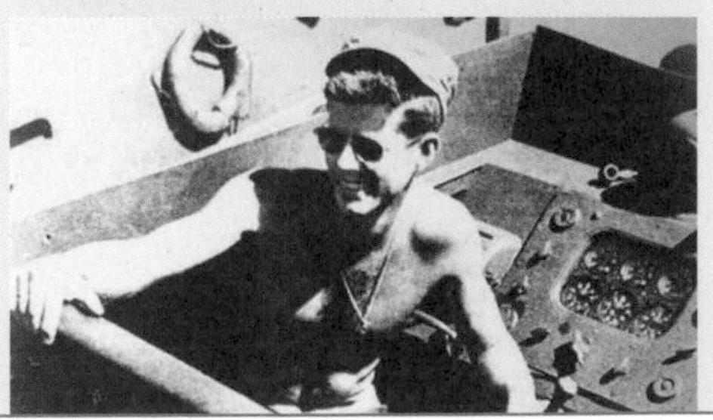

【人文歷史百科】

死裡逃生的甘迺迪

1943年8月2日，甘迺迪乘坐編號為PT－109的魚雷艇在所羅門群島附近海域巡視時，遭到日本海軍襲擊。魚雷艇被擊沉，船上兩名水手陣亡，甘迺迪和艇上其他十人躲過一劫。在海上漂流數天後，甘迺迪和同伴們爬上一座小島。

一枚椰子殼最後救了甘迺迪一行人，它被澳洲海軍上尉的雷吉．埃文斯撿到，椰子殼上有甘迺迪寫下的一段話：「諾拉島；土著知道位置；他會駕駛；十一個人活著；需要小船——甘迺迪」。

→郵票上的甘迺迪像

↑競選期間的魅力展示
1960年10月19日，兩百萬人為甘迺迪和夫人賈桂琳歡呼遊行，此時的賈桂琳已屆臨產時刻。這期間她還為報紙寫名為「競選夫人」的專欄。

自己國家比在國外更受歡迎，因爲宣傳奏效，這可能是希特勒最拿手的。」

1940年6月，甘迺迪從哈佛順利畢業。翌年春天，他志願加入美國陸軍，但由於背部有傷而遭到拒絕。爲了能夠進入軍隊，甘迺迪在夏天拚命鍛煉身體。到了秋天的時候，他終於被美國海軍接受而入伍。

美國最年輕的總統

第二次世界大戰後，甘迺迪開始步入政界。他首先進入美國眾議院，在杜魯門任職期間，他連續兩次任眾議員，並獲得民主黨人和其他黨派人士的支持。1952年，三十五歲的甘迺迪當選爲麻州參議員。

1960年，甘迺迪宣布參加下一屆美國總統的競選。7月13日，在西維吉尼亞州的初選中，甘迺迪最後打敗同黨候選人韓佛理，獲得民主黨總統候選人的資格。

按照慣例，甘迺迪和共和黨總統候選人尼克森要進行一場激烈的辯論，與以往不同的是，這是有史以來首次採用電視辯論的總統競選。不久，年僅四十三歲的甘迺迪以些微優勢擊敗對手尼克森，成爲了美國歷史上最年輕的總統，同時也是第一個當選美國總統的天主教徒。

1961年1月20日，甘迺迪宣誓就職，用高昂的聲音向美國國民發表了經典的就職演說：「不要總是問你們的國家，到底能爲你們做些什麼。請你反過來問一問自己，你能爲你的國家做些什麼？」

1961年到1963年，被美國史學界稱爲「甘迺迪時期」。在他成功解決1962年的古巴導彈危機後，這位最年輕的總統獲得了有史以來最高的百分之八十二支持率。

遇刺身亡

1963年11月22日，甘迺迪總統和詹森副總統及高納利州長在德州旅行。甘迺迪在福塔濼斯過夜，之後抵達達拉斯。

↓尼克森和甘迺迪（右）在電視競選辯論現場
甘迺迪是美國第一位透過電視競選產生的總統，在與尼克森進行電視辯論時，甘迺迪顯得年輕有朝氣，冷靜而自然，笑容可掬，侃侃而談。

←美國國會大廈周圍哀悼的人群
1963年11月24日下午，甘迺迪的靈柩由馬車帶離白宮，運抵國會大廈。數以萬計的人聚集在國會大廈周圍，哀悼甘迺迪。

十一點三十五分，甘迺迪總統視察團乘空軍一號在達拉斯商業中心西北的拉夫·費爾德機場著陸。汽車隊到達戴萊賓館時，改變了原來計畫中的一直向前穿過斯戴蒙斯高速公路，而是右轉進休士頓大街。這樣車隊就要經過德克薩斯學校的圖書儲藏室，那是一間高大古老的磚房。

甘迺迪坐在敞篷大轎車的後排，賈桂琳坐在他的左側。在十二點二十分時，大轎車轉進艾木爾大街，甘迺迪總統向人群招手微笑。

十二點三十分時，隨著一聲槍響，甘迺迪雙手捂住了喉嚨——他被擊中了脖子，但還有一顆子彈射入他的頭部，打飛他的部分後頭骨。轎車的護衛者們身上濺滿鮮血和腦漿。賈桂琳大聲叫喊，絕望地試圖用手止住從她丈夫身上流出的血。與此同時，保安克林特·希爾跳上車爲總統護駕。轎車載著甘迺迪迅速開往四英里外的派克蘭德紀念醫院。

兩分鐘後，巡警馬里恩·貝克接到警局通知後，在圖書儲藏室的管理員羅伊·杜魯里陪同下持槍衝上樓梯。在第二層的午餐廳，他們看見一個瘦弱的黑髮男子，然而他看起來卻很平靜，沒有引起人們的注意。貝克隨後在樓上發現吃了一半的雞肉飯、一個褐色紙袋、三箱子彈和一個半徑六·五公釐的來福槍，而樓上卻空無一人。他們突然想起了剛才那個瘦弱的黑髮男子，於是迅速衝下了樓，但早已失去了他的蹤影。

午後一點，派克蘭德紀念醫院宣告甘迺迪總統去世。警方把目標瞄準那名瘦弱的黑髮男子，他的身分很快被調查出來：李·哈威·奧斯維德。一點五十分，奧斯維德遭到拘捕。

↑遇刺前幾秒的甘迺迪和賈桂琳

→甘迺迪墓前的萬年火種

迷霧重重

←夜總會老闆傑克．魯比槍殺奧斯維德

奧斯維德是名二十四歲青年，他是美國前海軍陸戰隊的神槍手，曾旅居蘇聯。但可疑的是，警方抓捕奧斯維德後，並未對他提起訴訟，也沒有對他進行認眞的審訊。11月25日，

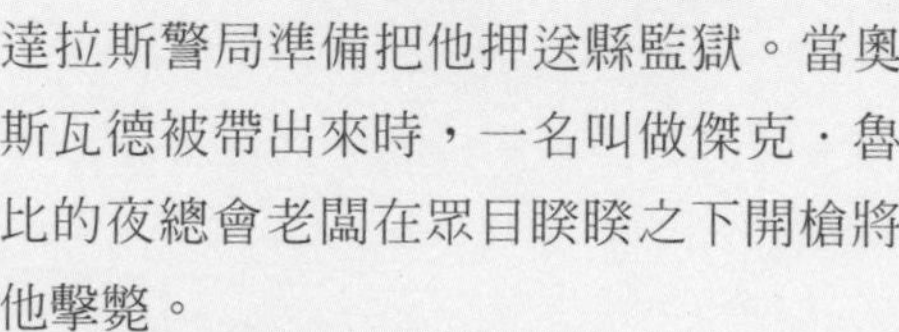

達拉斯警局準備把他押送縣監獄。當奧斯瓦德被帶出來時，一名叫做傑克．魯比的夜總會老闆在眾目睽睽之下開槍將他擊斃。

美國官方宣布，奧斯維德是刺殺甘迺迪的唯一凶手，是他致命的兩槍擊中了甘迺迪的要害部位，導致甘迺迪的身亡。美國官方的解釋難令美國公眾信服，但由於當時的一些目擊證人都先後神祕地死去，關於甘迺迪遇刺內幕便成了人們心中永遠的謎。

隨後有傳聞明指副總統林登．詹森是幕後黑手。爲登上總統寶座，詹森指使自己的私人顧問埃德．克拉克策劃這場謀殺案。同時，法國一家電視臺的兩位記者威廉．雷蒙和貝爾納．尼古拉在經過長達三年的調查後也極爲肯定：刺殺甘迺迪總統的幕後指使，正是當時的副總統詹森。

還有一種說法是跟南越吳庭豔有關，是吳庭豔的餘黨對甘迺迪採取報復行動。1955年10月，由美國中情局支持的吳庭豔當上越南共和國總統。

1963年5月，吳庭豔派兵干涉古都順化佛教徒的佛事活動，多名和尚被開槍打死。6月11日，佛教界一位德高望重的高僧在西貢鬧市街頭自焚身亡；後來又有一些僧侶相繼效仿。此事一出，大大震驚美國政府。甘迺迪親自致信訓斥吳庭豔，警告他不要亂來，但得意忘形的吳庭豔根本聽不進去。1963年11月1日，美國政府爲挽救敗局，策動南越的軍事政變。次日中午，吳庭豔被政變軍隊亂槍打死在某個街角。此後，甘迺迪政府決定從越南撤軍，但他們的這一決定還沒有來得及執行，甘迺迪便於11月22日在達拉斯街頭遇刺身亡。

【人文歷史百科】

家族的悲劇

甘迺迪家族出過一位總統、一名大使、一名司法部長、兩位參議員，自約瑟夫開始，他的九個孩子不斷被厄運糾纏：

1941年，三女兒因腦葉切除術失敗變弱智。1944年，長子小約瑟夫在二次大戰期間因飛機爆炸喪生，終年二十九歲。

1948年，四女兒死於空難，時年二十八歲。1963年，次子約翰．甘迺迪總統遇刺喪生，享年四十六歲。1968年，七子羅勃當了十年參議員後宣布角逐總統，旋即遇刺喪生，終年四十二歲。1969年，幼子愛德華任參議員期間遭遇車禍。

092.卓別林電影

他的影片曾經是我們這個世界的光明，也是我們時代的歷史。

四處賣藝

1889年4月16日，查理·史賓塞·卓別林在倫敦的一處貧民區出生。他的父母是喜劇演員，經常在倫敦的遊藝場裡演出。卓別林一歲時父母分居，他和年長四歲的哥哥與母親一起生活。因爲生活貧困，所以他們居無定所，常隨母親四處奔波。卓別林在年紀很小的時候，就開始接觸表演這門藝術。

卓別林的母親爲照顧好兩個孩子，日夜操勞，不幸染上喉炎，這對一個演員來說是致命傷。卓別林五歲那年，母親登臺時因喉炎發作，聲音低啞，被觀眾轟下臺。就在母親傷心欲絕時，卓別林臨時上陣，頂替母親演出。他蹣跚著上臺，看著臺下觀眾，然後故意用沙啞的嗓音學母親唱歌。也許因爲年齡的原因，小卓別林滑稽的表演贏得了觀眾熱烈的掌聲。卓別林自此邁出了表演舞臺的第一步。

八歲時，卓別林靠母親的關係進入「蘭開夏八童子舞蹈團」，與其他孩子一起，穿著木屐跳舞、唱歌。母親看到他日益消瘦，十分心疼，就讓他離開這個舞蹈班。

1907年，卓別林經過努力，進入了倫敦頗富盛名的卡諾劇團。

←青年時期的卓別林像
1913年卓別林到美國投入電影事業，1914年創造出悲劇小人物「夏爾洛」，從此這個有特別裝束的流浪漢形象風行世界，經久不衰。

進入劇團後，他積極地學習表演技巧，並淋漓盡致地發揮出來。他把雜技、舞蹈、令人發笑的憂鬱和讓人流淚的笑巧妙地融爲一體，初步形成他後來那種獨特的默劇風格。

1910年，卓別林隨卡諾劇團初次來到美國巡迴演出。1913年，已是劇團要角的卓別林隨劇團再次赴美國演出，在劇中表演出色的卓別林被美國喜劇電影之父塞納特一眼看中，和他簽訂往好萊塢發展的合同。

初入銀幕

卓別林到好萊塢塞納特的楔石公司

【人文歷史百科】

卓別林的婚姻

卓別林一生娶了四任妻子。他的前兩次婚姻都是與十六歲少女結婚，一位名叫蜜德莉·哈里斯，一位是麗塔·格雷。1937年，卓別林與第三任夫人寶蓮·高達在中國舉行婚禮。

1952年與卓別林一起移居瑞士的烏娜·歐尼爾，是卓別林的第四任妻子。烏娜·歐尼爾是諾貝爾劇作獎得主尤金·歐尼爾的女兒，她在十八歲時嫁給五十四歲的卓別林。他們舉行婚禮後，烏娜的父親便與她斷絕關係。

↓《陣雨之間》劇照

→《時代雜誌》封面上的卓別林喜劇形象

後，拍攝的第一部影片《謀生》，並沒有給觀眾留下太深刻的印象。在拍攝第二部影片時，公司通知他洛杉磯正在舉行一場汽車比賽，要他設法弄出一身滑稽打扮，扮演一名在現場拍攝影片的攝影師。接到通知的卓別林迅速衝到化妝間，隨手抓過一位以「胖哥」聞名之丑角的肥大褲子和他的假髮、假鬚。破皮鞋是在化妝間的角落裡撿到的，尺寸明顯過大。禮帽、手杖和過於窄小的上衣也都是那天上午隨手撿拾的。在拍攝的過程中，卓別林想起倫敦街頭一個老攤販橫著走路的滑稽步伐，於是借用來表演。這一切都是偶然的湊合，然而一個不朽的流浪漢形象正逐步成形中。

1914年2月28日，頭戴圓頂禮帽、手持手杖、足蹬大皮靴、走路像鴨子的流浪漢夏爾洛的形象，首次出現在影片《陣雨之間》裡頭。這一形象成為卓別林喜劇片的代表，風靡歐美二十餘年。雖然它在後來成為一代電影的藝術象徵，但在當時卻讓他的老闆塞納特感到非常失望。

卓別林剛開始是作為配角演出，但他很多時候都是給當時的一流喜劇明星配戲，比如福特．斯特林、賈斯特．康克林、「胖子」阿巴克爾等。三個月後，他協助起馬貝爾執導影片並自導影片，此後開始受到觀眾的歡迎，逐漸完整浮現他天真可愛的「流浪漢」形象。

卓別林後來對自己的經典形象解釋道——小鬍子是虛榮心的象徵；瘦小的外衣和肥大的褲子是一系列可笑行為和笨拙舉止的寫照；而手杖呢，不但是紈褲子弟的標記，而且可以用它勾住別人的腿或肩膀，增加喜劇效果。

創作生涯

從此，影劇院只要出現楔石公司的廣告，觀眾便一陣騷動，卓別林剛一在影片上出現，觀眾就發出歡暢的笑聲。

卓別林與楔石公司的合同期滿後，又到過幾家電影公司。1918年，卓別林受到英、美罷工風潮的啟示，拍攝了

↓《狗的生涯》劇照

卓別林在影片《狗的生涯》中，將流浪漢的生活與狗的生活有趣地構成對比，他與牠都同樣要掙扎求存，並且忍受社會各階層將他們踢來踢去。

↑《淘金記》劇照
影片《淘金記》表現了一個淘金狂的磨難和夢想，煮食皮靴、帶狗跳舞等片段已成為喜劇電影的經典。當年在美國創下六百萬美元的驚人票房。

《狗的生涯》，描寫流浪漢夏爾洛露宿街頭，處處受辱的悲慘遭遇。隨後又拍《從軍記》、《尋子遇仙記》。《尋子遇仙記》一片被評爲一流的藝術品。這時的卓別林已紅遍美國，而且整個世界都在爲他發狂。

在接續的拍片過程中，卓別林發現他偶然創造的流浪漢形象的深刻意義。離開楔石公司後，流浪漢形象不再是單純地挨打出醜，而是越來越表現出深沉的感情，越來越具有現實生活中「小人物」的悲劇色彩和精神。觀眾們也發現，在看卓別林演出時，自己的笑聲幾次都突然被淚水噎住。

1925年，卓別林完成轟動一時的長片《淘金記》，描寫十九世紀末美國發生的淘金狂潮。《淘金記》在卓別林的藝術生涯中具有承前啓後的意義，既是他早期作品的總結，又爲他以後更成熟的作品奠定基礎。

1930年代到1950年代，卓別林的創作生涯達到巔峰，他於1931年創作出《城市之光》，1936年創作《摩登時代》，1940年創作《大獨裁者》，1952年創作《舞臺生涯》等自編、自導、自演的優秀作品。

這些影片反映卓別林從一位人道主義者到批判現實主義藝術大師的歷程。卓別林以其精湛的表演藝術，對下層市井小民寄予深切同情，對現代社會的病態喻以深切的諷刺。

1952年，卓別林受到麥卡錫主義的迫害，被迫離開美國，定居瑞士。離開美國之時，卓別林發表一篇苦澀的聲明，道出自己已成爲「強力反動組織編造的謊言和惡意宣傳」攻擊的對象，這

↓《摩登時代》劇照
在影片《摩登時代》中，卓別林用滑稽誇張的肢體語言、辛辣犀利的諷刺，突顯工人遭受資本家欺壓，被資本家榨盡最後血汗的殘酷現實。

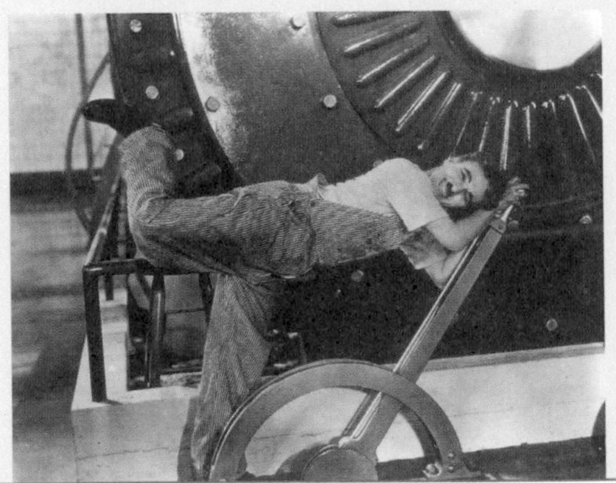

→郵票上的卓別林像

←卓別林在奧斯卡頒獎典禮上
1972年卓別林重返好萊塢，在奧斯卡頒獎典禮上，接受為表彰他「本世紀為電影藝術所作的不可估量之貢獻」而頒與的特別獎。

些組織「運用自身影響力加上黃色小報的推波助瀾，製造出了一種不健康的氛圍，在此種氛圍下，任何心靈自由的個人都將被孤立並遭到控告」。在瑞士期間，他拍攝尖銳諷刺麥卡錫主義的影片《紐約之王》。

1966年，七十七歲高齡的卓別林拍攝最後一部影片《香港女伯爵》。此後便與愛妻烏娜一起，在風景秀麗的瑞士安度晚年，直到1977年聖誕節辭世。

遲來的爵位

1975年，卓別林獲英國女王伊麗莎白二世封爲爵士。

事實上，早在1956年，鑑於卓別林的傑出表現，英國政府已考慮爲卓別林封爵，但這一動議最後遭到否決，原因是擔心此舉可能引起美方的不滿。

卓別林雖在美國待了四十多年，卻一直拒絕加入美國國籍，且演出許多諷刺當局的影劇，這令美國當局十分地惱火。美國對卓別林的不滿在英國外交部函件上就有顯示：一是他對「美國四十二年帶給他的豐厚物質收益」全無知恩圖報之意；另一件則是「嚴重道德問題」，指責卓別林和十幾歲的少女結婚。

1970年代早期，英國外交部的態度開始軟化。1971年8月外交部的一封信函表明英國政府當時的態度：「過去的就讓它過去吧！」而美國人也傾向於把卓別林看作是一個「僑居美國的英國長者」。1972年，卓別林前往美國領取奧斯卡特別獎，受到美國民眾的熱烈歡迎。最後在逝世前兩年，一代喜劇大師終於獲得了這遲來的英國爵位。

【人文歷史百科】

受政府敵視的卓別林

美國參加第二次世界大戰後，聯邦調查局把卓別林定位為一個「不成熟的反法西斯主義者」，對他進行長期監視。1942年，卓別林對史達林提出的提前開闢第二戰場的要求表示支持，呼籲盟軍支援蘇軍。1954年，卓別林接受了「共產黨資助的」世界和平理事會頒發的和平獎。1956年，卓別林與蘇聯部長會議主席布加寧在倫敦會面……據說，到1940年代末，聯邦調查局關於卓別林的案卷已厚達一千九百頁。1947年他召開記者會，宣布自己非共產黨人。

093.嬉皮運動

嬉皮用社團和流浪者的生活方式，來表現他們反對越戰的聲音，他們提倡非傳統的宗教文化，批評西方國家裡傳統保守的價值觀。

新型文化

↑聚會的舊金山嬉皮

嬉皮運動發起於1960年代的美國。當時，由於物質生活的富足，加上對傳統信仰的排斥，一些年輕人對生活感到迷惘，於是在美國東海岸的格林威治村，一些年輕的反文化者聚集起來，他們稱自己爲「hips」。他們的聚集吸引了許多對生活失望的紐約市區裡穿著破舊衣服的年輕人，加入到格林威治村的「hips」們當中。

1965年9月6日，舊金山的一家報紙率先採用「嬉皮」這個詞，用來指稱這些年輕的「波西米亞主義者」。

在舊金山的海特．亞許柏里地區，嬉皮以「Diggers」這個團體爲中心，將即興的街頭劇、無政府主義行動和藝術表演結合在一起，來表現個人的思維主張。他們受到波西米亞主義地下藝術劇團和左派民權主義和平運動的影響，宣揚建立一個「自由城市」。1967年夏，海特．亞許柏里聚集了大批的年輕人，其中包括七萬五千名警察，他們分享著由音樂、毒品和反抗組成的「新文化」。1960年代末，嬉皮運動逐漸進入高潮。

政治運動

嬉皮們主張愛與和平、反對暴力，提倡利他主義。他們常留著長髮和大鬍子，穿著色彩鮮豔的衣服，戴上不尋常的飾品，標榜與爾虞我詐的社會現實針鋒相對。他們通常聽固定的音樂，比如傑米．亨得里克斯和傑菲遜飛艇的迷幻性搖滾樂以及頂級樂隊、死之民樂隊等。節日裡，他們也會在家裡與朋友一起彈奏吉他。他們崇尚自由戀愛，喜歡社團生活，有些人甚至喜用毒品。

嬉皮文化的最初發動者是那些反對越戰的美國青年們，他們自稱是「有良知的反對者」，拒絕參軍，反對使用暴力，堅信和平思想的力量（即「花的力

【人文歷史百科】

披頭四樂隊

披頭四樂隊是世界音樂史上的一個奇蹟。這個樂隊由來自英國利物浦的四個小夥子所組成，他們是：約翰．藍儂、保羅．麥卡尼、喬治．哈里遜和林哥．史達。後來利物浦的一個唱片商的兒子布萊恩．愛普斯坦認定他們前途無量，自願成為他們的經紀人，他被稱為「披頭四」樂隊的第五個成員。他們於1967年正式宣布解散，「披頭四」雖然已不存在，但歌聲卻感染了一代又一代的年輕人。

量」），可以解決世界上的所有問題。因此許多嬉皮在他們的頭髮裡插著花，或向行人不停地發送花。他們不斷地挑戰社會的既有規範和傳統道德觀的「禁區」，決心把社會引導到另一種生活方式去。

←伍德斯托克音樂節上的嬉皮
伍德斯托克音樂節現場期間，在巨大的演出平臺上，音樂、詩歌朗誦通宵達旦，高音喇叭震耳欲聾，四十萬雙舞蹈的雙腳將四周踏成一片泥濘。

嬉皮經常參加反越戰遊行和爭取人權遊行。起初，嬉皮的性別歧視非常嚴重，但很快就接受女性主義和平等主義的原則。早期他們也特別排斥同性戀，但慢慢地又接受同性戀。爲表達自己的政治理想和實現所尋求的變化，合作企業、替代型能源、新聞自由運動和有機農業等主張都受到他們的青睞。

新時代的嬉皮

支持越戰的人經常誇張地形容嬉皮濫用毒品的程度。而實際上，雖然很多嬉皮使用毒品，但他們是想利用毒品所產生的幻覺來達到內心的修煉，這樣一來即使某些嬉皮不碰毒品，大眾依然把毒品看作是嬉皮的一個標誌，表現他們不肯遵從社會守則的形象。

1970年，嬉皮的許多生活模式進入到美國社會的主流文化當中，但實質性內容卻很少被主流文化所吸收。隨著時間的推移，媒體漸漸地對這個次文化失去了興趣，一些年輕人也喪失了時髦感、認同感。龐克搖滾出現後，年輕人開始對嬉皮產生了反感，但仍有許多嬉皮保持著原有的生活方式和心中的信仰。

二十一世紀又出現了新嬉皮，他們復興1960年代嬉皮運動的觀點，比如強調擁有自由，穿自己想穿的衣服，做自己想要做的事等。但與1960年代嬉皮不同的是，他們遠離政治。

↓伍德斯托克音樂節現場
1968年8月15日至17日，在美國伍德斯托克舉行了大型音樂節。這次音樂節成了世界上最大規模的嬉皮聚會，四十萬年輕人不顧交通阻塞，食品與飲水短缺和傾盆大雨等困難，發瘋般地隨著刺耳的音樂搖晃。他們長髮束帶、穿著喇叭褲或粗布蠟染襯衫，在泥漿裡的濕睡袋中做愛、吸食大麻，如同呼吸空氣一般。

094.對戰爭理性反思的蕭洛霍夫

1965年，蕭洛霍夫以「他對頓河流域的史詩般描寫，以有力的藝術和真誠的創造性反映了俄羅斯人民的一段歷史」，獲得諾貝爾文學獎。

從事寫作

↑少年時代的蕭洛霍夫，和父母在一起

1905年，蕭洛霍夫出生在頓河畔的維辛克鎮，父親是一個磨坊主人。小的時候，因爲當時沙俄國內發生戰亂，所以他讀了四年書就輟學。此後，他完全靠自學進行寫作。十月革命後的內戰時期，頓河地區的戰鬥非常激烈而殘酷。少年時代的蕭洛霍夫不但目睹了這場戰爭，還積極參與保衛紅色政權的活動，並參加武裝征糧隊。頓河哥薩克地區艱苦而又豐富多彩的生活，不僅磨練蕭洛霍夫的性格，更成爲他創作的源泉。

1922年，蕭洛霍夫來到莫斯科，從此開始寫作，步入他的文學生涯。1923年，他加入莫斯科文學團體「青年近衛軍」。這期間，他陸續發表小品文《考驗》、《三人》和《欽差大臣》等。1924年，發表了第一篇短篇小說《胎記》。1926年，小說集《靜靜的頓河》和《淺藍的原野》相繼出版，漸受到文壇的特別關注。

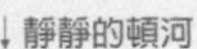

↓靜靜的頓河

頓河源起中俄羅斯丘陵東麓，東南流，後折向西南，注入亞速海的塔甘羅格灣，長一千八百七十公里，流域面積四十二萬二千平方公里。

受到攻訐

從1926年起到1940年，蕭霍洛夫花了十四年的光陰，艱苦完成他的長篇巨著《靜靜的頓河》。這部小說共四卷，先後在1928、1929、1933、1940年完成問世。在小說集的二十多篇裡，蕭洛霍夫透過對家庭和個人之間關係的描寫，將複雜的社會紛爭展現得淋漓盡致，尤其是對哥薩克內部衝突的尖銳描繪，深刻地體現了觸人心扉的悲劇情景和眾多鮮活的悲劇人物。

小說出版後就受到讀者熱烈歡迎，再版達百次之多，還被翻譯成六十多種語言。但不料這卻給他帶來了麻煩，使他先後受到來自各方的攻擊。比如小說第一卷剛出版，就有人散布謠言說蕭洛霍夫是抄襲別人的。

第二次攻擊是在史達林時期。史達林對語言改革非常感興趣，要求極嚴，而蕭洛霍夫使用的卻是哥薩克人簡潔的生活語言，因此受到嚴格審查。其實正是由於他作品中帶有濃厚的地方語言色彩，所以才使作品顯得粗獷有力，引人入勝。經過審查者的嚴格刪減後，小說在1953年再版時，文章已變得蒼白無力。更爲嚴重的是，蕭洛霍夫作品的出版在每一階段的審查都會被長時間延遲。

←蕭洛霍夫
1965年12月10日，蕭洛霍夫抵達斯德哥爾摩之後，大批記者前來訪問他，他幽默地說：「當我得知獲得諾貝爾文學獎那天，正在打獵，我開了兩槍，天上除了落下兩隻大雁之外，還十分意外地掉下諾貝爾文學獎！」

雖然《靜靜的頓河》及其小說中的主角，曾引起蘇聯社會各界多次激烈的爭論，但是它卻眞實地再現了1912年至1922年動盪歲月中哥薩克民族的經歷，而在蘇聯文學史上贏得高度的讚譽。

聲名遠播

1941年6月22日，希特勒悍然入侵蘇聯，蕭洛霍夫立刻投入衛國戰鬥。他先後擔任《眞理報》和《紅星報》記者，撰寫了大量的戰地通訊和戰爭題材的短篇小說。1942年，他發表的《學會仇恨》，用生動的語言和飽滿的激情喚起蘇聯人對納粹行徑的仇恨。1943年，他發表的長篇小說《他們爲祖國而戰》，又眞實生動地反映了衛國戰爭中的歷史情懷。在戰爭期間，蕭洛霍夫用自己手中的筆抗戰，反映同胞的情感和苦難，揭示戰爭的殘酷。

1957年，他發表的短篇小說《一個人的遭遇》，在當時引起了巨大的迴響，被稱爲「當代蘇聯軍事文學新浪潮的開篇之作」。小說裡描繪了主人公索科洛夫在戰爭中的不幸遭遇以及他的堅韌品格，痛斥了納粹侵略戰爭帶給蘇聯民眾的深重災難，同時表現出蘇聯人強烈的愛國精神和堅不可摧的鋼鐵意志。在作品中蕭霍洛夫未添加任何人爲的感情渲染，而是眞實客觀地描寫了主人公的家庭悲劇，以及他所遭受的精神壓力和心靈創傷，使作品煥發出強烈的人道主義氣息，讓英雄主義的品格更加貼切、自然。

1965年，瑞典皇家文學院決定授予蕭洛霍夫諾貝爾文學獎，理由即是「他對頓河流域的史詩般描寫，以有力的藝術和眞誠的創造性反映俄羅斯人民的一段歷史」。

↑輝煌的榮譽
諾貝爾頒獎典禮上，蕭洛霍夫和瑞典國王握手致意。

095.海勒的「黑色幽默」

約瑟夫．海勒筆下的荒誕世界中，善惡顛倒、美醜易位，英雄成為了小人，精英被視為殘渣。

苦澀的笑

←幽默風趣的海勒
1961年，海勒根據自己的軍旅體驗，寫出了被譽為「黑色幽默」奠基作的《第二十二條軍規》，這張照片記下了海勒當年的模樣。

刑場上，一個被判絞刑的人走到絞架前，看了看圍觀的人們，故作輕鬆地問：「這玩意兒結實嗎？」頓時人們轟然大笑。這個人的表現，美國作家尼克稱之爲「黑色幽默」，因爲「黑色」有絕望、痛苦、恐怖和殘酷的意味。黑色幽默以悲觀主義爲出發點，在面對荒誕的死亡時，化悲痛爲苦笑，用不以爲然的喜劇方式來表現悲劇的內涵，釀造出具有苦澀陰鬱味道的笑來。

黑色幽默主要表現世界的荒謬，否定個人主觀能動性，存在著消極悲觀的思想。作家們透過幽默的人生態度拉開與慘澹現實間的距離，認爲荒誕是一種合理的存在，因而從容地描繪，力求在絕境中尋找心理平衡。

用荒誕的形式表現荒誕的內容，是黑色幽默慣用的手法。作家們拋開傳統的敘事原則，打破一般語法規則，同時大量採用誇張諷刺的手法來創作，使作品中場景奇異古怪、情節怪誕、人物滑稽可笑，但語言卻睿智尖刻。從喜中揭露出悲來，因而在文壇上獲得了高度評價。

↑哥倫比亞大學
1949年，剛取得紐約大學藝術學士學位的海勒，又獲得了哥倫比亞大學碩士學位，並得到牛津大學的獎學金。

第二十二條軍規

黑色幽默文學的代表性人物約瑟夫．海勒，是1923年5月1日出生於美國的猶太人。他中學沒畢業就去當郵差。二次世界大戰中，十九歲的海勒應徵入伍，在空軍服役，曾執行過約六十次的飛行任務。這段不尋常的經歷，爲他日後的創作打下扎實的生活體驗基礎。二次世界大戰結束後，海勒進入大學，之後從事教學研究工作。1952年步入報界後，他利用業餘時間從事文學創作。

1961年，海勒的首部作品《第二十二條軍規》問世，立即引起大轟動。作品中虛構一個「皮亞諾札島」，描繪了二次世界大戰期間駐守在這裡的美國空軍大隊的生活。小說中沒有統一完整的情節，每一章只描述一個人物的故事，最後再由小說中的主人公尤索林的經歷把這些不同的故事串聯在一起。

小說採用喜劇的手法來描寫悲劇，把故事誇張到幾近荒唐的地步，是黑色幽默的典型代表。作者大量採用邏輯悖論的手法，故意在眾人皆知的錯誤大前提下進行細緻的正確推理，但得出的結論卻是極其荒謬可笑的。比如作品中「第二十二條軍規」規定：「瘋子必須停飛」，但又同時規定：「必須由本人提出申請。如果某人以精神出現問題爲由提出停飛申請，那麼就說明他具有正常的心理狀態，所以必須繼續飛行。」還規定：「只要飛滿六十次就可以停飛，但無論何時都必須執行司令官的命令。」

←一個現代主義的寫真
完成《第二十二條軍規》後的海勒。海勒的小說取材於現實生活，透過藝術的哈哈鏡和放大鏡，側寫出美國社會生活，具有一定的認識價值和審美價值。

這「第二十二條軍規」制定得滴水不露，它像「圈套」和「陷阱」般，網羅住每個人，讓任何人都得不到公平的待遇。比如，有個叫丹尼卡的軍醫想得到飛行補助，就託人將自己的名字編入一個機組，巧的是飛機失事，此機組成員全部罹難。而丹尼卡根本就沒上飛機，卻同樣被宣判爲死人，人們在悲痛地哀悼他的同時又避免和他說話，可笑之極。

畸形的世界

1974年，在海勒發表的《出了毛病》一書中，塑造出一位大公司的高級職員斯洛克姆的形象，在這個人物身上集中反映出美國社會中產階級的精神危機，海勒用「出了毛病」一詞具體概括了這種危機。雖然斯洛克姆生活富裕，官運通達，是典型的中產階級，但卻總是憂心忡忡的。既怕上司，也怕下級；討厭妻子，也討厭兒女，每天都惴惴不安地擔心害怕各種「怪事」會發生，他認爲「沒有怪事本身就是一件驚人的怪事」。在他的周圍也有許多像他這樣生活得「不愉快」的人，每個人似乎都存在著危機，個個恐慌不安。斯洛克姆肯定地認爲這個世界「出了毛病」，但哪裡「出了毛病」，他卻一直未找到，只能痛苦而無奈地譏笑和自嘲。

1979年，海勒的第三部長篇小說《像高爾德一樣好》出版。小說中展示一位美國猶太裔大學教授的畸形精神世界，深刻地揭露美國官僚政治的腐敗。作品中所表現的典型黑色幽默風格，使它成爲二次世界大戰後美國最優秀的政治諷刺小說之一。1999年12月，海勒在紐約家裡因心臟病突發不幸逝世，享年七十六歲。

096.價值永恆的哈伯望遠鏡

哈伯望遠鏡的清晰度是地面天文望遠鏡的十倍以上，觀測能力相當於從華盛頓看到一萬六千公里外的一隻螢火蟲。

衝上雲天

1990年4月24日，在美國佛羅里達州卡納維拉角的甘迺迪航太中心裡，數百名天文學家和技術專家正全神貫注地注視著巨大的發射平臺，倚靠在發射塔邊的「發現號」太空梭，將要把耗費鉅資且備受世人矚目的哈伯太空望遠鏡送入太空。哈伯太空望遠鏡是以美國天文學家哈伯來命名，是美國太空總署主持建造的四座巨型太空天文臺項目中的第一臺，也是迄今為止天文觀測項目中投資最多、最受關注的項目之一。

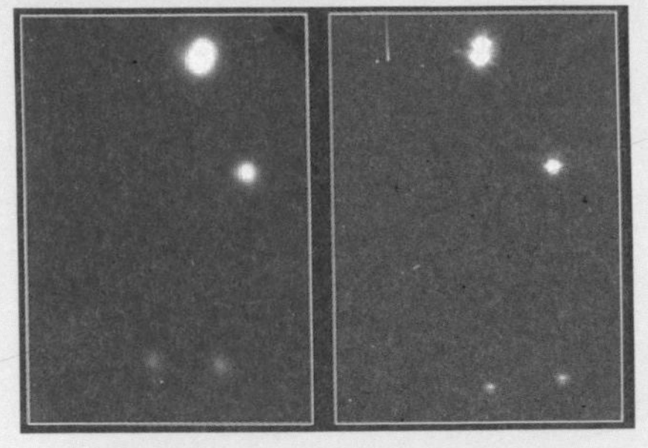

↑珍貴的瞬間
1990年5月20日，哈伯望遠鏡傳回的第一張太空照片。

八點三十四分，伴隨著指令的發出，「發現號」太空梭噴著火焰，轟鳴著衝上藍天，這標示著人類探索宇宙歷程又翻開了新的一頁。

1940年代時就有人開始構想在空間設置望遠鏡了，但是直到1970至1980年代才開始進行設計和建造。哈伯空間望遠鏡就像一個五層樓高的圓筒，主體長十三．二公尺，最大直徑四．三公尺，其中光學主鏡口徑為二．四公尺。兩側是兩塊長約十二公尺的太陽能電池翼板，總重量達十一．五噸。這座太空天文望遠鏡具有高度的自動化性能，比一般地面光學望遠鏡的主要性能要高一個量級以上。哈伯太空望遠鏡從1979年開始設計，到1990年正式投入觀測行列。十餘年中共耗資十五億美元，按重量來計算，平均每克造價近一百三十美元，比純金還要貴。天文學家期望憑藉它，可以

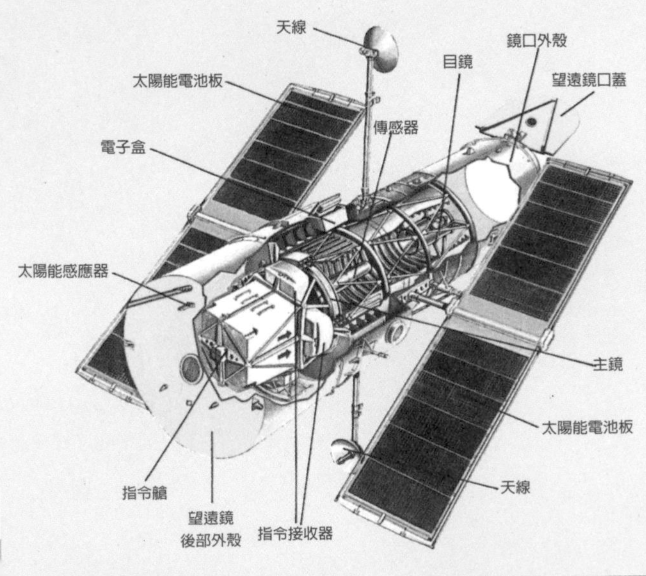

↑哈伯望遠鏡結構示意圖

【人文歷史百科】

天文學家哈伯

哈伯是美國天文學家，1889年11月20日生於密蘇里州馬什菲爾德，1953年9月28日卒於加州聖馬力諾。二十一歲在芝加哥大學畢業後，赴英國牛津大學女王學院攻讀法律，二十三歲獲文學士學位。二十五歲到葉凱士天文臺攻讀研究生，二十八歲獲博士學位。後從軍兩年，1919年退伍到威爾遜山天文臺工作。1926年，哈伯發表了對銀河外星系的形態分類法，後稱哈伯分類；1929年，發現推動現代宇宙學發展的哈伯定律。

看到宇宙裡更遠的地方，洞察到宇宙更深層的奧祕。

遭遇困境

哈伯望遠鏡成功送上太空幾週後，人們才發現它的成像品質與預期效果存在著不小落差。經過專家的仔細追查，很快地發現，原來是在主鏡研磨製作過程中發生了人爲的差錯，使得主鏡邊緣處按設計要求的尺寸短少了兩微米。它使得望遠鏡光學主鏡產生嚴重的球形像差，觀測圖像的解析度大大降低，觀測力大大受損，捕捉遙遠天體資訊的能力降低了近二十倍。

這樣一來，原定的許多重要觀測計畫幾乎沒法繼續進行。更爲嚴重的是，哈伯望遠鏡還不斷遇到各種麻煩：太陽能電池板因受熱不均，引發微顫；瞄準系統的穩定性被破壞後，觀測圖像的清晰度受到極大影響；機載導向系統中的六個陀螺有兩個相繼失靈，一個只能斷斷續續地工作。這使得被寄予厚望的哈伯太空望遠鏡處於岌岌可危的境地，根本實現不了它的預定使命。

針對此種嚴重的情況，美國太空總署和科學家們利用先進的電腦圖像還原技術，盡可能地將哈伯傳回圖像的缺陷彌補到最佳狀態。由於主鏡在加工過程中造成偏差的形狀非常有規則，所以電腦能將哈伯望遠鏡在圖像清晰度上的損失控制到最小程度。因而，哈伯望遠鏡在最初的三年觀測中效果不錯，爲人類提供大量珍貴資料。但是，哈伯望遠鏡的集光能力卻比原來設計的低了二十多倍，在地面上根本沒有辦法補償這個損失。因此，天文學家們決心在太空對它進行徹底維修。

↓**哈伯**

哈伯太空望遠鏡是為了紀念美國著名天文學家愛德溫·哈伯而取名。1920年代後半，哈伯研究了星系穿過宇宙的運動，進而引出了二十世紀最重大的天文發現──「宇宙在膨脹」。

脫胎換骨

←正在維修哈伯的太空人
1993年12月6日，太空人對哈伯進行了維修。圖為太空人正在更換裝置。

1993年12月2日，七名機組人員搭乘「奮進號」太空梭駛入太空。他們此行的目的是要對哈伯進行爲期十二天的太空維修，共攜帶七噸重的各種器材，力圖矯正哈伯望遠鏡的「視力」，同時也檢驗一下人類在太空中從事高難度操作的可能性，以便爲建造太空城累積經驗。

太空人在到達太空後，用機械臂將哈伯望遠鏡抓進「奮進號」的敞開式貨艙，開始對它進行一系列的「手術」。幾位太空人按照事先周密的安排和演練，輪番進入太空，對哈伯望遠鏡的諸多病症進行根治。在他們緊張而有條不紊的工作後，哈伯望遠鏡原先所設計的科學能力得以全面恢復。太空人還對望遠鏡上的一些科學儀器做更換，裝上新一代的廣角行星照相儀，保證望遠鏡的天文觀測能力更加提升。此外，還安裝新的電腦記憶體，進一步改善了電腦的操作效率。外太空與地面環境截然不同，在這種狀態下圓滿完成複雜而精細的維修工作，充分表明人類確實能夠在太空從事高難度作業，這項成功稱得上是人類科技史上的創舉。

創造奇蹟

12月28日，哈伯望遠鏡維修後拍攝的第一幅照片傳回到地面。圖像的清晰程度令天文學家們不敢相信自己的眼睛。美國太空總署長官韋勒博士說：「維修後的效果比我們所設想的還棒！」哈伯望遠鏡治癒後，不僅像差消失了，解析度甚至超過當初的設計水準。

在接下來的幾年裡，哈伯望遠鏡用它高清晰的觀測能力，傳回一系列極有價值的圖像，爲人類對天體物理學的研究提供了厥偉幫助。

1997年2月，「發現號」太空梭再次爲哈伯望遠鏡換裝上兩臺更新一代的儀器。一臺是「太空望遠鏡成像光譜儀」，它裝備更爲靈敏的探測

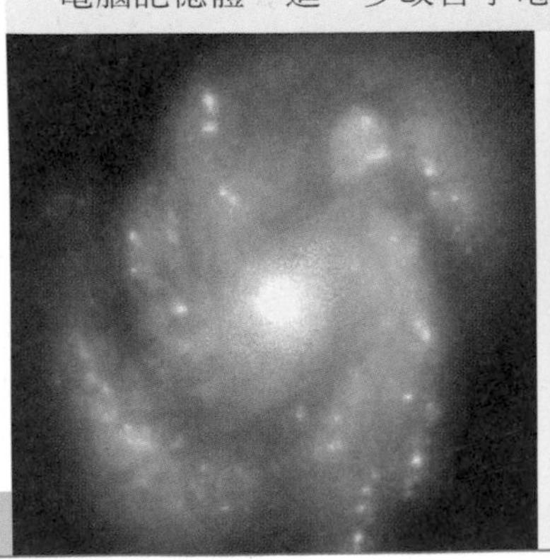

↑修復前後圖像對比

器，可同時對多個目標進行光譜測量；另一臺是「近紅外照相儀」，它在二・五微米以下的近紅外波段進行成像觀測，尤其適合觀測研究恆星形成區和高紅外星系方面的諸多天文奧祕現象。哈伯太空望遠鏡儀器設備的更新，使它觀測宇宙的能力不斷提升。

遲暮的「哈伯」

1999年4月，美國紐約州立大學斯托尼布魯克分校的研究人員利用哈伯傳回的深空圖像，驚奇地發現宇宙邊緣附近有個距離地球一百三十億光年的古老星系，這是迄今爲止人類所發現的最遙遠天體。科學家還利用哈伯望遠鏡的寬視場和行星攝像機，獲取第一張伽瑪射線爆發的光學照片。

2003年9月24日至翌年1月16日，哈伯太空望遠鏡又拍攝到一百三十億年前宇宙早期畸形「嬰兒」時的圖像。

→美國太空總署標誌

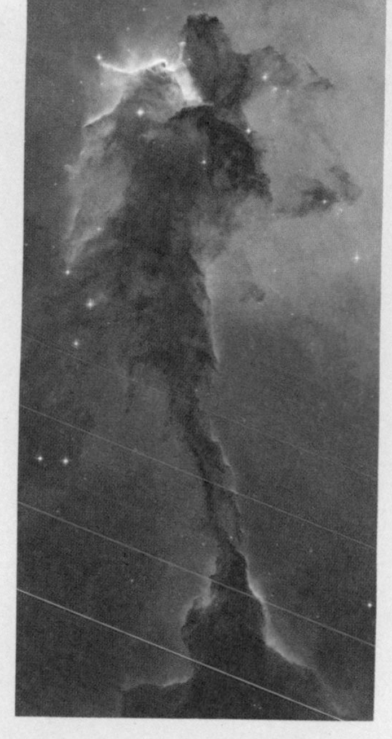

←「雄鷹星雲」

「雄鷹星雲」(Eagle Nebula)又被叫做「創造之柱」(Pillars of Creation)。該星雲能量巨大，能夠向外產生滾滾湧出的冷氣和塵土，把冷氣和塵土送至九・五光年遠的上空。從哈伯拍攝的景象看來，這隻「雄鷹」是許多新生恆星的搖籃，它能夠「孵化」出大量恆星並滋養它們。

2005年4月24日，哈伯發回的觀測資料讓科學家取得突破性的進展。爲紀念哈伯十五歲誕辰，美國天文官員展示它近來所拍攝到的「雄鷹星雲」照片。

儘管哈伯望遠鏡努力展現其價值，但經過了1991年、1993年、1997年和2002年的四度維修，哈伯望遠鏡的「狀況」令人擔憂。當初在設計哈伯望遠鏡時，壽命本只定爲十五年。或許在不久的將來，哈伯望遠鏡便將「退役」，而後沉入深深的大海。

↑遨遊在太空的哈伯望遠鏡

097.「火星探路者」太空船

「火星探路者」發回了數千張火星地表的照片，讓人類對火星地表景觀有了更直接的認識。

成功登陸火星

↑火星漫遊車

「成功了，終於成功了！」激動的人們歡呼著擁抱在一起。此時是1997年7月4日下午一點，美國的「火星探路者」太空船經過整整七個月的旅途，在飛行了約五億公里後安全而平穩地在火星上著陸。它的神聖使命是尋找宇宙裡的生命。

太空船在火星上的阿瑞斯平原著陸後，人們便將焦點放在由美國太空總署噴氣推進實驗室的科技人員，所成功研製出的高科技無人自動生命分析裝置火星漫遊車上。火星車外觀像個微波爐，有六個輪子，重約十幾公斤，它會自動進行火星取樣、成分分析、收集樣本等複雜工作。它的太陽能電池板，能將火星夜晚微弱的光線有效地轉化爲足夠的電能，確保自身正常運作所需的能量。

火星車能將收集到的探索資訊隨時儲存起來，然後把重大資訊透過無線電信號及時傳送回地球，這個過程僅需約十一分鐘。

「火星探路者」發回的數千張照片，讓人類對火星地表景觀有了更直接的認識：火星表面的阿瑞斯平原和地球上的荒漠極爲相像；火星上也有山脈、丘陵和溝谷，甚至還有隕石坑。這都是以前人們所不清楚的。

圓滿完成任務

此時的火星車在登陸探測中也順利地達成預定任務，火星車透過自己身上的阿法──質子──X射線光譜儀，能對

在火星上剛著陸的火星漫遊車

【人文歷史百科】

阿瑞斯平原

火星在天穹上是一顆紅色亮星，自古即吸引了人們的注意。古巴比倫人稱之為「尼嘎」，意為剛烈英雄；古埃及人稱為「哈．底契」，意為紅色亮星；古羅馬人稱為「瑪爾斯」，意為神火之星；古希臘人稱為「阿瑞斯」，意指戰神。

阿瑞斯平原是地球人類最早發現並命名的火星平原，象徵著地球上人類永無止境的追求。

岩石的化學成分進行現場分析，並即時將分析結果傳回地面控制中心。它的前期工作中，共分析了兩塊火星岩石，並將其中一塊的分析結果傳回地面，結果顯示這塊岩石的化學成分與地球上的岩石極爲相似。此後它回傳的資訊顯示，火星上還有大量不同種類的岩石。從它留下的車轍也可清晰地看到，火星表面覆蓋著一層虛土，下面就是堅硬的殼層。

↑火星車上的感測器頭

在它的幫助下，人類對火星的氣候也有了深入瞭解。火星的周邊沒有大氣層保護，使其夜晚的最低溫度達攝氏零下一百度。測定結果顯示，火星當時正值夏季，白天的地表溫度約是攝氏零下十幾度，夜晚則驟降到攝氏零下七十多度。白天則有微風輕拂。「火星探路者」在距火星地表四十八公里高處測得的溫度爲攝氏零下一百七十度，這是當時所記錄到火星大氣層的最低溫度。在這次探測中，人們還找到了能夠支持「火星生命說」的證據。

從「火星探路者」拍到的照片，科學家們得出結論，阿瑞斯平原在幾十億年前曾發生過大洪水，進一步證實「海盜號」太空船在二十一年前的判斷是正確的。火星車對火星岩石的化學成分分析表明，這塊火星岩石在化學組成上與地球上的一塊火星隕石具有相同的生物化石微粒，證明地球上的這塊隕石的確來自火星。但科學家們尚不能準確斷定火星上是否曾經存在過生命，還需要進一步測試。

「火星探路者」及其所釋出之火星車的工作時間，都超過了科學家們的預計，說明美國太空總署火星探測計畫具有可行性。「火星探路者」的成功登陸和運作，也暴露出了一些問題，主要集中在通信聯繫上，先後共出現四次通信故障。

「火星探路者」太空船共耗費近三億美元，發射與探測的預算近二億美元，但總成本還不到「海盜號」火星探測計畫的十五分之一。它傳回的大量資訊使人類對火星有了更進一步的瞭解，爲往後的火星探測工作奠定下堅實的基礎。

↑正在工作的火星車

098.試管嬰兒的誕生

「我不知道他們為什麼指責，難道實現一個母親抱上孩子的願望有錯嗎？」——愛德華茲博士

新的試驗對象

←派翠克・斯特普托手持用於胚胎移植的吸引裝置進行演示

劍橋大學生理學家羅伯特・愛德華茲博士、英國曼徹斯特市的婦科醫生派翠克・斯特普托，從1966年起開始進行治療不孕症的理論研究，他們試圖找出一種新途徑來解決問題，即體外受精——胚胎移植（IVF-ET）。

事實上，從1960年開始，愛德華茲就著手始研究人類卵子及體外受精技術，並於1969年在試管中培育出第一個胚胎。然而，他對IVF-ET實行結果並不樂觀。到1977年時，經IVF-ET受孕的大約八十例患者，在正常的情況下，沒過幾星期就流產了。因此，IVF-ET存在極大的風險。

1977年底的一天，對於愛德華茲博士和斯特普托醫生來說是幸運的，因爲又有人願意接受IVF-ET；對於接受IVF-ET的約翰・布朗和萊絲莉・布朗夫婦來說，他們也是幸運的，因爲成功將從他們開始。

↑愛德華茲（右）和斯特普托

「之前的實驗不很理想，這你是知道的。現在的方法已經改進很多，而且更爲安全。但是，採用這種受孕方法，仍然存在流產、胎兒不健康等風險。」愛德華茲和斯特普托醫生告訴萊絲莉。

因輸卵管阻塞而九年未育的萊絲莉回答說：「沒問題，我們已經做好充分的準備，我

們願意承擔可能的後果。」

實驗開始

愛德華茲博士立即準備實驗器具，開始進行實驗。他先用腹腔內窺鏡從三十二歲的萊絲莉身上取出卵子，然後放進備妥的培養皿中；隨後又取得約翰的健康精子，使精、卵在試管內相遇受精。

五天之後，試管裡出現五個胚囊，它們隨後被植入萊絲莉的子宮。愛德華茲博士告誡她說：「受孕的機會相對較小，或者我們不得不進行第二次實驗。」

「我感覺一個小生命已經悄悄生長了，我很舒服，直覺告訴我，一定會成功的！」萊絲莉充滿信心。

之後一切進展順利，萊絲莉的肚子漸漸隆起來了，約翰不時地將細微的變化告訴愛德華茲和斯特普托。

愛德華茲和斯特普托欣喜不已，然而他們的心也整天吊著，因為之前太多的失敗，讓他們還沒有足夠的準備去迎接成功。

預產期漸漸來臨了，萊絲莉並沒有出現什麼不適。

「我感覺他在踢我呢！他似乎有點等不及了！」萊絲莉滿臉洋溢著幸福的笑容。

↓露易絲和母親萊絲莉在一起

→標準試管

世紀之嬰

1978年7月25日，萊絲莉被推進產房。約翰和親戚們在產房外面等待著，一群記者在醫院外等待著……

深夜十一點四十分，蘭開夏郡奧爾德姆市總醫院婦產科裡，斯特普托醫生懷著緊張的心情，萊絲莉的剖腹產由他親自主刀。隨著一聲嬰兒的啼哭，醫生、護士都鬆了口氣。

「快去看你的女兒！」一名護士跑過來通知約翰。約翰喜極而泣，親吻了身邊所有的人，包括那名護士。然後衝出門外，向手術室狂奔而去。

愛德華茲和斯特普托輕托著孩子，送到約翰懷裡，初為人父的他語無倫次地說：「我真不敢相信！我真不敢相信！」而萊絲莉因手術麻醉，還在沉睡著。

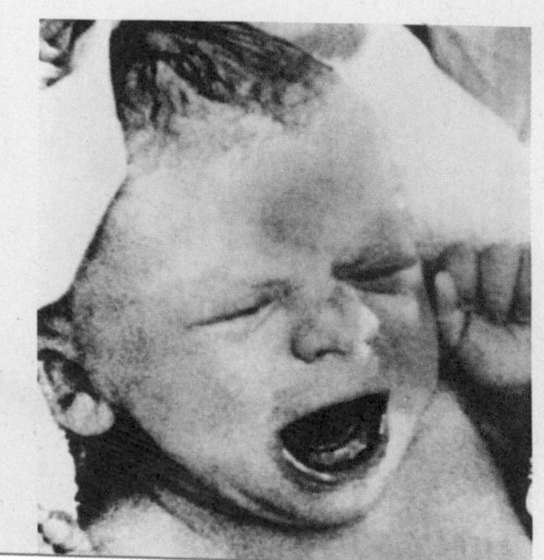

↑「世紀之嬰」露易絲・布朗

←二十五歲生日會上的露易絲
露易絲旁身邊的這個男孩是世界上第二個試管嬰兒麥克唐納，他也是世界上第一個男性試管嬰兒。

此時，那些圍在醫院外的記者著急了，因為種種跡象表明，孩子已經順利產下。他們拚命地往保衛嚴密的醫院裡擠，不僅是要搶頭條新聞，更重要是把這個好消息告訴那些關注此事的人們。

看著這名嬰兒健康正常，愛德華茲和斯特普托欣慰不已。約翰興奮得唸著他給為新生兒取的名字——露易絲·布朗。

甫出世的露易絲，理所當然地成為報紙頭條新聞，被冠以「世紀之嬰」的美稱。因為，她是全球第一個以體外人工受精方式誕生的試管嬰兒。

震撼世界

露易絲恐怕從來沒有想到，自己一出生就成為公眾人物，幾乎震撼了整個世界。但是，並不是所有的人都為露易絲的出生而歡呼。

有人認為，這樣做會把生兒育女的自然生理現象給搞亂，是違背道德的行為。也有人認為，體外受精違反胚胎發育的自然規律，因而對試管嬰兒能否正常發育成長持懷疑態度。甚至連某些科學家也擔心，這個小孩正常嗎？實驗室的處理是否會留下可怕的遺傳缺陷？她如果知道自己是以這種奇怪的方式創造出來，心靈是否會留下創傷？

萊絲莉和約翰在接受人們道喜的同時，還承受著巨大的壓力。他們小心地呵護著露易絲，生怕有絲毫差錯。而愛德華茲和斯特普托沒有想到，當他們實驗失敗時，受到了無數的苛責；為什麼實驗成功時，仍然受到無數

德華茲（左）和斯特普托
3年，愛德華茲和斯特普托獲得英國赫爾大學的榮譽博士學位。

→《時代雜誌》封面——試管嬰兒

的苛責。

愛德華茲特地召開記者會，說道：「我不知道他們爲什麼指責，難道實現一個母親抱上孩子的願望有錯嗎？」

←愛德華茲（右）在露易絲的婚禮上

風雨過後

令人欣慰的是，露易絲健康地成長著，和普通的嬰兒沒有什麼區別。在她五歲時，父母簡略地向她講解了她來到這個世界上的過程，並給她看了那個著名的夜晚、初生的她發出第一聲啼哭的錄影。此時，露易絲下面還有一個妹妹娜塔莉，英國第四十個試管嬰兒。

等到十歲時，露易絲發現，自己越來越被出生的方式所困擾。露易絲經常被突然跳出來的記者訪問，問起她各種狀況。露易絲發現，記者總是認爲她不是普通人，並竭力以預設問題來證明她非普通人。露易絲感到越來越孤獨，而讓她感到頭疼的是，同學總是無休止地問她「妳是從試管裡出生的嗎？」她不得不爲此反覆解釋。

隨著露易絲一年年成長，各種非議、指責日漸沉寂，異樣的目光越來越少，無聊的發問也越來越少，而以相同方式出生的人卻越來越多。她和普通孩子一樣愉快地學習，還成爲試管嬰兒技術的最佳廣告。

當露易絲二十五歲時，全世界的試管嬰兒約達一百五十萬人，每一個試管嬰兒都不再感到孤獨。

露易絲說：「做公眾人物的感覺很怪，但活著眞好。雖然作爲一百五十萬名試管嬰兒中的第一個，但我並不感到自己很特別。我想過普通的生活，而且我的生活的確很普通。」

2004年9月4日，二十六歲的露易絲和三十三歲的安全警官威斯利·穆林德攜手走上紅地毯。

↑科學的奇蹟

已是一對雙胞胎母親的露易絲。

【人文歷史百科】

世界試管嬰兒誕生紀錄

各國誕生第一個試管嬰兒的紀錄：英國，1978年7月25日，女嬰；印度，1978年10月3日，女嬰；澳洲，1980年6月6日，一男一女，首例試管嬰兒雙胞胎；美國，1981年12月28日，女嬰；希臘，1982年1月20日，女嬰；法國，1982年2月24日，女嬰；以色列，1982年9月22日，女嬰；瑞典，1982年9月27日，女嬰；新加坡，1983年5月20日，男嬰……

099.沒有父親的桃莉羊

桃莉的誕生被視為二十世紀末最重要的科學成就之一，它引發了全世界科學家研究複製技術的熱潮，也導致了許多技術和倫理方面的爭論。

桃莉羊的誕生

1996年7月5日，在蘇格蘭的羅絲林研究所裡，人們焦急地等待著一隻綿羊的誕生。

羅絲林研究所是英國最大的家畜家禽研究所，也是世界著名的生物學研究中心，它建在距愛丁堡市十公里遠的郊區，一個叫羅絲林村的地方，這裡風景優美，堪稱「世外桃源」。

傍晚五點左右，隨著「咩」的一聲，一隻小小綿羊順利地產了下來。

這隻後來被稱爲桃莉的羊，體重六千六百克，顯得有些虛弱，但看起來很健康。生下桃莉的母親是一隻黑面羊，牠正親昵地用舌頭舔著桃莉濕漉漉的身體。但是，桃莉看起來和牠長得一點也不像。

↑桃莉和「代孕母親」黑面羊

↑《時代雜誌》封面上的桃莉

對於羅絲林研究所伊恩．威爾穆特科學研究小組全體成員來說，這是一個令人激動的日子；對全世界來說，這也是值得慶賀的一天。桃莉綿羊雖然以普通的方式來到這個世界，但牠的身世卻不平凡，因爲牠是科學家們用基因技術「複製」出來的。

桃莉羊的誕生，直到1997年才首次向公眾披露。它被美國《科學》雜誌評爲1997年世界十大科技進步的首項，也是當年最引人注目的國際新聞之一。科學家認爲，桃莉的誕生代表著生物技術新時代的來臨。而威爾穆特因此被稱爲「複製羊之父」，並獲得了德國最高醫學獎：「保羅．埃爾利希——路德維希．達姆施泰特」獎。他的傑出工作，使「胚胎學研究發生了根本性的改變」。

複雜的身世

桃莉的身世很複雜，牠沒有父親，卻有三個母親。

伊恩．威爾穆特科學研究小組成員，首先從一隻六歲芬蘭多塞特白面母綿羊的乳腺中取出乳腺細胞，將其放入低濃度的營養培養液中，經過五天左右的「挨餓」後，細胞逐漸停止分裂，此細胞稱之為「供體細胞」，而這隻芬蘭多塞特白面母綿羊則成為桃莉的「基因母親」。

然後，威爾穆特從一頭蘇格蘭黑面母綿羊的卵巢中取出未受精的卵細胞，將細胞核除去，留下一個無核的卵細胞，此細胞稱之為「受體細胞」。研究人員隨後利用電脈衝方法，使供體細胞和受體細胞融合，最後形成「融合細胞」。電脈衝可產生類似於自然受精過程中的一系列反應，使融合細胞也能像受精卵一樣進行細胞分裂、分化，進而形成「胚胎細胞」，而這隻蘇格蘭黑面母綿羊則成了桃莉的「借卵母親」。

研究人員最後將胚胎細胞轉移到另一隻蘇格蘭黑面母綿羊的子宮內，胚胎細胞開始分化和發育，最後形成小綿羊——桃莉，而這隻黑面母綿羊則是桃莉的「代孕母親」。

【人文歷史百科】

「保羅．埃爾利希——路德維希．達姆施泰特」獎

埃爾利希基金會最高醫學研究獎，是弗勞．黑德維希．埃爾利希於1929年為紀念她的丈夫保羅．埃爾利希而設立的，路德維希．達姆施泰特獎金是為紀念保羅．埃爾利希的好友、著名的化學家路德維希．達姆施泰特而設立的。1952年這兩項獎合併為現在的「保羅．埃爾利希——路德維希．達姆施泰特」獎。

這筆獎金每年頒發一次，用以獎勵在化學療法、細菌學、免疫學、血液學及癌症研究等領域做出傑出貢獻的人。

從理論上講，桃莉繼承了「基因母親」的遺傳特徵，即繼承了那隻芬蘭多塞特白面母綿羊的特徵，因此牠應該是一隻白面羊，而非黑面羊。事實也是如此，桃莉的確是一隻白面羊。

從桃莉的形成過程來看，牠沒有父親，卻有三個母親。實際上，桃莉與「基因母親」的關係也很複雜，不能簡單

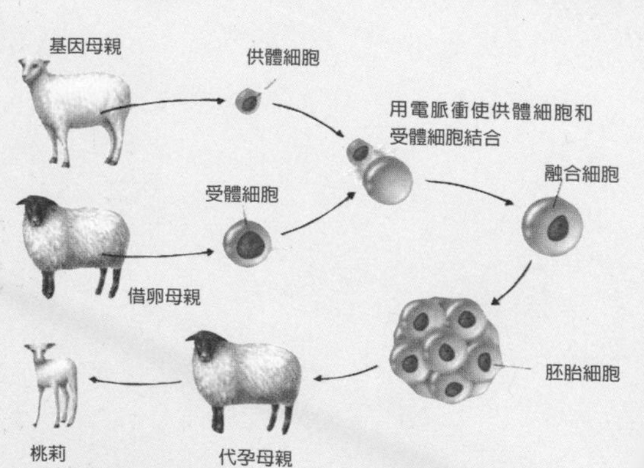

↑桃莉複雜的身世

【人文歷史百科】

複製品與翻版

英文「clone」，來自希臘文klon，原意為苗或嫩枝，指以無性生殖或營養生殖的一些植物。隨著時間的推移和科學的發展，它的涵義增加了許多內容，如一個細胞在體外培養下產生的一群細胞；由「親本」序列產生的DNA序列等等。概言之，「clone」是指由一個細胞或個體，透過無性繁殖手段，獲得遺傳上相同的細胞群或個體群。

地理解爲「母子關係」，因爲牠們有完全相同的細胞核遺傳物質，我們可以把牠們看作是一對隔了六年的雙胞胎。

桃莉帶來的轟動

桃莉誕生後，引來了各界的批判。世界各大媒體爭相報導，只要是關於桃莉的資訊，無不用醒目標題刊出。一時間，有人歡呼，有人興奮，有人茫然，有人恐懼，有人開始複製其他動物，甚至有人要複製人！

「人們一直爲複製人的安全性爭執不休，那讓我來說說兩隻小母羊的故事：一隻大出風頭，一隻卻早已死去。」伊恩．威爾穆特科學研究小組一名成員說。

那隻大出風頭的母羊就是桃莉，而已經死去的則是緊隨著桃莉誕生的一隻，牠出生時看起來和普通的羊無啥區別。但牠氣喘得非常厲害，一連幾個星期，每天都氣喘吁吁，似乎隨時有可能被一口氣憋死。經過研究人員的討論和獸醫的檢查，最後決定爲這隻羊施行安樂死。在對牠進行解剖時發現，牠的肺還沒有發育完全。

因此，從複製羊的成果來看，複製技術並不完善，它存在相當大的風險。我們姑且不說對人複製所面臨的道德問題，但如果複製出來一個怪胎，我們難道也要像對待那隻肺還沒有發育完全的綿羊一樣嗎？

桃莉之死

1998年，桃莉與一隻叫大衛的威爾斯山羊結成配偶，並於當年4月13日凌晨產下一隻雌性小羔羊，體重達二千七百克；1999年，桃莉又產下了三隻小羔羊。

就在人們爲桃莉的幸福生活慶祝

↑伊恩．威爾穆特和桃莉在一起

時，羅絲林研究所的科學家在1999年宣布，桃莉體內細胞開始顯露出老年動物所特有的症狀。

↓桃莉和牠的孩子

2003年2月14日，經獸醫診斷，桃莉患有嚴重的進行性肺病。所謂「進行性」疾病是指病情不斷發展惡化，情況越來越嚴重，直到生命衰竭。羅絲林研究所不忍眼睜睜地看著桃莉鬱鬱而終，因爲牠不停地咳嗽了一個多星期，已經被折磨得十分虛弱。研究所最後決定，對桃莉實施「安樂死」，讓牠平靜安詳地離去。

早衰的爭論

桃莉之死引發了更大的爭論，就是複製動物是否會引起早衰？一般說來，一隻綿羊平均可活十一到十二年，而桃莉當年只有六歲，壽命僅相當於普通羊的一半。

↓靠在埃爾利希半身像上的伊恩·威爾穆特

2005年3月14日，伊恩·威爾穆特在法蘭克福獲得「保羅·埃爾利希──路德維希·達姆施泰特」獎，但複製至今仍然是項不夠成熟的技術。

→複製羊桃莉

其實綿羊桃莉自出世後兩年，科學界就發現牠正以異常快的速度衰老。當時，科學家們對桃莉羊的染色體進行深入的研究，之後得出令人驚訝的結論：按照普通羊的成長速度，桃莉此時應該是兩歲，可實際上卻是六歲！

於是人們把目光瞄向用以複製桃莉羊的供體細胞，它取自一隻六歲綿羊的身上。人們似乎可以這樣解釋：用以複製桃莉的細胞年齡是六歲，而這一資料會隨著細胞進入到桃莉的體內，所以複製出來的桃莉在年齡上也要很快趕上牠供體的年齡。桃莉的死亡，再度引發了複製動物是否早衰的爭論。

伊恩·威爾穆特教授對桃莉的死亡「感到十分失望」。他說，他在大約一年前已經發現桃莉羊的左後腿患上關節炎，而這種典型的「高齡病症」對當時尚年輕的桃莉而言，很可能意味著目前的複製技術尚不完善。

繼桃莉問世之後，複製技術在近年來得到了一定的發展，各國科學家相繼複製出牛、鼠、豬等動物；但與此同時，也陸續有科學家發現一些複製動物表現出「早衰」跡象，牠們的壽命都比正常的壽命要短。早衰現象是複製技術自身不完善所致，還是其他原因所致，此時今日人們仍在爭論中。

100.微軟「王國」的建立

「生活是不公平的，要去適應它。」──比爾．蓋茲

小試牛刀

1955年10月28日，比爾．蓋茲在美國西北部華盛頓州的西雅圖出生。他的父親是律師，母親是學校教師。

↑小蓋茲（站立者）和大艾倫

蓋茲從小就酷愛數學和電腦，中學時就是出了名的「電腦迷」。當時，保羅．艾倫是他最好的朋友，兩個人經常在湖濱中學的電腦上玩著各種電腦遊戲。從八年級開始，蓋茲就和同學一起幫人設計簡單的電腦程式，以此賺取零用錢。那時候的電腦是一臺PDP8型的小型機，學生們可以在一些相連的終端上，透過紙帶打字機玩遊戲，也能編寫一些小軟體，諸如排座位之類的，小蓋茲玩起來得心應手。當時，學校曾經要求蓋茲編制一個排座次的小程式，蓋茲很快就完成了任務，只是在編寫過程中他要了一點小聰明，讓自己座位的前後左右都是女生。

保羅．艾倫後來回憶說：「我們當時經常一直忙到三更半夜，我們愛死了電腦軟體的工作，玩得很開心。」

蓋茲說：「那時侯，保羅常常把我從垃圾桶上拉起來，而我卻繼續趴在那裡不肯起來，因爲在那裡我找到上面還沾著咖啡渣的程式設計師的筆記或字條，然後我們一起對著這些寶貴的資料研究作業系統。」

1973年，蓋茲考進哈佛大學，在那裡和現在微軟的首席執行官史蒂夫．鮑爾默結成好友。哈佛提供給蓋茲更廣闊的空間，他更加無法抵抗電腦的誘惑，經常蹺課，一連幾天待在電腦實驗室裡整晚地寫程式、打遊戲。在哈佛時，蓋茲爲第一臺微型計算開發BASIC編程語言的一個版本。

↓羅伯茲和Altair 8800

這是「PC之父」羅伯茲和他推出的最早基於英代爾微處理器的個人電腦Altair 8800，Altair是第一臺在商業上獲得成功的個人電腦。蓋茲與夥伴保羅．艾倫一起為它設計了Altair BASIC解譯器，為微軟的起步奠定基礎。

創立微軟

1975年，蓋茲感覺到，電腦的發展速度太快了，如果等到大學畢業後再投入進去，可能就會錯失千載難逢的好機會。於是，他毅然退學，然後和保羅創立微軟公司。他們在一間灰塵瀰漫的汽車旅館中租用一間辦公室，展開艱苦的創業旅程。他們擠在那個雜亂無章、噪音紛擾的小空間中，沒日沒夜地寫程式，餓了就吃比薩充飢，累了就出去看場電影或開車兜兜風……

「電子革命已經來臨，它具有極強的衝擊力。伴隨這場革命，在如何工作、如何消遣、如何相互影響，甚至在如何去思考等方面，產生了巨大的變革。」蓋茲敏銳地感覺到，電腦將會成爲每個家庭、每個辦公室中最重要的工具，在這種信念的引導下，他們開始爲個人電腦進行軟體的開發。後來，微軟公司發展的初期，同樣面臨著員工管理問題。二十多歲的蓋茲處理問題還不夠老練，且由於脾氣急躁和缺乏耐心，大家覺得很難與他共事。有些時候，如果他發現身邊的人沒有盡力工作時，就會向他們大發脾氣。而蓋茲瘋狂的工作態度，讓員工也不敢在下班後早早地離開。終於有一天，他的助理因爲自認工作量太大且工時過長，但薪酬卻沒有相應地提高，而向蓋茲提出給付超時工作的報酬。蓋茲一口回絕了，因爲蓋茲認爲她們的貢獻並不是太大。後來，這事竟然鬧到了勞工部。

蓋茲震怒不已，他認爲這些人想毀掉他的事業，但最後還是決定付所有超時的報酬。爲了不受管理事務的牽絆，蓋茲邀請哈佛老同學擔任總裁助理，公司的管理才逐漸成熟起來，爲往後的發展創造有利條件。

↑蓋茲（右）與艾倫創建了微軟

【人文歷史百科】

電腦的發展

1946年2月15日，世界上第一臺數位電子電腦（ENIAC）在美國賓州大學莫爾學院研製成功。最初專門用於火砲彈道計算，經多次改進後成為運算速度每秒五千次的通用電子電腦，它比當時的繼電器式電腦的運算速度快上一千倍。但這種電腦尚未具備現代電腦的主要特徵。

現代電腦發展中的第一次重大突破是由美籍匈牙利數學家諾依曼領導的設計小組設計完成的。經過真空管、電晶體、積體電路、超大型積體電路（VLSI）四個階段的發展，現代電腦進入到微處理器的時代，電腦科學和電腦產業的發達程度，已成為衡量一個國家整體國力強弱的重要指標。

微軟飛騰

1980年，對於微軟來說，是極其重要的一年。8月的某天，蓋茲正忙著手頭的工作，突然有一通陌生的電話找他。

「我對你的公司做了簡單的瞭解，希望能與你見一面。」

↑1984年《時代雜誌》封面

「哦，那我們下週見面如何？」

「太遲了，我希望是現在，我馬上就過去，敝人是IBM的代表。」

蓋茲一聽是世界最大的電腦公司IBM時，立即安排會晤。這名代表在與蓋茲做簡單的交流後說：「你的談話技巧很高超，你是我見過最出色的人物之一，但你的技術並不是我們最需要的。我很欣賞你的熱情，你能帶著報告到敝公司詳談嗎？」

蓋茲用敏捷的反應、幽默的口才征服挑剔的IBM，贏得了這份合約。接下來的日子裡，微軟上上下下所有的員工都忙碌起來。配合IBM公司的保密工作，蓋茲和同事們關在西雅圖國家銀行大廈十八層的一間小房間裡開發軟體，IBM又送來專用保密鎖，還要求整天不許開門；小房間沒有窗戶和通風設備，因此室內溫度高達攝氏三十八度……

蓋茲和他的員工終於完成了合約中的工作。在前往IBM公司的路上，蓋茲發現自己未繫領帶，眞是太匆忙了！於是，他中途停下車，特地去買了一條領帶，以至於比約定時間遲了半個小時。

一切都很順利。1981年8月12日，IBM公司向全球宣布八〇年代電腦界最重大的新聞：新一代個人電腦IBM PC問世。IBM個人電腦熱賣的同時，隨它一起銷售的還有微軟公司開發的MS-DOS作業系統及其他軟體。而微軟的報酬是，IBM每出售一臺個人電腦，無論其是否安裝MS-DOS或微軟的其他軟體，微軟都可得到一筆使用權費。

在此後的幾年裡，IBM的產品被大量模仿複製。由於IBM急於把其電腦推向市場，因此八成以上的零件來自於其他公司，使得其他製造商容易仿製其電腦產品，並生產出被稱作IBM兼容機的電腦。

雖然IBM從這種仿製浪潮中未得到什麼好處，微軟卻獲利頗豐，因為每一臺仿製品仍需要獲得MS-DOS的使用

↑艾倫與工作中的蓋茲

→《富比士》雜誌封面

←蓋茲與女王
蓋茲獲英國女王授予爵士勳章，以表彰他為大英國協做出的貢獻。

權，這樣微軟又收取了不少費用。

1984年，是蓋茲和微軟公司豐收的一年，公司的營業額超過一億美元，登上軟體公司的頭把交椅。更引人注目的是，這年4月比爾·蓋茲登上《時代雜誌》封面，而此時他還不到三十歲。

建成微軟帝國

1983年11月，蓋茲推出了一種新的技術軟體──微軟視窗系統，並斷言一年後它將在九成採用MS-DOS的PC機上運行。但一年過去了，微軟視窗系統在客戶中反應並不熱烈。

1990年5月，微軟視窗系統3.0版研究七年之後，終於隆重推出。微軟公司僅宣傳費就花了三百萬美元。這個成熟的視窗軟體，獲得了空前的成功，它的問世，代表著個人電腦領域內又一輪革命開始。微軟視窗系統3.0版由於其「圖形化」和「易於使用」的特點，受到千百萬用戶的歡迎。它的問世，把比爾·蓋茲和微軟公司推向了高峰，也讓一個軟體帝國初步成形。

2004年3月，英國王室授予比爾·蓋茲榮譽爵士勳章及榮譽爵士稱號，以表彰其在英國的企業發展、就業和教育事業等方面所做出的傑出貢獻。

在美國《富比士》雜誌公布的2005年度美國富豪排行榜上，微軟公司創始人比爾·蓋茲連續十一年蟬聯榜首，與他共創微軟的保羅·艾倫則名列第三。

網際網路技術

網際網路（Internet）是自1960年代末開始發展起來的，起初只是美國專門用於軍事研究的專用電腦網，後來建立了軍用網。到了1990年代中期，專用電腦網技術的迅速發展，使它變成了一個普及全球的資訊網路。國際網際網路及其應用的發展，從根本上改變了人們的思想觀念和生活方式，由此推動各行各業的發展，成為知識經濟時代的一項重要指標。

↑西雅圖微軟總部

國家圖書館出版品預行編目資料

圖解世界史：現代卷／郭豫斌主編 .
——三版 . —— 臺中市　：好讀，2022.11
面：　公分，——（圖說歷史；6）

ISBN 978-986-178-636-0（平裝）

1. 世界史　2. 現代史

712.7　　111016607

好讀出版
圖說歷史06
圖解世界史：現代卷【彩圖解說版】

主編／郭豫斌
總編輯／鄧茵茵
文字編輯／林碧瑩、莊銘桓
美術編輯／陳姿秀
行銷企劃／劉恩綺
發行所／好讀出版有限公司
台中市 407 西屯區工業 30 路 1 號
台中市 407 西屯區大有街 13 號（編輯部）
TEL:04-23157795 FAX:04-23144188 http://howdo.morningstar.com.tw
（如對本書編輯或內容有意見，請來電或上網告訴我們）
法律顧問　陳思成律師

線上讀者回函
獲得好讀資訊

讀者服務專線／ TEL：02-23672044 / 04-23595819#230
讀者傳眞專線／ FAX：02-23635741 / 04-23595493
讀者專用信箱／ E-mail：service@morningstar.com.tw
網路書店／ http : //www.morningstar.com.tw
郵政劃撥／ 15060393（知己圖書股份有限公司）
印刷／上好印刷股份有限公司
如有破損或裝訂錯誤，請寄回知己圖書更換

三版／西元 2022 年 11 月 1 日
定價： 399 元

Published by How-Do Publishing Co., Ltd.
2022 Printed in Taiwan

ISBN 978-986-178-636-0